医疗保险管理案例分析及常用政策法规

YILIAO BAOXIAN
GUANLI ANLI FENXI JI
CHANGYONG
ZHENGCE FAGUI

韩全意 肖海娟 李伟光 主编

当代中国出版社
Contemporary China Publishing House

图书在版编目(CIP)数据

医疗保险管理案例分析及常用政策法规/韩全意，肖海娟，李伟光主编. —北京：当代中国出版社，2012. 7
ISBN 978-7-5154-0150-8

Ⅰ. ①医… Ⅱ. ①韩… ②肖… ③李… Ⅲ. ①医疗保险—保险管理—案例—中国②医疗保险—保险法—中国
Ⅳ. ①F842. 684②D922. 284

中国版本图书馆 CIP 数据核字(2012)第 138159 号

出 版 人　周五一
责任编辑　张建光
责任校对　杨利平
装帧设计　古　手
出版发行　当代中国出版社
地　　址　北京市地安门西大街旌勇里 8 号
网　　址　http://www.ddzg.net　邮箱:ddzgcbs@sina.com
邮政编码　100009
编 辑 部　(010)66572154　66572264　66572132
市 场 部　(010)66572281 或 66572155/56/57/58/59 转
印　　刷　北京彩虹伟业印刷有限公司
开　　本　720×1020 毫米　1/16
印　　张　21.5 印张　2 插页　362 千字
版　　次　2012 年 7 月第 1 版
印　　次　2012 年 7 月第 1 次印刷
定　　价　50.00 元

本书编委会

本书编写组

主　　编　韩全意　肖海娟　李伟光

副 主 编　齐广志　杨汉民　马京琪　张　群

编　　委　（按姓氏笔画为序）

于　勇	马京琪	王　华	王　兵	王　怡	王卫新
王文华	王连增	王秀珍	王建国	王鸿雁	车兆畅
方兰英	戎津旌	朱　航	朱福祥	任　洁	任凯芳
齐广志	刘　忆	刘　琪	刘云丽	刘立善	刘明旭
关海燕	许　丽	孙春雨	孙树学	孙桂芳	杜婧桃
李　军	李　倩	李　楠	李　蕊	李　僔	李冬梅
李伟光	李春厚	李维旭	杨　帆	杨　晶	杨　燕
杨汉民	肖力斌	肖海娟	辛　然	沈向红	张　丽
张　蓉	张　群	张天夫	张玉玲	张荣华	张树海
张莲红	张淑珍	张淑爱	陈小华	陈惠珠	陈登菊
邵　玫	邵　蕊	邵文玲	邵红华	林继臻	林智平
欧阳江	尚　娥	罗　芸	金国强	周　枫	周士金
郑　卓	郑彦如	房　静	赵　青	赵　昕	赵　辉
赵冠宏	郝　靖	胡燕芳	柏龙书	侯莹坤	骆　芳
聂　蕊	贾向媛	郭　莺	唐丽萍	资小飞	涂饶萍
黄　健	黄玉琼	常　媚	梁　冰	梁　红	彭韩伶
韩全意	韩学鸿	程苏华	傅全威	储爱琴	曾　渝
谢俊明	谭卉妍	谭晓莲	熊灿娟	黎顺芝	

参 编 单 位

（排名不分先后）

中国人民解放军海军总医院
中国人民解放军北京军区总医院
中国人民解放军总参总医院
中国人民解放军空军总医院
中国人民解放军第三〇二医院
首都医科大学附属北京同仁医院
中国中医科学院广安门医院
卫生部北京医院
北京积水潭医院
北京协和医院
首都医科大学附属北京朝阳医院
首都医科大学附属北京友谊医院
北京市大兴区人民医院
中国中医科学院广安门医院南区
北京大学第一医院
北京大学北京肿瘤医院
煤炭总医院
民航总医院
天津市医科大学附属肿瘤医院
河北省衡水市哈励逊国际和平医院
中国医科大学附属第一医院
中国医科大学附属盛京医院
湖北省十堰市人民医院
中南大学湘雅三医院
广州医学院第一附属医院
中山大学孙逸仙纪念医院
广州中山大学附属第一医院
广西医科大学第一附属医院
重庆医科大学附属第一医院
陕西省人民医院
四川大学华西医院
中国人民解放军沈阳军区总医院
吉林大学第一医院
吉林大学第二医院
吉林大学中日联谊医院
同济大学附属同济医院
复旦大学附属中山医院
复旦大学附属华山医院
上海交通大学医学院附属第九人民医院
江苏省人民医院
浙江中医药大学第一附属医院
合肥市第一人民医院
安徽省立医院
福建省立医院

福建省肿瘤医院
南昌大学第一附属医院
南昌大学第二附属医院
山东省立医院
山东省千佛山医院
河南中医院第一附属医院
河南省商丘市第一人民医院
湖北省新华医院
贵州省人民医院
云南省第一人民医院
甘肃省人民医院
兰州大学第一医院
兰州大学第二医院
宁夏医科大学附属医院
新疆维吾尔自治区人民医院
新疆医科大学第一医院
新疆生产建设兵团医院

目　录

前　言

2011年，由中国医院协会医院医保管理委员会、人力资源和社会保障部社会保险管理中心共同举办的“誉衡杯手拉手共建和谐医保”首届全国医院医疗保险管理知识大赛取得了巨大成功，这是自1998年我国实行城镇职工基本医疗保险制度以来举办的第一次全国性医疗保险管理知识大赛。

本次大赛共有来自全国30个省、自治区、直辖市，新疆生产建设兵团、解放军、武警部队的33支代表队217名选手报名参赛。大赛组委会秘书处组织专家编写的竞赛题，已由各省作为蓝本结合本省的实际情况组织本省医院进行医保知识竞赛。特别是案例分析题，政策与实践相结合，深受大家的欢迎，强烈要求在此基础上编写一本医疗保险管理案例分析题库。为此，医保管理委员会组织全国部分医院医保办主任共同就医保管理中遇到的实际案例进行了编写。

本书紧扣政策性，突出实用性，注重可操作性，以期提高与普及并重、政策与实践并行、学习与应用并举。本书内容包括《社会保险法》、国家有关医疗保险政策、城镇职工基本医疗保险、城镇居民基本医疗保险、新型农村合作医疗、城乡医疗救助、工伤保险、计划生育保险等方方面面。为此，各位编委结合本院医保工作实践，认真负责，查找资料，分析案例，结合自身的实践经验并上升为理论，尤其是在现实性和针对性上立意鲜明，体现了理论来源于实践，从实践中来、到实践中去的辩证观点和方法论。本书以突出实用性为特点，告知从事医保管理工作的同志应该做什么和应该怎样做。

一是从政策上强调了医疗保险管理工作的重要性。做好医疗保险管理工作既是当前医药卫生体制改革的首要任务，又是加强医院内涵建设、规范医疗服务行为、改革支付方式的有效手段。有效控制医药费用要作为医院管理的一项重点工作来抓，通过精细化管理，不断提升医院医保管理的综合水平和技能。

二是从实践观点上强调了如何提高实战技能。从实践中来，到实践中去，在实践中完善和提高，是医院医保管理工作的特点。通过参考本书的案例，提高同志们解决在实际工作中遇到的类似问题的能力，是一种行之有效的方法，是一个提高管理水平的智库。养成不断获取新知识、新方法、新技能的好习惯，努力提高自身修养，才能做好医院医保管理工作。

三是从发展趋势上适应了医药卫生体制改革的方向。医保管理中还存在许多问题，既有体制、机制上的问题，也有政策制度设计上的缺陷。但是，改革和发展中的问题，必须用改革和发展的办法来解决。在有效控制医药费用不合理增长方面，医保管理者不要消极等待，更不要无所作为，而要积极创新，努力推进制度创新和管理创新，为保障人民身体健康做好本职工作。

本书的出版填补了我国目前医疗保险管理案例分析的空白，为繁荣医保管理学术研究和提高实战技能起到了积极的作用。我向从事医疗保险管理工作的同志和读者推荐本书，旨在为今后的工作实践带来启迪和帮助，获得触类旁通的效果，使医院与政府之间、医院与社会之间、医院与参保人员之间共同构建和谐的服务关系，倡导以人为本，诚实守信的社会责任。全社会各界朋友携起手来，让党和政府医疗保险政策带来的成果与人民群众共享，开创医院医疗保险管理的新局面！

中国医院协会医院医保管理

委员会主任委员、武警总医院院长

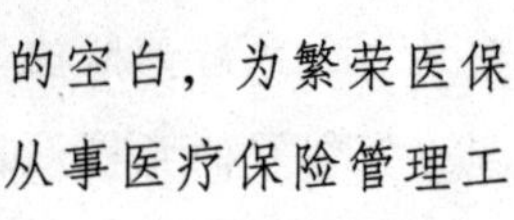

2012 年 5 月 18 日

医疗保险管理
案例分析

城镇职工基本医疗保险部分（案例一至案例一二九）

案例一

乔某某，女，31岁，享有城镇职工基本医疗保险待遇。2006年她被本地某精神卫生中心确诊为“精神分裂症”，其后一直间断服药治疗；2010年10月某日服用大量安眠药造成意识丧失，由其家人送至医院进行抢救治疗。请分析乔某某就医时所发生的医疗费用基本医疗保险基金是否应给予支付？

分析要点

1. 乔某某发病为2010年，是2011年《中华人民共和国社会保险法》实施以前。需要了解乔某某服用大量安眠药时的状态，如果是在精神病发作期，药物控制不佳，情绪不稳定，因疾病造成误服安眠药，医疗费用基本医疗保险应予支付；如果是在药物控制下的疾病稳定期间，由于非疾病原因引起的服用安眠药自杀行为，则基本医疗保险基金不予支付。

2. 依照《中华人民共和国社会保险法》（2011年7月1日施行）第三章第三十条规定：下列医疗费用不纳入基本医疗保险基金支付范围：（一）应当从工伤保险基金中支付的；（二）应当由第三人负担的；（三）应当由公共卫生负担的；（四）在境外就医的。医疗费用依法应当由第三人负担，第三人不支付或者无法确定第三人的，由基本医疗保险基金先行支付。基本医疗保险基金先行支付后，有权向第三人追偿。乔某某服药如发生在2011年7月1日以后，其发生的医疗费用可纳入基本医疗保险基金支付范围，由基本医疗保险基金给予以支付。

案例二

赵某某，男，45岁，享有城镇职工基本医疗保险待遇，因单位公派到日本进行考察，考察途中出现交通意外，在日本进行住院治疗，一个月后转回国内参保地医疗保险定点医院住院治疗及康复，治疗好转并康复后出院。请分析赵某某治疗及康复时所发生医疗费用基本医疗保险基金是否应给予支付？

分析要点

1. 首先，赵某某应按日本当地的法律法规认定交通事故的性质及责任方，由责任事故方负责担负在日本住院期间发生的医疗费用。无责任方应和单位协商解决。此外，赵某某是否参加了意外保险，如参加，则由保险公司负担部分医疗费用。

2. 依据现行医疗保险政策和工伤条例，本人在国外和港、澳、台等地所发生的医疗费用，工伤保险及基本医疗保险基金均不予支付。

3. 本人回国后应向工伤鉴定部门申请工伤鉴定，如认定为工伤，则回国后在当地医疗保险定点医院治疗及康复所发生的费用，应由工伤保险予以支付。

案例三

王某某，男，30 岁，享有城镇职工基本医疗保险待遇，身体无任何不适，因健康查体入住某医院 VIP 病房。查体时发现“结肠息肉”，活检病理诊断为“早期结肠腺癌”，进行手术治疗。王某某要求住院费用纳入基本医疗保险基金报销，请分析他的要求合理吗？应该如何解决？

分析要点

1. 依据基本医疗保险基金政策支付范围和标准，健康查体期间入住 VIP 病房的所有医疗费用应由个人负担。

2. 诊断明确后的手术、病理等医疗费用，则应由基本医疗保险基金予以支付。

3. 入住 VIP 病房的床位费，只能按基本医疗保险规定的床位标准予以支付，超标准床位费则由个人负担。

案例四

钱某某，男，36 岁，享有城镇职工基本医疗保险待遇，因公到某省市出差，出差期间突发急性胰腺炎，在当地医院住院治疗。住院期间使用了本人所在地医疗保险不能报销的药品，且当地医院未与其签订自费协议。请分析钱某某在外省医院住院期间所发生的医疗费用，应由参保地还是由费用发生地的医疗保险部门支付？自费部分赵某某是否应自行承担？

分析要点

1. 钱某某因公出差突发疾病住院治疗，在异地发生的医疗费用应由参保地的医疗保险部门予以支付。

2. 报销医疗费用应按照参保地医疗保险政策相关规定执行。

3. 在异地住院过程中，当地医院如果使用自费药品时，应事先告知患者并与患者签订自费协议。如果使用了自费药品也未与患者签订自费协议，其费用应和当地医院协商解决。

4. 在日常工作中我们有时会遇到患者在异地住院使用的某药品在当地属于医保可报销范围，但在参保地该药品属于医保目录之外，未纳入报销范围的情况，对于这类药品医保基金是不予支付的。医保药品目录地方差异造成不能报销，钱某某应与单位协商解决。

案例五

黄某某，女，46 岁，享有城镇职工基本医疗保险待遇，2010 年在上班途中被电动自行车撞倒，导致腓骨骨折，送至医院进行治疗。请分析黄某某治疗时所发生的医疗费用基本医疗保险基金是否应给予支付?

分析要点

1. 由于黄某某是在上班途中被电动自行车撞倒意外受伤，首先应由公安交通主管部门认定责任方，有责任方的交通肇事由肇事方负担医疗费用，基本医疗保险基金不予支付。

2. 若公安交通主管部门提供了肇事方逃逸或无责任的书面证明，则还需向工伤鉴定部门申请认定是否属于工伤，如属于工伤，其医疗费用应由工伤保险基金予以支付；不属于工伤，也无交通肇事责任方的情况下，由基本医疗保险基金予以支付。

案例六

吴某某，男，21 岁，享有城镇职工基本医疗保险待遇，2008 年在小区执勤时被落下的旋转吊扇划伤脸部，到医院住院治疗。半年后因脸部疤痕修复，再次入住整形科进行疤痕修复。请分析吴某某两次住院医疗费用基本医疗保险基金是否应给予支付?

分析要点

吴某某是在工作中受伤，依据工伤保险管理条例，第一次住院的医疗费用应由工伤保险基金予以支付。半年后为修复脸部疤痕住入医院整形科，由于第二次住院的医疗费用属于非功能性整容、矫形手术等项目的费用，根据基本医疗保险政策相关规定，该医疗费用基本医疗保险基金和工伤保险基金均不予支付。

案例七

赵某某，女，36岁，在职职工，享有城镇职工基本医疗保险待遇。2009年春节，她在滑雪过程中摔伤致左肱骨骨折，到某医疗保险定点医院住院治疗并行“骨折内固定”术；出院1年后，再次住院行肱骨“内固定钢板拆除术”，手术过程顺利，3天后出院；此后，持续在门诊进行康复治疗6个月。请分析赵某某住院时所发生的医疗费用基本医疗保险基金是否应给予支付？门诊康复治疗的医疗费用如何支付？

分析要点

首先要确定意外损伤医疗费用的支付方，应注意是否涉及第三方责任，如果涉及第三方责任，应由第三方承担；否则，列入基本医疗保险基金支付范围。

1. 如果赵某某在滑雪场摔伤且购买了门票，那么医疗、康复费用应由滑雪场经营方支付。

2. 如果赵某某在野外滑雪，同时不涉及第三方责任，其医疗费用可由基本医疗保险基金支付或其他保险支付。

3. 如果赵某某参加了商业保险，且其伤害在参保协议条款范围内，其医疗费用可由商业保险公司按相关规定予以支付。

4. 不同省市或地区的医疗保险基金支付政策不同，对于门诊康复治疗是否支付或支付多少的差异较大，须根据参保人所在地区的医疗保险支付政策确定。

案例八

黎某某，男，50岁，享有城镇职工基本医疗保险待遇。某夜，黎某某在酒后躺在马路上被人发现，由110巡警送至事发地派出所，在派出所醒酒后自行回家。次日上午，家人发现其昏睡不醒，急送某医院急诊并住院治疗。入院诊断为：“急性闭合性颅脑损伤、蛛网膜下腔出血”。住院治疗23天后治愈出院。请分析黎某某住院时所发生的医疗费用基本医疗保险基金是否应给予支付？

分析要点

1. 急性闭合性颅脑损伤多为外伤或外力所致。因此，应首先寻找致伤原因，找到致伤原因也就确定了有无第三方责任。如果存在第三方责任，医疗费用由第三方支付；如果没有第三方责任，则由基本医疗保险基金支付。

2. 应注意黎某某受伤的时间，如果受伤的时间在《中华人民共和国社会保险法》生效（2011 年 7 月 1 日）之后，又能排除第三方责任，其医疗费用则由基本医疗保险基金支付；如果虽有第三方责任但暂时没有找到责任方，也可先由基本医疗保险基金支付，待找到责任方后，再追回医疗费用。

3. 如果醉酒后受伤时间在《中华人民共和国社会保险法》生效之前，应按各省（市）或地区的基本医疗保险基金政策规定执行。一般而言，醉酒后直接导致的疾病或后果，其医疗费用需要本人自行负担，基本医疗保险基金不予支付。

案例九

刘某某，男，65 岁，退休人员，享有城镇职工基本医疗保险待遇，因不明原因的右侧股骨颈骨折住院行“人工半髋关节置换术”；术后持续发热，同时出现右侧股骨局部缺血性坏死，再次手术并更换人工关节后治愈。刘某某以手术不成功为由，拒绝本人应付的医疗费用并提出精神赔偿。请分析刘某某的要求是否合理？所发生的医疗费用基本医疗保险基金是否给予支付？

分析要点

1. 应该确定医院在医疗服务过程中是否存在明显缺陷，第一次植入的人工关节是否存在质量问题。如果医院在医疗服务过程存在明显缺陷或人工关节存在质量问题，刘某某的赔偿要求是合理的。

2. 因医疗服务过程中的缺陷所产生的医疗费用由医院负责赔偿，因人工关节质量问题所产生的医疗费用则由生产厂家负责赔偿，也可由医院统一赔偿，随后由医院向厂家追偿。

3. 如果医疗服务过程无缺陷、人工关节也没有质量问题，则刘某某的赔偿要求是不合理的。目前，大多数省市的医疗保险基金支付政策是：不构成医疗事故的赔偿，基本医疗保险基金一般予以支付。

案例十

李某某，男，43 岁，享有城镇职工基本医疗保险待遇，就职于某食品加工企业。自 1996 年 2 月，他因“间断性不明原因低热、多发性皮肤黏膜溃疡”到多家医院就诊，但未明确诊断。2010 年 5 月，他被某医院诊断为“白塞氏综合征、乙型肝炎病毒携带者”，并收入院治疗；20 天后治愈出院。该医院认为李某某所患疾病症状不典型、长期未能明确诊断，有教学意义，故将其病历作为教学资料放在院内网上供医务人员学习、讨论。不慎李某某病情被所在单位的领导得知，单位领导以“不适合从事食品加工行业”为由将其辞退。为此，李某某到医院要求赔偿，请分析该医院是否应给予赔偿?

分析要点

1. 依据《中华人民共和国侵权责任法》第六十二条规定：“医疗机构及其医务人员应当对患者的隐私保密。泄露患者隐私或者未经患者同意公开其病历资料，造成患者损害的，应当承担侵权责任。”

2. 医疗机构及医务人员对患者的隐私及个人信息有保密的义务，公开或泄露患者的信息要征得患者的同意；否则，因信息泄露所造成的损害应予以赔偿。故李某某的要求是合理的。

3. 作为医院或教学单位，病历教学或讨论是准许的，在教学范围内公开讨论病历是需要的。应该注意的是：在使用或在一定范围内公开病人的资料之前，要注意保护病人的隐私或隐去相应的信息，必要时还必须征得当事人的同意，并签订《知情同意书》。

案例十一

谢某某，男，37 岁，享有城镇职工基本医疗保险待遇。2010 年 10 月的某一天，他在商场行窃时被保安人员发现，在保安人员的追拿过程中，谢某某摔倒并从楼梯滚下，导致右腿腓骨骨折，被送至某医疗保险定点医院住院治疗，经手术治疗后恢复良好出院。请分析谢某某住院期间所发生的医疗费用基本医疗保险基金是否应给予支付?

分析要点

2010 年 10 月 28 日第十一届全国人大常委会第十七次会议通过的《中华人民共和国社会保险法》，没有对因故意犯罪时所发生的医疗费用做出具体的规定。谢某某行窃被发现，逃跑时摔伤，治疗所发生的医疗费用基本医疗保险基金是否应予以支付，则需根据其所在地区的基本医疗保险基金政策规定执行。

案例十二

高某某，男，41 岁，在职职工，享有城镇职工基本医疗保险待遇。2008 年 11 月，他因突发心脏病到某医院看急诊并住院治疗，7 天后治愈出院。在结算住院医疗费用时，因其医疗保险手册早已丢失且没有申请补办手续，病人在医院全额结算医疗费用。随后，高某某持住院结算的票据到医疗保险经办机构要求报销。请分析在丢失医疗保险手册期间，并在未申请补办的情况下，所发生的医疗费用基本医疗保险基金是否给予支付？

分析要点

1. 依据基本医疗保险政策规定，医疗保险手册丢失后，参保人应及时向居住地人力资源和社会保障主管部门申请补办医疗保险手册。

2. 在未申请补办医疗保险手册之前，参保人在医疗保险定点医院诊疗时所发生的医疗费用，基本医疗保险基金不予支付。

案例十三

李某某，男，41 岁，享有城镇职工基本医疗保险待遇。2010 年 12 月 20 日，他在工作中从高空跌落，造成泌尿道挫裂伤，看急诊入某医院泌尿外科住院治疗。在住院过程中，他发现患有结肠癌，随之转入普通外科手术治疗；手术过程顺利，术后切口愈合良好，因此，出院择期进一步治疗。请分析李某某本次住院时所发生的医疗费用，应由工伤保险基金支付，还是由基本医疗保险基金支付？

分析要点

1. 治疗因工受伤所发生的医疗费用应由工伤保险基金支付，治疗自然疾病所发生的医疗费用应由基本医疗保险基金支付。

2. 李某某在工作中发生意外并导致尿道损伤，属于工伤范畴，治疗尿道损伤所发生的医疗费用应由工伤保险基金支付。在住院过程中发现结肠癌，结肠癌属疾病范畴，其治疗费用应由基本医疗保险基金予以支付。

3. 一个病人一次住院同时治疗两种不同的疾病，其医疗费用由不同的基金支付，比较特殊，在结算时也有难度。如果医院的住院结算系统能够支持，最好将泌尿外科的治疗费用与普通外科的治疗费用分别结算，即治疗工伤的费用与治疗疾病的费用分开结算；如果难以分开结算，应请医疗保险经办机构协调解决。由于治疗过程的连续性、交叉性和复杂性，病人一次住院治疗不同的疾病很难将医疗费用完全、准确地分开。

案例十四

郑某某，女，46 岁，享有城镇职工基本医疗保险待遇。她因外伤造成脾破裂，入住医院进行手术治疗。术前完善相关检查，发现郑某某丙肝抗体检查结果为阴性；因治疗需要术中输血800ml，术后恢复较好出院。三个月后到该医院复查时发现丙肝抗体阳性，遂郑某某及家属要求医院给予赔偿。请分析郑某某的要求是否合理？医院应该如何解决？

分析要点

1. 如能确定赵某某丙肝抗体阳性与在医院接受的治疗有关，那么赵某某的赔偿要求是合理的。

2. 如赵某某在医院接受治疗过程中因输入不合格的血液造成损害，依据《中华人民共和国侵权责任法》第七章第五十九条规定："因药品、消毒药剂、医疗器械的缺陷，或者输入不合格的血液造成患者损害的，患者可以向生产者或者血液提供机构请求赔偿，也可以向医疗机构请求赔偿。患者向医疗机构请求赔偿的，医疗机构赔偿后，有权向负有责任的生产者或者血液提供机构追偿。"

3. 医疗机构和血液提供机构应加强血液安全管理，避免类似纠纷发生。

案例十五

周某某，男，47岁，在职职工，享有城镇职工基本医疗保险待遇。2010年5月1日，他与朋友在餐厅聚餐时见他人打架，前去劝解，被他人误伤，急送医院治疗，入院诊断为"颅内出血，闭合性颅脑损伤、头皮血肿"；23天后出院。请分析周某某住院时所发生的医疗费用基本医疗保险基金是否应给予支付？

分析要点

1. 从周某某的受伤原因分析，明确有第三方责任，所以其住院时所发生的医疗费用基本医疗保险基金不予支付，应由第三方责任人支付。

2. 如果暂时难以确定具体的责任人或责任人逃逸，也可由基本医疗保险基金先行支付，然后向第三方责任人追偿。

案例十六

黄某某，男，45岁，享有城镇职工基本医疗保险待遇。某日他在单位与领导发生口角，当日回家后因心情郁闷，情绪不稳定，服用大量安眠药，造成深度昏迷，被家属发现后急送医院进行抢救，治疗后病情基本稳定。请分析黄某某在医院治疗时所发生的医疗费用基本医疗保险基金是否应给予支付？

分析要点

1. 医疗保险有关政策规定：患精神病的参保人员因自杀、自残、酗酒等行为，经鉴定为完全无责任能力或限制责任能力的，其相关的医疗费用基本医疗保险基金予以支付。

2. 如患有精神卫生系统的疾病，不具备正常人的思维能力，可按照《中华人民共和国社会保险法》的相关规定，由基本医疗保险基金支付部分治疗费用。

3. 由于黄某某能够在单位就职，故可以认定其行为属于正常人的范畴。服用大量安眠药属于个人自杀或自残行为，其所发生的医疗费用基本医疗保险基金不予支付。

案例十七

赵某某，女，31岁，享有城镇职工基本医疗保险及生育保险待遇。2009年她确诊为“输卵管粘连继发性不孕症”，后在妇产医院行“体外受精胚胎移植术”，术后四周发生先兆流产而住院治疗。请分析赵某某住院期间所发生的医疗费用基本医疗保险基金是否给予支付？

分析要点

1. 赵某某享有基本医疗保险和生育保险待遇，如果是单纯的流产治疗，属于疾病治疗范畴，基本医疗保险基金应予以支付。

2. 由于赵某某此次“先兆流产”的原因，是在妇产医院行“体外受精胚胎移植术”而引发的，故依据国家医疗保险政策相关规定，诊治不孕（育）症、性功能障碍的医疗费用基本医疗保险基金不予支付。

案例十八

李某某，女，29岁，享有城镇职工基本医疗保险待遇。她在单位上楼梯时不慎摔倒，造成掌指关节骨折，到医院进行治疗。请分析李某某的治疗费用是由工伤保险基金支付，还是由基本医疗保险基金支付？

分析要点

1. 因李某某是在单位受伤，首先应考虑其是否为工伤，由所在单位向工伤鉴定部门申请工伤鉴定。经工伤鉴定部门批复认定后，所发生的医疗费用由工伤保险基金予以支付。

2. 如不属于工伤范畴，因李某某享有基本医疗保险待遇，则医疗费用由基本医疗保险基金以予支付。

3. 在工伤鉴定部门未确定李某某为工伤时，所发生的治疗费用先由基本医疗保险基金支付，待明确鉴定为工伤后，再由工伤保险基金支付部分医疗费用。

案例十九

徐某某，女，27岁，享有城镇职工基本医疗保险待遇。2010年她入住某医院整形外科行“下颌角磨削术”，术中出现大出血，遂进行输血等抢救措施。在医院治疗期间，经检查确诊其患有“血小板减少性紫癜”，并针对此病进行了相关治疗。请分析徐某某住院期间所发生的医疗费用基本医疗保险基金是否应给予支付？

分析要点

1. 国家医疗保险政策规定：非功能性整容、矫形手术等项目的医疗费用，基本医疗保险基金不予支付。故徐某某所行的“下颌角磨削术”属于非功能性整容、矫形手术项目，所发生的医疗费用基本医疗保险基金不予支付。

2. 徐某某住院期间查出的“血小板减少性紫癜”疾患与此次进行的“下颌角磨削术”没有因果关系，故针对“血小板减少性紫癜”进行的相关治疗所发生的医疗费用符合医疗保险政策规定要求，基本医疗保险基金应予以支付。

案例二十

吴某某，男，18岁，享受城镇居民基本医疗保险待遇。他在户外打篮球时造成鼻骨连续性中断、塌陷性骨折，遂住院进行创伤后的治疗性手术；恢复一段时间后，因塌陷性骨折引发鼻周围组织受损、呼吸功能障碍等问题转入整形外科进行自体骨移植隆鼻术，术后恢复良好。请分析吴某某住院期间所发生的医疗费用基本医疗保险基金是否应给予支付？

分析要点

1. 吴某某在没有第三方责任人的情况下不慎受伤，住院进行创伤后的治疗性手术。依据国家医疗保险政策的相关规定，所发生的医疗费用基本医疗保险基金应予以支付。

2. 恢复一定时间后转入整形外科进行的“自体骨移植隆鼻术”属于创伤后的功能性恢复整容、矫形手术治疗，依据国家医疗保险政策相关规定，吴某某所发生的医疗费用基本医疗保险基金应以予支付。

案例二十一

孙某某，男，37岁，享有城镇居民基本医疗保险待遇。2006年，他开始吸毒；2010年，因聚众吸毒被拘留，拘留期间吞噬异物，后被送到医院行“内镜下异物取出术”治疗。术中发现孙某某患有胃溃疡，遂继续住院治疗。请分析孙某某住院期间所发生的医疗费用基本医疗保险基金是否应给予支付？

分析要点

1. 孙某某在拘留期间吞噬异物属于自杀行为，依据国家医疗保险政策相关规定，参保人员因自杀、自残所发生的医疗费用，基本医疗保险基金不予支付。因此，针对吞噬异物进行治疗时所发生的医疗费用，基本医疗保险基金不予支付。

2. 在吞噬异物手术治疗中发现孙某某患有胃溃疡，因此，住院治疗时所发生的医疗费用符合国家医疗保险政策相关规定，基本医疗保险基金应予以支付。

案例二十二

姜某某，男，70岁，退休人员，享有城镇职工基本医疗保险待遇。2010年4月，他因腹股沟嵌顿疝急诊入院，拟行急诊手术，术前心电图示：Ⅱ度房室传导阻滞。为保证术中安全，植入临时性人工心脏起搏器（计10800元）后，行“疝还纳复位修补术”，一周后治愈出院，住院费用共计16800元。请分析姜某某住院的医疗费用能按单病种进行结算吗？请指出影响单病种费用的主要因素有哪些？

背景介绍

姜某某所在的地区对腹股沟疝实行单病种付费管理，单侧手术的支付额度为4828元。其中，医疗保险基金支付3349元，参保人自付1479元。排除条件为：（1）腹股沟疝伴有坏疽的；（2）伴有法定传染病的；（3）伴有恶性肿瘤、器官移植服抗排异药及肾透析的。

分析要点

1. 实行单病种付费和管理的疾病，如果不符合“排除条件”，必须按单病种结算。但本案例较特殊，“Ⅱ度房室传导阻滞”是较严重的心脏疾患，不经治疗难以耐受手术。而同时伴有“嵌顿疝”，“嵌顿疝”又必须急诊手术，否则危及生命。为保障手术安全并尽快手术，为病人安装了临时性人工心脏起搏器，导致医疗费用超过单病种支付额标准。

2. 建议遇有此类问题时，首先应与医疗保险经办机构联系，沟通协商妥善解决；其次，“Ⅱ度房室传导阻滞”和“嵌顿疝”分属两种不同的疾病，即使两种疾病都实行单病种管理，也可进行分段或分别结算。

3. 影响单病种费用的主要因素有：住院天数、合理用药、年龄、伴随疾病、诊疗方法等。

案例二十三

张某某，女，48 岁，在职职工，享有城镇职工基本医疗保险待遇。张某某因糖尿病、血糖控制不佳住院治疗，在住院期间，经治医师建议，试用一种治疗糖尿病的新药，并告知此药未上市，正在做二期临床试验，免费提供使用。张某某同意并签署了《知情同意书》。在临床药物试验过程中，张某某完全停用了以往服用的治疗糖尿病的药品，仅服用此药；此间，张某某的血糖持续升高，经治医师让其继续服药，未作相应处理。当 13 周的新药试验完成后，张某某的血糖不但没有得到控制，且高于临床药物试验前的水平。为此，张某某诉讼于法律，要求医院赔偿。请分析张某某的赔偿要求合理吗？住院期间的医疗费用基本医疗保险基金是否应给予支付？

分析要点

1. 对新药进行临床试验是验证新药不可或缺的环节，否则，临床医学不能进步，治疗手段不能改善。但在进行临床试验前，必须告知参试者具有风险并落实“知情同意”制度，同时要密切观察其变化，必要时也可退出试验。本案例中，医院履行了告知义务并与张某某签署了《知情同意书》，在这一环节上医院无过错；但是在试验过程中，当张某某血糖持续升高时，经治医师仅让其继续服药，未作相应的处理，医院应当承担部分责任。

2. 住院费用是否能够由基本医疗保险基金支付，主要依据张某某的病情是否符合住院标准。如果符合住院标准，医疗费用则由基本医疗保险基金予以支付；如果不符合住院标准，仅为使用临床试验用药的便利，则基本医疗保险基金不予支付。

案例二十四

王某某，女，50 岁，享有城镇职工基本医疗保险待遇。2009 年 7 月，她在某游泳馆游泳时发生溺水，被救生员救援上岸，但呼吸、心跳均已停止。在进行人工呼吸、心脏按压等紧急救治的同时，急送医院救治。目前，王某某呈植物状态，心跳恢复，长期靠呼吸机维持呼吸，仍在住院治疗中。请分析王某某因溺水所发生的医疗费用基本医疗保险基金是否应给予支付？

分析要点

1. 首先应判明王某某溺水是否存在第三方责任。如存在第三方责任，则由第三方承担王某某溺水后所发生的医疗费用；若无第三方责任，则由基本医疗保险基金予以支付。

2. 一般来说，王某某应该是购买游泳票入场的，这就构成了契约关系。从契约法理的性质分析，游泳馆也应该承担王某某因溺水后所发生的部分医疗费用。

案例二十五

崔某某，男，53 岁，在职职工，享有城镇职工基本医疗保险待遇。2010 年 11 月 26 日，他因上腹部不适、泛酸等症状，预约门诊胃镜检查并已交费，预约日期为 2010 年 12 月 14 日。2010 年 12 月 12 日，崔某某因“急性胰腺炎”住院治疗，2010 年 12 月 31 日治愈出院。因胃镜检查未做，2011 年 1 月 4 日来院要求退回门诊胃镜检查的费用。因已跨年度，系统不支持持卡跨年度退费。请分析在医疗保险实际工作中遇到此类情况时应怎样解决？

分析要点

本案例看似为计算机系统的问题，实际上是工作流程不通畅。在医疗服务中，类似需要预约检查的项目很多，“预而不赴”的情况也很常见，跨年度、跨统计周期的情况也时有发生。即使是“按时赴约”，不跨年度也不跨周期，检查的项目和费用也经常发生变化，这就需要再次交费甚至多次交费。譬如预约了胃镜检查，同时预交了检查费，但在胃镜检查时又发现了胃窦部息肉，遂进行胃镜下治疗，那么病人还需再次交纳治疗“息肉”的费用。因此，有效避免此类问题发生的方法不是解决退费问题，而是调整工作流程，也就是由预先收费改变为检查后收费。这样既方便了病人，又减少了退费的问题。

案例二十六

钱某某，男，71 岁，退休人员，享有城镇职工基本医疗保险待遇。他因患肝癌入院治疗，在住院过程中，经治医师要求他以“自费”身份到门诊交费做全身 PET-CT 检查（自费项目）。钱某某表示不理解，不配合，为此反映到医疗保险经办机构。请分析经治医生这种做法是否妥当？

分析要点

1. 降低和控制医药费用的自费比例是解决“看病贵”问题的措施之一。医院、医务人员应该主动承担社会责任，为解决“看病贵”问题做出努力。医院应严格执行《医疗保险协议书》的规定，严格控制自费药品和自费项目，尽量选择《医保药品目录》内的药品，合理用药、合理检查、合理治疗。

2. 尽管 PET-CT 检查对于判断肝癌的转移具有一定的诊断依据，但不应让钱某某以自费的身份到门诊交费，这不仅不方便病人，也没有达到有效控制医疗费用的目的，同时也违反了《医疗保险协议书》的相关条款。这种做法是不妥的。

案例二十七

夏某某，女，69 岁，退休人员，居住北京，享有城镇职工基本医疗保险待遇。她患高血压、糖尿病等多种慢性病，需要长期服用药物治疗。2010 年 12 月，她到海南女儿家暂住，匆忙中没有办理异地转诊就医手续，2011 年 4 月回到北京。在海南期间共发生医药费 5000 余元，为方便报销，夏某某要求定点医院开具转诊单，转诊到海南某医院诊疗。请分析遇到此类问题应如何解决？

分析要点

1. 原则上应执行北京市医疗保险有关异地转诊的相关规定。

2. 夏某某没有办理异地转诊手续即在海南某医院发生的医药费用，不符合北京市医疗保险政策相关规定，应由本人负担；但因其年龄较高且费用较多，也可以向居住地医疗保险经办机构申请协商解决。

案例二十八

张某某，男，56 岁，某市人，享有城镇职工基本医疗保险待遇。他在健康体检时发现“右肺阴影”，遂入住某医院进一步检查治疗，手术后病理报告为：错构瘤（错构瘤属于先天疾患，不在该市报销范围）。请分析张某某住院时所发生的医疗费用基本医疗保险基金是否应给予支付？

分析要点

1. 依据某市医疗保险政策规定，错构瘤属于先天性疾病，不在医疗保险政策报销范围内。

2. 若明确诊断为错构瘤，应该遵守本市的医疗保险政策规定，张某某住院时所发生的医疗费用基本医疗保险基金不予支付。

3. 本案例比较特殊，张某某术前肺部小结节很难从影像学来诊断就是肺部错构瘤，也不能确定是良性还是恶性。本着为患者负责的态度，在许多情况下只有通过手术后病理确诊。因此，本案例在处理时应本着特例特办的原则，与医疗保险经办机构进行充分的沟通协商，妥善解决医疗费用是否由基本医疗保险基金部分支付。

案例二十九

韩某某，女，59 岁，享有城镇职工基本医疗保险待遇。她因午餐后腹部剧烈疼痛一小时，到医院急诊就诊。疼痛呈阵发性绞痛，以剑突下为主，伴有恶心、大汗。韩某某既往有胆囊炎、胆结石、高血压、冠心病病史，相关检查：血常规：白细胞 11. 4 ×109 g/L，血生化正常，血淀粉酶 419 U /L，尿淀粉酶 561 U /L；心电图示：大致正常；腹部超声示：胆囊结石。结合病史诊断为“急性胰腺炎”，在急诊给予禁食、胃肠减压、抑酸、止痛、抑制胰酶分泌等治疗后，韩某某疼痛症状缓解。因医院无病床，联系 120 进行转诊，途中韩某某再次出现疼痛且呈持续性加重，血压持续下降，120 医护人员进行全力抢救无效死亡。尸检结果：主动脉夹层动脉瘤。家属以延误诊治为理由，要求医院及 120 急救中心赔偿。请分析韩某某的医疗费用基本医疗保险基金是否应给予支付？家属的要求是否合理？

分析要点

1. 主动脉夹层动脉瘤是一种较少见但病死率较高的严重的血管疾病，起病急，进展快，误诊率高达 58. 6 %。在韩某某的诊治过程中，医务人员在抢救生命垂危病人的紧急情况下已经尽到合理诊疗义务，但是限于此疾病误诊率极高，有些医生难以进行及时诊断，故家属以延误诊治的理由要求赔偿，理由不充分。

2. 《中华人民共和国侵权责任法》第七章第六十条第二款明确规定：医务人员在抢救生命垂危的患者等紧急情况下已经尽到合理诊疗义务，但限于当时的医疗水平难以诊疗的，不承担赔偿责任。

3. 韩某某急诊就医及转诊时所发生的医疗费用，符合医疗保险政策规定的，无论是否在已选定的医疗保险定点医院就诊，基本医疗保险基金均予以支付。

案例三十

何某某，女，20 岁，就读于某大学，享有城镇职工基本医疗保险待遇。2011 年 4 月，她因间断发热多次在学校附近医院急诊就医；2011 年 5 月诊断为慢性肾功能衰竭，随后进行了肾移植手术，术后需要进行长期抗排异治疗。请分析何某某就医时所发生的医疗费用基本医疗保险基金是否应给予支付？

分析要点

1. 急诊就医所发生的医疗费用，无论是否在已选定的医疗保险定点医院就诊，基本医疗保险基金均予以支付。

2. 移植手术的费用若是发生在何某某选定的医疗保险定点医院，则由基本医疗保险基金支付；肾源及不符合医疗保险政策的检查、治疗及药品的费用，基本医疗保险基金不予支付。

3. 非医疗保险定点医院发生的费用，基本医疗保险基金不予支付。

4. 移植术后抗排异治疗的费用支付按当地医疗保险政策执行。

案例三十一

吴某某，男，26 岁，享有城镇职工基本医疗保险待遇，在某单位从事保安工作。2009 年，吴某某发现居民吵架进行劝阻，居民双方争执中误伤吴某某，造成其肱骨骨折，送至医院进行手术治疗；手术顺利，术后使用鹿瓜多肽注射液促进骨源性生长因子的合成并进行康复训练。请分析吴某某本次住院的全部医疗费用基本医疗保险基金是否应给予支付？

分析要点

1. 首先要考虑吴某某的外伤是否存在第三方责任，有第三方责任的，应由第三方负担。

2. 若没有第三方责任，应考虑到吴某某的特殊身份，是否属在工作时间发生的意外。工作中受到伤害所发生的医疗费用，应由工伤保险基金支付；非工作时间受到伤害所发生的医疗费用，应由基本医疗保险基金予以支付。

3. 吴某某使用了鹿瓜多肽注射液，该药医疗保险药品适应症为：重度骨质疏松患者确诊为骨折延迟愈合后 3 个月内使用和工伤保险使用。若医疗费用由工伤保险基金支付，则此药费也应由工伤保险基金以予支付；若医疗费用由基本医疗保险基金支付，则要判断使用该药品是否符合医疗保险药品适应症要求。

案例三十二

蒋某某，女，59岁，享有城镇职工基本医疗保险待遇。她因患乳腺癌在某医疗保险定点三级医院进行乳癌根治术（该患者曾在十几年前做过乳假体植入术），本次术中需将假体一并取出。术后蒋某某进行放疗，因急性心脏病发作猝死。请分析该蒋某某所有的医疗费用基本医疗保险基金是否给予支付？

分析要点

1. 依据基本医疗保险不予支付费用的非疾病治疗项目规定：各类美容、健美项目，非功能性整容、矫形手术等项目所发生的医疗费用，基本医疗保险基金均不予支付。故乳假体取出术的医疗费用基本医疗保险基金也不予支付。

2. 其他符合医疗保险政策的医疗费用，基本医疗保险基金应予以支付。

案例三十三

李某某，86岁，享有城镇职工基本医疗保险待遇，医院诊断：糖尿病、高血压、冠心病、严重骨关节病，开处方：

阿卡波糖片：50mg×30片	3/日	6盒	30天
硝苯地平控释片：30mg×7片	1/日	4盒	28天
单硝酸异山梨酯：40mg×24片	1/日	1盒	24天
硫酸氨基葡萄胶囊：250mg×20粒	3/日	3盒	10天

某市医疗保险实行门诊费用持卡结算后，要求同院内同种药品累计开药量不能超过五天，为此，各医院均在门诊医生工作站进行限制。上述四种药因包装规格不同，再次开药时，需要分四次到医院。患者对医院极为不满，要求医院给予合理解释。针对上述问题，医疗保险管理部门应如何解决，请结合实际工作进行分析。

分析要点

1. 某市使用社保卡之后，个人垫付资金减少，因此极有可能造成一些贪图利益者从中作弊突击开药骗保，出现参保人员大量开药并把药品转售给药贩子等情况。因此，医疗保险经办机构要求定点医院加大查处力度，用信息化手段对门诊医生工作站进行管理。这样做虽然有效控制了一些恶意行为，但也给部分需要长期服用多种药品的参保人员带来不便，同时增加了参保人的就医次数，浪费了医疗资源。

2. 医院的医疗保险管理部门应加大门诊持卡结算的政策宣传力度，做好特殊人员的政策解释工作，同时向医疗保险经办机构如实反映情况，请求解决办法。

3. 如果有关部门能够统一药品包装规格，以上问题迎刃而解。

案例三十四

陈某某，男，44岁，广东省人，在广州市打工，享有城镇职工基本医疗保险待遇，同时又参加了居住地新型农村合作医疗。陈某某因患急性非淋巴细胞性白血病，于2011年4月8日至5月11日在广州市某医院住院治疗。出院时按广州市职工医疗保险相关待遇结算，住院总医疗费用为49810.24元，其中医保记账34632.73元、自费15177.51元。陈某某出院后，又到居住地新型农村合作医疗办公室申请报销住院费用，提供的发票为住院医疗费49810.24元、自费金额49810.24元。当地新型农村合作医疗办公室审核参保人报销资料时，要求救治医院协助核实参保人住院及结算资料。医院在核查中发现，参保人提供的发票是伪造发票。请分析陈某某住院所发生的医疗费用当地新型农村合作医疗办公室能否给予报销？

分析要点

1. 随着我国社会保障体系的发展、健全以及我国医改方案的实施，农民在当地参加新型农村合作医疗的同时又参加了其他社会医疗保险的现象有所增加。但由于社会医疗保险与新型农村合作医疗同属政府部门实施的社会保障，原则上只能参加一种，不能重复参加。如果重复参加，也只能享受其中一种医疗保障待遇，不得重复享受。至于享受何种医疗保障待遇，可由参保人自行选择。

2. 本案例中的陈某某可以自由选择享受广州市职工医疗保险待遇或者当地新型农村合作医疗待遇，但不能重复享受。

3. 陈某某在医院结算时已享受了职工医疗保险待遇，故当地新型农村合作医疗办公室不能再按新型农村合作医疗待遇给予报销。

4. 对于陈某某伪造发票的行为，已经构成伪造票证罪，到当地新型农村合作医疗办公室申请报销属于“骗保”行为，又构成了诈骗罪，因此可以追究其法律责任。

案例三十五

刘某某，女，27岁，广州市人，享有城镇职工基本医疗保险待遇。刘某某过去3次怀孕，均于8～12周时自然流产；本次停经42天，要求入院保胎。临床医师以“不育症”诊断入院，住院处按自费病人将其收入住院保胎。请分析临床医师诊断是否正确？刘某某能否享受基本医疗保险待遇？

分析要点

1. 首先应确认刘某某是否已婚。如果是未婚先孕，则违反了国家婚姻法和计划生育法，无论是何种情况都不能享受基本医疗保险待遇。

2. 如果是已婚的参保人员，应以此次住院的病因来决定其享受何种医疗保险待遇。如刘某某自己要求入院保胎，是不能享受基本医疗保险待遇的；如有“先兆流产”等住院指征的，才能按医保身份入院保胎并可享受基本医疗保险待遇。

3. 由于其多次怀孕流产，诊断应该以“不良孕育史”为主，而不应轻易诊断为“不育症”，其诊断是错误的，有明显的故意行为。

4. 该临床医师以“不育症”诊断将刘某某收入院，其目的是让病人自费，有避免本病区医疗保险费用超标的嫌疑，这种做法是错误的。

案例三十六

蒋某某，男，43岁，广州市人，享有城镇职工基本医疗保险待遇。他因高血压一直在医院门诊就医，在2011年10月到医院检查时发现肾功能异常，诊断为慢性肾衰竭（尿毒症期）、肾性高血压而收其入院治疗，行右颈内静脉置管术后，进行规律血液透析治疗。在此期间，医生向其家属告知部分医疗项目需要自费，得到家属的认可，但未与其签订《自费项目同意书》。出院时蒋某某以未与医院签订《自费项目同意书》而拒绝交纳自费费用。请分析蒋某某就医时所发生的费用基本医疗保险基金是否给予支付？自费的医疗项目应由谁来承担？

分析要点

1. 根据广州市医疗保险政策规定，患者只要在本市指定的有慢性病诊断资格的医疗保险定点医疗机构申请并成功办理了高血压病种后，在任何一家医疗保险定点医疗机构门诊治疗高血压病的费用，基本医疗保险基金均按规定比例予以支付。

2. 如所住医院为医疗保险定点医疗机构，住院期间进行的介入治疗等费用符合医疗保险范围内的，则由基本医疗保险基金予以支付；反之，基本医疗保险基金不予支付。

3. 医生使用未与蒋某某（或家属）签名同意的自费项目等费用，即蒋某某（或家属）拒付的相关费用，应由医院相关科室或相关医生自行承担。

4. 医院应加强对《自费项目同意书》的签署管理工作，一方面行告知义务，另一方面可减少医院或医务人员的经济损失。

5. 术后在门诊维持性血透治疗的费用，可按本市医疗保险政策规定，在指定的医疗保险定点医疗机构申请办理门诊特定项目——尿毒症血透项目，并经医疗保险经办机构审核同意后，可由基本医疗保险基金予以支付；反之，基本医疗保险基金不予支付。

案例三十七

许某某，女，61 岁，享有广州市城镇职工基本医疗保险待遇。许某某退休后随子女在香港居住，有时自觉头晕、失眠、四肢发麻，在 2011 年 5 月返回本市探亲期间，自感头晕头痛加剧，无法入睡，来医院门诊就医。经颅颈部彩色多普勒超声检查及血尿、生化检查等诊断为"脑动脉硬化"，并收入医院 VIP 病房进行一系列的对症治疗，症状减轻后出院，随后在香港的医院继续进行门诊治疗。请分析许某某在广州市和香港看病时所发生的医疗费用基本医疗保险基金是否应给予支付?

分析要点

1. 根据医疗保险政策相关规定，享有城镇职工基本医疗保险待遇的患者，到已选定的医疗保险定点医疗机构就诊的，所发生的普通门（急）诊符合医疗保险基金报销范围内的医疗费用，基本医疗保险基金予以支付。但许某某住特需诊疗 VIP 病房所发生的医疗费用属于特需服务类，基本医疗保险基金不予支付。

2. 依据广州市医疗保险政策相关规定，患者不能在国外或香港、澳门以及台湾地区办理异地就医手续。因此，许某某返回香港特别行政区继续门诊治疗所发生的医疗费用，基本医疗保险基金不予支付。

案例三十八

范某某，男，48 岁，南宁市人，享有城镇职工基本医疗保险待遇。范某某接单位通知，要求于星期六（双休日）上午9:00到单位二楼会议室参加会议。他于开会当日8:45到达，在等候开会期间到会议室外吸烟，不慎从二楼阳台上滑倒坠落，导致下肢骨折，当日即入院治疗。请分析范某某就医时所发生的医疗费用基本医疗保险基金是否应给予支付?

分析要点

1. 首先需确定范某某是否与单位签订了有效的用工合同，如已签订，则应由单位为其向国家正式工伤鉴定部门申请工伤鉴定。

2. 如被鉴定为工伤，同时范某某所在单位为其交纳了工伤保险金，范某某的医疗费用则由工伤保险基金支付；反之，则由所在单位承担，基本医疗保险基金不予支付。

3. 如范某某未被鉴定为工伤，所发生的医疗费用应由基本医疗保险基金予以支付。

案例三十九

李某某，女，29岁，已婚，南宁市人，享有城镇职工基本医疗保险待遇。李某某孕20周时因“胚胎发育异常”入院，入院后完善相关检验检查，并给予相应治疗；但三天后发现胚胎停育，胎心音消失，即行引产术，术后三天恢复良好出院。请分析李某某发生的医疗费用是由生育保险基金支付，还是由基本医疗保险基金支付?

分析要点

1. 李某某因“胚胎发育异常”被收入院治疗，其诊断属病理产科的疾病范畴，故所发生的医疗费用应该由基本医疗保险基金支付。

2. 医疗机构在认真审核李某某的准生证并确认已参加生育保险后，其引产术等计划生育项目应由生育保险基金支付；反之，则由李某某自行负担，基本医疗保险基金不予支付。

3. 在广西，是由病人在医院行医疗保险全额结算后，再到医疗保险中心报销生育保险应支付的部分费用。

案例四十

姜某某，男，39岁，广西某地人，享有城镇职工基本医疗保险待遇。他自诉1年前因车祸导致骨折，在外院行左下肢内置钢板手术治疗，此次需行“内置钢板取出术”入院。院方告知因是车祸致伤，不能按照医疗保险待遇入院（即不能直接刷卡）。姜某某不接受，自称上次手术就享受了基本医疗保险待遇，本次入院也应持医保卡入院，并由基本医疗保险基金支付所发生的医疗费用。请分析医患双方哪方的说法正确，应如何处置？

分析要点

1. 姜某某1年前在外院手术治疗时所发生的医疗费用是否是由基本医疗保险基金支付的情况，院方没有义务进行考证和调查，故不能偏信姜某某的一面之词。

2. 根据《中华人民共和国社会保险法》第三十条规定：下列医疗费用不纳入基本医疗保险基金支付范围：（一）应当从工伤保险基金中支付的；（二）应当由第三人负担的；（三）应当由公共卫生负担的；（四）在境外就医的。医疗费用依法应当由第三人负担，第三人不支付或者无法确定第三人的，由基本医疗保险基金先行支付。基本医疗保险基金先行支付后，有权向第三人追偿。

有第三方责任人的车祸，应由第三方承担所发生的医疗费用，医疗保险基金是不予支付的。如确系找不到责任方的，待公安交警部门出具有效证明后，可由基本医疗保险基金支付。

3. 此次姜某某住院，主诉是因车祸致伤而进行的后续治疗，故院方有义务告知上述医疗保险政策，并指导其取得公安交警部门的相关证明，争取自身的合法权益，以最终确定是否能享受医疗保险待遇。

4. 在此期间院方应与姜某某进行耐心的沟通和交流，取得本人的理解、信任和配合，使医患双方达成基本的一致意见，以便更好地进行下一步治疗。

案例四十一

刘某某，男，28岁，成都市人，享有城镇职工基本医疗保险待遇。刘某某上班时与同事发生争吵继而双方动手，扭打中刘某某摔倒致其眼球损伤。经医院相关检查后，决定行“眼球摘除术”，术后需安装义眼。请分析刘某某所发生的医疗费用基本医疗保险基金是否应给予支付？

分析要点

1.《四川省城镇职工基本医疗保险规定》文件中明确规定：因“打架斗殴”发生的医疗费用不属于基本医疗保险基金支付范围。

2. 2011年7月1日《中华人民共和国社会保险法》实施以后，其第三十条规定，不纳入基本医疗保险基金支付范围的医疗费用包括：应当从工伤保险基金支付的；应当由第三人负担的；应当由公共卫生负担的；在境外就医的。

上述规定中，只有“应当由第三人负担的”情况涉及本案例。但打架的责任是双方的，既涉及第三方也涉及本人。因此，题中所述的情况如果是发生在2011年7月1日之后，并确定打架双方负同等的责任，那么应由刘某某自己承担的那部分医疗费用（除去安装义眼的费用）应由基本医疗保险基金支付；如在2011年7月1日之前发生的题中情况，则由刘某某自行负担医疗费用，基本医疗保险基金不予支付。

3. 安装义眼部分的医疗费用，按照医疗保险政策规定，基本医疗保险基金不予支付。

案例四十二

张某某，女，36岁，四川某地人，系某博物馆工作人员，享有城镇职工基本医疗保险待遇。张某某下班后在单位如厕时不慎摔倒，致其手臂骨折，后到医院进行治疗，共计发生医疗费用9500元。请分析张某某就医时所发生的医疗费用应由基本医疗保险基金还是由工伤保险基金给予支付？

分析要点

1.《工伤保险条例》第三章第十四条第二款规定：工作时间前后在工作场所内，从事与工作有关的预备性或者收尾性工作受到事故伤害的，才能认定其为工伤，发生的医疗费用由工伤保险基金给予支付。

2. 张某某的摔伤虽然是在工作地点，但摔伤时并未从事工作，因而不具备申报工伤鉴定的条件。由于张某某参加了城镇职工基本医疗保险，依据医疗保险相关政策，张某某就医时所发生的符合基本医疗保险的费用，应由基本医疗保险基金予以支付。

案例四十三

况某某，女，35岁，贵州省贵阳市人，享有城镇职工基本医疗保险待遇。况某某因恶心呕吐、腹痛、腹泻且伴有发热到医院就医。门诊以“急性胃肠炎”收入传染科住院治疗，后经妇科会诊为宫外孕，遂转入妇科进行输卵管切除术。术中发现况某某伴有卵巢囊肿，经取得家属同意后同时行“卵巢囊肿剔除术”。请分析况某某住院时所发生的医疗费用应由生育保险基金还是由基本医疗保险基金支付？

分析要点

1. 根据医疗保险政策相关规定，急诊所发生的医疗费用无论是否是选定的医疗保险定点医疗机构，基本医疗保险基金均应予以支付。

2. 本案例中，况某某所患宫外孕属于病理妊娠之一，所以行“输卵管切除术”的医疗费用应由生育保险基金支付；而卵巢囊肿属于普通妇科疾病范畴，应该由基本医疗保险基金支付。

3. 因两个手术同时进行，所发生的医疗费用在院端 HIS 记账系统中不易完全分清，故在实际工作中医院可根据当地医疗保险和生育保险政策与医疗保险经办机构协商，并征求本人意见后，再决定为其申请哪种医疗保险基金支付为宜。

案例四十四

张某某，女，46 岁，享有城镇职工基本医疗保险待遇。10 年前张某某在某美容院行“双侧假体植入隆胸术”，现因左乳房包块到某三甲医院就诊，诊断为假体渗漏致脂肪坏死，行包块切除术及双侧假体摘除术。请分析张某某所发生的医疗费用基本医疗保险基金是否应给予支付？

分析要点

1. 根据医疗保险政策规定，各类美容、健美项目，非功能性整容、矫形手术等项目的费用，基本医疗保险基金均不予支付。

2. 若是无关联病因的单纯性隆胸假体摘除术，属于美容整形手术，所发生的费用基本医疗保险基金不予支付。

3. 本案例中张某某于 10 年前所做隆胸手术现因假体渗漏致脂肪坏死，形成左乳房包块，行包块切除术所发生的费用不属于美容整形项目，基本医疗保险基金应予以支付。

案例四十五

李某某，女，56 岁，工作于甘肃省某事业单位，享有城镇职工基本医疗保险待遇。2011 年 1 月，她因“急性心肌梗死”急诊就医，随后进行了介入手术。在治疗的必要检查中发现血液梅毒检测呈阳性，经相关专家确诊为梅毒携带者，此期间又进行了相关治疗。请分析李某某就医时所发生的医疗费用基本医疗保险基金是否应给予支付？

分析要点

1. 根据医疗保险政策相关规定，患者急诊就医时所发生的医疗费用不管是否在已选定的医疗保险定点医院就诊，基本医疗保险基金均予以支付。

2. 本案例中的李某某是因“急性心肌梗死”住院，对于治疗急性心肌梗死所发生的医疗费用，基本医疗保险基金应予以支付。

3. 属于梅毒方面的检查、治疗以及相关的治疗药物，不符合医疗保险报销政策，基本医疗保险基金不予支付。

4. 李某某介入治疗后需较长时间进行抗凝治疗，可按当地医疗保险政策办理特殊疾病长期门诊待遇，可享受基本医疗保险的相关报销政策，部分费用基本医疗保险基金予以支付。

案例四十六

宋某某，女，45 岁，在甘肃省某事业单位工作，享有城镇职工基本医疗保险待遇。她因患风湿性关节炎，长期腿部疼痛，于 2011 年 2 月在家附近诊所就医，诊所大夫做针灸治疗时不慎将针灸针断在腿部，随后到医院急诊住院，经手术将断在腿部的针灸针取出。请分析宋某某就医时所发生的医疗费用基本医疗保险基金是否给予支付?

分析要点

1. 根据医疗保险政策相关规定，患者急诊就医时所发生的医疗费用，不管是否在已选定的医疗保险定点医院就诊，基本医疗保险基金均予以支付。

2. 本案例中的宋某某虽是急诊住院，但住院病因与诊所治疗失误有关，是否属于医疗事故，应该经权威部门进行裁断。如裁断结论系诊所为责任方，故医疗费用应由责任方来承担，基本医疗保险基金不予支付。

3. 在诊所发生的门诊费用，由宋某某与诊所协商解决。

案例四十七

季某某，女，40 岁，宁夏回族自治区某市人，享有城镇职工基本医疗保险待遇。季某某参加了由自治区电视台组织的亲子娱乐活动，在和女儿做接力赛过程中不慎从活动板上掉下，造成“右胫骨下端粉碎性骨折”，急诊住院治疗。请分析季某某就医时所发生的医疗费用基本医疗保险基金是否给予支付?

分析要点

1. 如果是电视台组织的职工活动，又经国家工伤鉴定权威部门鉴定为工伤，住院时所发生的医疗费用应由工伤保险基金支付。

2. 如果是电视台组织的社会活动，此次医疗费用应由组织方负责支付，基本医疗保险基金不予支付。

3. 如季某某还参加了商业保险等，医疗费用也可由商业保险方支付。

案例四十八

李某某，女，46岁，新疆维吾尔自治区乌鲁木齐人，享有城镇职工基本医疗保险待遇。在2011年7月5日上班时间，因工作原因与领导发生争执，李某某回到家后心中郁闷并感到被羞辱，遂割腕自杀，后被家人发现，就近送至非选定的医疗机构抢救，治疗中使用了部分自费项目、自费材料和药品等。后经医院诊断，李某某患有心理障碍性疾病。家属要求医疗费用应由医疗保险基金承担，自费部分应由当事领导承担。请分析该家属的要求是否合理？

分析要点

1. 2011年7月1日开始实施的《中华人民共和国社会保险法》第三十条规定：下列医疗费用不纳入基本医疗保险基金支付范围：（一）应当从工伤保险基金中支付的；（二）应当由第三人负担的；（三）应当由公共卫生负担的；（四）在境外就医的。

2. 因自杀是属于非限定范围内的，且本案例中的李某某被诊断为患心理障碍性疾病，因此，符合医疗保险政策范围内支付的费用，应由基本医疗保险基金予以支付。

3. 家属要求本单位领导承担自费部分的费用问题，应通过组织或司法部门调查、协商解决。

案例四十九

雷某某，男，34岁，北京市人，享有城镇职工基本医疗保险待遇。当年出生时父母已发现其左手小指增粗肿大畸形，但未进行任何治疗等处理。畸形随年龄增长逐渐严重，且小指功能受限加重，为诊治其加重的病症而到医院就医，门诊以“左小指巨指畸形”收入院。请分析雷某某就医时所发生的医疗费用基本医疗保险基金是否应给予支付？

分析要点

1. 依据国家相关规定，可报销的46种先天性疾病中不包含左小指巨指畸形，故雷某某就医时所发生的医疗费用基本医疗保险基金不予支付。

2. 因随年龄增长畸形加重并伴有功能障碍，因此，住院治疗不是单纯为了正畸美容，而是恢复左手小指功能，可作为特例与当地医疗保险经办机构协商此次费用报销等事宜。

案例五十

邱某某，男，45 岁，北京市人，享有城镇职工基本医疗保险待遇，主因“B 超发现胆囊结石伴间断右上腹痛 4 年”，于 2011 年 11 月 29 日门诊收其住院。入院后完善相关检查，确诊为“胆囊结石、慢性胆囊炎”，并具有手术指征，也未发现手术禁忌症；随后于全麻腔镜下实施了“胆囊切除术”，术后治愈出院。请分析邱某某就医时所发生的医疗费用基本医疗保险基金是否定额支付？

分析要点

1. 基本医疗保险基金应给予支付。如患者所在地区有按“胆囊结石单病种”付费管理模式的，应按单病种定额支付。

2. 邱某某明确诊断为胆囊结石、慢性胆囊炎，并行胆囊切除术治疗，同时未伴有其他器官疾病，且术后无严重并发症，即可按照胆囊结石单病种付费方式报销，医疗保险基金和本人分别按当地医疗保险政策支付和负担相应的费用。

案例五十一

刘某某，25 岁，就职于甘肃省某单位，享有城镇职工基本医疗保险待遇。2010 年 5 月，刘某某因膝关节疼痛在当地医院就诊并入院治疗，住院期间经过相关检查确诊为“右膝关节骨肉瘤”。经当地医疗保险经办机构同意，转入上级医院进行了截肢手术和相关的治疗，术后需安装假肢。请分析刘某某就医时所发生的医疗费用基本医疗保险基金是否给予支付？

分析要点

1. 刘某某 2010 年 5 月在当地医院就医时所发生的医疗费用，由当地医疗保险经办机构从基本医疗保险基金中予以支付。

2. 在上级医院住院治疗时所发生的医疗费用，按当地医疗保险政策执行，基本医疗保险基金应予以支付。

3. 刘某某术后安装假肢的费用，因医疗保险政策相关规定中明确了个人安装假体等医疗费用基本医疗保险基金不予支付，应由本人负担。

案例五十二

张某某，65 岁，甘肃省某单位退休职工，享有城镇职工基本医疗保险待遇。张某某随子女在异地（非医疗保险所在地）居住，2011 年 5 月因突发脑出血在当地医院就诊。请分析：（1）若张某某未办理异地就医，如何就医？所发生的医疗费用如何报销？（2）若已办理异地就医，所发生的医疗费用如何报销？

分析要点

1. 若张某某未办理异地就医，应在发病第一时间内通知本单位和其所属的医疗保险经办机构备案，并保存好所有就诊单据和医院出具的诊断证明等材料。全部费用应先自行垫付，回本人居住地的医疗保险经办机构进行报销，基本医疗保险基金应予以支付。

2. 若已办理异地就医，应在本人选定的异地医院就医诊治，所发生的医疗费用到居住地医疗保险经办机构报销，基本医疗保险基金应予以支付。

3. 张某某突发脑出血，在临床上属于急性病症，应马上到医疗机构的急诊部就医。如属急诊患者，在异地医院就医所发生的医疗费用，基本医疗保险基金均予以支付部分医疗费用。

案例五十三

王某某，男，65 岁，享有城镇职工基本医疗保险待遇，退休后离开参保地回其原籍居住，并在原籍医疗保险定点医院长期就医。请分析王某某在原籍就医的医疗费用基本医疗保险基金是否给予支付？若能支付，参保人应如何办理相关手续？

分析要点

1. 王某某若在工作单位或户口所在地医疗保险经办机构申请办理异地就医登记手续，其在原籍居住期间所发生的医疗费用基本医疗保险基金予以支付。

2. 王某某若没有在工作单位或户口所在地医疗保险经办机构申请办理异地就医登记手续，原则上其在原籍居住期间所发生的医疗费用，基本医疗保险基金不予支付。

3. 王某某应根据参保地的医疗保险政策规定，选择异地医疗保险定点医疗机构作为本人定点医院，持参保地医疗保险经办机构领取的《医疗保险易地安置申报审批单》到选择的异地医院和医院所在地的异地医疗保险经办机构审批；然后将《医疗保险易地安置申报审批单》交回单位，单位持相关材料到参保地医疗保险经办机构进行审批。

4. 异地安置人员在异地就医时发生的医疗费用个人先行全额垫付，然后到原单位或户口所在地医疗保险经办机构办理报销，报销待遇需按参保地医疗保险支付范围的规定执行。

案例五十四

李某某，女，36 岁，北京市人，享有城镇职工基本医疗保险待遇。2011 年 8 月，李某某周末骑自行车外出郊游时被一逆向行驶的电动自行车撞倒，送至附近医疗保险定点医院进行救治，诊断为“腓骨骨折”，急诊行“骨折固定术”。请分析李某某就医时所发生的医疗费用基本医疗保险基金是否给予支付?

分析要点

1. 因李某某的交通事故有第三方责任人，应由第三方负担，基本医疗保险基金不予支付。依照《中华人民共和国社会保险法》（2011 年 7 月 1 日施行）第三章第三十条第二款规定：应当由第三人负担的医疗费用，依法应当由第三人负担。

2. 第三人不支付或者无法确定第三人的，由基本医疗保险基金先行垫付，基本医疗保险基金先行垫付后有权向第三人追偿。

案例五十五

刘某某，男，52 岁，某市人，在职，享有城镇职工基本医疗保险待遇，因患胆石症住院行“胆囊切除术”。刘某某为本年度第一次住院，共发生医疗费用 5850 元，其中有自付比例的药品 500 元（自付比例为 10%）。根据当地医疗保险政策相关规定，住院起付线为 1300 元，在职职工报销比例为 80%。请分析刘某某此次住院基本医疗保险基金应给予支付的费用是多少?

分析要点

基本医疗保险基金应予以支付的费用计算方法一：

1. “患者个人负担”的医疗费用包括三部分内容：

自付 1：医疗保险范围内个人按比例应负担的费用（包括起付线和超封顶线部分）：

1300 + （5850 - 1300 - 500 × 10%） × 20% = 2200（元）

自付2：乙类目录中需要个人负担的金额：

500 × 10% = 50（元）

自费：报销范围（即药品、诊疗、服务设施三个目录）以外的医疗费用0（元）。

2. 基本医疗保险基金支付额 = 总费用 - 自付1金额 - 自付2金额 - 自费金额 = 5850 - 2200 - 50 - 0 = 3600（元）。

基本医疗保险基金应予以支付的费用计算方法二：

医疗保险基金支付金额 = 医疗保险范围内可报销金额 × 报销比例 = （5850 - 1300 - 500 × 10%） × 80% = 3600（元）。

案例五十六

王某某，女，56岁，北京市人，享有城镇职工基本医疗保险待遇。2011年5月12日，王某某因“右侧乳腺肿物”收入北京市某医疗保险定点医院住院治疗，住院期间需要到外院进行PET - CT检查。请分析王某某住院期间发生的外院检查费基本医疗保险基金是否给予支付？

分析要点

1. 根据北京市基本医疗保险有关规定，住院期间发生的院外诊疗费原则上不予支付；但属于本次治疗需要的相关检查和治疗，由经治医师提出申请并经医院主管部门批准备案后，病人可到外院（医疗保险定点医院）进行相关检查和治疗，并将发生的诊疗费纳入住院费用中一并结算。

2. 王某某做PET - CT检查的医院如果是医疗保险定点医院，其PET - CT检查费基本医疗保险基金应予以支付。

案例五十七

赵某某，男，68岁，已婚，北京市人，享有城镇职工基本医疗保险待遇。医院诊断他患有“原发性肝癌”，在北京市某三级综合医院保守治疗一月余，病情未得到有效控制，需转往北京市某传染病专科医院进一步治疗。请分析赵某某在办理转院时需要注意哪些问题？

分析要点

1. 需持有转出医院开具的“北京市医疗保险转诊单”作为转院的有效证明。

2. 有效的转院时间为24小时之内。

3. 转院期间不能发生门（急）诊费用，否则转入医院的住院费用不能完成持卡实时结算。

4. 选择“转入”而不是“新入”进行入院登记的，与转出医院视为一次连续住院，出院结算不再扣起付线。

案例五十八

向某某，男，53岁，北京市人，享有城镇职工基本医疗保险待遇，主因咳嗽3日在其医疗保险定点医院就诊。该参保人员持社保卡挂号时，电脑显示“不在红名单”（即本次不享受医疗保险待遇）。请分析医院应如何解决此问题？

分析要点

挂号时电脑显示“不在红名单”的原因可能有：

1. 所在企业、单位或本人未及时向社保经办机构上缴保费，导致参保人员无法享受基本医疗保险待遇。

2. 本人发生参保类别身份的变更。

3. 应告知参保人员全额垫付本次就医发生的医疗费用，并持医院提供的“全额交费证明”到本人单位或医疗保险经办机构办理。

案例五十九

王某某，男，30岁，北京某公司职员，享有城镇职工基本医疗保险待遇。假日期间，王某某踢足球时不慎摔倒，致“尺骨骨折”，急诊住院手术治疗。请分析王某某此次住院所发生的医疗费用基本医疗保险基金是否给予支付？其手术后功能康复和取出内固定装置的费用基本医疗保险基金是否给予支付？

分析要点

1. 王某某是自行摔伤急诊住院手术，只要是在医疗保险定点医院发生的医疗费用，基本医疗保险基金应予以支付。

2. 其手术后康复和取出内固定装置的医疗费用，基本医疗保险基金也应予以支付。

案例六十

丁某某，男，26岁，北京市人，享有城镇职工基本医疗保险待遇，2007

年9月21日自费在某医院行肾移植手术，后于2009年10月1日、2009年11月5日两次因“肾移植术后、移植肾功能不全”诊断住某医院泌尿外科，入院前未向医疗保险经办单位申请特殊病审批手续，在住院期间行抗排异治疗和与之相关化验、检查等项目。请分析丁某某住院时所发生的医疗费用基本医疗保险基金是否给予支付？

分析要点

1. 根据北京市医疗保险政策规定，丁某某此次住院的所有医疗费用均应按基本医疗保险普通住院结算支付，其抗排异费用不享受特殊病待遇（因特殊病待遇需在住院前申请办理方可有效）。

2. 由于丁某某入院前未向医疗保险经办机构申请办理特殊病手续，故抗排异治疗和与之相关的化验、检查费用，不能按特殊病待遇支付。

3. 建议丁某某本次出院后及时按政策相关规定申请办理特殊病手续。

案例六十一

于某某，女，36岁，享有城镇职工基本医疗保险及生育保险待遇。于某某因“发热、腹痛6小时”被急诊收入某院外科，查体：下腹压痛，伴反跳痛，板状腹，腹腔穿刺未抽出不凝血及脓液，行相关检查后，急诊行“剖腹探查术”，术中见腹腔内有巧克力色液体约50ml，阑尾明显充血、肿胀，未穿孔，行“阑尾切除术”；双侧附件位于子宫直肠窝内，与周围组织粘连明显，左侧卵巢内可见两个囊肿，已破裂，可见巧克力色液体流出；左输卵管2个系膜囊肿，子宫后壁可见多处紫蓝色结节。请妇产科医生台上会诊，行“左侧卵巢巧克力囊肿剥除术、左输卵管系膜囊肿切除术”，术后转入妇产科治疗。请分析于某某住院期间所发生的医疗费用如何报销？

分析要点

1. 依据北京市医疗保险事务管理中心关于下发《北京市基本医疗保险急性阑尾炎手术治疗单病种付费试行办法》（京医保发［2003］50号）的通知及附件第4款：“参保人员因患急性阑尾炎（ICD10码：K35.0［指急性阑尾炎伴有穿孔、破裂的；伴有弥漫性腹膜炎不列入单病种管理范围］），在定点医疗机构住院实施阑尾炎切除术治疗的，病种费用支付额为：三级定点医疗机构3875元，其中医疗保险基金支付2828元，参保人员自付1047元；二级（含以下）定点医疗机构3125元，其中医疗保险基金支付2375元，参保人员自付750元。”

2. 于某某确诊为急性阑尾炎，且伴弥漫性腹膜炎（下腹压痛，伴反跳痛，板状腹、发热，可诊断急性弥漫性腹膜炎），根据单病种相关规定，急性阑尾炎伴弥漫性腹膜炎可不按单病种结算。

3. 卵巢巧克力囊肿其本身就未纳入单病种结算。

4. 于某某住院期间所发生费用如不能按单病种结算，可向北京市医疗保险经办机构申请按项目结算。

案例六十二

赵某某，女，65岁，北京市退休人员，享有城镇职工基本医疗保险待遇。2010年5月赵某某被诊断为“慢性肾功能不全尿毒症期”，申请办理特殊病种进行血液透析治疗。2011年11月24日因病情变化，需要到其他医院行血液滤过治疗，在定点医院结算了当月血液透析费用后，当天到医保中心变更了特殊病定点医院。原定点医院在审核数据时发现，24日结算的费用被拒付。请分析赵某某就医时所发生的医疗费用为何基本医疗保险基金不能正常支付？医院应如何解决该问题？

分析要点

1. 赵某某在特殊病批准的有效期内发生的血液透析治疗费用，基本医疗保险基金按住院支付标准予以支付。

2. 当日结算就医费用后，原定点医院尚未上传当日的医疗费用时即办理了变更特殊病定点医院，造成原定点医院的上传数据显示为非特殊病种定点医院而遭到拒付。

3. 医疗保险经办机构在为参保人办理审批中途变更特殊病定点医院时，应结清原定点医院的费用并保证数据正常上传入库后，才可变更定点医院。

4. 向医疗保险经办机构申请，将赵某某变更特殊病定点医院的时间延后，妥善处理该笔费用。

案例六十三

李某某，男，61岁，北京市某铁路局退休职员，享有城镇职工基本医疗保险待遇。2008年，李某某无明显诱因出现双足麻木感并逐渐向上进展，后发展至髋关节处；2010年因头晕、行走偏斜，诊断为周围神经病、脑梗死、双侧颈动脉狭窄、右侧椎动脉狭窄；2010年7月行“左侧颈总动脉支架成形术、右侧椎动脉支架成形术”。请分析李某某住院期间的医疗费用基本医疗保险基金应如何支付?

分析要点

1. 李某某为北京市某单位职工，北京市医疗保险政策规定，八大血管支架成形术的费用基本医疗保险基金予以支付，其中包括颈总动脉，故左侧颈总动脉支架成形术的费用，基本医疗保险基金按比例予以支付；右侧椎动脉支架成形术的费用，基本医疗保险基金不予支付。

2. 李某某住院期间使用的自费医用材料及费用超过500元可报销的贵重材料，须征求本人的意见并及时与本人签订《自费协议书》。

3. 住院期间发生的医疗费用属于医疗保险报销范围内的，基本医疗保险基金按比例予以支付。

案例六十四

张某某，男，36岁，北京市人，享有北京市特殊病待遇。2011年10月20～26日，他在某医院急诊住院治疗，住院时因未带社保卡，医院压其医保手册住院；10月21日，他又持卡在另一家医院看病发生门诊费用。当张某某在第一家医院出院结算时系统提示不能持卡结算，但本人执意报销住院费用。请分析张某某住院时所发生的医疗费用基本医疗保险基金是否给予支付?

分析要点

1. 张某某住院期间到第二家医院看病不符合医疗保险政策规定，故所发生的门诊费用和住院费用，基本医疗保险基金均不予支付。

2. 让张某某在第一家医院全额交费后，医院开具全额交费证明，写明无法实时结算的原因。

3. 本人应到第二家医院办理退费，所发生的门诊费用自行承担。

4. 本人持全额交费证明到医疗保险经办机构手工报销住院费用。

案例六十五

潘某某，男，55岁，北京市人，享有城镇职工基本医疗保险待遇。潘某某因冠心病心肌梗死行心脏搭桥手术，术后卧床期间给予奥美拉唑静点、盐酸氨溴索雾化吸入治疗。出院结算时发现这两种药物为自费项目，潘某某不理解，向医院医保办投诉。请分析造成自费项目的原因是什么? 医保管理部门应如何做好解释工作?

分析要点

1. 北京市医疗保险用药规定：医保患者用药时应同时遵循《医保药品目

录》及药品说明书的适应症、用法用量及给药途径，二者交集部分方可纳入医疗保险报销范围。

2. 潘某某所用奥美拉唑为预防用药，超出医保适应症范畴，故基本医疗保险基金不予支付。

3. 盐酸氨溴索雾化吸入改变了说明书的给药途径（静点），故基本医疗保险基金不予支付。

4. 本案例造成自费项目的主要原因是临床医生对医保用药政策不熟悉，医保办工作人员应加强对临床医护人员医保政策的培训，准确掌握政策要求，预防此类问题发生。临床治疗确实需要使用此类药物时，应事先告知患者，并签订《自费协议书》。

案例六十六

张某某，男，45 岁，北京市人，享有城镇职工基本医疗保险待遇。2009 年他因交通事故所致股骨颈骨折，住院手术治疗，由交通肇事方一次性赔偿其医疗及其他费用。2011 年张某某因需取固定钢板再次住院手术。请分析张某某第二次住院所发生的医疗费用基本医疗保险基金是否给予支付?

分析要点

1. 张某某第一次住院费用有第三方责任，故基本医疗保险基金不予支付。

2. 张某某第二次住院取固定钢板，因与交通事故有因果关系，故所发生的医疗费用基本医疗保险基金原则上不予支付。

案例六十七

范某某，女，50 岁，河北省人，享有城镇职工基本医疗保险待遇。2011 年 5 月，范某某怀孕 20 周时，突然癫痫大发作，120 急救中心送至医院进行抢救，因妊高症诱发癫痫，需行中期引产手术。请分析范某某就医时所发生的医疗费用基本医疗保险基金是否给予支付?

分析要点

1. 范某某急诊就医所发生的医疗费用，不管是否在已选定的医疗保险定点医院就诊，基本医疗保险基金均应予以支付。

2. 范某某此次怀孕若符合计划生育政策，其“中期引产术”的医疗费用，由生育保险基金支付；若不符合计划生育政策，则其“中期引产术”的医疗费用，生育保险基金不予支付；治疗癫痫所发生的医疗费用，基本医疗保险基金予以支付。

案例六十八

刘某某，女，56岁，沈阳市退休人员，享有城镇职工基本医疗保险待遇，2011年10月住院诊断为严重心衰，随后进行了心脏移植手术，术后需要进行长期的抗排异治疗。请分析刘某某心脏移植手术和术后抗排异治疗时所发生的医疗费用，基本医疗保险基金是否给予支付？

分析要点

1. 移植手术的费用若是发生在刘某某选定的医疗保险定点医院，则由基本医疗保险基金予以支付。移植的心脏为组织器官源，依照医疗保险政策相关规定，基本医疗保险基金不予支付。移植术中若使用丙类药品或丙类诊疗项目，基本医疗保险基金也不予支付。

2. 非医疗保险定点医院发生的医疗费用，基本医疗保险基金不予以支付。

3. 刘某某术后如果办理了移植术后抗排异治疗的特殊病手续，抗排异费用按当地医疗保险政策执行，个人需承担部分医疗费用，其余则由基本医疗保险基金支付；反之，基本医疗保险基金不按特殊病待遇支付。

案例六十九

董某某，男，45岁，沈阳市人，享有城镇职工基本医疗保险待遇。他患有肝癌晚期、恶性肿瘤病住院治疗，某日行肝脏移植，手术术后生命体征良好，器官移植术后仍需要抗排异治疗和恶性肿瘤放疗。请分析董某某就医时所发生的费用应如何支付？

分析要点

1. 董某某同时患有两种重大疾病，恶性肿瘤住院放疗，符合基本医疗保险基金支付范围内的费用，基本医疗保险基金应予以支付。

2. 器官移植术后抗排异门诊治疗和恶性肿瘤门诊放疗，依据沈阳市医疗保险相关政策，在办理两种门诊特殊病种治疗手续后的情况下，在特病定点医院门诊就医时所发生的医疗费用，符合基本医疗保险基金支付的部分，基本医疗保险基金应予以支付；没办理门诊治疗特殊病手续或没在指定的定点医院就医，所产生的医疗费用由本人自行承担。

3. 使用年度内统筹基金超出10万元以上（当地医保政策，统筹基金最高支付限额10万元），可进入大额医疗保险（当地政策年度最高30万元），按大额医疗保险政策规定，除个人应承担部分费用外，剩余医疗费用大额医疗保险应予以支付；当年内40万元待遇额用完后再发生的医疗费用，则由个人全部承担。

案例七十

魏某某，男，58岁，辽宁某地在职职工，享有城镇职工基本医疗保险待遇，以“反应迟钝、言语不清7天”为主诉住院治疗。据其家属叙述：“7天前病人饮酒后自行摔倒，后枕部着地，当时有短暂意识丧失，但很快自行恢复。回家后仍反应迟钝、言语不清，家人以为是饮酒所致，未重视，未诊治。入院后进行头颅CT检查显示：左侧颞叶出血、脑挫裂、多发陈旧性脑梗死。魏某某既往有脑梗死、高血压病病史。请分析魏某某此次住院所发生的医疗费用基本医疗保险基金是否给予支付？

分析要点

1. 魏某某酒后自行摔倒，摔伤头部导致“左颞叶出血、脑挫裂伤”，其医疗费用应由基本医疗保险基金支付。因为2011年7月1日生效的《中华人民共和国社会保险法》第三十款，并没有将“酒后外伤”列入“不支付范围”。

2. 如果魏某某的外伤发生在《中华人民共和国社会保险法》生效之前，基本医疗保险基金是否予以支付，要依据当时的支付政策执行。一般而言，在《中华人民共和国社会保险法》生效之前，大多省市或地区的支付政策都将醉酒所导致的外伤列入不支付范围。

案例七十一

王某某，男，28岁，辽宁某地在职职工，享有城镇职工基本医疗保险待遇。2011年9月19日，他突然失踪，24小时之后在自家汽车上被发现，当时意识不清，口吐白沫，车内空调开启，有尾气味。急送医院救治，初步诊断为“一氧化碳中毒（重度）”。请分析王某某本次住院期间所发生的医疗费用基本医疗基本保险基金是否给予支付？

分析要点

1. 因一氧化碳中毒住院治疗，需查清中毒的原因来确定医疗费用的支付方。

2. 如果是自身原因所致，其医疗费用由基本医保基金支付。

3. 如果存在第三方责任，由第三方支付。

4. 如果虽然有第三方责任但暂时未找到责任人，也可由基本医保基金先行垫付，以后再行追偿。

案例七十二

张某某，女，35岁，沈阳市在职职工，享有城镇职工基本医疗保险和生育保险待遇。因孕32周，先兆流产、妊娠高血压综合征，张某某住某医院妇产科，住院后给予“宫颈环扎术”及其他对症治疗；3周后剖宫分娩一女婴存活，4天后母子健康出院。请分析张某某此次住院所发生的医疗费用基本医疗保险基金是否给予支付？

分析要点

1. 沈阳市医疗保险基金支付规定：生育保险基金仅限于支付生育及计划生育的医疗费用。“先兆流产、妊娠高血压综合征”为疾病范畴，应由基本医疗保险基金支付，生育保险基金不予支付。

2. 生产期间发生的医疗费用符合生育保险基金支付范畴，应由生育保险基金支付；为保胎而进行的“宫颈环扎术”费用为医疗保险目录范畴外项目，需病人自费。

3. 住院费用分为三种支付方式，在实际操作中确有不便。可尝试将剖宫产手术前的费用一次结算，由基本医疗保险基金支付；剖宫产手术之后至出院的费用再次结算，由生育保险基金支付；其中不符合医疗保险支付范畴内的费用则由张某某自费。

案例七十三

张某某，女，28岁，吉林省公务员，享有城镇职工基本医疗保险和生育保险待遇。2011年3月22日，她因“妊娠高血压综合征”入院治疗，10天后经剖宫产一男婴，健康存活。医生在剖宫产手术中发现张某某子宫内有5×6.4cm肌瘤，遂征求张某某及家属意见，并签署《知情同意书》后进行了“子宫肌瘤剔除术”。术后第3天，张某某因“心律不齐”转往心内科治疗，10天后痊愈出院。请分析张某某住院时所发生的医疗费用应如何支付？

分析要点

1. 张某某住院的医疗费用应分别由基本医疗保险基金和生育保险基金支付。

2. 治疗“妊娠高血压综合征”的医疗费用由基本医疗保险基金支付。

3. 行“剖宫产术”及相关医疗费用由生育保险基金支付。

4. 行“子宫肌瘤剔除术”的医疗费用一般也由生育保险基金一并支付。

5. 因“心律不齐”而转往心内科治疗的医疗费用由基本医疗保险基金支付。

案例七十四

董某某，女，32岁，长春市某医院护士，享有城镇职工基本医疗保险及生育保险待遇。2011年5月24日，董某某在其所工作的医院（以下称A医院）行“剖宫产术”，术后因“病情危重”而转入B医院ICU病房抢救。在B医院按基本医疗保险程序办理了住院手续，转院后病人一直处于“植物人”状态，靠呼吸机维持呼吸，于2011年10月死亡。董某某在B医院共发生医疗费用150余万元。据了解，董某某“病情危重”的原因是A医院行气管插管时造成的。A院承担了董某某住院押金和医疗保险支付之外的全部费用。请分析董某某在B院发生的医疗费用基本医疗保险基金是否给予支付？应该如何解决？

分析要点

1. 依据《长春市城镇职工基本医疗保险定点医疗机构医疗服务协议》第三十六条规定：“参保人员在乙方就诊发生医疗事故的，按照医疗事故管理办法处理，由于医疗事故及后遗症所发生的医疗费用甲方不予支付。”因此，董某某在B医院发生的医疗费用，在没有确定A医院不承担医疗责任之前，不能由基本医疗保险基金支付。

2. B医院应与A医院协商，在未完成医疗事故鉴定之前，由A医院全额结算在B医院发生的住院费用。若A医院有异议，也可向医疗保险经办机构申请，请求协调解决。

案例七十五

王某某，女，70岁，长春市人，退休职工，享有城镇职工基本医疗保险待遇。自述由于自己原因摔倒而导致骨折，住院处工作人员在进行医保身份认证时告知其家属，外伤病人必须到医保办公室办理审批手续，持医保办公室盖章的《外伤审批单》进行身份登记。于是家属找到医保办公室，医保办公室工作人员告知家属找病人所入住的科室，由经治医生填写《外伤审批单》

然后到医保办公室盖章。片刻，患者家属怒气冲冲地回到医保办公室，称经治医生拒绝填写《外伤审批单》，其理由是王某某不需要经过外伤审批。请分析外伤审批的目的是什么？

分析要点

1.《中华人民共和国社会保险法》生效之前，因“非自然疾病所发生的医疗费用”，大多省市或地区的基本医疗保险基金一般不予支付。

2. 因公受伤、打架斗殴、交通事故、吸毒、自杀以及由第三方所导致的外伤等，基本医疗保险基金也不予支付。

3. 外伤审批的目的是甄别受伤的原因，排除不属于医疗保险基金支付范围内的项目，以维护基金安全和避免医院被拒付。“非自然疾病”的种类多、情况复杂、原因多样，难以制定统一的标准，甄别外伤原因必须由临床医师通过询问伤情和运用专业知识来判断。

4. 2011 年 7 月 1 日生效的《中华人民共和国社会保险法》第三十条规定：“下列医疗费用不纳入基本医疗保险基金支付范围：（一）应当从工伤保险基金中支付的；（二）应当由第三人负担的；（三）应当由公共卫生负担的；（四）在境外就医的。”《中华人民共和国社会保险法》中并没有对“自行摔伤”做出不支付规定。因此，如果王某某的受伤时间在《中华人民共和国社会保险法》生效之后，其医疗费用则由基本医疗保险基金予以支付。

案例七十六

丁某某，女，23 岁，吉林省某单位在职职工，享受城镇职工基本医疗保险待遇。2011 年 3 月，她在某定点医院产科行“中期引产术”，术后第 5 天因胎盘粘连转至另一所医院妇科行“胎盘剥离术”。请分析丁某某此次发生的医疗费用基本医疗保险基金是否给予支付？

分析要点

1. 丁某某若享有生育保险，其引产手术的相关医疗费用应由生育保险基金支付；若未参加生育保险，应由单位报销，基本医疗保险基金不予支付。

2. 5 天后由于胎盘粘连转至另一所医院妇科行“胎盘剥离术”所产生的医疗费用，不属于生育保险基金支付范围，应由基本医疗保险基金支付。

3. 如第一家医院行中期引产手术存在医疗过失，则医院也应承担相应的医疗费用。

案例七十七

胡某某，女，45岁，长春市人，就职于某房地产公司，享有城镇职工基本医疗保险待遇。她于2011年9月26日因脑梗死在医院急诊就医，经急诊医生诊断后，为其开具药品，本人交费后病情突然加重，需要住院，且医院尚有空床可以办理住院手续，但在门诊未取药品，本人要求门诊退费。请分析在工作中遇到这种问题应如何解决？

分析要点

1. 胡某某家属可先办理自费住院手续，及时治疗疾病。

2. 家属持门诊收据先找到开方医生说明情况，如同意退费，应在收据上签字或盖章。

3. 胡某某未取药，退药时到药房找药师在电脑中执行退药，并在收据后签字或盖章。

4. 家属持交费收据、医保卡到医院医保办公室办理医保审批手续。

5. 退费收据经医保办公室审批后，到门诊窗口退费。

6. 家属持医保卡、住院病历首页、身份证复印件到医保办公室办理自费转医保手续。

7. 在长春市，市医保患者退费时间限制在5日内，铁路医保退费时间限制为开方当月内退费。且市医保公务员、门诊特殊疾病患者、铁路医保患者要执行倒序退费，即需要保证要退费的收据为门诊最后一笔费用，先退费，后交款；但急重症患者要先以治疗为重点。因此，医保工作人员在向患者解释时，可建议患者先自费办理住院手续，在办理住院手续后，患者可顺利治疗疾病；在住院24小时内（节假日顺延），办理门诊医保退费手续。这样可避免患者在长时间住院过程中，因个人原因导致门诊需退费的票据丢失，为办理门诊退费手续带来的不便，又可以及时向住院处提供医保卡，方便医生明确患者医保身份，按照医保目录为患者用药。

案例七十八

黄某某，女，28岁，吉林省某省直实验室研究员，享有城镇职工基本医疗保险待遇。某天，在工作中黄某某不慎将腐蚀性液体洒于面部，导致轻度灼伤。所在单位为其投保了省直医疗保险（含工伤）。请分析黄某某的住院医疗费用如何支付？本人要求行“双眼皮切割术”的医疗费用是否支付？

分析要点

1. 黄某某因工伤而住院，根据所在地区的相关支付规定，治疗工伤的医疗费用无起付线，医疗保险目录中的甲类、乙类项目均为100%报销，自己需承担丙类费用及甲、乙类项目限价以上的部分医疗费用。

2. “双眼皮切割术”为医疗保险目录外项目，即使因工伤入院，该手术及相应的医用材料均不能由工伤保险或基本医疗保险基金支付，需本人自付。

案例七十九

李某某，女，45岁，上海市某公司职员，享有城镇职工基本医疗保险待遇。2011月6月，她因慢性胆囊炎、胆石症在某医院实施了腹腔镜下胆囊切除术。李某某所在地区的医疗保险经办机构将胆石症列为单病种付费管理，定额费用8098元。她本次治疗实际发生医疗费用10838元，其中术前检查了肝、胆、胰、脾、肾超声，以及肝功能、肌酐、尿素氮、乙肝、丙肝、戊肝、梅毒、HIV等，术后给予了甲磺加贝酯3支（费用211.21元）、谷胱苷酞注射液28支（费用739元）。请分析李某某本次的住院的医疗费用如何支付?

分析要点

1. 一般来说，单病种付费管理的医保基金支付原则是：定额付费、节约归己、超额负担。因此，李某某本次医疗费用的医保基金支付额度为8098元，剩余费用由医院承担。

2. 甲磺加贝酯是一种非肽类蛋白抑制剂，可抑制胰蛋白酶、激肽释放酶、纤维蛋白溶酶、凝血酶等蛋白酶的活性，从而限制上述酶类所造成的病理过程。该药用于急性轻型（水肿型）胰腺炎的治疗，也可用于急性出血坏死型胰腺炎的辅助治疗。李某某胰腺无异常，使用此药缺乏依据。谷胱苷酞注射液为保肝药，李某某肝功能正常，同样缺乏用药依据。根据规定，使用上述两种药品的费用应由医院承担，基本医疗保险基金不予支付。

案例八十

徐某某，女，28岁，在职职工，享有南昌市城镇职工基本医疗保险待遇。2011年她在外地出差期间，因突发腹痛在异地某医疗保险定点医院急诊就医，诊断为“急性胃痉挛”，经治疗痊愈。请分析徐某某在异地急诊就医的医疗费用基本医疗保险基金是否给予支付?

分析要点

1. 参保人因突发急病，在异地医疗保险定点医疗机构就医时所发生的医疗费用，由参保人先行垫付。

2. 参保人持异地医疗保险定点医院开具的有效票据及明细单，到居住地医疗保险经办机构申请报销。

3. 符合基本医疗保险基金支付规定内的医疗费用，基本医疗保险基金予以支付；反之，参保人需自付。

案例八十一

钱某某，男，72岁，南昌市退休职工，享有城镇职工基本医疗保险待遇。2011年9月12日，他在公园晨练时突发心绞痛，被120急救中心的救护车送到某医疗保险定点医院急诊救治。钱某某当时没有携带医保卡，用现金全额结算了医疗费用。请分析没有使用医保卡发生的医疗费用，基本医疗保险基金是否给予支付？

分析要点

1. 急诊到定点医疗机构就医所发生的医疗费用，无论是否使用医保卡，基本医疗保险基金均予以支付。

2. 院前急救且符合基本医疗保险支付规定的医疗费用，也可由个人先行垫付，事后到医疗保险经办机构报销。

案例八十二

殷某某，男，40岁，南京市某单位职工，享有城镇职工基本医疗保险待遇。2009年9月，他于单位聚餐后突发急性腹痛被送至某医院急诊室，随之发生休克，诊断为“急性坏死性胰腺炎”，经紧急手术、抗休克等治疗后转危为安。住院治疗5个月后，医生嘱其出院，殷某某及其家属以“腹腔引流管未拔除”为由拒绝出院。经殷某某单位的工会领导及医院医保办工作人员反复劝导无效，直至医疗保险经办机构将其由“医保”转为“自费”身份时，殷某某才离院，但拒绝交付医保卡，拒绝结算住院费用。全部住院费用除去统筹基金支付部分，欠费约2万元。1年后，殷某某所在单位破产，停交保费，医保待遇也随之停止。请分析遇到此类问题应该如何解决？

分析要点

1. 重症急性胰腺炎是一种病情险恶、并发症多、病死率极高的疾病。术后插管引流是治疗方法之一，引流的时间因人、因情况而定。带引流管出院、定期护理换药、门诊拔除引流管，符合医疗规范。殷某某以“腹腔引流管未拔除”拒绝出院的理由不成立，更不应以此为由拒绝结账。

2. 医院可与医疗保险经办机构协商，后台操作将殷某某住院费用的统筹基金支付部分先行付给医院，应由殷某某自付部分暂做挂账处理，并保留向当事人追讨及进一步诉诸法律的权利。

3. 医院应加强费用风险的防范措施。如建立病人足额交付住院押金、代住院病人保管医保卡、与医疗保险中心完善医保病人欠费处理的管理机制，以此来降低因长期挂账或呆账导致的费用风险。

案例八十三

曾某某，男，30 岁，福建省某单位职工，享有城镇职工基本医疗保险待遇。2011 年 3 月，他因突然胸闷、心悸到某医院急诊治疗，并因此住院 3 天。因突发急病未携带医保卡，也未向医院亮明自己的医保身份，医院也未按医保病人进行管理，住院费用全额自费结算。请分析曾某某所发生的医疗费用是否能够报销?

分析要点

1. 曾某某突然发病，急诊治疗和住院，即使不携带医保卡，没有到指定医院，全额自费结算医疗费用，也可纳入基本医疗保险支付范围，按规定可以报销医疗费用。

2. 由于曾某某未亮明医保身份，医院也未按医保规定进行医疗管理，某些药品、检查或治疗可能是医保外项目，曾某某也没有签署《自费协议书》，所产生的自费费用应由其自行承担。

案例八十四

程某某，女，49 岁，享有城镇职工基本医疗保险待遇。2010 年 11 月至 2011 年 2 月 27 日，她因患癌症在某省级三级甲等医院行手术及放化疗，住院总费用 157000 元，其中自费部分 11500 元。请分析程某某就医时所发生的医疗费用基本医疗保险基金如何支付?

分析要点

本案例主要针对程某某的住院费用为跨年度结算。依据医保基金支付原则：

1. 住院医疗保险的保险期限一般为一年，被保险人在保险期限内多次住院，其给付的保险金额可累计计算，达到保险金额的封顶数时，基本医疗保险基金终止支付。

2. 跨保险年度住院且按时续保的被保险人，其住院医疗费用可根据实际发生时间分段计算进行支付。

3. 医保基金支付部分 = 总住院医疗费 -（基本医疗保险支付范围外的费用、超过重大疾病医疗补助最高支付限额部分的费用、住院的医疗费用中起付标准以下的费用、住院医疗费用中按规定比例由个人支付的医疗费用）。

4. 住院的医疗费用中属个人自付部分，可由参保人员个人医疗账户支付；个人医疗账户不足支付时，由参保人员现金支付。

5. 如果程某某属于连续享受医保待遇职工，其跨年度的住院费用需要按住院时间分为 2010 年 11 月至 12 月 31 日和 2011 年 1 月 1 日至 2 月 27 日两段分开进行支付，支付原则同上。

案例八十五

文某某，男，29 岁，南昌市某单位职工，享有城镇职工基本医疗保险待遇。2010 年某周末，文某某郊游途中突然昏迷，由路人送至医疗保险定点医院抢救治疗，诊断为“高血压病、急性蛛网膜下腔出血”。急诊进行手术，术中使用医疗保险不予支付的贵重材料，且未与家属沟通及签订“医疗保险贵重材料自费协议书”，手术后病情稳定，三周后康复出院。出院结算时，其家属拒绝交纳术中使用的自费材料的费用，并要求由医院负担。请分析在实际工作中遇到此类问题该如何处理？

分析要点

1.《中华人民共和国侵权责任法》第七章第五十六条规定如下：“因抢救生命垂危的患者等紧急情况，不能取得患者或者其近亲属意见的，经医疗机构负责人或者授权的负责人批准，可以立即实施相应的医疗措施。”即紧急情况下，医护工作者无法履行知情告知时，不承担相应责任。

2. 文某某处于昏迷状态，医护工作者无法履行知情告知义务。为挽救其生命、保证治疗效果，急诊进行手术，不但体现了救死扶伤的高尚医德，也符合相关政策规定。医院、医生无过错，也不应承担相应责任和医疗费用。

3. 医院在日常工作中，经常遇到诸如此类的问题，手术后应及时与家属沟通并补签相关协议，取得病人及家属的理解和配合。拒不交纳费用的，也应和参保人单位及医疗保险经办机构进行沟通，妥善处理。

案例八十六

何某某，男，50岁，在职职工，享有城镇职工基本医疗保险待遇。2011年5月7日，何某某在电焊工作中被烧伤胸部，随即送入医疗保险定点医院烧伤科住院治疗，经检查被确诊为“再生障碍性贫血”，相关科室制定“再生障碍性贫血”治疗方案。2011年6月，何某某好转出院。请分析何某某住院所发生的医疗费用是否全部由基本医疗保险基金给予支付？

分析要点

1.《工伤保险条例》第十四条第一款规定，在工作时间和工作场所内，因工作原因受到事故伤害的应认定为工伤。何某某因在工作时间受到伤害，应认定为工伤，治疗医院如果为工伤保险定点医院，其因烧伤所发生的医疗费用应由工伤保险基金予以支付。

2. 治疗“再生障碍性贫血”所发生的医疗费用，应由城镇职工基本医疗保险基金予以支付。

3. 在实际工作中，费用的分割操作起来非常困难，不同地区不同医院政策不尽相同，可采用中途结算，也可采用手工报销，并与医疗保险经办机构协商解决。

案例八十七

刘某某，女，28岁，享有城镇职工基本医疗保险待遇。2010年春节期间，居民小区因烟花坠入导致火灾，刘某某被烧伤，送至医疗保险定点医院。经治疗后，左前臂疤痕致左手手指功能受限。1年后，为恢复其左手手指功能，对左前臂、左手实施了整形手术，同时去除了其面部的黄褐斑。经治疗，患者左手手指功能恢复，面部黄褐斑消失。请分析刘某某治疗所发生的医疗费用基本医疗保险基金是否给予支付？

分析要点

1. 首先确认火灾是否有第三方责任，有第三方责任的，刘某某治疗烧伤及左手整形的费用由第三方承担。

2. 无第三方责任人的，刘某某治疗烧伤及左手整形的医疗费用，由城镇职工基本医疗保险基金予以支付。

3. 治疗面部黄褐斑属于美容项目，所发生的费用，应由刘某某自行负担。

案例八十八

董某某，女，30岁，山东省济南市某企业职工，享有城镇职工基本医疗保险待遇。她因间断性头晕2年余、加重7天，到济南市某医疗保险定点医院诊疗，诊断为“内耳性眩晕”，并需住院治疗。由于某种原因，董某某的社保卡正在申办。请分析董某某住院时如何办理手续，所发生的住院医疗费用才能由城镇职工基本医疗保险基金给予支付？

分析要点

1. 董某某应持医生开具的住院证到济南市医疗保险管理中心开具社保卡补办证明。

2. 董某某出院时全额结算，持社保卡补办证明到济南市医疗保险管理中心审核窗口办理相关手续。

3. 社保卡补发后，持社保卡到医院按医疗保险政策重新结算医疗费用。

4. 关于医疗保险手工结算医疗费用，各地政策不尽相同，应严格按照当地的政策执行。

案例八十九

魏某某，女，69岁，山东某地退休人员，享有城镇职工基本医疗保险待遇。她因间断性胸痛2天，加重伴呼吸困难1小时，送至某医疗保险定点医院急诊，诊断为“急性心肌梗死”，经“冠脉造影及支架植入术”后转入CCU病房，7天后痊愈出院。请分析魏某某因“急性心肌梗死”所发生的医疗费用基本医疗保险基金是否给予支付，应如何支付？

分析要点

1. 魏某某所发生的医疗费用应予以支付。

2. 支付原则应根据山东省某地区城镇职工基本医疗保险政策执行：

（1）急诊就医所发生的医疗费用，并入住院费用按住院费用支付比例由城镇职工基本医疗保险基金予以支付。

（2）冠状动脉造影及支架植入术所使用的一次性耗材如导管、导丝、冠脉支架、球囊等，进口材料由个人先自付40%，国产材料由个人先自付15%，剩余部分按规定比例由基本医疗保险基金予以支付。

案例九十

吴某某，女，28岁，已婚，山东某地在职职工，享有城镇职工基本医疗保险及生育保险待遇。2009 年，她查体时发现右侧卵巢囊肿；2011 年查体发现右侧卵巢囊肿较前增大。考虑右侧卵巢囊肿引起继发性不孕，行“卵巢囊肿剔除术”，并进行输卵管通液治疗，针对继发性不孕症采取内分泌治疗。请分析吴某某本次住院所发生的医疗费用基本医疗保险基金是否给予支付?

分析要点

1. “右侧卵巢囊肿剔除术”所发生的医疗费用，应由基本医疗保险基金予以支付。

2. 根据基本医疗保险不予支付的其他诊疗项目第一条：各种不孕（育）症、性功能障碍的诊疗项目费用。故吴某某治疗继发性不孕的输卵管通液手术费用及内分泌治疗等相关费用，基本医疗保险基金不予以支付。

案例九十一

李某某，男，50 岁，享有城镇职工基本医疗保险待遇。2009 年 12 月，他突发剧烈胸痛、胸闷憋气，由 120 急救车送至医疗保险定点医院急诊治疗。诊断为“急性心肌梗死”，行“冠状动脉造影及支架植入术”，好转后出院，门诊长期服用抗凝药物。请分析李某某就医时所发生的医疗费用医疗保险基金是否给予支付?

分析要点

1. 基本医疗保险医疗诊疗过程中不予支付的生活服务设施项目第一条：就（转）诊交通费、会诊交通费、急救车费、担架员随急救车出诊费等。故李某某 120 急救车费及担架员随急救车出诊费，基本医疗保险基金不予以支付。

2. 其他急救费用及住院的相关医疗费用，应由基本医疗保险基金予以支付。

3. 支架植入术后抗凝治疗的门诊医疗费用，由门诊基本医疗保险大额基金予以支付。

案例九十二

刘某某，女，60 岁，享有城镇职工基本医疗保险待遇。2011 年 8 月，她外出晨练时被机动车刮倒致伤，肇事车辆逃逸，由 120 急救车送往医疗保险定点医院，诊断为“急性闭合性颅脑损伤”，住院治疗后康复出院。请分析刘某某住院医疗费用基本医疗保险基金是否给予支付?

分析要点

1. 依照《中华人民共和国社会保险法》第三章第三十条规定：下列医疗费用不纳入基本医疗保险基金支付范围：（一）应当从工伤保险基金中支付的；（二）应当由第三人负担的；（三）应当由公共卫生负担的；（四）在境外就医的。刘某某的医疗费用依法应当由第三人负担，第三人不支付或者无法确定第三人的，由基本医疗保险基金先行支付。基本医疗保险基金先行支付后，有权向第三人追偿。

2. 刘某某的肇事方逃逸，无法确定第三方责任人，故刘某某所发生的医疗费用应先由基本医疗保险基金支付。

案例九十三

蒋某某，男，65岁，商丘市人，享有城镇职工基本医疗保险待遇。蒋某某既往有高血压史，2011年5月午间少量饮酒后，突发晕厥，左侧肢体偏瘫，语言功能障碍。家属急送至医疗保险定点医院就诊，诊断为“脑出血、多发性脑梗死”，收住神经内科治疗三周后，转往康复病房进行语言、肢体功能训练等康复治疗。请分析蒋某某就医发生的所有医疗费用基本医疗保险基金是否给予支付?

分析要点

1. 蒋某某虽午间少量饮酒，但不是导致脑出血的直接原因，脑出血的原因多为高血压病等导致，蒋某某的医疗费用应由基本医疗保险基金予以支付。

2. 根据《卫生部 人力资源和社会保障部 民政部 财政部 中国残联关于将部分医疗康复项目纳入基本医疗保障范围的通知》，康复治疗运动疗法、偏瘫肢体综合训练、脑瘫肢体综合训练等以治疗性康复为目的9项医疗康复项目的费用，纳入基本医疗保障范围。蒋某某转往康复科后的康复治疗费用属于9项医疗康复项目的费用，基本医疗保险基金予以支付。

3. 上述文件还规定：各省、自治区、直辖市有条件的地区可根据基金承受能力，按照保障基本需求的原则，适当增加纳入基本医疗保障范围的医疗康复项目，增加的项目应当从《全国医疗服务价格项目规范》中选择。各省、自治区、直辖市医疗康复项目略有不同，应根据当地的政策执行。

案例九十四

李某某，男，70岁，享有城镇职工基本医疗保险待遇。2009年5月，他在体检时发现胸部“占位性病变”。请分析李某某本次体检的费用基本医疗保险基金是否给予支付?

分析要点

1.《关于城镇职工基本医疗保险诊疗项目管理的意见》中明确指出，“各种健康体检属于基本医疗保险不予支付费用的非疾病治疗项目”。因此，李某某的体检费基本医疗保险基金不予以支付。

2. 李某某因胸部“占位性病变”需要进一步检查治疗的医疗费用，应由基本医疗保险基金予以支付。

案例九十五

王某某，男，30岁，河南某公司职工，享有城镇职工基本医疗保险待遇。2011年5月，王某某到外地出差，餐后发生急性腹痛，同时伴有恶心呕吐，当地医疗保险定点医院诊断为“急性坏死性胰腺炎”，经住院治疗好转后出院。请分析王某某在异地就医的医疗费用基本医疗保险基金是否给予支付?

分析要点

王某某属于异地就医，原则上应持参保地《医疗保险易地安置申报审批单》到选择的异地医院和医院所在地的异地医疗保险管理部门审批。但王某某出差期间突发疾病急诊入院，住院发生的医疗费用城镇职工医疗保险基金应予以支付。

案例九十六

黑某某，女，45岁，十堰市某单位职工，享有城镇职工基本医疗保险待遇。2011年6月，她在某餐厅就餐时因地板上有油迹而滑倒，导致右肩锁关节骨折，经住院手术后痊愈。请分析黑某某住院发生的医疗费用基本医疗保险基金是否给予支付?

分析要点

1. 首先确认是否有第三方责任，有第三方责任的，黑某某住院所发生的医疗费用由第三方承担。

2. 无第三方责任的，黑某某住院所发生的医疗费用由城镇职工基本医疗保险基金予以支付。

案例九十七

张某某，男，63岁，某单位退休人员，享有城镇职工基本医疗保险待遇。张某某既往有“糖尿病、冠心病”病史，2010年11月因突发胸痛伴呼吸困难住某医疗保险定点医院治疗，诊断为“急性前壁心肌梗死”，行冠脉球囊扩张及支架植入术。住院期间，张某某突然出现口角歪斜、左半肢体瘫痪，遂转至神经内科治疗，经溶栓等治疗好转后出院。张某某所在地区的医疗保险支付方式为按病种付费，“急性前壁心肌梗死”和“急性脑梗死”都是按病种付费的疾病。请分析张某某的出院诊断应该是“急性前壁心肌梗死”还是“急性脑梗死”呢？

分析要点

1. 张某某疾病的主要诊断的选择原则是：本次入院病人最痛苦、最迫切解决的那种疾病；医疗资源消费最多、医生投入精力最大的那个疾病；医疗费用最多的那个疾病。

2. 按病种付费方式（DRGs），是根据国际疾病分类法，将住院病人按疾病、诊断、年龄、性别、出院转归等分为若干组，每组又根据疾病的轻重程度及有无合并症、并发症分为几级，对每一组不同级别都制定相应的标准偿付费用，按这种费用标准对该组某级疾病的治疗全过程一次性向医疗机构偿付清。

3. 张某某本次住院的医疗费用，可对照DRGs相关组别的标准偿付费用。

案例九十八

陈某某，男，52岁，湖南省某单位在职人员，享有城镇职工基本医疗保险待遇。2011年10月，陈某某因车祸（有肇事方）导致急性颅脑损伤、脑干脑出血，急诊住院治疗。陈某某既往患有高血压病史，住院后继续进行规范的抗高血压治疗。请分析陈某某住院期间的医疗费用基本医疗保险基金是否给予支付？

分析要点

1. 《中华人民共和国社会保险法》第三十条规定，“下列医疗费用不纳入基本医疗保险基金支付范围：应当从工伤保险基金中支付的；应当由第三人负担的；……”因车祸造成“急性颅脑损伤、脑出血”的医疗费，显然应该由肇事方（第三方）承担，不应纳入基本医疗保险基金支付范围。

2. 按照基本医疗保险相关规定，治疗高血压病的费用应由基本医疗保险基金支付。但在急性颅脑损伤时，常因脑水肿、颅内高压导致血压升高，在救治时也必须控制血压或降压治疗，也很难分清是治疗原发性高血压，还是控制继发性高血压，相应的费用也难以区分。因此，在住院过程中，一般应由第三方一并支付。

案例九十九

白某某，女，58 岁，重庆市退休人员，享受城镇职工基本医疗保险待遇。2011 年 8 月 17 日，她在重庆市江津区龙华镇隆兴寺留宿，当晚在寺庙院子里乘凉，睡吊床时将房屋柱子拉倒后受伤，被他人救起后急送医院就诊，诊断为“左锁骨骨折、骨盆骨折、肺挫伤、胰腺挫伤”，经住院治疗后治愈出院。请分析何某某的住院医疗费用基本医疗保险基金是否给予支付？

分析要点

1. 此案例的关键在于导致白某某受伤的原因是否涉及第三方责任。倘若涉及第三方责任，其医疗费用由第三方承担；如果不涉及第三方责任，由基本医疗保险基金支付。

2. 第三方责任的确定首先要看白某某的留宿是否与寺庙构成契约关系。如果白某某交纳了住宿费，也就构成了契约关系，那么由于住宿设施陈旧或损坏导致的外伤，寺庙应承担第三方责任；如果是免费留宿或白某某借宿，不构成契约关系，寺院一般不承担第三方责任。其次要看乘凉的“吊床”是否是住宿的设施之一。如果是，寺庙有责任保持其完好，对于设施的完好性应负有责任；如果为非住宿设施，白某某擅自动用而导致损伤，也就不涉及第三方责任，住院医疗费由基本医疗保险基金支付。

3. 如果暂时不能确定是否涉及第三方责任，也可先由基本医疗保险基金予以支付，待确定第三方后追回。

案例一〇〇

王某某，女，25 岁，北京市某企业职工，已婚，未生育，享有城镇职工基本医疗保险及生育保险待遇。2009 年 7 月，她因腹痛半小时到医疗保险定点医院就诊，诊断为宫外孕，紧急进行手术治疗。请分析王某某就医时所发生的医疗费用基本医疗保险基金是否给予支付？

分析要点

1. 北京地区宫外孕属于疾病范畴，不属于计划生育及生育保险基金支付范筹，应由基本医疗保险基金予以支付。

2. 部分地区已将宫外孕等纳入生育保险支付范围，应根据当地具体政策执行。

案例一〇一

李某某，男，40岁，北京市人，享有城镇职工基本医疗保险待遇。2004年李某某行肾移植手术，术后一直进行抗排异治疗；2008年8月，出现肾功能衰竭，需要同时行血液透析治疗。请分析李某某肾移植术后抗排异治疗费用及血液透析费用基本医疗保险基金是否给予支付？

分析要点

李某某在肾移植术后抗排异治疗期间肾功能衰竭，需要同时进行血液透析治疗维持肾功能，这两种疾病在北京地区均属于门诊特殊病种，属于基本医疗保险特殊病种支付范围，应按北京医疗保险政策由基本医疗保险基金予以支付。

案例一〇二

李某某，男，70岁，享有城镇职工基本医疗保险待遇。2011年3月，李某某因“肺癌”住某医疗保险定点医院肿瘤科治疗，住院期间乘电梯做检查时，由于电梯突发故障致使患者“右踝骨骨折”，转入骨科行“踝骨骨折切开复位内固定术”，在治疗骨折期间继续使用抗肿瘤药物。请分析李某某所发生的医疗费用基本医疗保险基金是否给予支付？

分析要点

1. 患者在医院肿瘤科所发生的医疗费用，基本医疗保险基金予以支付。

2. 患者治疗骨折的相关医疗费用，如果有第三方责任的，应该由第三方承担。

3. 治疗骨折期间同时使用的抗肿瘤药物，原则上应由基本医疗保险基金予以支付；但医院在实际工作中很难将某笔药费单独进行申报，应和当地医疗保险经办机构积极协商解决。

案例一〇三

黄某某，男，42岁，新疆生产建设兵团某团职工，享有城镇职工基本医疗保险待遇。他于2011年7月在承包地劳动后骑摩托车回家，由于下雨路滑不慎摔倒，掉进斗渠里，造成右腓骨骨折，立即送往医疗保险定点医院治疗。请分析黄某某就医时所发生的医疗费用基本医疗保险基金是否给予支付？

分析要点

1. 黄某某下班途中摔伤所发生的医疗费用，经鉴定为工伤的，应该由工伤保险基金或单位予以支付。

2. 若鉴定为非工伤的，按照2011年7月1日颁布的《中华人民共和国社会保险法》第三十条规定，可由基本医疗保险基金予以支付。

案例一〇四

刘某某，男，60岁，天津市人，享有城镇职工基本医疗保险待遇。某日夜间他突然感觉到剧烈牙痛，因为疼痛难忍，到某医院口腔科急诊就诊。急诊科医师在进行初步诊治之后，诊断该患者为“急性冠周炎”，立即给予局部治疗，之后医师为患者开具规格为0.125g×12粒/盒、用法为口服，用量为1日2次、1次3粒、用药时间为5天的头孢克洛，药房按3盒予以发放。请分析此处方基本医疗保险基金是否给予支付？

分析要点

按照天津市的医疗保险相关政策，应支付头孢克洛一盒半。

1. 根据医疗保险支付原则，此案例中医师为该患者进行诊治以及开具处方均属于规范诊疗，因病施治，而且头孢克洛为医疗保险支付范围用药，基本医疗保险基金应该支付该治疗及处方药品。

2. 根据《处方管理办法》第19条规定，急诊处方的用药时间一般不得超过3天，而该急诊病人所开具用药时间为5天，超过了该规定范围，所以基本医疗保险基金应支付3天剂量的药品，剩余超出规范要求处方数量的部分药品，基本医疗保险基金可不予支付。

3. 若按三日开具药品，药剂部门应如何发药？应严格按处方使用剂量，按一盒半发药，不应按两盒发放。虽在《处方管理办法》中无此方面明确规定，但严格按处方剂量使用和发药是医疗机构必须认真执行的原则，不应按习惯为减轻工作量超出处方使用量按整盒发药。

案例一〇五

杨某某，女，40岁，重庆市人，从事包装工作，享有城镇职工基本医疗保险和工伤保险待遇。2011 年 8 月，她在某啤酒公司检验岗位从事啤酒检验工作时突感身体不适，表情呆滞、行走摇晃、吐字欠清、持物不稳，由车间职工陪同到医疗保险定点医院就医，诊断为“急性脑梗死”收入院治疗。请分析杨某某本次住院所发生的医疗费用应由工伤保险支付，还是由基本医疗保险基金支付?

分析要点

1. 杨某某本次住院费用应该由基本医疗保险基金予以支付。

2. 杨某某虽然在工作岗位上发病，但不符合《工伤保险条例》第十四条、第十五条认定工伤或者视同工伤的情形。《工伤保险条例》第十四条规定，职工有下列情形之一，应当认定工伤：

（1）在工作时间和工作场所内，因工作原因受到事故伤害；

（2）工作时间前后在工作场所内，从事与工作有关的预备性或收尾性工作受到事故伤害；

（3）在工作时间和工作场所内，因履行工作职责受到暴力等意外伤害的；

（4）患职业病的；

（5）职工外出期间，由于工作原因受到伤害或者发生事故下落不明的；

（6）在上下班途中，受到机动车事故伤害的；

（7）法律、行政法规规定应当认定为工伤的其他情形。

《工伤保险条例》第十五条规定，职工有下列情形之一，视同工伤：

（1）在工作时间和工作岗位，突发疾病死亡或在 48 小时之内经抢救无效死亡的；

（2）在抢险救灾等维护国家利益、公共利益活动中受到伤害的；

（3）职工原在军队服役，因战、因公负伤致残、已取得革命伤残军人证，到用人单位旧伤复发的。

由于该患者不符合《工伤保险条例》规定，故本次住院医疗费用应由基本医疗保险基金予以支付。

案例一〇六

汪某某，男，28 岁，享有城镇职工基本医疗保险待遇。2011 年 11 月 28 日他骑摩托车逆行与迎面而来的三轮车相撞，造成其“右股骨干骨折”，三轮车主“右尺骨中段骨折”，同时入某医疗保险定点医院手术治疗。请分析汪某某与三轮车主的住院费用应该由谁支付?

分析要点

1. 首先要明确的是，汪某某骑摩托车逆行肇事属于违反交通法。汪某某如果购买了摩托车险，三轮车主的医疗费用应该由保险公司按政策赔付；如果没有购买摩托车险，应由汪某某本人承担。

2. 该案例属于交通事故，汪某某逆行驾驶负全责，属于责任方。一般来讲，机动车第三者责任险保险公司主要赔付对象是受害方，而对责任方基本不予赔付。故汪某某受伤入院治疗所发生的医疗费用也不符合医疗保险基金支付的范畴，应该由其自己负责。因此，汪某某的医疗费用基本医疗保险基金不予支付。

案例一〇七

张某某，女，46岁，某公司职工，享有城镇职工基本医疗保险待遇。2011年11月，她在某水库工程建设指挥部工作时，由于地面湿滑跌倒，导致“左桡骨远端粉碎性骨折、左尺骨茎突粉碎性骨折”，收入某医疗保险定点医院住院治疗。请分析张某某本次住院的医疗费用基本医疗保险基金是否给予支付?

分析要点

1. 根据《工伤保险条例》第十四条（1），在工作时间和工作场所内，因工作原因受到事故伤害的，应当认定工伤 。张某某从事工作或与工作有关的事情时受伤，故所发生的医疗费用应由工伤保险基金予以支付。

2. 张某某不享有工伤保险待遇，其所发生的医疗费用应由单位负担。

案例一〇八

陈某某，女，45岁，上海市居民，享有城镇职工基本医疗保险待遇。陈某某于2011年10月某日带社保卡及《城镇职工基本医疗保险门急诊就医记录册（自管）》到医院门诊就诊，挂号时社保卡可正常使用，结算时发现社保卡损坏，无法结算费用。请分析该情况发生时医院应当如何处理?

分析要点

1. 根据上海市医疗保险政策相关规定，参保人员就医时社保卡损坏，可凭借就诊医院医疗保险办公室开具社保卡损坏告知单，到就近的医疗保险服务点或区县医疗保险管理中心，凭本人的有效证件（委托代办的，还需携带被委托人的有效证件）及损坏的社保卡、《就医记录册》申请换发社保卡。因磁卡损坏未付的门诊费用，参保人员 3 日内到医院重新结算。

2. 医院医疗保险办公室要留存陈某某社保卡的影印件，以备督促缴费和查询。

案例一〇九

李阿婆，上海市退休职工，享有上海市城镇职工基本医疗保险待遇。她患有多种慢性病，对于此类患者配药用量有哪些规定？2011 医疗保险年度她住院和门（急）诊自负医疗费用累计 1 万多元，总工会补助了 2000 元左右，其 2010 年的养老金为每月 1700 元，请分析她能否申请上海市医疗保险综合减负？

分析要点

1. 根据上海市《关于保证参保人员医保用药等有关问题的通知》（沪人社医监（2011）372 号）规定，处方一般不得超过 7 日用量，急诊处方一般不得超过 3 日用量，但对诊断明确、病情稳定、需要长期服用治疗药品的慢性病患者，应开具 2 ~4 周用量。

2. 城保人员在一个医疗保险年度内，年累计自负医疗费超过上年度收入一定比例（即“起减标准”）的，超出部分可以享受医保综合减负，减负比例为 90%。退休人员若上年度养老金高于上海市上年度职工最低工资标准的，个人年自负医疗费累计超过其年养老金 30% 以上的部分，可以申请减负。这里涉及的“年自负医疗费”，是指在一个医保年度（当年的 4 月 1 日至次年的 3 月 31 日）内，按规定由个人现金自负的、符合基本医疗保险规定的医疗费，包括诊疗项目分类自负和使用医保乙类药品分类自负的费用等，但要扣除医保其他减负、总工会医疗补助等费用。根据李阿婆的情况，已符合综合减负标准。

案例一一〇

张阿姨，上海市退休职工，享有城镇职工基本医疗保险待遇，她于 2011 年 11 月 2 日在医院诊断为“乳腺癌”，手术后将在定点医院门诊进行化疗。请分析张阿姨是否可以办理门诊大病医保？

分析要点

1. 上海市医疗保险相关政策规定，城镇职工基本医疗保险人员门诊大病项目有：恶性肿瘤的门诊化疗、放疗、同位素抗肿瘤治疗、介入治疗，以及中医药抗肿瘤治疗、重症尿毒症门诊血透腹透、肾移植术后的抗排异治疗。

门诊大病医疗保险的期限为经定点医疗机构首次确诊或恶性肿瘤复发之日起的18个月。超过18个月后，确诊疾病治疗需要继续进行恶性肿瘤相关的门诊大病医疗项目的（包括中医），由负责治疗的定点医疗机构（即医生）提出申请，并开具门诊大病医疗登记申请单，经所在区县医疗保险经办机构审核后，可延长享受6个月门诊大病医疗待遇期限。张阿姨在门诊进行化疗可享受大病医疗保险待遇，大病期限自2011年11月2日起18个月。

2. 张阿姨可凭借出院小结或明确病理诊断报告，由医生开出大病医保申请单，经护士及门诊办公室审核合格盖章后，到就近的医疗保险服务点或区县医保中心办理登记手续。

3. 张阿姨在门诊进行化疗相关治疗时，按大病支付比例付费（张阿姨为退休职工，大病支付8%），就诊时必须出具大病医保申请单。

案例一一一

王某某，男，76岁，陕西省西安市中学退休教师。2007年元月，他参加城镇职工基本医疗保险，但单位未及时发放医疗保险证；2007年8月因“急性肺炎”住院治疗，既往有“糖尿病、冠心病”病史。因无医疗保险证，按自费身份入医疗保险定点医院治疗，痊愈后持发票回单位报销，才知已参保，单位找到医疗保险管理中心申报此笔费用。请分析王某某住院所发生的医疗费用基本医疗保险基金能否给予支付？

分析要点

1. 陕西省医疗保险有关政策规定，参保人员入院前未到医院医疗保险办公室办理相关手续的，医院不能按医保结算。

2. 王某某与单位、医院与医疗保险管理中心协调，单位已于2007年元月参加城镇职工基本医疗保险，但因本人不知晓，未办医保住院登记手续，医保中心应该按原则予以报销。

3. 医疗保险管理中心在核实王某某的实际情况后，应按照医疗保险有关政策予以支付。

案例一一二

赵某某，男，46岁，享有西安市城镇职工基本医疗保险待遇。他以“脾脓肿”被收入院，住院后经抗炎治疗20天，医疗费用共计7000余元，出院时要求病人自费结算（西安市医疗保险政策背景：住院采用按病种结算，病种目录规定：脾脓肿手术发生的医疗费用基本医疗保险基金予以支付；脾脓肿内科保守治疗的医疗费用基本医疗保险基金不予以支付）。患者非常不满，到医疗保险办公室投诉，请分析医疗保险办公室应如何处理此类问题？

分析要点

1. 根据《西安市城镇职工基本医疗保险暂行办法》和《西安市城镇职工基本医疗保险住院病种目录暂行规定》中第二条规定：各定点医疗机构在收治符合住院病种目录所列疾病的患者住院时，其病情必须符合国家病种质量控制标准的诊断依据和入院指征，不得随意扩大病种，严格界定住院条件。

2. 第三条规定：收治住院患者，出院后第一诊断必须符合本住院病种目录，方可列入医疗保险统筹基金支付范围。

3. 第四条规定：不属于病种目录范围内的疾病，但因病情严重确需住院治疗，而且发生5000元以上的医疗费用，或门诊发生的癌症化疗、放疗及透析、紧急抢救，经医院出具诊断证明和病情说明等有关资料，并经医疗保险经办机构批准后，方可由医疗保险统筹基金按比例支付。

4. 医疗保险办公室应加强当地医疗保险政策的宣传力度，使临床医护人员掌握病种支付目录，入院前和病人及时沟通该疾病的报销政策。

5. 赵某某可向西安市医疗保险经办机构提出申请，基本医疗保险基金按比例予以支付。医院应积极向医疗保险经办机构提出合理化建议，要求其修改病种目录，使病种目录制定得更加科学合理。

案例一一三

王某某，女，25岁，居住于新疆维吾尔自治区，享有城镇职工基本医疗保险待遇。她因“盆腔炎”住院治疗，住院期间行色素性脉冲激光治疗60个光斑，每个光斑收费100元。王某某住院期间所发生的费用共计8972.36元，在出院诊断中并无相关皮肤科的诊断，但在病历中有皮肤科会诊及做了大量的皮肤科治疗。请分析王某某住院期间所发生的医疗费用基本医疗保险基金是否给予支付?

分析要点

1. 新疆维吾尔自治区医疗保险相关政策规定，色素性脉冲激光治疗属于自费项目，故所发生的相关医疗费用基本医疗保险基金不予以支付。

2. 住院治疗“盆腔炎”所发生的医疗费用，基本医疗保险基金应予以支付。

案例一一四

孙女士，40岁，广州市户口，享有广州市城镇职工基本医疗保险待遇。2011年3月，她因工厂经济效益不佳被裁员下岗，下岗后一直未找到工作。她患有“高血压病”和“糖尿病”，需长期门诊药物治疗。请分析孙女士应该如何享受广州市城镇职工基本医疗保险待遇？

分析要点

1. 如孙女士在职期间已缴纳养老保险金、失业保险金和医疗保险金，根据《中华人民共和国社会保险法》第五章第四十八条规定，失业人员在领取失业保险金期间，参加职工基本医疗保险，享有基本医疗保险待遇。失业人员应当缴纳的基本医疗保险费从失业保险基金中支付，个人不缴纳基本医疗保险费。

2. 孙女士到达领取失业保险金期限后，根据《广州市城镇灵活就业人员医疗保险试行办法》第六条规定，停止参加职工基本医疗保险的，3个月内转为参加灵活就业人员医疗保险的人员，从缴费的次月起开始享受住院医疗保险待遇；如因个人经济状况较差，无法承担较高额医疗保险费的，可选择参加城镇居民基本医疗保险。

3. 孙女士可在广州市二、三级定点医疗机构申请“指定慢性病门诊药物治疗”待遇，根据个人具体情况，自行选择“灵活就业人员医保”（门慢待遇为每病种150元/人/月，不累计，不滚存）或“居民医保”（门慢待遇为每病种100元/人/月，不累计，不滚存）。

案例一一五

张某某，男，50岁，北京市人，享有城镇职工基本医疗保险待遇。2011年12月，他因“腹股沟疝”到某二级医院（本人选定的医疗保险定点医院）手术治疗，住院期间“突发心肌梗死”，遂转诊到某三级医院（非本人选定的医疗保险定点医院）治疗。请分析张某某本次住院所发生的医疗费用基本医疗保险基金如何给予支付？

分析要点

1. 张某某在已选择的定点医院就诊，依据《北京市基本医疗保险腹股沟疝、股疝手术治疗单病种付费管理办法》（京医保发［2006］75号文件），“腹股沟疝”手术治疗按单病种付费管理，因此，基本医疗保险基金应予以支付。

2. 张某某由定点医院转出，依据单病种付费管理办法“第六条”不列入单病种管理范围中第三款规定，参保人员手术治疗后因其他疾病需转科或转院住院治疗并符合中途转院标准的，其转科或转院后发生的医疗费用，不执行单病种管理办法，对参保人员视为同一次住院，不需重新交纳住院起付标准。张某某突发“心肌梗死”转院后所发生的医疗费用，基本医疗保险基金应予以支付。

3. 北京市医疗保险政策相关规定，由已选择的二级定点医院因病情需要可以转院到三级未选择的医疗保险定点医院，转出、转入医院所发生的住院费用，两家医院应分别进行申报结算。

案例一一六

赵某某，女，57岁，北京市人，享有城镇职工基本医疗保险待遇。她患有“冠心病”、“高血压”、“高血脂”、“重度骨关节炎”，2011年12月因“上呼吸道感染”到已定的医疗保险定点三级医院门诊就诊，要求医师为其开一个月的药量。请分析赵某某就医时所发生的医疗费用基本医疗保险基金是否给予支付？开一个月的药量是否符合北京市医疗保险政策规定？

分析要点

1. 赵某某在选定的医疗保险定点医院门诊所发生的医疗费用，基本医疗保险基金应予支付。

2. 依据北京市劳动和社会保障局《关于调整参保职工门诊开药量等有关医疗保险问题的通知》（京劳社医发［2005］151号）文件规定，参加基本医疗保险的职工患高血压、糖尿病、冠心病、慢性肝炎、肝硬化、结核病、精神病、癌症、脑血管病、前列腺肥大疾病，且病情稳定需要长期服用同一类药物的，定点医疗机构门诊开药量可放宽到不超过一个月量。依据《北京市基本医疗保险参保人员就医管理暂行办法》的通知（京劳社医发［2001］23号）中第十五条规定，门诊开药量急性病不得超过三日量，慢性病不超过七日量，行动不变的可开两周量。

3. 赵某某治疗“冠心病”、“高血压”的药物，可开一个月的药量；“冠心病伴有高血脂症”，降脂药物也可开一个月的药量；治疗“重度骨关节炎”的药物，可开7天药量；若伴有行动不便，可放宽至2周药量；治疗“上呼吸道感染”的药物，只能开3天药量。

案例一一七

孙某某，男，30岁，北京市人，享有城镇职工基本医疗保险待遇。2012年1月5日，他因突发腹痛到附近非医疗保险定点医院就医，医院诊断为“急性胆囊炎”、“胆管结石”，急诊保守治疗；1月6日因病情加重，急诊入医疗保险定点医院手术治疗。请分析孙某某就医时所发生的住院医疗费用基本医疗保险基金是否给予支付？

分析要点

1. 依据北京市人民政府令第141号关于修改《北京市基本医疗保险规定》第三十条，在非北京市定点医疗机构就医的医疗费用，基本医疗保险基金不予支付。因此，孙某某1月5日所发生的急诊医疗费用，基本医疗保险基金不予以支付。

2. 孙某某1月6日急诊入院所发生的医疗费用，不论是否为本人选定的医疗保险定点医院，基本医疗保险基金均予以支付。

3. 依据《北京市基本医疗保险胆囊结石手术治疗单病种付费管理办法》（京医保发［2007］68号）规定，“急性胆囊炎”和“胆囊炎伴有胆管结石”不符合单病种支付范畴，应按项目支付。

案例一一八

李某某，男，85岁，北京市离休人员，享有城镇职工基本医疗保险待遇。他有心血管疾病既往史，长期在住所附近的医疗保险定点医院就医。2011年7月，李某某由于病情加重，为控制病情到某医疗保险定点医院住院手术安装了心脏起搏器，术后需要进行长期药物治疗。请分析李某某就医时所发生的费用基本医疗保险基金是否给予支付？

分析要点

1. 李某某在住所附近就医时所发生的医疗费用，如果属于其选定的医疗保险定点医院，基本医疗保险基金应予以支付；如果属于其非选定的医疗保险定点医院，基本医疗保险基金应不予以支付。

2. 依据北京市委组织部等五部局《关于我市离休干部在疾病介入诊断和治疗中使用的导管和腔内支架等贵重医用材料报销问题的通知》（京组通［2003］72号），规定：自2004年1月1日起，我市离休干部在就医时，因病情需要，经医院医疗保险（公费医疗管理）办公室审核同意，在疾病介入诊断和治疗中使用的导管和腔内支架等单项费用超过500元（含500元）的贵重医用材料，符合医疗保险（公费医疗）规定的支付范围的，可按实际发生费用原渠道报销，离休干部本人不负担。

3. 非医疗保险定点医院发生的费用，基本医疗保险基金不予以支付。

4. 手术后需要长期治疗的费用，支付按当地医疗保险政策执行。

案例一一九

赵某某，男，18岁，就读于浙江某大学，享有城镇职工基本医疗保险待遇。2011年2月，他因间断发热多次在学校附近某医院急诊就医。2011年3月，赵某某被诊断为患有“白血病”，随后进行了骨髓移植手术，术后需要进行长期抗排异治疗。请分析赵某某就医时所发生的医疗费用基本医疗保险基金是否给予支付？

分析要点

1. 依据《浙江省城镇职工基本医疗保险诊疗项目管理暂行办法》（浙劳社险［2000］49号）规定：（1）各类器官或组织移植的器官源或组织源（烧伤病人皮肤移植除外），基本医疗保险基金不予支付费用；（2）除肾脏、心脏瓣膜、角膜、皮肤、血管、骨、骨髓移植外的其他器官或组织移植。

2. 赵某某急诊就医时所发生的医疗费用，不管是否在本人已选定的医疗保险定点医院就诊，基本医疗保险基金均予以支付。

3. 住院骨髓移植手术的医疗费用若是发生在赵某某选定的医疗保险定点医院，由基本医疗保险基金予以支付；非医疗保险定点医院发生的费用，基本医疗保险基金不予支付。

4. 移植术后抗排异治疗的医疗费用支付，按当地医疗保险政策执行。

案例一二〇

郑某某，男，62岁，享有城镇职工基本医疗保险待遇。他健康体检时发现CEA升高，查电子肠镜显示：乙状结肠癌、结肠多发息肉。住院手术治疗，术后5天因腹胀明显，逐采取灌肠、胃肠减压等治疗措施，腹胀未见明显好转，医师嘱咐使用醋酸奥曲肽减少肠液分泌，以预防腹胀症状加重，但基本医疗保险药品目录中醋酸奥曲肽的适应症是限胰腺炎、食道静脉出血、肠梗阻。请分析郑某某术后使用的醋酸奥曲肽基本医疗保险基金是否给予支付？

分析要点

1. 郑某某术后腹胀有导致肠梗阻风险，且上述病情的诊断符合醋酸奥曲肽药品说明书中的适应症，为了降低肠梗阻的风险，取得好的治疗效果，保证医疗质量，临床有必要使用醋酸奥曲肽。因不符合基本医疗保险药品目录的适应症，故应征得郑某某或其家属的同意并签署书面自费协议书。

2. 医院医疗保险管理部门可向当地医疗保险经办机构反映，调整该药的适应症范围。

案例一二一

张某某，男，69岁，北京市人，享有城镇职工基本医疗保险待遇。2011年6月某日夜间，他突发心前区疼痛，由120急救车送入附近医疗保险定点医院急诊就诊，经诊断为“急性心肌梗死”，进行抢救治疗并急诊留观，于次日收入院继续治疗。请分析张某某就医时所发生的医疗费用基本医疗保险基金是否给予支付?

分析要点

1. 基本医疗保险医疗诊疗过程中不予支付的生活服务设施项目第一条：就（转）诊交通费、会诊交通费、急救车费、担架员随急救车出诊费等。故张某某120急救车费及担架员随急救车出诊费，基本医疗保险基金不予以支付。

2. 张某某急诊就医时所发生的医疗费用，不论是否在张某某已选定的医疗保险定点医院就诊，基本医疗保险基金均予以支付。急诊留观时所发生的医疗费用按住院比例报销。

案例一二二

王某某，男，30岁，北京市人，享有城镇职工基本医疗保险待遇。2011年5月1日，他与朋友聚会时饮酒过量致意识不清、呕血，急诊送入医疗保险定点医院就医，经诊断为“急性酒精中毒”和“上消化道出血”收入院；经治疗，数日后痊愈出院。请分析王某某就医时所发生的医疗费用基本医疗保险基金是否给予支付?

分析要点

1. 依据北京市基本医疗保险相关政策规定，因打架、斗殴、酗酒、自杀、自残、交通肇事、医疗事故等造成伤残所发生的医疗费用，基本医疗保险基金不予支付。

2. 王某某因酗酒导致“急性酒精中毒”、“上消化道出血”，故其在医院治疗所发生的医疗费用，基本医疗保险基金不予支付。

案例一二三

宋某某，男，72岁，退休职工，享有城镇职工基本医疗保险待遇。2011年9月，他因不慎被骑自行车的人撞倒，当时未感不适，双方没有再交涉。两天后，宋某某感觉头晕，逐去医疗保险定点医院就诊，诊断为“慢性颅内出血”，收入院手术治疗。请分析宋某某所发生的医疗费用基本医疗保险基金是否给予支付？

分析要点

1. 依据《中华人民共和国社会保险法》第三十条规定：医疗费用依法应当由第三人负担，第三人不支付或者无法确定第三人的，由基本医疗保险基金先行支付。基本医疗保险基金先行支付后，有权向第三人追偿。

2. 因宋某某无法联系第三方，基本医疗保险基金先行支付后，有权向第三人追偿。

案例一二四

于某某，女，46岁，北京市人，在职职工，享有城镇职工基本医疗保险待遇。2011年10月，她因“子宫肌瘤”入某医疗保险定点医院行手术治疗，术后使用一次性镇痛泵。请分析于某某就医时所发生的医疗费用基本医疗保险基金是否给予支付？

分析要点

1. 北京市医疗保险相关政策规定：“子宫肌瘤”手术治疗的费用纳入单病种管理范围。于某某本次住院所发生的医疗费用，依照基本医疗保险单病种管理政策予以支付。

2. 于某某使用“一次性镇痛泵”的相关费用，未纳入北京市基本医疗保险目录支付范围，使用前应进行告知并签署自费协议。

3. 现北京试行单病种管理的疾病有十九种，费用分为基本医疗保险基金支付额、参保人员自付额两部分，参保人员在出院时需按规定交纳自付额及不列入病种费用自付额的医疗服务费用；应由基本医疗保险基金支付的，定点医院记账后向医保经办机构申报结算。无论实际费用高于或低于规定支付额，均按规定的支付额支付。

案例一二五

李某某，女，60岁，上海市人，享有城镇职工基本医疗保险待遇。2009年3月，她从自家四楼阳台跌落致伤，医疗机构诊断为“颅脑外伤”，收入某医疗保险定点医院治疗。请分析李某某就医时所发生的医疗费用基本医疗保险基金是否给予支付？

分析要点

1. 上海市医疗保险管理相关政策规定：参保人员因外伤住院时，医院医疗保险办公室应协同医疗保险经办机构一起核查参保人员的外伤原因。

2. 若李某某意外跌落致伤，依据上海市医疗保险相关政策，其住院所发生的医疗费用基本医疗保险基金予以支付。

3. 若李某某属于故意跌落则为自杀行为，其住院治疗所发生的医疗费用基本医疗保险基金不予支付（精神病患者发作期除外）。

案例一二六

张某某，女，28岁，北京市人，享有城镇职工基本医疗保险及生育保险待遇。她以往行剖宫产术育有一女，一年后发现再次怀孕，产前检查时发现胚胎在子宫内切口处发育，医生诊断为“子宫切口妊娠”。为了孕妇安全，医生建议立即终止妊娠。请分析张某某所发生的医疗费用是否由生育保险基金支付？

分析要点

1. 首先应明确张某某诊断“子宫切口妊娠”为异位妊娠的一种。

2. 北京市医疗保险相关政策规定，异位妊娠治疗所发生的医疗费用，应由基本医疗保险基金予以支付。

3. 各地政策不尽相同，有些地区异位妊娠及保胎费用纳入生育保险基金支付范畴，还应执行当地的相关政策。

案例一二七

陈某某，女，38岁，享有城镇职工基本医疗保险待遇。2011年10月份，她健康体检时发现右乳房肿块，后确诊为“乳腺癌早期”，住院行“乳腺癌根治术”和“乳房再造术”，术后需要长期放化疗。请分析陈某某就医时所发生的医疗费用基本医疗保险基金是否全部给予支付？

分析要点

1. 依据医疗保险相关政策规定，“乳腺癌根治术”和术后放化疗费用，属于基本医疗保险基金支付范围，故上述医疗费用基本医疗保险基金应予以支付。

2. “乳房再造术”属医疗整形项目，虽和“乳腺癌根治术”同步进行，但不属于基本医疗保险政策支付范围，故“乳房再造术”所发生的医疗费用基本医疗保险基金不予支付。

案例一二八

刘某某，女，28岁，某事业单位职工，享有城镇职工基本医疗保险待遇。2011年5月，她因阴道少量流血，被诊断为“先兆流产”，住院保胎治疗，好转后出院；6月因恶心、呕吐被诊断为“妊娠剧烈呕吐”，在医院住院治疗；10月，她被诊断为“妊高症”，再次住院治疗。请分析刘某某3次住院时所发生的费用基本医疗保险基金是否给予支付？

分析要点

1. 刘某某因妊娠原因半年内三次住院治疗，在费用审核时应掌握好基本医疗保险相关政策。

2. 依据国家基本医疗保险有关政策规定，刘某某于5月20日及6月12日就医时所发生的费用为保胎费用，基本医疗保险基金均不予以支付。

3. 患者10月份诊断为“妊高症”住院治疗所发生的费用为妊娠期疾病费用，依据基本医疗保险有关政策规定，应由基本医疗保险基金予以支付。

案例一二九

方某某，男，50岁，湖南省长沙市人，享有城镇职工基本医疗保险待遇。2011年9月，他因酗酒摔倒，造成“蛛网膜下腔出血”，送到某医疗保险定点医院住院治疗。请分析方某某所发生的医疗费用基本医疗保险基金是否给予支付？

分析要点

依据湖南省医疗保险有关政策规定：参保人员因自杀、自残、酗酒所发生的医疗费用，基本医疗保险基金不予支付。故方某某因酗酒导致的“蛛网膜下腔出血”所发生的医疗费用，基本医疗保险基金不予支付。

城镇居民基本医疗保险部分（案例一三〇至案例一六七）

案例一三〇

高某某，男，21 岁，在校学生，享有城镇居民基本医疗待遇。2010 年 10 月，他于学校踢足球时被同学撞伤右眼，送至某医疗保险定点医院急诊手术治疗；术后第 5 天因“急性阑尾炎”而转入外科，行阑尾切除术，痊愈后出院。请分析高某某此次的住院费用基本医疗保险基金是否给予支付？

分析要点

1. 首先确定高某某的外伤是否有第三方责任，有第三方责任的，由第三方负担；无第三方责任的，由基本医疗保险基金支付。

2. 高某某治疗“急性阑尾炎”的医疗费用，应由基本医疗保险基金予以支付。

案例一三一

史某某，男，32 岁，享有城镇居民医疗基本保险待遇。他因“上消化道出血”，入当地医疗保险定点医院（本人选定的定点医院）住院治疗；病情好转后，因故请假外出，三天后回到医院继续治疗。请分析史某某本次住院发生的医疗费用基本医疗保险基金是否给予支付？

分析要点

依据基本医疗保险相关规定，史某某住院期间用于疾病治疗的医疗费用，基本医疗保险基金予以支付；但史某某请假外出期间的相关医疗费用，基本医疗保险基金不予支付。

案例一三二

张某某，女，6 岁，享有城镇居民基本医疗保险待遇。2010 年，她在学校跌倒后造成颅脑外伤，于医疗保险定点儿童医院进行手术治疗。请分析张某某的医疗费用基本医疗保险基金是否给予支付？

分析要点

1. 张某某是在学校发生的意外伤害，首先要确定造成伤害的责任方。如果张某某是在上课期间受伤，学校负有监护责任，医疗费用应由校方承担。

2. 如果张某某是在放学后家长监护期间受伤，所发生的医疗费用，应由基本医疗保险基金予以支付。

案例一三三

张某某，男，55岁，享有城镇居民基本医疗保险待遇。他不慎摔倒后造成颅脑外伤合并颅内出血，急诊入医疗保险定点医院进行手术治疗。治疗中发现张某某出血是因脑血管畸形导致，需要使用自费耗材。术中，医生向其家属介绍情况并告知部分耗材需要自费，得到家属的认可，但未与其签订书面《自费项目协议书》。术后张某某以未与医院签订自费协议而拒绝交纳自费耗材费用。请分析自费耗材费用应由谁来承担？

分析要点

1. 本案例中的要点是：自费耗材的费用应由谁承担。依据《中华人民共和国侵权责任法》规定：病人对自己疾病的治疗方法有知情权；病人的病情及发展治疗等情况，医务人员有告知的义务。一般来说，病人住院后治疗方案的确定，医生应及时和病人进行沟通，使病人了解自己的病况和治疗方式，以取得病人的配合。对于治疗中需要使用不在基本医疗保险报销范围的治疗项目，包括自费药品、自费耗材等，不仅需要告知病人，还要与病人签订《自费项目协议书》。在医院的医疗服务过程中，与患者或家属签署书面《自费项目协议书》是必须履行的手续。由于医院不能提供《自费项目协议书》，该费用应由医院自行承担。

2. 在医疗工作中，医院遇到此种情况时，应和病人进行很好的沟通，争取病人的理解，以期得到圆满解决。

案例一三四

林某某，男，12岁，享有城镇居民基本医疗保险待遇。2009年，林某某与父亲使用农用拖拉机劳动期间，拖拉机翻入路旁，此事故造成其颅脑严重损伤，经过医院全力抢救后病情好转，转入高压氧舱治疗，病情好转出院。请分析林某某所发生的医疗费用（包括高压氧舱治疗）基本医疗保险基金是否给予支付？

分析要点

1. 如果林某某父亲已为其农用拖拉机投保，其医疗费用应由保险公司承担。

2. 如果未投保，林某某的医疗费用应由基本医疗保险基金予以支付。虽然依照基本医疗保险不予支付的诊疗项目中规定，交通事故及有责任方所发生的医疗费用，医疗保险基金不予支付；但林某某交通意外受伤的责任方是林某某的父亲，其既是责任方又是监护人，故林某某的医疗费用应由基本医疗保险基金予以支付。

案例一三五

常某某，女，53 岁，无业，享有城镇居民基本医疗保险待遇。她因“右侧卵巢癌”入住某医疗保险定点医院手术治疗；术后使用药物“紫杉醇”进行化疗，在初次静脉滴注“紫杉醇”过程中，发生过敏性休克，经即刻停药、紧急抗休克治疗后转危为安。常某某及其家属以发生过敏反应、“药品不合格”为由，要求医院给予经济赔偿。请分析这一要求合理吗？治疗“紫杉醇”导致的过敏性休克所发生的医疗费用，基本医疗保险基金是否给予支付？

分析要点

1. 紫杉醇是一种从短叶紫杉皮中提取的具有抗癌活性的药物，发生过敏反应的概率较高。药物是否发生过敏反应，与病人自身的反应性相关。紫杉醇所导致的过敏反应难以预防，当病人使用此药时，过敏反应就有可能发生。

2. 若常某某使用的紫杉醇经鉴定无药品质量问题，属于正常的药品不良反应，那么常某某及家属的赔偿要求不合理。值得注意的是，临床医师在使用化疗药品前，应充分与患者及家属沟通，详细说明可能出现的药品不良反应，必要时签署《知情同意书》。

3. 常某某对于紫杉醇的过敏反应不涉及医疗事故或医疗责任，因此所发生的医疗费用，基本医疗保险基金应予以支付。

案例一三六

张某某，男，86 岁，享有城镇居民基本医疗保险待遇。他因煤气中毒入院，抢救治疗后各项生命体征平稳，但处于植物状态；三个月后因无特殊治疗，医生做出让张某某出院的决定，但其家属坚决拒绝出院。请分析医院下达“出院通知书”之日起发生的住院医疗费用，基本医疗保险基金是否给予支付？

分析要点

1. 张某某从下达“出院通知书”之日起的一切住院医疗费用，基本医疗保险基金不予支付。

2. 国家有关医疗保险政策规定，医疗机构根据医政管理的相关要求，在评估了患者病情后（抢救治疗后各项生命体征平稳，三个月后无特殊治疗），确定可以出院的患者而拒不出院的，自医院做出让患者出院的决定之日起，所发生的医疗费用基本医疗保险基金不予支付。

案例一三七

刘某某，女，48 岁，下岗职工，享有城镇居民基本医疗保险待遇。2008 年，刘某某在做家政服务时不慎摔倒，造成"股骨颈骨折"，送至医疗保险定点医院进行治疗。请分析刘某某住院期间所发生的医疗费用基本医疗保险基金是否给予支付?

分析要点

1. 基本医疗保险中认定的意外伤害，是指没有第三方责任的外伤，要排除工伤、交通肇事、打架斗殴、自杀自残等。

2. 刘某某首先需认定是否为工伤，因其是在做家政服务时不慎摔倒，所以认定工伤的可能性大。如经有关部门认定为工伤，可以由工伤保险基金予以支付。

3. 还需确定刘某某是否有雇佣关系，是否应由雇主支付其医疗费用。

4. 如上述情况均不存在，刘某某又享有基本医疗保险待遇，根据国家医疗保险基金支付第三方无责的、属于医疗保险支付范畴的医疗费用的规定，此次的医疗费用，基本医疗保险基金应予以支付。

案例一三八

白某某，男，96 岁，享有城镇居民基本医疗保险待遇。他患有难治性血液病，需定期到医院进行输血治疗。由于白某某血型属稀少类型，医院往往缺少同型血，只能在市红十字血液中心（非医疗保险定点机构）完成配血过程，且每次均需进行多次配型检测，才能找到合适的血源，配血费用较高。请分析白某某的输血及配型费用基本医疗保险基金是否给予支付?

分析要点

医疗保险政策规定：在非定点医疗机构所发生的费用，基本医疗保险基金不予支付。但白某某血型属于稀少类型，只能在非定点的红十字血液中心完成配血过程，情况特殊，应与医疗保险管理机构协商，争取为白某某支付输血费及配血费。

案例一三九

张某某，女，27 岁，享有城镇居民基本医疗保险待遇。2008 年 6 月，张某某被人发现昏迷于农田中，急送某医疗保险定点医院抢救治疗，诊断为“有机磷中毒”。经血液净化等救治后，张某某意识恢复，病情平稳。经追问病史得知，张某某在家庭纠纷后服用了有机磷农药。医院要求其自费结算，遭家属拒绝，未交费自行出院。2009 年 9 月，张某某挂失并重新办理了社保卡，入住某医疗保险定点中医医院治疗有机磷中毒后遗症。请分析张某某的抢救及住院费用由谁来承担？第二次住院医疗费用基本医疗保险基金是否给予支付？

分析要点

1. 在《中华人民共和国社会保险法》生效之前，具有完全责任能力人自杀所产生的医疗费用，须依据各省市或地区的基本医疗保险基金支付规定执行。据了解，大多省市都不支付，由本人或家属负担。

2.《中华人民共和国社会保险法》生效之后需依法办事。《中华人民共和国社会保险法》并没有自杀所发生的医疗费用不支付的条款。因此，各省市的基本医疗保险基金支付规定应做相应修改，使之与《中华人民共和国社会保险法》相一致。也就是说，2011 年 7 月 1 日之后，抢救自杀病人的医疗费用由基本医疗保险基金予以支付。

3. 张某某恶意欠费，并在医疗保险经办机构重新办理了社保卡，医院应积极与医疗保险经办机构沟通协调，在病人未结算第一次医疗费用之前，暂停其享受医疗保险待遇，并和医疗保险经办机构一起协商解决。

4. 第二次住院的是治疗有机磷中毒后遗症所发生的医疗费用，基本医疗保险基金不予支付。

案例一四〇

范某某，男，40 岁，广州市灵活就业人员，享有城镇居民基本医疗保险待遇。范某某于2009 年 7 月参保，2009 年 10 月因“白血病”到本人选定的医疗保险定点医院住院治疗。办理入院登记时，其出示了社保卡，系统显示为“基金冻结”，该院仍按医保病人的身份将其收入院。住院期间，范某某向院方询问其待遇是否正常，当时医疗保险系统中显示该病人“基金正常”（由于当时出现了一种特殊情况，即广州市社保费用转由地税部门全责征收，社保和地税两个部门的信息系统正在进行数据对接中，部分功能未能正常工作，导致参保人员信息错误）。当范某某病情好转于2009年12月办理出院时，系统功能恢复正常，显示该病人“基金冻结”，即尚未能享受医疗保险待遇，近10万元的住院费用必须全额自费。范某某认为医院按医保病人的身份将其收入院，诱导其消费，不肯交付医疗保险记账部分的费用，请分析此问题应如何解决？

分析要点

1. 该参保人在参保和领取社保卡时，有关部门已对其宣讲了相关规定，即灵活就业参保类型有六个月的等待期。但参保人员在等待期内就使用社保卡，有误导医院的嫌疑。

2. 范某某入院出示社保卡时，尽管医疗保险系统显示“基金冻结”，但医院端看不到其他详细信息，也无法判断该参保人是否处于等待期，而住院期间发生基金解冻的现象也时常发生；为减轻患者经济负担，将其按医保病人收入院管理是可以理解的，但不应提倡这种做法。应该通过当地的经办机构在医保后台数据库查询该患者的真实情况，以便准确判定该患者是否享受医疗保险待遇。

3. 住院期间，参保人查询其待遇情况时，恰逢案例中所述的特殊状况，事后应耐心给患者加以解释，以取得患者的理解。

4. 住院期间，因为其是参保人员，在医疗过程中，医务人员往往为了控制费用，会更加密切关注费用情况，而不会有意造成费用过高。

5. 因院方在为范某某办理入院手续时，没有确定其医疗保险基金状态就按医保身份办理入院，且其在住院期间查询显示“基金正常”，加之住院治疗费用较多，因此，范某某拒绝全额自费的理由也是可以成立的。

6. 院方应积极与范某某沟通，承认工作中有不足之处，告知参保人员应享受到的待遇和应负有的责任，即权利和义务，以便很好地配合医院交纳费用；必要时，医院可以提起诉讼，或者以欠费参保病人挂账挂网处理。

案例一四一

朱某某，女，25岁，已婚，某大学在校研究生，享有广州市城镇居民医疗保险待遇。2010年3月，她因停经到医院检查，并确诊妊娠8周；2010年10月出现呼吸困难、胸闷，诊断为自发性气胸并收入院治疗，入院后第二天即行剖宫产，术后继续进行气胸治疗。剖宫产下的男婴因新生儿黄疸，在爱婴区进行治疗。请分析朱某某与其男婴住院时所发生的医疗费用基本医疗保险基金是否给予支付？

分析要点

1. 广州市基本医疗保险相关政策规定，在计划生育规定的生育期内孕育并生产，可选择一家医疗保险定点机构进行围产期检查，在此发生的门诊检查等医疗费用，可参照广州市生育保险的有关政策执行，符合的部分，基本医疗保险基金应予以支付。

2. 在医疗保险定点医院分娩的医疗费用，可参照广州市生育保险的有关政策，由基本医疗保险基金予以支付。治疗气胸所发生的医疗费用，符合医疗保险政策的，基本医疗保险基金应予以支付。

3. 其男婴在爱婴区治疗发生的医疗费用，因暂未参加医疗保险，基本医疗保险基金不予支付；但可按广州市医疗保险政策规定，在出生后3个月内办理参保并缴费成功后，到就诊的医疗保险定点医院追溯住院期间发生的医疗费用，基本医疗保险基金按规定比例予以支付。

案例一四二

安某某，男，60岁，汕头人，享有城镇居民基本医疗保险待遇，退休后安置在省外并办理了异地就医手续。2009年某月，被他人开车撞伤致“腓骨骨折”，肇事者逃逸，被亲属送往医疗保险定点医院急诊治疗。请分析安某某此次住院费用基本医疗保险基金是否给予支付？

分析要点

1. 依照有关的医疗保险政策规定，有第三方责任者的交通事故，基本医疗保险基金不予支付。如果有公安交通管理部门证明，是参保人非违反交通规则受伤，或肇事者逃逸的，参保人的医疗费用可先由基本医疗保险基金支付，随后再向侵权人追偿。安某某的肇事方逃逸，故其住院所发生的医疗费用，应由基本医疗保险基金予以支付。

2. 汕头市未与省外实现医疗保险系统联网，在省外就医的医疗费用不能即时结算，参保人先行垫付后，符合医疗保险政策的，由参保地基本医疗保险基金予以支付。

案例一四三

赵某某，男，6岁，四川省成都市人，享有城镇居民基本医疗保险待遇

2011 年 8 月，赵某某在外玩耍时被狗咬伤，因伤势较重，送至医院进行治疗，共计发生医疗费用 6400 元。请分析赵某某本次就医所发生的医疗费用基本医疗保险基金是否给予支付?

分析要点

1. 需确定咬伤赵某某的狗是否为饲养的动物。如系非饲养的动物，本次所发生的医疗费应该由基本医疗保险基金予以支付。

2. 如系饲养的动物，则依据《民法通则》第一百二十七条规定：“饲养的动物造成他人损害的，动物饲养人或者管理人应当承担民事责任；由于受害人的过错造成损害的，动物饲养人或者管理人不承担民事责任。”故致赵某某咬伤若有狗饲养人第三方责任的，医疗费用由狗饲养人承担；无狗饲养人责任的，医疗费用由基本医疗保险基金承担。

案例一四四

范某某，男，28 岁，甘肃省某市人，享有城镇居民基本医疗保险待遇。2011 年 5 月，他因急性腹痛伴发热急诊就医，经相关检查，初步诊断为“腹股沟疝”，欲行手术治疗。术前检查发现他艾滋病抗体阳性，转往医疗保险定点专科医院继续治疗。请分析范某某此次就医时所发生的医疗费用基本医疗保险基金是否给予支付?

分析要点

1. 根据医疗保险相关政策规定，范某某急诊就医时所发生的医疗费用，不管是否在范某某已选定的医疗保险定点医院就诊，基本医疗保险基金均予以支付。

2. 本案例中治疗“腹股沟疝”所发生的医疗费用，应由基本医疗保险基金予以支付。

3. 治疗艾滋病方面的医疗费用，符合国家提供的抗艾滋病病毒药物、治疗和检查项目等，由国家公共卫生基金予以支付；反之，由基本医疗保险基金予以支付。

案例一四五

李某某，男，53 岁，新疆维吾尔自治区某市人，享有城镇职工基本医疗保险待遇。2011 年 8 月 3 日，他在下班途中被摩托车刮倒受伤，司机逃逸。120 急救中心将已昏迷的李某某送至医疗保险定点医院进行抢救，经检查发现李某某患有“脑胶质瘤”，需进行手术治疗。请分析李某某的医疗费用基本医疗保险基金是否给予支付？

分析要点

1. 依照《中华人民共和国社会保险法》的规定：医疗费用依法应当由第三方责任人负担，第三方责任人不支付或者无法确定第三方责任人的，由基本医疗保险基金先行支付。基本医疗保险基金先行支付后，有权向第三方责任人追偿。故李某某外伤所发生的医疗费应由基本医疗保险基金先行支付，并保留向第三方责任人追偿的权利。

2. 治疗“脑胶质瘤”的费用，按照医疗保险相关政策，由基本医疗保险基金予以支付。

案例一四六

宋某某，女，5 岁，甘肃省某地人，享有城镇居民基本医疗保险待遇。宋某某被医院确诊为川崎病，在住院期间使用静脉注射用人免疫球蛋白药品。请分析静脉注射用人免疫球蛋白在医疗保险药品目录中的使用范围？基本医疗保险基金是否给予支付？

分析要点

1. 甘肃省医疗保险药品目录中，静脉注射用人免疫球蛋白的医疗保险适应症是：限用于儿童重度病毒感染和工伤保险的患者。

2. 川崎病是一种以全身性血管炎为主要病变的小儿急性发热性疾病，发病可能与多种病毒、细菌、立克次体、支原体等感染所致免疫异常有关，在临床上应属于严重的病毒感染性疾病。故宋某某在住院期间使用静脉注射用人免疫球蛋白，基本医疗保险基金应予以支付。

案例一四七

王某某，女，78 岁，浙江省人，享有城镇居民基本医疗保险待遇。2011 年 4 月，她在体检发现“肝占位性病变”，随后到医疗保险定点专科医院确诊为“原发性肝癌”，进一步住院治疗。请分析王某某就医时所发生的医疗费用基本医疗保险基金是否给予支付？

分析要点

1. 依据医疗保险相关政策规定，王某某体检所发生的费用，基本医疗保险基金不予支付。

2. 在专科医院住院治疗的医疗费用，若是发生在王某某选定的医疗保险定点医院，基本医疗保险基金应予以支付；若非医疗保险定点医院发生的医疗费用，基本医疗保险基金不予支付。

案例一四八

张某某，女，65 岁，北京市人，享有城镇居民基本医疗保险待遇。她患有高血压病、糖尿病等慢性病，长期服用降压、降糖药物；2011 年 11 月因天气转凉，她又患急性上呼吸道感染。请分析张某某就医时各种药物的药量，临床医师应如何掌握？

分析要点

1. 卫生部《处方管理办法》规定："处方一般不得超过 7 日用量；急诊处方一般不得超过 3 日用量；对于某些慢性病、老年病或特殊情况，处方用量可适当延长，但医师应当注明理由。"

2. 医疗保险保管理部门对基本医疗保险患者开药量的规定均参照《处方管理办法》，即急性病不超过 3 日量，慢性病不超过 7 日量。各省市对患高血压、糖尿病、恶性肿瘤、冠心病、脑血管病等慢性病，且病情稳定需长期服用同一类药物的药量，均有相关的政策。

3. 根据张某某病情，降压药及降糖药的药量应按当地的政策执行，治疗急性上呼吸道感染的药量不应超过 3 日量。

案例一四九

张某某，男，22 岁，北京市人，享有城镇居民基本医疗保险待遇。他因"腰椎管狭窄"、"腰椎间盘突出"，于 2010 年 6 月 24 日至 7 月 14 日住院治疗。张某某住院期间信息待遇正在由城镇居民医疗保险转换为城镇职工基本医疗保险。2010 年 6 月 24 日办理入院手续时，出示了城镇居民医疗保险手册；出院结算时，提示信息待遇错误。经核查，参保人在 2010 年 6 月 23 日办理了城镇居民医疗保险减员，并申办了城镇职工基本医疗保险待遇，基本医疗保险生效日期为 2010 年 7 月 1 日。请分析张某某就医时所发生的医疗费用应如何结算？基本医疗保险基金是否给予支付？

分析要点

1. 张某某住院期间跨两个参保人员类别：（1）2010 年 6 月 24 日至 6 月 30 日为城镇居民基本医疗保险，此期间按所发生的医疗费用，应由城镇居民基本医疗保险基金予以支付。(2) 2010 年 7 月 1 日后发生的医疗费用，由城镇职工基本医疗保险基金予以支付。

2. 2010 年 7 月 1 日至 14 日所发生的医疗费用，应由张某某全额结账，到医疗保险经办机构手工报销。

3. 医院应为张某某提供全额结算证明。

案例一五〇

陈某某，女，71 岁，北京市人，享有基本医疗保险待遇。2011 年 11 月 17 日，她因高血压、冠心病在某医疗保险定点医院住院治疗；次日因病情加重，医院为其开具转院证明，陈某某到下一家医院后因无床位，在急诊留观，在急诊发生的费用全额交费，第二天陈某某收入病房。请分析如何解决陈某某在急诊留观时发生的医疗费用？

分析要点

1. 陈某某在第二家医院急诊留观的费用，基本医疗保险基金予以支付。

2. 陈某某在急诊留观时所发生的费用如果因社保卡压在上一家医院，无法实时结算，可让第二家医院开具《全额交费证明》，到医疗保险经办机构手工报销。

案例一五一

王某某，男，50 岁，北京市居民，享有城镇居民基本医疗保险待遇。他因发热、胸痛到其医疗保险定点医院就诊，病情加重转至急诊留观，两天后收住院治疗；住院诊断为“右肺腺癌”，需手术及化疗。请分析王某某门诊及住院期间的医疗费用基本医疗保险基金如何给予支付？对于肿瘤的病人，医疗保险有何相关政策能够减轻患者的经济负担？

分析要点

1. 王某某在门诊发生的医疗费用，由门诊大额互助金按比例支付，可以持卡实时结算。

2. 王某某享有北京市居民基本医疗保险政策待遇，急诊留观的费用可按照住院的比例报销；留观转住院后发生的费用，与急诊留观视同一次住院，不再收取起付线，按住院比例报销。

3. 王某某被确诊为恶性肿瘤并需放化疗，北京市医疗保险政策规定，恶性肿瘤放化疗期间，病人可以享受“特殊病”政策，应办理“特殊病”审批手续。北京市“特殊病”政策即门诊放化疗的费用，可以按住院比例报销；一个特病周期内多次住院只收取一个起付线，以减轻患者的经济负担。

案例一五二

静某某，女，4岁，享有城镇居民基本医疗保险待遇。她因“先天性唇腭裂”就诊于某医疗保险定点医院，进行手术修复治疗，术后因疤痕修复不良，再次入院。请分析静某某两次住院所发生的医疗费用基本医疗保险基金是否给予支付？

分析要点

1. “唇腭裂”属于先天性疾病，部分省市纳入医疗保险报销范围，也有部分省市没有纳入，应按照当地的政策执行。

2. 第二次住院进行疤痕修复手术，疤痕若不影响功能，其所发生的医疗费用基本医疗保险基金则不予以支付。

案例一五三

李某某，男，15岁，在校学生，享有沈阳市城镇居民基本医疗保险待遇。某日，李某某在学校打篮球时不慎摔伤，医院诊断为“右膝半月板损伤”，随后进行手术治疗。费用结算时，病人诉社保卡丢失。请分析李某某的住院费用基本医疗保险基金是否给予支付？

分析要点

1.《中华人民共和国社会保险法》第三十条，没有将因个人因素所导致外伤列入“不支付范围”。因此，如果能够排除工伤及第三方责任，其医疗费应由城镇居民基本医疗保险基金支付。如果李某某的外伤发生在《中华人民共和国社会保险法》生效之前，是否支付需依据当时的医保基金支付政策执行。

2. 依照沈阳市医疗保险相关政策规定，社保卡丢失后，参保人应及时挂失和补办，并于7日内携带补卡证明和社保卡到医院医疗保险科办理转医保业务，符合医疗保险政策支付范围的医疗费用，由基本医疗保险基金予以支付。

案例一五四

张某某，女，21岁，未婚，上海某大学学生，享有城镇居民基本医疗保险待遇。2011年3月，她因突发性腹痛伴恶心、呕吐，由校医院转至某医疗保险定点医院急诊，诊断为“宫外孕、失血性休克”，经急诊手术转危为安。请分析张某某的医疗费用基本医疗保险基金是否给予支付？

分析要点

1. 张某某的医疗费用发生在《中华人民共和国社会保险法》生效之前，按照国家相关文件规定，各种不孕（育）症、性功能障碍的诊疗项目费用，违反计划生育的一切医疗费用，以及未婚患者的流产、引产、保胎、宫外孕、分娩等费用，基本医疗保险基金不予支付。

2. 《中华人民共和国社会保险法》并没有将“已婚”作为基本医疗保险基金支出的必要条件，也没有将“非婚女性的宫外妊娠”纳入基本医疗保险基金不支付范围。故未婚患者的流产、引产、保胎、宫外孕、分娩等费用，今后基本医疗保险基金是否予以支付，要根据其投保地的基本医疗保险支付政策执行。

案例一五五

王某某，男，13岁，上海市人，享有城镇居民基本医疗保险待遇。王某某在5岁时不慎烫伤颈部与左上肢，瘢痕愈合，但瘢痕逐渐挛缩，颈部活动受限，左上肢及肘关节功能受限，2011年9月入住医疗保险定点医院整形外科进行整形修复治疗。请分析王某某整形所发生的医疗费用基本医疗保险基金是否给予支付？

分析要点

1. 上海市医疗保险相关政策规定，以恢复功能为治疗目的的整形手术，医疗费用纳入基本医疗保险基金支付范围；单纯为改善外观或美容所发生的医疗费用，不纳入基本医疗保险基金支付范围。

2. 王某某因瘢痕挛缩导致颈部活动受限，影响肘关节功能，整形的主要目的是恢复或改善这些功能，基本医疗保险基金应予以支付。

案例一五六

韩某某，男，38岁，江苏某地人，享有城镇居民基本医疗保险待遇。他因患“喉癌”于2009年10月16日经过社区医院转诊到某医疗保险定点医院住院手术治疗，转诊有效期30天。当韩某某11月22日出院时，转诊手续失效，费用数据不能上传，难以按医保身份结账；同时，韩某某对于住院期间使用的“一种高自付比例药品”提出异议，称“不知情”，拒绝交纳费用。经过协商，医院同意先将此次住院费用“挂账”，待韩某某重新办理转诊手续后结账。事情拖延至2010年1月，此时韩某某已由“城镇居民医疗保险”转变为“城镇职工医疗保险”，遂提出按“城镇职工医疗保险”待遇结账。请分析韩某某这个要求合理吗？应如何处理？

分析要点

1. 2009年10月，韩某某住院手术时的身份为“城镇居民医疗保险”而并非“城镇职工医疗保险”，所以不能按“城镇职工医疗保险”身份结算。由于“时间与身份不符”，医院也无法结算。

2. 如果医院在落实知情同意制度方面存在缺陷，应主动与患者沟通，争取其谅解并签署《知情同意书》。如果病人不能理解，医院也许将为此而“埋单”。

3. 目前，韩某某的医保身份及所享受的医保待遇已变更，医院已难以通过网络结算。应与医疗保险管理中心沟通，争取自费结算，由医疗保险经办机构手工报销。

案例一五七

陈某某，男，16岁，南昌某校学生，享有城镇居民基本医疗保险。2011年8月，他在参加由学校组织的“维护交通秩序活动”中被闯红灯的非法“摩的”撞伤，导致“左桡骨骨折”，且肇事车辆逃逸。陈某某经手术治疗后左桡骨复位良好，但住院手术期间并发了急性阑尾炎，经手术治疗后好转出院。请分析陈某某住院所发生的医疗费用基本医疗保险基金是否给予支付？

分析要点

1. 导致陈某某的骨折有第三方责任，原则上由第三方承担，但第三方逃逸，基本医疗保险基金应先行支付；又因陈某某在“维护交通秩序活动”中受伤，发起此活动的组织者是学校，因此学校也应承担部分责任。

2. 治疗急性阑尾炎的医疗费用，应由城镇居民基本医疗保险基金按规定支付。

案例一五八

王某某，女，79岁，山东省居民，享有城镇居民基本医疗保险待遇。2011年9月12日，她因突然头晕、呕吐、血压升高由家人送至医疗保险定点医院急诊入院，诊断为“高血压病、脑供血不足”，住院治疗 13 天后出院。因入院时未携带社保卡而按自费身份办理了住院手续，出院时也全额自费结算。数天后，其家属又持社保卡到医院要求按医保身份重新结算。请分析王某某的住院费用能否按医保身份重新结算？

分析要点

1. 依照山东省医疗保险有关规定，王某某因急诊入院，其住院医疗费用基本医疗保险基金应予以支付。

2. 由于王某某办理出入院手续时未出示社保卡，因此只能按自费身份全额结算。根据山东省城镇居民医疗保险有关费用结算的规定，医院应把王某某的住院费用重新按医保身份进行结算。在重新结算前应与王某某或其家属进行沟通并签署相关检查治疗的自费协议，以避免纠纷。

案例一五九

周某某，男，17 岁，学生，享有城镇居民基本医疗保险待遇。2011 年 10 月 21 日，他在打篮球时被人撞伤，医院诊断为“右侧泪小管撕裂”，在医疗保险定点医院治疗后痊愈。请分析周某某因打篮球撞伤而发生的医疗费用基本医疗保险基金是否给予支付？

分析要点

1. 导致周某某外伤的原因由第三方引起，存在第三方责任，因此原则上基本医疗保险基金不予支付。

2. 如果周某某是参加篮球比赛中受伤，应该由篮球比赛的组办方承担相应责任并支付其医疗费用。

3. 如果周某某是在本校体育锻炼或自由活动过程中受伤，根据《中华人民共和国侵权责任法》第三十八条的规定：“无民事行为能力人在幼儿园、学校或者其他教育机构学习、生活期间受到人身损害的，幼儿园、学校或者其他教育机构应当承担责任，但能够证明尽到教育、管理职责的，不承担责任。”

案例一六〇

孙某某，女，82 岁，北京市人，享有城镇居民基本医疗保险待遇，门诊费用可持社保卡实时结算。因选定的定点医疗机构不能进行某项手术治疗，由定点医疗机构开具转诊单转院治疗，有效期为 60 天。孙某某第一次住院 10 天，出院后 30 天再次入院行二期手术，住院 5 天，术后门诊复查时发现不能持卡实时结算，请分析原因。

分析要点

孙某某转诊期限为60天，第一次住院10天，出院期间30天，第二次住院5天，共45天，出院后多次门诊复查，门诊医疗费用不能持卡实时结算的原因依次有：

1. 是否超过60天的转诊期限；

2. 是否超过门诊统筹封顶线；

3. 是否社保卡损坏。

案例一六一

李某某，男，40岁，享有城镇居民基本医疗保险待遇，并于2011年1月参加了天津市基本医疗保险意外伤害附加保险。李某某有癫痫病史，2011年7月在家中癫痫病大发作时，导致“急性闭合性颅脑损伤”、“右枕皮裂伤并头皮下血肿”，送至天津医疗保险定点医院急诊治疗。请分析李某某本次医疗费用是否可以享受天津市基本医疗保险意外伤害附加保险？

背景资料

天津市基本医疗保险意外伤害附加保险是指：“参保人因突发的、外来的、非本人意愿的意外事故造成伤害、伤残或者死亡的情形。”

分析要点

1. 不可以享受天津市基本医疗保险意外伤害附加保险。此案例是非外来的因素所致，故不属此范畴。

2. 因病造成的伤害及非外来的因素所致的伤害发生的医疗费用，基本医疗保险基金予以支付。

案例一六二

王某某，男，17岁，享有城镇居民基本医疗保险待遇。某天他因剧烈活动后突发胸闷、憋气，伴有胸痛，到医疗保险定点医院急诊就医，胸部X线检查发现“左侧液气胸”，入院治疗。住院后经胸腔穿刺抽出血性液体，遂进行手术治疗。追溯病史，王某某无外伤史，诊断为“自发性血气胸”。请分析王某某的病因及住院费用基本医疗保险基金是否给予支付？

分析要点

1. 王某某的住院医疗费用基本医疗保险基金应予以支付。

2. 气胸是指胸腔内仅含气体，血胸是指胸腔内血液积存。自发性血气胸是指非外伤引起的胸膜腔积血、积气，是临床上较为少见的疾病，其发生率占自发性气胸的2%～5%，患病年龄以青少年患者多见，多在用力负重、剧烈咳嗽、屏气后出现症状，少数患者诱因不明显。

3. 根据上述两条该病定义、分类及发病原因，且王某某又无追溯外伤病史，其临床表现和诊查符合自发性血气胸临床诊断，故其住院费用应由基本医疗保险基金予以支付。

案例一六三

李某某，女，81岁，北京市人，享有城镇居民基本医疗保险待遇。她某日于家中行走时摔伤致右髋部疼痛、肿胀、活动受限，到医疗保险定点医院急诊经检查后诊断为“股骨颈骨折”（北京地区按单病种管理），行空心钉内固定手术治疗，术后3天出现发热、咳嗽、咳痰，胸片肺纹理加重，白血球增高等。经对症处理，症状消失，术后9天出院，出院诊断为“股骨颈骨折”、“肺部感染”。请分析李某某就医时所发生的费用是由基本医疗保险基金按项目支付，还是按定额支付?

分析要点

1. 依据北京市医疗保险管理规定，“股骨颈骨折”手术治疗发生以下情况不列入单病种支付范围：

（1）同一次住院期间，需要进行二次手术治疗的；

（2）并发肺栓塞、肺部感染的；

（3）伴有下肢深静脉血栓并植入下腔静脉滤器的；

（4）伴有失血性休克、其他部位骨折或脏器损伤的；

（5）术中临床用血费，按实际发生费用另收，其中医保基金支付85%，个人支付15%。

2. 李某某因患肺部感染，不列入单病种付费范围之内，可按基本医疗保险基金项目支付。

案例一六四

邓某某，5岁，上海市人，参加2012年上海市城镇居民基本医疗保险，但未参加2012年少儿住院基金。邓某某于2012年1月3日因“垂体瘤”在医疗保险定点医院住院，发生费用10000元。请分析邓某某就医时所发生的医疗费用基本医疗保险基金如何支付?

分析要点

1. 因邓某某仅参加上海市城镇居民医疗保险，没有参加少儿住院基金，所以仅能享受城镇居民医疗保险待遇。

2. 上海市城镇居民基本医疗保险2012年医保结算方法是:

支付金额=住院医疗费用-(住院医疗费用-居保起付标准)×居保支付比例-互助基金起付标准

2012年三级医院居保起付线、互助基金起付线均为300元，居保支付比例为55%。邓某某医保金额支付费用为:

支付金额=10000-(10000-300)×55%-300=4365元

案例一六五

李某某，男，59岁，享有北京市城镇居民基本医疗保险待遇。2012年1月，他因突发腹痛到就近某三级医院急诊就诊，医院诊断为“急性阑尾炎”，随后住院进行手术治疗。请分析李某某就医时所发生的费用基本医疗保险基金是否给予支付?

分析要点

1. 依据《北京市城镇居民基本医疗保险办法实施细则》(京人社医发[2010]287号)中第十八条，城镇老年人和无业居民门诊就医试行定点社区卫生服务机构首诊制度。未经定点社区卫生服务机构首诊转诊到其他医疗机构就医，其发生的门诊(除急诊)医疗费用基本医疗保险基金不予支付。

2. 依据《北京市城镇居民基本医疗保险办法实施细则》(京人社医发[2010]287号)中第三十条，参保人员因急症不能到本人选定的定点医疗机构就医时，可在就近的定点医疗机构急诊治疗，待病情稳定后应及时转回本人的定点医疗机构治疗。若病人急诊选择的三级医院不是医疗保险的定点医疗机构，发生的医疗费用基本医疗保险基金均不予支付。

3. “急性阑尾炎”依据《北京市基本医疗保险急性阑尾炎手术治疗单病种付费实行办法》的通知(京医保发[2003]50号)规定属于单病种费用管理，但城镇老年人无单病种支付标准，所以可按项目支付。

案例一六六

林某某，女，63岁，享有城镇居民基本医疗保险待遇。她于2011年12

月1日外出时，路遇老人乘坐电梯，上前搀扶，两人意外摔倒，导致林某某“左腕关节骨折”，住院手术治疗。请分析林某某的住院医疗费用基本医疗保险基金是否给予支付?

分析要点

1. 根据《中华人民共和国社会保险法》第三十条规定：下列医疗费用不纳入基本医疗保险基金支付范围：（一）应当从工伤保险基金中支付的；（二）应当由第三人负担的；（三）应当由公共卫生负担的；（四）在境外就医的。若医疗费用依法应当由第三人负担，第三人不支付或者无法确定第三人的，可以由基本医疗保险基金先行支付；基本医疗保险基金先行支付后，有权向第三人追偿。

2. 林某某受伤是属于做好人好事，应倡导助人为乐，关爱老人的社会风尚，医院医疗保险办公室应向当地医疗保险经办机构反映实际情况，申请基本医疗保险基金予以支付。

案例一六七

郑某某，女，21岁，上海市某大学在校学生，享有城镇居民基本医疗保险待遇。某日，她因情感问题从学校宿舍楼5楼跳下并受重伤，被学校的老师和同学送到医疗保险定点医院进行抢救。请分析郑某某在医院抢救时所发生的费用基本医疗保险基金是否给予支付?

分析要点

依据医疗保险相关政策规定：因自杀、自残、酗酒、斗殴、吸毒、医疗事故或者交通事故等发生的检查、诊断和治疗项目不属于基本医疗保险基金报销范围（精神病人经鉴定为完全无责任能力或限制责任能力的除外）。该女大学生因感情问题跳楼受伤属于自杀行为，故该学生在医院抢救时所发生的医疗费用，基本医疗保险基金不予以支付。

新型农村合作医疗部分（案例一六八至案例二一九）

案例一六八

赵某某，男，66岁，享有新型农村合作医疗待遇。他因冠心病、突发心绞痛到某医疗保险定点医院急诊行冠状动脉造影、冠状动脉球囊扩张、冠状动脉支架植入术。冠脉造影前拟植入A型号冠脉支架，但在手术过程中发现赵某某腹主动脉及冠状动脉血管畸形，A型号冠脉支架植入失败。经调换导管型号和血管支架型号后再次植入成功。请分析基本医疗保险基金是否能够支付第一次植入失败的冠脉血管支架及其相关的费用？

分析要点

新型农村合作医疗保险基金应该支付赵某某植入失败的冠脉血管支架及其相关的费用。其理由为：冠脉血管支架植入操作失败是由病人的血管畸形所致。医疗行业是一个高风险行业，大多血管畸形性疾病在进行血管造影之前难以诊断或发现，即使进行血管造影也经常“漏诊”。尽管在手术前完善了相关检查，制定了详尽的方案，但在实际操作过程中仍有“意外”发生，并由此导致失败。因此，新型农村合作医疗基金应该支付其费用。如果由于术中操作不当或手术方案制定失误导致植入失败，其相关费用新型农村合作医疗基金不予支付。

案例一六九

李某某，男，27岁，农民，在原籍享有新型农村合作医疗待遇，进城务工后，受雇于个体单位，用人单位为其办理了城镇职工基本医疗保险和工伤保险。在工作中，李某某不慎从脚手架跌落，致腰椎及骨盆粉碎性骨折，并因此导致下身瘫痪；经手术治疗好转出院，今后还需进行康复治疗。病人出院后，用人单位以其不适合继续工作将其解雇，一次性给予了经济补偿。请分析李某某的住院费用应由谁来支付？今后的康复治疗费用应该由谁来承担？

分析要点

1. 用人单位为李某某办理了城镇职工基本医疗保险和工伤保险，依照《中华人民共和国社会保险法》第三十条规定，在工作中受伤的治疗费用，经鉴定属于工伤保险支付范围，应由工伤保险支付，康复费用也应由工伤保险承担。

2. 用人单位将其解雇并给予了一次性经济补偿，李某某不再享受城镇职工基本医疗保险及工伤保险待遇，但可转为当地的新型农村合作医疗，今后其康复所需治疗费用报销应当执行当地新型农村合作医疗报销政策。符合政策要求的，由新型农村合作医疗基金予以支付；不符合政策要求的，则由本人承担。

案例一七〇

广东省共有67个新型农村合作医疗统筹区。2010年1月起，广东省选取了两个统筹区作为开展提高农村儿童重大疾病医疗保障水平的试点地区，从解决0~14周岁儿童急性白血病和先天性心脏病两类重大疾病入手，并选择部分定点救治医院作为即时结报的试点，在省卫生厅的主持下由试点统筹区与试点医院签订了即时结报服务协议书。但在执行的过程中，有很多非试点统筹区的患病儿童家长强烈要求在试点医院进行即时结报，并不断到省卫生厅和相关地区新型农村合作医疗办公室反映。针对上述问题，应采取哪些措施予以解决？

分析要点

1. 即时结报工作是医疗保险管理发展中的新兴事物，一般应先试点、后推广，同时要做好宣传和解释工作，让患儿家长知情试点工作有一个不断完善修正的过程，目的是为患儿提供更好、更便捷的服务。

2. 解决以上矛盾的措施是，在总结完善即时结报工作的基础上，尽快全面铺开全省各统筹地区农村儿童重大疾病医疗保障即时结报工作，并与医院签订即时结报服务协议书。

案例一七一

孙某某，女，73岁，广东省人，享有新型农村合作医疗待遇。她因“刎颈自杀”收入院治疗，住院期间经本市精神病医院会诊，确诊孙某某患有“抑郁症”。请分析孙某某本次住院时所发生的医疗费用新型农村合作医疗基金是否给予支付？

分析要点

1. 按照新型农村合作医疗相关政策，患者因精神病自杀、自残入院发生的医疗费用，可由新型农村合作医疗基金支付。由于孙某某患有“抑郁症”，属于精神类疾病之一，故本次住院时所发生的医疗费用新型农村合作医疗基金予以支付。

2. 根据新型农村合作医疗的相关政策，孙某某在住院期间请院外医生会诊所发生的会诊费，新型农村合作医疗基金不予支付。

案例一七二

王某某，女，5岁，享有新型农村合作医疗待遇，所在县为云南省首批先天性心脏病试点县。王某某的家庭是低保家庭。某日，王某某因发热由家长送至县医院检查治疗，发现她患有“先天性室间隔缺损”。由于当地医疗条件限制，王某某被转到云南省某三级医院住院治疗。请分析王某某的住院费用能否直接在医院分解报销？王某某自己需要支付多少费用？

分析要点

1. 根据云南省关于儿童先天性心脏病政策的规定，年龄范围在1～14岁之间，在先天性心脏病规定病种范围内需手术治疗的医疗费用予以报销。报销比例：民政部门报销25%，县新型农村合作医疗办公室报销70%，低保家庭人员支付5%。

2. 根据首批先天性心脏病试点县的相关政策，需要治疗的患儿应向当地有关部门提出申请并备案。王某某没有提出申请，也没有到新型农村合作医疗办公室、民政局等部门办理相应的手续，故此次医疗费用不能在定点医疗机构直接分解报销。

3. 报销方法：在医院全额结算医疗费用，备齐报销需要的相关资料，到当地相关部门报销医疗费用。因王某某属低保家庭成员，按当地政策，个人只需支付医疗费用的5%。

案例一七三

张某某，男，29岁，甘肃省某县农民，享有新型农村合作医疗待遇。2011年5月18日，他在修建自家房屋时，被屋顶坠物砸中头部，致头部外伤，到医院进行相应的治疗后回家养伤。请分析张某某所发生的医疗费用新型农村合作医疗基金是否给予支付？

分析要点

1. 依据甘肃省新型农村合作医疗基金支付规定，因意外伤害所发生的医疗费用，在支付之前须由新型农村合作医疗管理部门进行核实。确实不涉及第三方责任的，所发生的医疗费用新型农村合作医疗基金应予以支付；反之，则不予以支付。

2. 张某某的受伤发生在日常生活中，虽属于意外伤害，但不涉及第三方责任人，所发生的医疗费用新型农村合作医疗基金应予以支付。

案例一七四

董某某，女，33岁，宁夏回族自治区某县人，享有新型农村合作医疗待遇。2011 年 10 月，她在自家开设的修理店内加工零件，用机床钻孔时被削出的钢丝挂住袖口将右手带入高速旋转的机床，造成右手皮肤脱裂损伤，右手桡骨骨折，由家人送至医院入院进行治疗。请分析董某某住院时所发生的医疗费用新型农村合作医疗基金是否给予支付？

分析要点

1. 根据当地新型农村合作医疗基金支付规定，无第三方责任人造成的意外伤害，新型农村合作医疗基金予以支付。

2. 董某某确因在自家开设的修理店内发生的意外伤害，此次住院所发生的医疗费用，新型农村合作医疗基金应予以支付。

案例一七五

张某某，女，45 岁，银川市某县人，享有新型农村合作医疗待遇。在公交车站等待公交车时，她被一辆疾驶的轿车溅起的石子砸伤眼部，张某某未看清轿车牌号，当时周围又无他人。随即联系家人送往医院，诊断为“右眼球内异物、右眼球和眼角膜穿透伤、右眼损伤性白内障”，住院手术治疗，3 个月后再次入院实施人工晶体植入术。请分析张某某的住院费用新型农村合作医疗基金是否给予支付？

分析要点

1. 张某某的意外伤害是由第三方责任人造成的，而无法确定第三方责任人。按照当地新型农村合作医疗基金支付规定，医疗费用应当由第三人负担，第三人不支付或者无法确定第三人的，由新型农村合作医疗基金先行支付；待确定第三方责任人后，有权向第三方责任人追偿。

2. 张某某可以提供意外伤害的经过，配合公安交管部门查找溅起石子的车辆，争取进一步解决医疗费用问题。

案例一七六

段某某，男，48 岁，宁夏回族自治区某地人，以往享有新型农村合作医疗待遇。2010 年，他突发胸闷、气短、伴双下肢疼痛，就诊于某三甲医院，诊断为“主动脉夹层瘤”，经住院手术治疗基本痊愈出院，医疗费用达 16 万元。段某某当年未缴费且缴费期已过，巨额的医疗费用须全额自费结算。因不堪重负，段某某出院后持费用结算单据等回参保地新型农村合作医疗办公室报销。请分析段某某所发生的医疗费用新型农村合作医疗基金是否给予支付？

分析要点

1. 按照新型农村合作医疗参保缴费规定：在规定的期限内未办理参合登记和缴费的，当年不再补办登记和缴费手续。没有按时缴费的，不再享受新型农村合作医疗待遇。段某某虽以往享受新型农村合作医疗待遇，但发病当年未缴费，故此次住院所发生的医疗费用新型农村合作医疗基金不予以支付。

2. 段某某在未交保费期间突发大病，医疗费用较高，给他及其家庭带来很重的经济负担。建议段某某到当地民政部门申请医疗救助，缓解困难。

案例一七七

马某某，女，46岁，银川市人，享有新型农村合作医疗待遇。她因腹部疼痛就诊于当地医院，初步诊断为“急性阑尾炎”，遂收入院治疗。经相关检查后，手术指征不明显，遂给予抗生素治疗。72小时后马某某自感腹痛加剧，经家属要求转往上级医院治疗。在上级医院诊断为“病毒性带状疱疹”，经治疗痊愈出院。马某某及家属要求当地首诊医院承担赔偿责任。请分析马某某的相关费用由谁来支付?

分析要点

1. 马某某及家属对首诊医院提出的赔偿要求缺乏依据，首诊医院已为其进行了相关检查，并采取了必要的治疗手段，疾病的发生发展有其自生的规律，明确诊断需要过程。马某某在首诊医院发生的住院费用，应由新型农村合作医疗基金予以支付。首诊医院应与马某某及其家属进行沟通，详细阐述疾病发生发展的规律，求得其理解。

2. 马某某在上级医院发生的住院费用，应由新型农村合作医疗基金予以支付。

案例一七八

阿某某，男，47岁，享有新疆维吾尔自治区新型农村合作医疗待遇。他后来就职于某市一家建筑企业，单位为其办理了城镇职工基本医疗保险、工伤保险。工作期间阿某某从高空坠落，送至医院进行救治，诊断为“高位截瘫”。请分析企业是否承担工伤责任？其医疗费用城镇职工基本医疗保险基金是否给予支付？新型农村合作医疗基金是否能再次支付?

分析要点

1. 阿某某应向工伤鉴定部门申请工伤及伤残鉴定。如鉴定为工伤，企业应承担工伤责任，其医疗费用应由工伤保险基金支付；如鉴定为非工伤，由企业或城镇职工基本医疗保险基金按规定支付其医疗费用。

2. 阿某某有多重医疗保险身份，但按照国家医疗保险政策相关规定，阿某某只能任选享受其中一种医疗保险待遇，不同的医疗保险种类之间不能再次支付或补充支付。

案例一七九

李某某，女，60岁，北京市某县农民，享有新型农村合作医疗待遇，既往有冠心病病史。李某某到北京市区旅游途中突发胸闷、胸痛，家人紧急送往附近三级医院治疗，经诊断为“急性下壁心肌梗死”，行冠脉造影及血管支架治疗，费用约为4万元。请分析李某某的医疗费用新型农村合作医疗基金是否予以支付？支付的原则是什么？

分析要点

1. 参加新型农村合作医疗人员应到选定的定点医疗机构就医。参合人员到三级医院就诊，需有定点医院开具的转诊证明方可报销。李某某因急诊到三级医院就医，可持医院开具的急诊住院证明、出院证明及相关报销材料到参合地报销。

2. 北京市新型农村合作医疗报销政策为：报销范围参照北京市基本医疗保险用药、诊疗、服务设施目录执行；报销比例依据医院级别分段按比例报销。

案例一八〇

张某某，女，13岁，北京市农业户口，初中学生，因肺炎在本区二级医院住院治疗。请分析张某某参加新型农村合作医疗或城镇学生儿童大病医疗保险报销比例的差距，到区外医院或区内一级医院住院如何报销？

分析要点

1. 根据北京市医疗保险及新型农村合作医疗政策规定，农村学生儿童可参加新型农村合作医疗，也可自愿参加城镇居民学生儿童大病医疗保险，但参加城镇居民学生儿童大病医疗保险后就不能享受新型农村合作医疗报销政策。

2. 参加新型农村合作医疗的学生儿童在区内医院住院的报销政策，符合报销范围的费用：在区内二级医院的起付线为500元，501～10000元报销比例为70%；1万~4万元报销比例为75%；4万元以上报销比例为80%，报销封顶线为每年18万元。

3. 享受城镇居民学生儿童大病医疗保险住院报销政策为：符合报销范围的费用起付线为650元，报销比例70%，报销封顶线为每年17万元。因此，建议张某某参加新型农村合作医疗，报销比例相对较高。

4. 张某某如因病情需要到区外医院住院，报销比例为70%；到区内一级医院住院无起付线，报销比例为80%。

案例一八一

胡某某，女，41岁，北京市人，享有新型农村合作医疗待遇。2010年9月，胡某某因交通事故导致股骨颈骨折而住院手术治疗。请分析胡某某住院时所发生的医疗费用新型农村合作医疗基金是否予以支付？

分析要点

1. 多数地区的新型农村合作医疗政策参照基本医疗保险政策执行。凡交通事故、打架斗殴、自杀自残等行为导致的外伤，新型农村合作医疗基金不予以支付。

2. 但肇事方逃逸且由警方出具肇事方逃逸证明后，胡某某的住院费用新型农村合作医疗基金予以支付。

案例一八二

李某某，男，60岁，河北某地农民，享有新型农村合作医疗待遇。2011年6月12日上午10时许，他突发意识丧失，由120急救车送至医院紧急救治；住院诊断为“自发性蛛网膜下腔出血、右侧基底节出血、高血压3级、支气管肺炎”，于2011年6月13日上午8时10分病重不治死亡。请分析李某某的住院费用新型农村合作医疗基金是否给予支付？

分析要点

1. 由于新型农村合作医疗为大病医疗保障，所以许多省市或地区的新型农村合作医疗基金仅限于支付住院医疗费用。为避免“为报销费用而住院”的情况发生，同时规定：“住院时间不超过24小时者，不报销住院费用。”从李某某的情况看，突发“蛛网膜下腔出血、右侧基底节出血”并导致死亡，确属大病。虽然住院时间不足24小时，其医疗费用应由新型农村合作医疗基金支付。

2. 虽然突发急病，但原则上要到新型农村合作医疗定点医院就医，且所发生的费用应符合新型农村合作医疗基金支付范围。若就诊医院不是新型农村合作医疗定点医院，需履行转诊手续，方可予以报销。

案例一八三

贾某某，女，27岁，河北某地农民，享有新型农村合作医疗待遇。2010年5月，她骑电动车外出，2小时之后被人发现倒于路边，当时她意识不清、频繁呕吐，面部有挫裂伤，由120急救车送往医院住院治疗。经检查，病人患有“颅内动脉瘤”，且可能由于颅内动脉瘤突然破裂出血导致意识丧失。请分析贾某某此次住院的医疗费用新型农村合作医疗基金是否给予支付？

分析要点

贾某某本次情况的特点是：疾病与外伤并存。但只要涉及外伤，必须排除第三方责任。如果存在第三方责任，由第三方支付；否则由新型农村合作医疗基金支付。从案例表述来看，病人因颅内动脉瘤破裂出血导致意识不清而摔伤，不涉及第三方责任，其住院费用应由新型农村合作医疗保障基金支付。

案例一八四

张某某，男，55岁，辽宁某地农民，享有新型农村合作医疗待遇。2011年9月22日，张某某驾驶拖拉机在农田劳作时不慎翻车，腿部受伤，被紧急送往医院，诊断为“股骨干骨折”，随之进行手术治疗，20天后康复出院。请分析张某某本次的住院费用新型农村合作医疗基金是否给予支付？

分析要点

1. 如果翻车的原因为拖拉机质量问题，应由拖拉机生产厂家支付医疗费用并赔偿。

2. 如果翻车的原因是由于个人操作失当，其医疗费用应由新型农村合作医疗基金支付。

案例一八五

赵某某，男，28岁，吉林某县农民，2011年1月参加了新型农村合作医疗。当年5月，赵某某到城里为个体老板唐某某打工。在做家庭装修时，不慎从高处跌落，致使骨盆及右腿股骨颈骨折，急送某定点医院行人工股骨头置换术，手术成功，恢复良好。赵某某左手先天性六指，平时不愿在公共场合伸手。在住院过程中，赵某某要求将左手第六手指切除，手术顺利，修复良好。请分析赵某某住院时所发生的医疗费用，新型农村合作医疗是否给予支付?

分析要点

1. 赵某某为唐某某打工，与唐某某已形成雇佣关系。在工作中受伤，其治疗外伤及骨折的医疗费用应由唐某某或商业保险支付，新型农村合作医疗基金不能支付。

2. 赵某某左手六指属于先天性畸形，且不影响功能，手术目的是消除不愿在公共场合伸手的心理负担。因此，相关费用应由个人承担，新型农村合作医疗基金也不予支付。

案例一八六

李某某，男，15 岁，甘肃某校初中学生，同时拥有新型农村合作医疗和城镇居民基本医疗保险两种医保身份。李某某以城镇居民医保患者身份入院，出院后以新型农村合作医疗患者身份办理了报销手续。随后其家属对在住院期间使用的一种金额较大的自费药品产生异议，城镇居民医保身份患者使用该药品可以参与报销，而新型农村合作医疗身份患者使用则不能报销。此时李某某自愿退回已报销的新型农村合作医疗费用，要求以城镇居民医保患者身份办理结算手续。请分析出现这种情况的原因是什么，医院医保管理部门应如何处置?

分析要点

1. 我国的社会医疗保障制度主要包括城镇职工基本医疗保险、城镇居民基本医疗保险和新型农村合作医疗三种医疗保险制度。每种医保的起付线、封顶线、报销方式和报销比例、各类医保人员享受的医疗保险待遇以及在医院医保报销的流程均有不同。

2. 中国基本医疗保险形成目前城乡制度分设、管理分割、资源分散的“三分”格局既有其历史的必然性，也有其历史的局限性。我们应该用历史唯物主义的态度加以审视和对待。当前，各地普遍存在着城乡居民重复参保的现象，特别是农民工、乡镇企业职工、在城镇就读的农村学生、被征地农民等人群的重复参保问题非常突出。随着我国医药卫生体制改革的不断深化，有关制度造成的遗留问题会得到逐步解决。

3. 参保患者入院后，经治医生应首先对患者确认医保身份，认真履行身份核实制度。在下医嘱时，要注意使用的药品和诊疗项目与患者的医保身份是否一致。如患者需要使用自费药品及诊疗项目时，应及时与患者交换意见，经患者同意并签署《知情同意书》后方可使用。

案例一八七

倪某某，男，2 岁，江西省井冈山人，享有新型农村合作医疗待遇。他因气短、口唇紫绀，经江西省某地区医院诊断为“法鲁氏四联症”，转往上海某医院行“法鲁氏四联症根治术”。江西当地新型农村合作医疗基金、行政部门和江西革命老区基金会按医疗费用的 40%、30%、30% 比例进行报销。倪某某手术需要应用进口心包补片 2 片，约计人民币 8900 元。请分析倪某某所发生的费用当地新型农村合作医疗基金、当地民政部门及江西革命老区基金是否能全额支付?

分析要点

1. 法鲁氏四联症是常见的先天性心脏血管畸形，在紫绀型先天性心脏病中居首位。病人心功能不全，活动受限，虽为先天性疾病，但影响生活和生存。

2. 依据相关政策规定，手术中应用的心包补片属自费材料，新型农村合作医疗、当地民政部门及江西革命老区基金会均不予报销。

案例一八八

李某某，男，10 岁，患有“先天性室间隔缺损”，享有新型农村合作医疗待遇。2011 年 12 月，他到南京某三级医院心内科要求做介入封堵，经心室造影，发现缺损部位不宜封堵，遂转入心胸外科手术修补；后顺利出院，医疗费用共计 3.2 万元。两个月后，李某某家长到当地新型农村合作医疗报销医疗费用，新型农村合作医疗办公室认为李某某符合“农村儿童先心大病救治”规定，就与医院联系，要求给李某某补办转诊手续，并希望医院按 2.7 万元（个人承担 30%）的按病种付费收费标准重新结算。请分析这种解决办法是否可行?

分析要点

1. 不可行。李某某虽符合“农村儿童先天性心脏病大病救治”规定，但事先没有按照相关管理规定到当地新型农村合作医疗办公室办理转诊手续，造成“身份”不实，未能享受相应待遇，医院不应承担责任。

2. 农村儿童先天性心脏病按病种付费标准以外科手术为准。李某某的医疗费用包含内科和外科两部分费用，医生满足患儿家长的要求，且在诊疗上无过错，让医院按2.7万元结账不妥。

3. 解决办法：当地新型农村合作医疗根据政策，2.7万元按照“农村儿童先天性心脏病大病救治”的报销标准执行，剩余部分可考虑“按一般转外住院”报销标准处理。

案例一八九

陆某某，男，48岁，安徽省某地农民，享有新型农村合作医疗待遇。2011年9月，他在骑自行车途中被一辆快速行驶的无牌照摩托车撞倒，肇事车辆逃逸。陆某某被路人发现送至医院治疗，诊断为“左腿胫骨骨折”，经手术治疗后出院。请分析陆某某本次的住院费用新型农村合作医疗基金是否给予支付?

分析要点

陆某某的受伤是由交通事故造成的，明显存在第三方责任，其医疗费用应由第三方支付，原则上，新型农村合作医疗保险基金不予支付。《中华人民共和国社会保险法》第三十条规定：“医疗费用依法应当由第三人负担，第三人不支付或者无法确定第三人的，由基本医疗保险基金先行支付。基本医疗保险基金先行支付后，有权向第三人追偿。”据此，在肇事车辆逃逸，无法确定第三责任人的情况下，新型农村合作医疗基金也可以先行支付，再追偿。

案例一九〇

张某某，男，32岁，福建某地农民，享有新型农村合作医疗待遇。2010年5月，他到城市务工，务工单位又为其办理了城镇职工基本医疗保险和工伤保险。当年8月，张某某在工作中意外受伤，造成“右股骨骨折”，经“骨折内固定”手术及住院治疗后出院。出院时医生嘱其一年后来院进行“骨折内固定拆除术”。请分析张某某本次的住院费用应由谁支付？一年后拆除“骨折内固定”的医疗费用又由谁来支付？如果是由城镇职工基本医疗保险或工伤保险医疗保险支付，新型农村合作医疗是否能够补充支付或再次支付?

分析要点

1. 张某某在工作中意外受伤，符合工伤的基本条件，也享有工伤保险，其住院费用应由工伤医疗保险基金支付。一年后“拆除骨折内固定”的医疗费用，也应由工伤医疗保险基金支付。

2. 在工伤治疗终结后，如果还存在难以恢复的肢体功能障碍，甚至影响生活质量或生存能力，可申请进行劳动能力鉴定。能够评定伤残等级的，可获得相应补偿。

3. 工伤医疗保险基金支付工伤医疗费用没有起付线、封顶线和自付比例，只要治疗必须，均给予全额支付，病人一般不承担费用。工伤保险基金、城镇职工基本医疗保险基金及新型农村合作医疗基金之间，不存在补充支付或再次支付问题，也不能补充支付或再次支付。

案例一九一

张某某与刘某某在2007年5月2日共同出资购买收割机一台。2010年7月19日，二人在驾驶收割机为村民曾某某收割稻谷时，收割机的齿轮突然飞出，将曾某某的右眼击伤。为治疗眼伤，曾某某共支付医疗费18955.5元。为减轻其费用负担，曾某某所在村的新型农村合作医疗管理所为其报销了医疗费用2330元，其余费用均由曾某某负担。曾某某与张某某、刘某某因医疗费用支付问题发生纠纷并诉诸于法律，同时要求新型农村合作医疗报销相关费用。请分析曾某某因此发生的医疗费用应该由谁来支付？

分析要点

1. 曾某某受伤由收割机引起，收割机为刘某某、张某某共有，明显存在第三方责任。曾某某的医疗费用应由刘某某和张某某承担，新型农村合作医疗基金不予支付。已支付的费用应该予以追回。

2. 虽然为第三方责任，还需进一步分析其原因。张某某、刘某某是否具备驾驶收割机的资质？“收割机的齿轮突然飞出”是由于张某某、刘某某操作不当引起，还是收割机存在质量问题？只有进一步明确事故原因，才能够确定赔偿的具体责任。

案例一九二

陈某某，女，28岁，在原籍安徽巢湖享有新型农村合作医疗待遇。她于2009年5月到福州市务工，2010年12月因“异位妊娠”在福州市医院诊疗，门诊发生医疗费用860元、住院医疗费用4300元。请分析陈某某在异地就医所发生的医疗费用新型农村合作医疗基金是否给予支付？

分析要点

1. “异位妊娠”属于疾病范畴，为妇产科急重症之一。其住院医疗费用新型农村合作医疗基金应给予支付。但陈某某为异地就医，异地就医有一系列的管理制度和规定，如异地就医之前要先办理异地转诊手续、报销费用要持《诊断证明书》及相应票据等等；即使是突发急病、看急诊，也要依照相应的规定执行。陈某某应按照参合地的相关规定报销异地就医费用。

2. 新型农村合作医疗为大病医疗保障，目前一般不支付门诊医疗费用。因此，程某某在门诊发生的860元医疗费用不报销。

案例一九三

林某某，男，50岁，福建省农民，享有新型农村合作医疗待遇。2010年7月，他被当地医院疑为患“肺癌”，并建议到省医院进一步检查治疗。但林某某强烈要求到另一城市的省级大医院治疗。请分析林某某拟到另一城市的省级医院治疗的医疗费用新型农村合作医疗基金是否给予支付?

分析要点

根据福建省某地新型农村合作医疗就医管理规定，参合人到本省省级医院就医前需要办理转院手续，去外省医院就医需要办理异地转诊手续。转院或异地转诊手续一旦完成，应到指定的医院就医并凭借指定医院的收费单据和诊断证明报销医疗费用。因此，如果林某某办理了异地转诊手续并到指定医院就医，新型农村合作医疗基金给予报销费用；如果未办理相关手续或未到指定医院就医，新型农村合作医疗基金将不予支付。

案例一九四

陆某某，男，52岁，福州市某县农民，享有新型农村合作医疗待遇。近年来，他随子女在省城居住，2011年12月因不明原因的发热就诊于省医院门诊，CT检查发现右上肺肿块，遂收入院进一步检查、治疗。为明确诊断，在住院过程中实施了“经皮肺穿刺病理活检术”，术中出现大量咯血，同时发生休克，经积极抢救治疗后咯血停止，转危为安；术后病理报告为“肺结核”，遂转往结核病专科医院治疗。请分析陆某某在省医院诊疗的费用新型农村合作医疗保险基金是否给予支付?

分析要点

1. 新型农村合作医疗为大病医疗保障，仅支付住院费用，一般不支付门诊费用。因此，陆某某在省医院门诊所发生的医疗费用由患者自付。

2. 如果陆某某已经按新型农村合作医疗的相关规定完成了异地就医手续，

那么住院费用应由新型农村合作医疗基金支付；如果尚未履行异地就医的相关手续，则需依据参合地的相关规定决定是否能够报销。

3. 手术中咯血、休克导致的抢救费用由谁来支付，需要进一步分析，若咯血、休克是难以避免的并发症，术前已经履行告知义务，术中无过失，就不承担相应责任，其费用应由新型农村合作医疗基金支付；若医院存在过失或差错，则相应的抢救费用应该由医院承担。

4. 结核病属于公共卫生范畴，治疗肺结核病的医疗费用应由公共卫生基金全额支付，个人不负担费用。

案例一九五

李某某，男，12 岁，山东省某校学生，享有新型农村合作医疗待遇。他因持续发热 1 月余到省医院就诊，被诊断为“急性白血病”，并建议住院进一步治疗。由于匆忙来省城看病，他仅携带了“农合证”和“户口本”。如果要使李某某在省医院的住院费用能够由新型农村合作医疗基金支付，还应补办什么手续？

分析要点

1. 需到参保地新型农村合作医疗经办机构办理转诊或异地就医手续。

2. 根据山东省新型农村合作医疗的相关政策，儿童白血病患者可以享受“重大疾病医疗补助”，可凭诊断证明书到参合地领取重大疾病补助申请表，并履行审批手续。

案例一九六

王某某，男，35 岁，山东省某地区农民，享有新型农村合作医疗待遇。王某某既往有“慢性乙型肝炎”病史，5 年前诊断为“肝硬化”，1 个月前诊断为“原发性肝癌”，为挽救其生命，拟行“肝脏移植术”。请分析因肝脏移植而住院治疗的医疗费用新型农村合作医疗基金如何支付？

分析要点

根据山东省新型农村合作医疗基金的支付规定，肝脏移植的医疗费用支付原则如下：肝脏移植手术的移植器官及获取移植器官的手术费用新型农村合作医疗保险基金不予支付，由病人自费；肝脏移植的手术费个人先行负担 30%，剩余 70% 费用纳入新型农村合作医疗支付范围按规定支付；其住院及治疗费用也纳入新型农村合作医疗支付范围按规定支付。

案例一九七

张某某，男，56岁，山东省某县农民，享有新型农村合作医疗保障。2011年12月，张某某因急性心肌梗死急诊入院，经“冠状动脉造影及支架植入术”，放置国产冠脉支架、进口冠脉支架各2枚。请分析张某某的医疗费用应该如何支付？

分析要点

根据山东省新型农村合作医疗基金支付规定，张某某的医疗费用应依据如下原则支付：

1. “冠状动脉造影及支架植入术”的费用病人先自付20%，剩余部分纳入新型农村合作医疗支付范围按比例支付。

2. 国产冠脉支架费用个人先自付30%，剩余费用纳入新型农村合作医疗支付范围按比例支付。

3. 进口冠脉支架费用个人先自付60%，剩余费用纳入新型农村合作医疗支付范围按比例支付。

4. 其他住院费用根据新型农村合作医疗相关规定按比例支付。

案例一九八

张某某，女，42岁，山东省莱芜市苗山乡苗山村农民，享有新型农村合作医疗待遇。2011年3月，张某某到济南市务工，2011年5月发现乳房包块到山东省医院就诊，诊断为“乳腺癌”，随即住院治疗。请分析张某某在省医院就医时所发生的医疗费用新型农村合作医疗基金是否给予支付？

分析要点

1. 山东省医院是新型农村合作医疗定点医院，已与莱芜市签订了新型农村合作医疗“实时结算报销”协议。病人只要持个人身份证（或户口本）、新农合证、转诊介绍信等证明，即可结算和报销医疗费用。张某某在新型农村合作医疗定点医院就医，新型农村合作医疗基金理应支付其费用；但张某某为异地就医，新型农村合作医疗规定，“异地就医必须履行相关手续”，因此，张某某或其家属应在住院7天内到莱芜市新型农村合作医疗办公室办理转诊手续，否则不支付其费用。

2. 张某某就医时所发生的门诊费用、交通费、陪床费、煎药费以及超出标准的床位费（标准床位费是指3人及以上病房床位费），新型农村合作医疗基金不予以支付。

案例一九九

张某某，男，54 岁，洛阳某县农民，享有新型农村合作医疗待遇。某日，张某某在骑三轮车到农田劳动时，因驾驶不当连人带车翻入沟中，导致右腿股骨颈骨折，经“骨折内固定手术”等治疗后出院。10 个月后，还需再次住院拆除“骨折内固定钢板”，同时还要进行康复治疗。请分析张某某因骑三轮车导致“股骨颈骨折”所发生的医疗费用，新型农村合作医疗基金是否给予支付？

分析要点

张某某因自己骑三轮车不慎摔伤，不存在第三方责任，新型农村合作医疗基金应予以支付其医疗费用。

为规范管理，新型农村合作医疗设有定点医院，非定点医院就医的医疗费用一般不予支付。因此，张某某应尽可能到自己所选定的医院就医。

案例二〇〇

王某某，女，26 岁，河南省商丘市某地农民，孕 36 周，享有新型农村合作医疗待遇。2011 年 3 月 10 日，她外出散步时被客车撞倒，随即被送往医院，诊断为“胎膜早破、胎心异常”，“左侧胫腓骨闭合性骨折”。医院紧急进行了“剖宫产术”和“左下肢胫腓骨切开固定复位术”。剖宫产出的新生儿因早产和“宫内窒息”，入住早产儿重症监护病房治疗。此次住院共支出医疗费用 3.5 万余元。请分析王某某因交通事故所发生的医疗费用及新生儿的医疗费用应该如何支付？

分析要点

1. 王某某被车辆撞伤，涉及第三方责任，其医疗费用依法应当由第三方支付，新型农村合作医疗基金不予支付。如果肇事车辆逃逸，也可由新型农村合作医疗基金先行垫付，以后向第三方追偿。

2. 计划内生育，剖宫产手术在正常情况属于新型农村合作医疗基金支付范围。但王某某因外伤引起，也应由第三方支付。

3. 新生儿在新型农村合作医疗缴费时尚未出生，出生当年也未参保，但根据相关规定，仍可享受新型农村合作医疗待遇。但王某某的新生儿住院医疗费用由交通事故引起，所以也应由第三方支付。

案例二〇一

江某某，男，68岁，河南某地农民，享有新型农村合作医疗待遇。2011年5月12日，江某某在自家农田劳作时不慎摔伤，导致右侧脚踝处皮肤裂伤。由于江某某患有“冠心病”，在村卫生所进行清创缝合时出现“心绞痛”，又急送市医院治疗，先住心血管内科治疗，随后出现右脚踝伤口感染和深静脉血栓，又转至外科治疗，20天后痊愈出院。住院期间共支出医疗费用36280元。请分析江某某本次就医所发生的医疗费用新型农村合作医疗基金是否给予支付？

分析要点

江某某发生医疗费用的原因是在日常生活和劳动中发生的意外伤害，不存在第三方责任，故新型农村合作医疗基金给予支付。

1. 在村卫生所发生的医疗费用，可由新型农村合作医疗门诊统筹基金支付。

2. 在市医院住院所发生的医疗费用，由新型农村合作医疗基金按规定给予支付。

案例二〇二

谢某某，女，26岁，湖北省某地农民，享有新型农村合作医疗待遇。2011年8月，谢某某于怀孕38周时在定点医院剖宫生产一男婴，新生儿产后出现抽搐、呼吸困难等症状，随即送往儿童专科医院救治。请分析谢某某因剖宫产而住院发生的医疗费用新型农村合作医疗基金是否给予支付？新生儿的医疗费用新型农村合作医疗基金是否给予支付？

分析要点

1. 谢某某享有新型农村合作医疗待遇，其剖宫产的医疗费用新型农村合作医疗基金给予支付。

2. 新生儿在定点专科医院发生的费用，由当地新型农村合作医疗基金支付。当地新型农村合作医疗制度规定：“在新生儿母亲参合的前提下，新生儿出生即可享受新型农村合作医疗保障。”

案例二〇三

颜某某，男，64岁，湖北某地区农民，享有新型农村合作医疗待遇。

2011 年 6 月，颜某某在异地被机动车辆撞伤，肇事车辆逃逸。颜某某被路人送往异地医院救治，在门诊对伤口进行处理后转回原籍的定点医院住院治疗。请分析颜某某在异地就医发生的医疗费用是否由新型农村合作医疗保险基金支付？在参合地发生的住院费用是否能由新型农村合作医疗保险基金支付？

分析要点

1. 颜某某因交通事故受伤，其医疗费用应由责任方支付，新型农村合作医疗基金不予支付。

2. 颜某某在异地发生的门诊费用，新型农村合作医疗基金不予支付。

3. 但肇事车辆逃逸，根据《中华人民共和国社会保险法》第三十条之规定，由交通管理部门提供相应证明材料，则住院费用可暂由新型农村合作医疗基金支付，待肇事者归案后追回费用。

案例二〇四

万某某，女，45 岁，湖北某县农民，享有新型农村合作医疗待遇。万某某患有抑郁性精神病，长期服抗精神病药治疗。2011 年 9 月，万某某不明原因地服用了农药，被家人发现后紧急送往定点医院抢救治疗。请分析救治谢某某“服用农药而自杀”的医疗费用新型农村合作医疗基金是否给予支付？

分析要点

根据谢某某参保地新型农村合作医疗基金的支付规定：因自杀所发生的医疗费用一般不予支付。但谢某某患有精神病，不具有独立行为能力，如果能提供由精神专科医院开具的相应诊断证明书，其抢救治疗费用新型农村合作医疗基金予以支付。

案例二〇五

张某某，男，28 岁，湖北省十堰市农民，享有新型农村合作医疗待遇。2011 年 3 月，他到城市务工，并同时参加城镇职工基本医疗保险和工伤保险。2011 年 5 月 20 日，他在下班后到工地寻找钥匙时不慎被铁钉扎伤右足，当时没有在意，也没有对伤口进行处理。5 月 23 日，张某某因右足伤口感染伴发热急诊住院。请分析张某某的住院费用应由哪种医疗保险基金支付？能否同时享受两种或两种以上的医疗保险待遇？

分析要点

1. 《中华人民共和国工伤保险条例》第三章第十四条规定：在工作时间

和工作场所内，因工作原因受到伤害的，从事与工作有关的预备性或者收尾性工作受到伤害的，因履行工作职责受到暴力等伤害的，可以认定为工伤。张某某下班后去工地寻找钥匙与工作无关，不能认定为工伤，故也不能享受工伤医疗保险待遇。

2. 张某某不慎扎伤并导致严重感染的住院费用，可由基本医疗保险基金或新型农村合作医疗基金支付。两种医疗保险任选一种，医疗费用不能重复支付和补充支付。

案例二〇六

买某某，男，10岁，享有新疆维吾尔自治区新型农村合作医疗待遇。他家境困难（属于低保户），患先天性心脏病，经过"春苗工程"自治区儿童先天性心脏病医疗救治项目筛查，进入救助计划，住院后诊断为"先天性复杂性心脏病"，医疗总费用达13万元。请分析该费用如何支付?

分析要点

根据"春苗工程"项目规定：每例住院手术费用按4:3:3的比例支付。即由新型农村合作医疗或城镇居民医疗保险支付40%；自治区财政补助30%；家境贫困的可申请当地民政部门城乡救助资金支付30%。

1. 由于病情复杂，除"春苗工程"支付外的医疗费用，当地新型农村合作医疗部门根据相关政策支付40%。

2. 买某某因是"春苗工程"救助对象，其费用先按"春苗工程"的规定自治区财政补助支付30%。

3. 由于家境贫困，买某某个人支付的30%可由当地民政部门给予城乡医疗救助。

案例二〇七

张某某，享有陕西省新型农村合作医疗待遇。2009年7月某日，他在田间劳作时不慎被树枝砸伤头部，由家人送至医院诊治，诊断为"脑挫裂伤"并住院治疗，住院医疗费用为4586.76元。请分析张某某住院时所发生的医疗费用新型农村合作医疗基金是否给予支付?

分析要点

1. 依据陕西省、西安市新型农村合作医疗政策，医院不能按"直通车"报销费用。（报销"直通车"是指参合人出院当天就能在定点医院报销医疗费用，报销部分先由定点医院垫付，再由医院与县合作医疗办公室按规定结算，目的是减轻患者经济压力，方便住院患者办理报销手续。）

2.《西安市新型农村合作医疗不予报销范围（暂行）》文件规定五大类新型农村合作医疗基金不予报销范围，其中第四类新型农村合作医疗不予报销的其他费用包括因交通事故、工伤、职业病等涉及第三者责任事件和自残、自杀所引发的医疗费用。

3. 张某某是否为在务农时不慎受伤，要经县新型农村合作医疗办公室进村调查，排除以上不予报销范围后，方可持本人身份证、医保卡、原始发票、住院清单、病历复印件、医院出具的相关证明等到当地新型农村合作医疗管理机构进行报销。

案例二〇八

刘某某，女，58岁，享有陕西省新型农村合作医疗待遇。2010年9月，刘某某因头昏两个月余，在当地医院治疗无效，经县农村合作医疗办公室批准转往省级医院住院治疗，诊断为“多发性腔隙脑梗死”，2周后病情好转出院，住院费用4987.69元。请分析刘某某的住院费用新型农村合作医疗基金是否给予支付？

分析要点

1. 依据西安市新型农村合作医疗办公室制定的《关于调整全市新农合运行方案的几点意见》，从2008年7月1日起，乡镇及一级定点医疗机构的起付线为80元；区（县）境内的区县级及二级定点医疗机构的起付线为200元；区（县）境外的二级定点医疗机构的起付线为500元；市级定点二级医疗机构在区（县）境内的起付线为200元；区（县）境外的起付线为500元；市级定点三级医疗机构的起付线为1000元；省级定点医疗机构按照省新型农村合作医疗办公室要求不再设置起付线，统一设置起报点，省级定点三级医疗机构起报点为5000元，省级定点二级医疗机构起报点为3500元。纳入可报销范围的费用不满起报点的，参合患者全部自付，新型农村合作医疗基金不予报销。

2. 由于刘某某在省级医院住院的费用未达到起报点，因此西安市新型农村合作医疗基金不能给予报销，患者刘某某应回当地参合县新型农村合作医疗办公室申请报销。

案例二〇九

苗某某，男，36 岁，享有新型农村合作医疗待遇。他在公路上骑自行车时被逆行的摩托车撞伤昏迷，并造成下肢骨折而住院治疗。肇事者逃逸，苗某某无法找到肇事方。请分析苗某某本次住院所发生的医疗费用新型农村合作医疗基金是否给予支付？

分析要点

1. 依据当地新型农村合作医疗政策规定：因交通事故或其他责任事故造成伤害的，在事故发生 3 个月后，参合人员能提供公安部门因肇事方逃逸或无法查找责任人相关文字证明的，其发生的费用可纳入报销范围。

2. 苗某某因无法找到肇事方，经公安交通部门证明后，苗某某住院期间所发生的费用新型农村合作医疗基金予以支付。

案例二一〇

何某某，女，60 岁，享有新疆维吾尔自治区新型农村合作医疗待遇。她因冠心病住院，既往无糖尿病史，在病案的出入院记录中也无糖尿病或与糖尿病相关的诊断，在住院期间没有进行血糖连续监测，主管医生为何某某开具出院带药甘精胰岛素 2 支。请分析何某某出院携带的甘精胰岛素所发生的费用新型农村合作医疗基金是否予以支付？

分析要点

1. 新型农村合作医疗政策中明确规定：定点医疗机构为参保人员进行住院治疗时，应做好相应的医疗记录。凡与病情无关的用药、检查，新型农村合作医疗基金不予支付。

2. 甘精胰岛素是治疗糖尿病的药物，何某某无糖尿病及与糖尿病相关的诊断，在住院期间也未使用甘精胰岛素治疗，因此甘精胰岛素的费用新型农村合作医疗基金不予以支付。

案例二一一

吴某某，男，享有新疆维吾尔自治区新型农村合作医疗待遇。他因冠心病住院，住院后进行了 PTCA + PCI 治疗；术后又做了“肢体正负压治疗、中医推拿 + 中药熏洗”各 12 次治疗。以上治疗在医嘱、病程和护理记录中无相关描述，但费用清单中却有以上治疗的收费项目。请分析吴某某住院期间所发生的费用新型农村合作医疗基金是否给予支付？

分析要点

1. 吴某某实施了 PTCA + PCI 术，“肢体正负压”治疗也可用于冠心病术后治疗，新型农村合作医疗基金可以予以支付。

2. 中医推拿、中药熏洗于冠心病的治疗无关，且在医嘱、病程和护理记录中无记载，无收费依据，新型农村合作医疗基金不予以支付。

案例二一二

王某某，男，35 岁，兰州市某地农民，享有新型农村合作医疗待遇。2011 年 5 月，王某某因乏力、头晕、心悸到当地医院就诊，未明确诊断。为了进一步查明原因，王某某被转入省级医院住院治疗，并于 2011 年 6 月确诊为“白血病”。请分析王某某在当地就诊时所发生的费用新型农村合作医疗基金是否给予支付？若王某某不是被转入省级医院，他能否直接到省级医院就诊？

分析要点

1. 依据《兰州市新型农村合作医疗市级统筹实施细则》第五章第二十条规定：参合对象须就近就医。在非定点医疗机构就医或不符合转院规定产生的费用，由个人承担。第二十四条规定：未经新型农村合作医疗经办机构批准，在非定点医疗机构诊治产生的费用，新型农村合作医疗基金不予支付。

2. 王某某在当地定点医疗机构就诊时所产生的医疗费用，新型农村合作医疗基金予以支付。

3. 王某某不能直接到省级医院就诊，应逐级办理转院手续，否则所产生的医疗费用新型农村合作医疗基金不予支付。

4. 依据《兰州市新型农村合作医疗市级统筹实施细则》第十八条规定：白血病属于报销病种，王某某转住省级医院治疗白血病所发生的医疗费用，可按病种支付。

案例二一三

陈某某，女，22 岁，广州某大学应届毕业生，在校期间既享有生源地的新型农村合作医疗待遇，又享有高校所在地的城镇居民基本医疗保险待遇。毕业前 3 个月，她因牙龈肿痛、发热、乏力 1 周到医院诊治，经骨髓穿刺、骨髓免疫分型及染色体等报结显示为“M2 型急性白血病”，遂将陈某某收入医院给予 CAG 方案化疗。请分析陈某某毕业前后应享受何种医疗保险待遇？

分析要点

1. 虽然毕业前陈某某具有双重医保身份，但是根据国家医疗保险相关政策，只能享受其中一种医疗保险待遇。陈某某毕业前住院期间所发生的医疗费用只能由其中一种医疗保险支付。建议陈某某选择城镇居民基本医疗保险待遇，因其报销比例较高，出院后还可申请办理门诊特殊病种。

2. 陈某某毕业后所能享受的医疗保险待遇要视情况而定。若她能够继续以城镇居民身份参保，则可享受城镇居民基本医疗保险待遇；否则，陈某某只能享有生源地的新型农村合作医疗待遇。

案例二一四

王某某，女，27 岁，已婚，享有福建省新型农村合作医疗待遇。她因停经 55 天，反复阴道出血 16 天，为保胎收入院，B 超示：(1) 子宫下段疤痕处异常回声团，考虑疤痕妊娠可能，胚胎存活。(2) 子宫实质多发低回声团，考虑肌瘤声像。入院诊断为“疤痕子宫妊娠、子宫多发肌瘤”。请分析王某某住院费用是否属于新型农村合作医疗支付范围？

分析要点

1. 王某某入院诊断为“疤痕子宫妊娠、子宫多发肌瘤”，其中，“疤痕子宫妊娠”属于产科疾病，“子宫多发肌瘤”属于妇科疾病，均属于新型农村合作医疗支付范围。

2. 王某某的病例比较特殊，医院医疗保险管理办公室应及时与当地新型农村合作医疗办公室进行沟通，争取得到理解和支持。

案例二一五

李某某，女，3 岁，农村户口，享有当地新型农村合作医疗待遇，家庭经济困难。2011 年 5 月，她因先天性心脏病、右室双出口、室缺、房缺、肺动脉狭窄，持当地新型农村合作医疗办公室开具的农村儿童重大疾病转诊单到某三级医院住院治疗。由于李某某肺动脉发育差，故住院后行姑息主—肺动脉分流术，住院 30 后天顺利出院，医疗费用 28893.51 元。请分析李某某的医疗费用应如何支付？

分析要点

1. 李某某为复杂畸形先天性心脏病，治疗费用必然增加，符合卫生部关于将儿童白血病、先天性心脏病等 8 个病种纳入新型农村合作医疗制度保障范围，依据新型农村合作医疗的有关要求，应据实结算，按照总费用的 70% 给予报销；另外 30% 可以由医院、民政部门和患者分别承担。

2. 依据《关于进一步完善城乡医疗救助制度的意见》（民发［2009］81 号）文件精神，患儿属经济困难家庭人员，可向当地民政部门申请医疗救助，报销新型农村合作医疗不能报销费用的 20% 。

3. 非转诊定点医院发生的费用不予支付。

案例二一六

王某某，男，12 岁，辽宁省人，享有新型农村合作医疗待遇。2011 年 6 月，他因“先天性室间隔缺损”持当地新型农村合作医疗办公室开具的农村儿童重大疾病转诊单到某三级医院住院治疗。王某某于入院的第 3 天行室缺修补术，住院 10 天后治愈出院，医疗费用 26000 元。王某某所在家庭为特困家庭并参加了当地红十字会救助项目。请分析王某某到三级医院住院的医疗费用应由谁来支付?

分析要点

1. 王某某 3 周岁以上，按农村儿童重大疾病救治文件规定：先天性心脏病室间隔缺损的救治标准为 25000 元，在此范围内新型农村合作医疗可按 70%（即 17500 元）予以报销；王某某所在家庭为特困家庭，由民政部门报销 20% 费用，即 5000 元；超出定额的 1000 元由医院承担；王某某实际承担定额的 10%，即 2500 元。由于王某某参加了当地红十字会救助项目，个人负担的 2500 元可以由红十字会承担。

2. 非转诊定点医院发生的费用不予支付。

案例二一七

胡某某，女，3 岁，辽宁省人，享有新型农村合作医疗待遇。2011 年 6 月，她因“先天性心脏病、室缺、房缺”持当地新型农村合作医疗办公室开具的农村儿童重大疾病转诊单到某三级医院住院治疗。胡某某于入院后行“室缺、房缺修补术”，住院 22 天后治愈出院，医疗费用 45498 元。请分析胡某某医疗费用应如何支付?

分析要点

1. 胡某某患复杂先天性心脏病，符合农村儿童重大疾病救助政策。按新型农村合作医疗相关文件精神，其住院治疗费用可按先天性心脏病救治办法进行报销。

2. 依据农村儿童重大疾病救治文件规定的复杂性先天性心脏病室缺、房缺救治标准为40000元。胡某某的医疗费用已超过救治标准，医院只能收取胡某某治疗费用40000元，超出标准的5498元应由医院承担；其中40000元费用可按70%予以报销，即由新型农村合作医疗报销28000元，其余费用自理。

3. 非转诊定点医院发生的费用不予支付。

案例二一八

石某某，女，4岁，辽宁省人，享有新型农村合作医疗待遇。2011年6月因“先天性心脏病、动脉导管未闭、卵圆孔未闭”持新型农村合作医疗办公室开具的农村儿童重大疾病转诊单到某三级医院住院治疗。由于石某某病情即可行外科手术治疗，又可行介入治疗，家属要求行介入治疗。在各项检查均符合介入治疗条件的基础上，石某某于入院的第3天行动脉导管未闭、卵圆孔封堵术，住院6天后治愈出院，医疗费用25000元。请分析石某某医疗费用应如何支付？需注意什么？

分析要点

1. 石某某所患疾病符合农村儿童重大疾病救助政策，按新型农村合作医疗相关文件精神，其住院治疗费用可按先天性心脏病救治办法进行报销。

2. 按辽宁省农村儿童重大疾病救治文件规定的先天性心脏病动脉导管未闭救治标准为15000元，在此范围内可按70%予以报销。由于本病可以外科手术治疗，但家属要求介入治疗，故额外增加费用医院不予承担。15000元以外的剩余部分（10000元）应由石某某的家属与当地新型农村合作医疗管理部门协商，是否可以按照普通新型农村合作医疗政策规定报销。

3. 石某某的疾病即可外科手术、也可介入治疗，医院在保证医疗安全和效果的前提下，如果石某某强烈要求介入治疗，医院应与新型农村合作医疗办公室沟通协商费用如何支付，并要求家属签署《知情同意书》，避免引发纠纷。

案例二一九

郭某某，女，6岁，辽宁省某地人，享有新型农村合作医疗待遇。2011

年6月，她因“先天性心脏病、右室双出口”持当地新型农村合作医疗办公室开具的农村儿童重大疾病转诊单到某三级医院住院治疗。因郭某某病情复杂，在对她进行相关检查、向其家人交代病情后，郭某某家属执意放弃治疗，住院2天后出院，医疗费用共计2460.94元。请分析郭某某的医疗费用应如何支付？

分析要点

1. 郭某某因患复杂先天性心脏病住院手术治疗，按国家相关文件精神，可按先天性心脏病救治办法进行报销。由于郭某某病情复杂，愈后差，家属执意放弃治疗，故其所发生的医疗费用只能按当地新型农村合作医疗规定予以报销，而不能按农村儿童重大疾病救治政策报销。

2. 非转诊定点医院发生的费用不予支付。

政策综合部分（案例二二〇至案例二五八）

案例二二〇

兰某某，男，在甲地参保，因病需要到乙地医院治疗，请分析其医疗费用如何进行报销？孙某某，为甲地退休职工，到乙地子女所在地长期居住，其医疗保险关系该如何转移？王某某，甲地在职职工，长期在乙地出差，请分析驻外地工作人员就医产生的医疗费用如何报销？

分析要点

随着社会的发展，人员流动越来越频繁，异地居住、异地就医的现象越来越普遍。

1. 参保人到异地就医之前，应首先到其参保地的医疗保险经办机构办理转诊手续，同时了解相应政策和规定，咨询费用报销（或支付）流程。在没有开通异地实时结算的地区，要根据相应的规定办理审批手续，以便报销费用。

2. 长期在异地居住的退休人员，应到参保地的医疗保险经办机构办理异地就医手续，有效期最长为3年。在有效期内发生的医疗费用，由个人现金垫付，然后携带相应票据到参保地报销。医疗费用报销不跨年度，超期视为自动放弃。未办理异地就医申请、超过有效期限未续办或发生在非选定医院的费用，基本医疗保险基金不予支付。

3. 长期在异地工作或居住的参保人员，应持需长期在异地居留的证明，到参保地医疗保险经办机构办理异地医疗的审批手续。参保人在异地定点医院就医所发生的费用，均由个人先行垫付，回参保地经办机构审核报销。

案例二二一

方某某，男，30 岁，享有城镇居民基本医疗保险待遇。他于 2011 年 9 月 26 日到某医院门诊就医，使用他父亲医保卡挂号，医生在为方某某开具检查项目并到窗口交费后，在检查科室被技师发现未实名制就医，拒绝为其做相关检查，方某某要求退费。请分析在实际工作中发生此类情况应如何处理？

分析要点

1. 方某某冒用他人的医保卡挂号就医，缺乏基本的诚信道德观念；接诊医生未按规定认真核实方某某的身份就开具检查项目，存在一定的过失；检查科室认真落实"实名制"就医规定，应该得到肯定。既然方某某已经交费，当其认识到错误后，可以为其办理退费手续。

2. 退费流程如下：由方某某持已交费单据到相关部门签字获批后，持交费收据、医保卡到医疗保险办公室审批，再到门诊窗口退费。

3. 如方某某想重新以实名制就医，要使用自己的医保卡办理挂号手续；若本人没有医保卡，可自费挂号，再到诊室找医生重新开具检查项目，然后到相关科室进行检查。

案例二二二

谢某某，30 岁，农民，某医院住院病人。医院医疗保险管理办公室工作人员发现，其住院病历中缺少身份证复印件和新型农村合作医疗证复印件，而病人所在科室的工作人员仍在医疗保险身份核实单上填写"属实"字样。王某某，女，47 岁，农民，某医院住院病人，其新型农村合作医疗证上显示，未缴纳当年的新型农村合作医疗费用。张某某，女，50 岁，享有城镇居民基本医疗待遇，因外伤入院，但住院病历中没有外伤审批单。请分析对医疗保险病人进行身份核实的重要性，急诊情况下该如何进行身份核实？

分析要点

1. 为防止骗保事件的发生，维护医疗保险基金的安全，避免医院的经济损失，临床医师必须认真核对患者的身份和医保待遇。

2. 当急诊患者未携带证件时，可先急救或办理入院手续，随后尽早进行身份、待遇认证。当病人因外伤而入院，且其费用需要医保基金支付时，应严格遵守外伤审批程序。紧急情况下，也可先自费住院，后审批，然后修正。

案例二二三

王某某，男，56岁，享有城镇职工基本医疗保险待遇，因消化道肿瘤在某定点医院门诊化疗。2011年9月，医院接到医疗保险管理机构的协查通知：王某某6个月内在门诊重复开药为正常用量的3倍，总费用达6万余元。后经调查核实，王某某的家人与街头药贩勾结，采用假借外购药品让专科医生开具处方、私刻定点医院的收费印章、用假收据等手段骗过收费员记账结算并获得药品。查清事实后，医疗保险管理机构下达处罚通知：扣减定点医院相应费用，扣减的费用由医院向王某某家人追偿。请分析从该案例中得到的教训是什么？

分析要点

1. 王某某家人伪造印章、骗取药品，与街头药贩勾结、倒卖药品并恶意骗保，性质恶劣，已触犯了法律，是犯罪行为。

2. 定点医院在门诊费用管理和药品流通管理上均存在明显漏洞，未能采取有效管理手段预防和及时发现此类事件的发生。

3. 门诊医生未能落实门诊开药的相关规定，短期内重复大量开具了同类药品，对经常出现大量开取贵重药品的人员缺乏警惕性，应加强管理。

4. 骗保造成的基金流失，应由基金管理机构根据相关规定对当事人进行处罚，罚金交给基金账户，基金按实拨付给医院。不应该让医院向王某某家人直接追偿。

案例二二四

李某某，男，61岁，农民，在原籍享有新型农村合作医疗待遇。他近来长期跟随子女在城市居住，子女又为其办理了城镇居民基本医疗保险。2011年8月，李某某在家中不慎跌倒致右腿骨折，经住院手术治疗后出院。请分析李某某本次就医的医疗费用应由哪种医疗保险支付？可否同时享受两种医疗保险待遇或两种医疗保险重复支付其费用？

分析要点

1. 李某某急诊就医所发生的费用，无论是城镇居民基本医疗保险还是新型农村合作医疗，均可予以支付，但两种保险或多重保险只能任选其一，不能重复支付或补充支付。

2. 根据现行政策，中国公民只能参加或享有一种医疗保险待遇，不能重复。但在个别地区、个别人有重复参保现象，也有个别重复支付或补充支付医疗费用现象。这有悖社会医疗保险的基本原则。

案例二二五

城镇职工医疗保险参保人王某某到医院开某药，因医院门诊医生工作站的计算机系统显示，此人于20天前开过此药，并开了1个月药量，病人还存有10天的药量，因此告知病人9天后再来开药。但王某某说："20天前来院仅做了几项检查，医生开具了处方，但没有交费取药。"故要求医生现在开药，并由此发生纠纷。请分析遇到此事应该怎么办?

分析要点

问题的关键在于王某某20天前是否取过这种药？取了多少天量的药？如果确实取了30天量的药，不管王某某如何要求，这次也不能再开。这不仅是防止浪费，而且也有利于医疗安全。如果王某某没有缴费，也没有取药，那么医院的信息系统一定存在问题或缺陷。

首先应求得医院信息部门的支持，查明事实真相。如果为信息系统问题缺陷，应向王某某道歉并为其开具药品。如果王某某确实在20天前取过药并且还剩10天药量，应有充分的依据并进行沟通。

案例二二六

张某某，男，68岁，享受城镇职工医疗保险及工伤保险待遇。他因矽肺病20年，喘憋加重3日，于2011年1月30日持工伤证到其选定的市某三级医院呼吸科门诊就医。请分析张某某的医药费用基本医疗保险基金是否给予支付?

分析要点

1. 工伤患者在其个人指定的工伤保险定点医院治疗与工伤疾病诊断相关的疾病，所发生的医药费由工伤保险支付。

2. 张某某的喘憋发作，如果不是因矽肺病导致，则发生的医疗费用应由基本医疗保险基金予以支付。

案例二二七

李某某，女，21岁，未婚，享有城镇职工基本医疗保险和生育保险待遇。她因闭经8周、腹痛5小时伴头昏、恶心到某医院妇产科急诊，诊断为“子宫外孕、失血性休克”，经住院抢救治疗后痊愈出院。请分析李某某的医疗费用是由基本医疗保险基金还是由生育保险基金支付？

分析要点

1. 依据《生育保险条例》，已婚妇女发生的流产、引产、分娩等当次的医疗费用，生育保险基金予以支付。

2. 在李某某怀孕期间发生的子宫外孕属于疾病范畴，当次的医疗费用应由基本医疗保险基金予以支付。由于李某某是非婚怀孕，如发生流产、引产、分娩等费用，生育保险基金不予支付。

案例二二八

高某某，女，31岁，在某合资企业就职，2007年参加所在地的生育保险，企业按照其工资总额的0.3%的比例征收生育保险费用。请分析该企业的行为符合生育保险政策吗？

分析要点

该企业的行为不符合生育保险政策。依据《中华人民共和国社会保险法》的相关规定，生育保险费用由用人单位缴纳，职工个人不缴纳生育保险费用。

案例二二九

某市医疗保险基金出现年初结余、年底紧张的现象，故医疗保险经办机构采取“总量控制”的管理办法。即给各医疗保险定点医疗机构制定出全年的医疗费用支付总额，超出的部分由医疗机构自行承担。该办法致使有些医疗机构出现年底以各种理由拒收医疗保险患者的现象。请分析这种费用支付方式有哪些优缺点？导致该现象的原因是什么？

分析要点

1. 这种付费方式的优点有：（1）有效控制医疗保险基金年底紧张甚至超额的状况。（2）增强医疗机构自我管理意识。通过优化工作流程、提高工作效率、加强医疗成本控制等措施，有效控制了医疗费用的不合理增长。（3）规范医疗机构部分过度医疗的不正之风，有利于医疗保险基金的安全使用。

(4) 提高了医疗机构的整体经济的管理水平。从盲目按项目付费管理以增加医院收入的管理，向如何降低成本、有效地利用医保基金的节余为医院的长远发展积蓄能量方向转化。医疗机构的工作重点应在预算制定与执行上下工夫。

缺点有：(1) 为医疗机构制定出全年的、比较科学的、合理的医疗费用总额度是困难的，它受到很多因素的影响，如医疗个体的差异性、医疗病种的多样性和复杂性、患病人群的不确定性等。(2) 总额预算的方法会减少市场的作用，将影响医疗机构供方开展医疗活动的积极性。(3) 制订科学有效的医疗质量管理体系和监管措施有相当大的难度。(4) 总量控制和总额预付制下，医疗机构的收入就不能随服务量的增长而增长，一旦出现亏损，医疗机构就要自行承担。医疗机构为了避免亏损，会出现减少服务项目、降低服务质量及案例中年底推诿病人的现象。所以，合理确定预算是实施这一付费方式的关键环节。

2. 医疗机构应采取的措施有：

(1) 合理地分析和测算医院医疗费用总额。根据各科室近三年的医疗费用计算出平均年度费用，并测算出占全院总医疗费用的比例。

(2) 按照医疗保险经办机构给医院的总额，按比例下指标给科室。对特殊科室（如ICU、CCU、RCU、NICU等重症病房）适当进行比例调整。

(3) 加强医院内部管理，规范医疗服务行为，实施成本控制，优化工作流程，提高工作效率等。

(4) 加强与医保经办机构的联系与沟通，及时反映医院面临的实际困难和需求，取得它们的理解和认可，对超出额度需补支的费用，提供正当的依据和补支申请，协商解决。

案例二三〇

赵某某，男，美籍华人，长期居住北京并有固定工作。2011年5月，他因腰椎间盘突出症，入住北京某三级医院，经牵引治疗等措施后好转并出院，医生建议其半年后行人工椎间盘置换术。请分析赵某某的住院费用及半年后将发生手术等费用基本医疗保险基金是否给予支付？

分析要点

1.《中华人民共和国社会保险法》第九十七条规定，外国人在中国境内就业的，参照本法规定参加社会保险，2011年7月1日起执行。

2. 由于赵某某是美籍华人，其2011年5月份的住院费用发生在《中华人民共和国社会保险法》生效之前，故第一次住院费用基本医疗保险基金不予以支付。

3. 赵某某7月1日以后若加入了相关的医疗保险，其半年后的手术及住院所发生的费用，基本医疗保险基金支付应予以支付。

案例二三一

医疗保险基金是“救命钱”，但在基金审计中发现仍存在基金挪用、违规列支和出借医疗保险基金等问题。某省2009年审计中发现挤占、挪用医疗保险基金涉及金额1916.85万元，主要用于经办机构作为办公经费或作为奖励经费；基金收入未及时划转及纳入财政专户等问题涉及金额1.4亿元。请分析某省对医疗保险基金的使用是否合理？应当从哪几方面对医疗保险基金进行监管？

分析要点

不合理。医疗保险经办机构的经费应由各地财政预算解决，目的是为了从制度上保证基金的完整和安全，避免任何单位和个人挤占和挪用基金。

基金监督的主要内容是对基金征缴、基金支出和基金结余情况的监督检查，也可以说是对基金收入户、基金支出户和基金结余户（财政专户）的监督检查。

基金征缴监督：主要是监督企业缴费行为，有无少报参保人数、少报工资总额、故意少缴或不缴费；经办机构征缴的保险费是否及时足额缴入收入户管理，有无不入账、搞体外循环或被挤占挪用；收入户资金是否按规定及时足额转入财政专户等。

基金支出监督：主要是监督经办机构是否按规定的项目、范围和标准支出基金，有无多支、少支或不支，有无挪用支出户基金；受益人有无骗取保险金行为等。

结余基金监督：主要是监督有无挤占挪用基金、动用基金的行为；结余基金收益状况，是否合理安排存期以追求收益最大化，是否按规定及时足额拨入支出户。

案例二三二

某市实行门诊及住院医疗保险持卡实时结算医疗费用工作半年后，出现医疗保险基金超支的情况。为加强医疗保险基金的管理，该市在部分三级医院试行医疗保险费用门诊总额预付及住院按疾病诊断相关组（Diagnosis Related Group System，DRGs）付费的试点工作。请分析该市门诊及住院持卡结算后造成医疗保险基金压力骤增的原因有哪些？针对这些原因，医院应如何加强管理？分析总额预付的优缺点。

分析要点

1. 总额预付的优点：（1）能有效控制医疗费用不合理增长；（2）医疗保险机构的工作集中在预算制定与执行上，提高管理效率，降低管理成本。

总额预付的缺点：（1）制定科学合理的预算额度比较困难；（2）预算的方法会减少市场的作用，将影响医疗提供方的积极性；（3）需要对医疗机构实行强有力的监管以保证医疗服务的有效提供。

2. 门诊及住院实行持卡结算后极大地缩短了参保人员费用的报销周期，从而刺激了参保人员的就医行为，大量释放了就医需求，这是造成医疗保险基金压力骤增的主要原因。

3. 作为医院医疗保险工作的管理机构，在提高信息化管理水平的同时，必须落实实名制就医制度；政府部门要把全市医院 HIS 系统联网，减少院端间的重复检查、检验；强化全市医院 HIS 系统的提示预警功能，避免参保人员在医院间重复开药。

案例二三三

无业人员李某某，在得知他所居住城市实行了医疗保险持卡就医实时结算改革后，与其妻共同注册了公司，招募了人员，并为职工办理了城镇职工医疗保险，其目的是利用医保卡套取医保基金。一天，李某某到某医院门诊要求重复开药遭到拒绝，遂投诉到医疗保险办公室。经过医疗保险办公室的深入调查发现，李某某夫妻在6个月内往返于多家医院冒用他人社保卡开药，然后转手卖给药贩从中获利。请分析作为医疗管理部门，发现此类问题应如何处理？上级主管理部门将会对李某作如何处置？

分析要点

1. 医疗保险基金是百姓的保命钱，不但关系到参保人的切身利益，也涉及社会的稳定和发展。保证医疗保险基金的安全既是政府管理部门的责任，也需要全社会维护和监督，特别是广大参保人员和医务人员一起参与。

2. 李某某的骗保行为已经触犯刑律，作为医院的医疗保险管理部门，应立即向医疗保险经办机构报告，医疗保险经办机构查实后应及时向公安机关举报，严厉打击骗保行为。

3. 北京市已经实现了医疗保险费用的持卡结算，并建立了医疗保险信息管理系统，对利用社保卡重复就医、重复开药的行为进行筛查，对伪造、涂改医疗保险票据、处方、病历、医疗文书等7种行为进行重点监督，对其中涉及药品倒卖等骗保行为触犯刑律的人员，依法追究其刑事责任，从而保证医保基金的安全。

案例二三四

付某某，女，22岁，在职职工，享有城镇职工基本医疗保险和生育保险待遇。她因过期妊娠于2010年10月30日住院分娩，31日在“连续硬膜外麻醉下行剖宫产术”，生产一男婴存活。术中付某某突发“羊水栓塞”，经采取“子宫切除术”等紧急抢救措施后，付某某转危为安。在此后的住院过程中，发现她患有结核性胸膜炎，并于住院过程中实施规范的抗结核治疗。请分析付某某的住院医疗费用应由哪种医疗保险基金给予支付？

分析要点

付某某在本次住院期间主要发生了剖宫产的医疗费用、紧急救治“羊水栓塞”的医疗费用和抗结核治疗的费用。剖宫产的费用属于生育保险的支付范畴，应由生育保险基金予以支付；羊水栓塞是分娩过程中的并发症，所以也应由生育保险基金予以支付；结核病是国家法定的传染病，其治疗费用属于公共卫生支付范畴，应由公共卫生费用予以支付。

应该注意“并发症”与“合并症”的区别，因为分娩过程中所导致的“并发症”，应纳入生育保险基金支付范围；而“合并症”需纳入基本医疗保险基金支付范围。如“羊水栓塞”是分娩或剖宫产的并发症，它与妊娠和分娩有明显的因果关系，因此纳入生育保险基金支付；而“结核病”为合并症，与妊娠或分娩没有因果关系，生育保险基金也不予支付。假如抗结核治疗的费用不属于公共卫生的支付范围，那么，其治疗费用就应由基本医疗保险基金支付。

并发症是一个临床医学概念。一般来说，并发症是在一种疾病发展过程中引起的另一种疾病或症状，后者称为前者的并发症。如在消化性溃疡的进展过程中可能出现幽门梗阻、胃穿孔或出血等并发症。合并症是在一种疾病发展过程中合并发生了另外一种（或几种）疾病，后一种（或几种）疾病与前一种疾病没有因果关系，故称之为合并症。如妊娠合并原发性高血压、糖尿病、乙型肝炎等，后三种疾病称为合并症。

并发症与合并症的主要区别在于前后两种疾病之间有无因果关系，有因果关系的为并发症，无因果关系的为合并症。

案例二三五

苗某某，女，36岁，汉族，在职职工，享有城镇职工基本医疗保险及生育保险待遇。她于10年前生产一女婴，患有先天性心脏病，经手术治疗后痊愈。2010年2月，苗某某再次怀孕，当年11月经剖宫术生产一男婴，健康并存活。请分析苗某某再次妊娠和生产的医疗费用生育保险基金是否给予支付?

分析要点

2011年7月1日生效的《中华人民共和国社会保险法》并没有对生育医疗保险费用的支付数额或支付频次做出规定。一般来说，只要参保人享有生育保险待遇，其相应的费用就应予以支付。同时，不同的省市或地区还有一些相应的法规，如《计划生育条列》等，并结合这些法规制定了生育保险医疗费用支付规定。因此，具体是否支付或如何支付？需根据参保人所在地的相应支付规定执行。

苗某某10年前所生育的女婴虽患先天性心脏病，但经手术后康复，如果经过医学鉴定目前为健康儿童，苗某某再次生育须符合当地的计划生育政策。不符合当地计划生育政策的生育费用，生育保险基金不予以支付。

案例二三六

李某某，女，35岁，在职职工，享有城镇职工基本医疗保险和生育保险待遇。她因孕36周伴心慌、气短住院治疗，经治疗后症状改善；10天后顺利分娩一男婴。新生儿于产后24小时出现黄疸且持续不退，2周后出现“核黄疸”，遂进行“同步换血”治疗。李某某分娩后出现缺乳，经中医科医生会诊后给予“漏芦、党参、黄芪、路路通、麦冬、木通、穿山甲、天花粉、通草、桔梗、紫河车、当归、白芷”等治疗，服用后乳量明显增多。请分析李某某和新生儿的住院所发生的费用应由哪种医疗基金给予支付?

分析要点

1.《中华人民共和国社会保险法》第五十五条规定：“生育医疗费用包括

下列各项：生育的医疗费用；计划生育的医疗费用；法律、法规规定的其他项目费用。”换言之，生育保险基金仅限于支付生育及计划生育的费用。因此，李某某本次住院的医疗费用可分为：生育前治疗疾病的费用、生育分娩费用、治疗产后缺乳的费用和新生儿医疗费用。

2. 生育前治疗疾病的费用由基本医疗保险基金支付；生育分娩的费用由生育保险基金支付；产后缺乳的治疗费用符合当地医疗保险报销政策的，由基本医疗保险基金支付；新生儿医疗费用暂时由个人全额结算，当新生儿参加城镇居民基本医疗保险并符合支付规定时，可人工报销。

案例二三七

胡某某，女，29 岁，贵阳市人，享有城镇职工基本医疗保险待遇。胡某某妊娠 28 周，因血小板减少 4 月、鼻衄 7 天，入血液科住院治疗；入院第 5 天开始出现头痛、头昏，并逐渐出现意识障碍，经头颅 CT 检查为“颅内多发出血”，急转神经外科做“开颅血肿清除术”；术后因病情变化进行抢救，在抢救过程中未闻及胎心，B 超示“死胎”，急行“剖宫取胎术”，术后转 ICU。请分析胡某某所发生的费用应由生育保险基金还是由基本医疗保险基金支付？

分析要点

1. 根据《贵阳市城镇职工生育保险实施办法》规定：分娩和计划生育住院期间所发生的费用以及并发症的医疗费用，均可由生育保险基金全额支付。

2. 胡某某因“血小板减少 4 月、鼻衄 7 天”入院治疗所做相关检查及“开颅血肿清除术”等医疗费用，均属于基本医疗保险基金支付范围，基本医疗保险基金予以支付。

3. 急诊行“剖宫取胎术”则属于分娩所产生的医疗费用，应由生育保险基金予以支付。

4. 胡某某本次住院期间发生的医疗费用，在医院端 HIS 记账系统中按发生日记账，不能完全按“险种”分割开。所以在实际工作中，胡某某所发生的医疗费用可根据当地医疗保险、生育保险政策，与医保经办机构沟通协商确定后，再选择基金支付方式。

案例二三八

李某某，女，36 岁，北京市人，已婚，享有城镇职工基本医疗保险及生育险待遇。2011 年 3 月 13 日，她持社保卡到北京市某三级医院妇产科就医，因“早孕”要求行人工流产术。医院要求李某某不使用社保卡结算，全额垫付医疗费用后回单位报销。请分析医院的要求是否合理？有何政策依据？

分析要点

1. 医院的要求是合理的。

2.《关于妥善解决城镇职工计划生育手术费用问题的通知》（劳社部发[1999] 32号）第一、第二条规定：职工计划生育手术费用是指职工因实行计划生育需要，实施放置（取出）宫内节育器、流产术、引产术、绝育及复通手术所发生的医疗费用。已经建立地方企业职工生育保险的地区，参保单位职工的计划生育手术费用可列入生育保险基金支付范围。没有建立企业职工生育保险的地区，在建立城镇职工基本医疗保险制度时，可以将符合基本医疗保险有关规定的参保单位职工计划生育手术费用纳入基本医疗保险统筹基金支付范围。没有参加生育保险和基本医疗保险的单位，职工计划生育手术费用仍由原渠道解决。

3. 北京地区已经实行职工生育保险，故按照有关规定，李某某人工流产所发生的医疗费用应个人全额垫付后，回单位按照计划生育的报销流程报销。

案例二三九

吕某某，女，28岁，在职职工，享有吉林省城镇职工基本医疗保险和生育保险待遇。她在妊娠8个月时，因腹部不规律性疼痛到省医院就诊，诊断为“先兆早产”，需要住院保胎治疗。请分析吕某某的住院费用应由哪种医疗保险基金给予支付？

分析要点

吕某某虽享有生育保险待遇，但“保胎”不属于生育范畴，生育保险基金也不予支付。“先兆早产”属于疾病，其相应费用应由基本医疗保险基金支付。如果能够正常分娩，其分娩的医疗费用应由生育保险基金支付。

案例二四〇

陈某某，男，32岁，福建省某公司职员，享有城镇职工基本医疗保险及工伤保险待遇。某日，他在上班途中因车祸受伤，并被鉴定为工伤。此后，由于个人原因陈某某“跳槽”至另一公司，新公司也具有城镇职工基本医疗保险和工伤保险。在车祸治疗中，医院为陈某某做了“骨折内固定手术”，相约1年后到医院进行“骨折内固定物拆除术”。请分析陈某某“跳槽”到新公司后是否能继续享受工伤待遇？后续医疗发生的费用基本医疗保险基金是否给予支付？

分析要点

陈某某在工伤治疗期间更换了工作单位，如果新旧工作单位为同一城市，要及时到工伤保险管理部门办理相应的变更手续，履行相关手续后所发生的工伤医疗费用可由工伤保险基金支付。如果新公司地处另一城市，则后续工伤医疗费用应由原公司负责向工伤保险管理机构申请支付。陈某某在离开原公司前应该就工伤治疗事宜与公司定好协议，原公司有责任协调工伤保险管理机构解决后续工伤医疗问题。工伤医疗费用应由工伤医疗保险基金支付，城镇职工医疗保险基金不予支付。

案例二四一

唐某某，女，36岁，已婚，农民，在原籍江西享有新型农村合作医疗待遇。她常年在城市务工，所在企业也为其办理了“三险一金”。因其多年未孕，到多家医院检查，最后诊断为“输卵管堵塞”，经反复治疗仍未怀孕。2010年1月，她在某医院生殖中心用“试管婴儿”方式成功受孕，当年1～3月因孕酮低下住院治疗；8月20日由于发现胎儿脐带绕颈、胎心监测异常等紧急情况进行“剖宫产术”，手术分娩2活婴。婴儿入住早产儿监护室病房并于28天后健康出院，唐某某也于剖宫产7天后出院。请分析唐某某及其婴儿以上所发生的医疗费用应该如何支付？

分析要点

根据目前江西省城镇职工基本医疗保险基金支付政策及新型农村合作医疗基金支付政策，唐某某以上所发生的费用应按如下方式支付：

1. 因“多年未孕”进行的检查、治疗费用，由本人全额支付，城镇职工基本医疗保险基金及新型农村合作医疗基金均不予支付。

2. “试管婴儿”以及相关费用，由本人自费，城镇职工医疗保险基金及新型农村合作医疗基金均不予支付。

3. 怀孕后因孕酮低下而治疗的费用，由城镇职工基本医疗保险基金或者新型农村合作医疗基金任选其一支付，因为妊娠后孕酮低下属于疾病范畴。

4. 剖宫产及分娩的相关费用，如果享有生育保险，应由生育保险基金支付；如果不享有生育保险，可由新型农村合作医疗基金支付，也可由所在工作单位支付。城镇职工基本医疗保险不予以支付。

5. 新生儿入住早产儿监护室的费用，根据参保地的新型农村合作医疗支付政策执行，一般应给予支付。

案例二四二

在我国，部分省、市实行了医疗保险持卡就医、实时结算。请分析参保人员到定点医疗机构就医时，在未携带社保卡的情况下，基本医疗保险基金是否给予支付？

分析要点

1. 在已实行持卡就医、实时结算的省（区）市，参保人员如果遇有下列情况下发生的全额现金垫付医疗费用，基本医疗保险基金予以支付：（1）急诊未持社保卡；（2）企业欠缴医疗保险费用；（3）社保卡丢失或补换期间；（4）参保后未发社保卡等情况；（5）因上述原因导致手工报销期间就医发生的医疗费用。

2. 上述情况下发生的医疗费用，符合医疗保险基金支付条件的，可按照手工报销流程，将就医收据交单位或医保经办机构进行报销。

案例二四三

白某某，男，45 岁，享有城镇职工基本医疗保险及工伤保险待遇。2011 年 12 月，他工作时因不慎摔伤致距骨骨折住院治疗，一周后出现高热、咳嗽等症状，经检查后诊断为“淋巴结核”，进行抗结核治疗。请分析该白某某住院期间所发生的医疗费用应由哪种医疗保险基金给予支付？

分析要点

1.《工伤保险条例》第十四条第一款规定，职工在工作时间和工作场所内，因工作原因受到事故伤害的，应认定为工伤，治疗所发生的费用由工伤保险基金支付。

2. 结核病是国家法定的传染病，其治疗费用属于公共卫生支付范畴，由公共卫生基金支付；未列入公共卫生支付范围的结核病的医疗费用，基本医疗保险基金应予以支付。

案例二四四

郑某某，女，26 岁，享有城镇职工基本医疗保险和生育保险待遇。郑某某妊娠 31 周，因肺结核、肺部感染，住某医院进行抗结核治疗。应郑某某及家属要求，经妇产科专家会诊，决定行“中期引产”。请分析郑某某所发生的医疗费用应由哪种医疗保险基金给予支付？

分析要点

1. 生育保险基金政策规定：“因母婴原因终止妊娠的费用，由生育保险基金支付。”故郑某某“中期引产”所发生的费用，生育保险基金应予以支付。

2. 郑某某进行抗结核治疗的费用属于公共卫生支付范畴，由公共卫生基金予以支付；未列入公共卫生支付范围的结核病的医疗费用，基本医疗保险基金应予以支付。

案例二四五

李某某，女，40岁，某公司职工，享有城镇职工基本医疗保险待遇及生育保险待遇。2010年7月，她孕13周时决定终止妊娠，口服米索后自然排出1胎盘及胎芽组织，因胎盘胎膜残留行“清宫术”。请分析李某某就医时所发生的医疗费用应由哪种医疗保险基金给予支付？

分析要点

1. 李某某享有生育保险待遇，进行药物流产的费用生育保险应予以支付，基本医疗保险基金不予支付。

2. 李某某因胎盘胎膜残留行“清宫术”为药物流产的后续治疗或并发症，所以也应由生育保险基金支付，基本医疗保险基金也不予以支付。

案例二四六

佟某某，男，35岁，河南省豫南监狱服刑人员。2012年3月，佟某某在服刑期间被诊断为“急性肠梗阻”，遂送往指定医院进行手术治疗。请分析佟某某的医疗费用是否能纳入基本医疗保险基金支付？

分析要点

1. 监狱服刑人员的医疗费既往实行国家全额供给制。从2011年1月1日始，河南省豫南监狱服刑人员全部纳入了医疗保险体系，监狱医院被确定为当地城镇居民基本医疗保险定点单位。一个自然年度，参保服刑人员可享受住院医疗费待遇最高支付限额为15万元，其中统筹基金最高支付限额为4万元，大病医疗保险最高支付限额为11万元。服刑人员在一级、二级和三级定点医院住院，医保基金分别支付住院费用的70%、60%和50%。

2. 因佟某某在河南省豫南监狱服刑，其就医所发生的医疗费用，基本医疗保险基金应予以支付。

案例二四七

卞某某，男，38岁，在军队服役期间因公负伤致残，已取得伤残军人证，2010年转业到地方工作，享有城镇职工基本医疗保险及工伤保险待遇。2011年3月，他的伤残眼睛出现眼压升高等症状，住某医疗保险定点医院治疗。请分析卞某某住院的医疗费用基本医疗保险基金是否予以支付?

分析要点

1. 基本医疗保险基金不予以支付，应由工伤保险基金支付。

2. 工伤保险条例规定（国务院第375号令）：职工原在军队服役，因战、因公负伤致残，已取得革命伤残军人证，到用人单位后旧伤复发的，应享受工伤保险待遇。

案例二四八

陈某某，男，23岁，新被某单位录用，前半年为试用期，当时单位没有为其办理社会保险；半年以后，单位与他签订3年期的劳动合同。这时，陈某某提出要单位为自己办理医疗保险，老板说将给予“特殊的待遇”——为其购买商业保险用来代替医疗保险。陈某某唯恐与单位闹僵，违心地表示同意。请分析该单位的做法是否合法?商业保险与医疗保险的区别在哪?

分析要点

1. 根据有关劳动保障法律法规的规定，参加社会保险是用人单位的法定义务。对劳动者来说，参加社会保险既是权利，也是义务，无论是用人单位还是劳动者本人，既不能逃避，也无权放弃。《劳动法》第七十二条规定，用人单位和劳动者必须依法参加社会保险，缴纳社会保险费。《社会保险费征缴暂行条例》第四条规定：缴费单位、缴费个人应当按时足额缴纳社会保险费。由此可见，参加社会保险是法律法规的强制性规定，任何不参加社会保险的约定都是无效的，以任何理由不缴纳社会保险费都属于违法行为。

2. 用人单位为员工购买的商业保险只是用人单位提供的一种福利，是企业自主自愿的行为，它不能等同于社会保险，更不能替代医疗保险，因此该单位的做法是不合法的。

3. 商业保险与医疗保险区别是：（1）医疗保险是劳动者应享有的基本法定权益之一，参保人和医疗保险机构之间的关系是法律关系；而在商业保险中，参保人和保险公司之间是一种经济关系。(2) 医疗保险是由政府举办的一项社会保险，凡符合条件者都必须参加，具有强制性；而商业保险是由保险公司举办的，对参保人有一定的选择，具备自愿性。(3) 由于基本医疗保险只提供基本的医疗费用补偿，而商业保险可根据参保人的经济能力和保险需求提供高额医疗费用保障，因此商业保险可作为基本医疗保险的补充。

案例二四九

张某某，男，30岁，广州市人，2010年6月被某单位录用并签订三年期劳动合同，合同约定试用期6个月，试用期单位没有为其办理医疗保险。2010年9月23日，张某某因病住院治疗，在住院期间单位停发了工资，医疗费用全部自行负担，由此给他造成了很大的经济负担。随后单位以“不能适应工作、不符合录用条件”为由解除了劳动合同。请分析该用人单位的行为是否合法？张某某在试用期内是否应享有基本医疗保险待遇？

分析要点

1. 劳动者在试用期间也应当享有国家规定的医疗保险待遇，用人单位须根据相关规定为本单位职工办理医疗保险，其依据是《劳动法》第七十三条规定，劳动者患病、负伤，依法享受社会保险待遇。职工患病或非因工负伤，给予一定的医疗期，并且在医疗期内不得由用人单位解除劳动合同。该单位解除与张某某所签订的劳动合同属违法行为。

2. 原劳动部颁发的《企业职工患病或非因工负伤医疗期的规定》第三条：“企业职工患病或非因工负伤，需要停止工作医疗时，根据本人实际工作年限和在本单位工作年限，给予三个月到二十四个月的医疗期。实际工作年限十年以下的，在本单位工作年限五年以下的医疗期为三个月。”按照上述规定，张某某至少应享受三个月的医疗期。按照医疗期的计算办法，张某某医疗期未满，该单位不能解除劳动合同；单位停发工资及以此认定他不符合录用条件也是错误的，职工在通常情况下患病或非因工负伤，都不能成为“不符合录用条件”的理由。

3. 《关于适用（劳动法）若干问题的解释》（劳部发［1995］3309号）第二部分第十八条明确规定：“劳动者被用人单位录用后，双方可以在劳动合同中约定试用期，试用期包括在劳动合同期限内。”也就是说，试用期间，劳动者和用人单位之间也是存在劳动关系的，劳动者的合法权益也应该受到《劳动法》的保护。那么劳动者就应该享受《劳动法》第七十条规定的“国家发展社会保险事业，建立社会保险制度，设立社会保险基金，使劳动者在年老、失业、工伤、患病、生育等情况下能获得帮助和补偿”的权利。因此，试用期内用人单位也必须为劳动者缴纳医疗保险费，张某某在试用期内应该享受基本医疗保险待遇。

案例二五〇

赵某某，男，35岁，享有城镇职工基本医疗保险及工伤保险待遇。2011年8月21日，他在工作中不慎受伤，造成左上肢骨折，随即到就近医院急诊住院治疗。请分析赵某某就医时所发生的费用应如何支付?

分析要点

1. 由于目前尚不能确定赵某某本次受伤享受何种医疗保险待遇，故所发生的费用暂时全额缴费，待工伤鉴定后决定费用支付途径。若鉴定为工伤，其医疗费用由工伤保险基金支付；若为非工伤，则由单位或城镇职工基本医疗保险基金支付。

2. 医院应提醒赵某某不要持社保卡实时结算，以免造成不必要的麻烦。

案例二五一

严某某，女，28岁，公司职员，享有城镇职工基本医疗保险及生育保险待遇。2011年10月8日，她因妊娠38周到医院住院分娩，拟收入产科普通病房；但严某某坚持入住特需病房，随后在特需病房自然分娩一女婴。请分析严某某所发生的分娩费用生育保险是否给予支付?

分析要点

1. 原则上说，住特需病房所发生的医疗费用，应由本人全额结算，城镇职工基本医疗保险基金不予以支付。

2. 严某某住特需病房的费用，符合生育保险政策的，由生育保险基金支付；不符合的，应由本人自付。

案例二五二

舒某某，男，50岁，享有北京市城镇职工基本医疗保险待遇。因“陈旧性脑梗死、继发性癫痫”，他于2011年6月9日到某医院神经内科就诊，医生为其制订治疗计划是“妥泰25mg，1次/日，每周增加25mg直至增加到50mg，3次/日”，并为舒某某开具了妥泰25mg×100片。2011年7月2日，当舒某某再次到医院开药时，门诊医生工作站计算机系统却提示舒某某还有存余量，无法再次开药，[①] 但他已经无药可服。请分析舒某某为什么无药可服，如何满足病人治疗需要？

分析要点

1. 这是一个典型的政策制定与执行脱节的案例。由于病情需要，临床医生给患者调整药量，超过了医保规定的每天用药量，致使病人实际服完已开的药品时，医院系统却提示患者的药有余量，不能再开药。

2. 计算机系统无法动态调整药量增减，只能按25mg，1次/日计算，也不能提示药品已用完。由于管理细节考虑不周，给患者带来极大不便。

3. 在调整药量期内医生应一次少量开具药品，如只开1周药量，可方便患者按医保中心要求到医院开药，避免上述情况的发生。

4. 及时联系医保中心，以书面请示申请特事特办，先将药品开出给患者服用，保证治疗得以持续，既要维护政策的严肃性，也要考虑到信息系统的不完整性。

案例二五三

吴某某，男，80岁，享有城镇职工基本医疗保险待遇。2011年年初，他因血细胞异常，入住某医院血液科病房，由于该院检验设备有限，部分检验标本需送至外院（医保定点医疗机构）检测，但所出具的是某医疗机构下属研究所（非医保定点医疗机构）的发票。请分析吴某某在外院发生的医疗费用基本医疗保险基金是否给予支付？

分析要点

医疗保险相关政策规定：参保人在非医疗保险定点机构诊疗的费用，基本医疗保险基金不予支付。该医疗机构下属研究所不是基本医疗保险定点医疗机构，其出具的发票上标明的费用，基本医疗保险基金不予支付。吴某某应与所住医院的医疗保险管理办公室协商解决。

案例二五四

李某某，男，36岁，自10米高处坠落，立即被家人送到医院急诊抢救，初步诊断为“脾破裂”，需要立即进行手术治疗。在其家属出示李某某本人的

---

① 北京医疗保险要求：剩余药量为5天时方可到医院再次开药。

城镇职工基本医疗保险证件后，医生随即按基本医疗保险身份帮助李某某办理了入院手续。请分析该医生的做法是否符合有关医疗保险政策的规定？

分析要点

医生没有追寻导致李某某受伤的原因，就按城镇职工基本医疗保险待遇为其办理入院手续，所以该医生做法不符合有关规定。因为受伤原因不同，费用支付的途径也不同：

1. 因工作造成的外伤，经鉴定为工伤的，应享受工伤保险待遇，其费用应由工伤保险基金支付。

2. 因个人因素意外受伤的，其费用可由基本医疗保险基金支付。

3. 若涉及第三方责任，由第三方支付；第三方不支付或无法确定第三方的，由基本医疗保险基金先行支付。基本医疗保险基金先行支付后，有权向第三方追偿。

案例二五五

在我国，目前哪些药品不能纳入国家基本药物目录范围？

分析要点

1. 六大类药品不能纳入国家基本药物目录遴选范围：

（1）含有国家濒危野生动植物药材的；

（2）主要用于滋补保健作用易滥用的；

（3）非临床治疗首选的；

（4）因严重不良反应，国家食品药品监督管理部门明确规定暂停生产、销售或使用的；

（5）违背国家法律、法规或不符合伦理要求的；

（6）国家基本药物工作委员会规定的其他情况。

2. 符合下列5种情形之一的药品，将从国家基本药物目录中调出：

（1）药品标准被取消的；

（2）国家食品药品监督管理部门撤销其药品批准证明文件的；

（3）发生严重不良反应的；

（4）根据药物经济学评价，可被风险效益比或成本效益比更优的品种所替代的；

（5）国家基本药物工作委员会认为应当调出的其他情况：一是主要起营养滋补作用的药品；二是部分可以入药的动物及动物肝脏、干（水）果类；

三是用中药材和中药饮片泡制的各类酒制剂；四是各类药品中的果味制剂、口服泡腾剂；五是血液制品、蛋白类制品（特殊适应症与急重症抢救除外）；六是劳动保障部规定基本医疗保险基金不予支付的其他药品。

案例二五六

吴某某，女，26岁，已婚，享有城镇职工基本医疗保险及生育保险待遇。她在妊娠后在医院进行产前检查时，发现患有“妊娠期糖尿病”，遂进行了相应的治疗。请分析吴某某就医时所发生的医疗费用应由哪种保险基金给予支付？

分析要点

1. 吴某某的产前检查费用符合生育保险支付范围，应由生育保险基金支付。

2. “妊娠期糖尿病”属于疾病范畴，其治疗所发生的医疗费用应由城镇职工基本医疗保险基金支付。

案例二五七

张某某，女，29岁，享有城镇职工基本医疗保险及生育保险待遇。她在孕37周时出现心慌、气短，完善相关检查后，诊断患有“肥厚性心肌病、心功能衰竭、胎儿宫内窘迫综合征”，需紧急行剖宫产手术治疗。医院在征求张某某及家属意见时，其家属拒绝手术治疗，要求医院顺产处置。请分析此种紧急情况下医院应该如何处置？

分析要点

医疗机构对于病人的救治，抢救生命是第一位的，在病人因怀孕引起心脏病并发心衰，同时腹内胎儿出现宫内窘迫综合征的紧急情况下，医疗机构应依据《中华人民共和国侵权责任法》第七章第五十六条规定：“因抢救生命垂危的患者等紧急情况，不能取得患者或者其近亲属意见的，经医疗机构负责人或者授权的负责人批准，可以立即实施相应的医疗措施。”当医院遇到上述情况，为缓解病人的病情和挽救胎儿的生命，可以在心电监护下为病人施以剖宫产手术。

案例二五八

王某某，女，26岁，在职职工，享有城镇职工基本医疗保险和生育保险待遇。2010年5月，她在某医院行“无痛人工流产手术”时，在麻醉剂的作用下一直处于睡眠状态。醒后得知，自己的人工流产手术全过程作为教学应用，被医学院的学生观摩，王某某深感羞辱和愤怒，于是向法院提起诉讼，要求医院给予经济赔偿并赔礼道歉。请分析王某某的要求是否合理？

分析要点

王某某要求该医院向自己赔礼道歉并给予经济赔偿是合理的。依据《中华人民共和国侵权责任法》第六十二条规定：“医疗机构及其医务人员应当对患者的隐私保密。泄露患者隐私或者未经患者同意公开其病历资料，造成患者损害的，应当承担侵权责任。”医学院的学生在医院实习时尽管被称为“医生”，但按照《执业医师法》的规定，他们尚不是真正意义上的医生，对于王某某来说，他们属于与治疗活动无关的人员。在本案例中，王某某并没有同意医院组织学生观摩其人工流产手术，医院在医疗教学中安排医学院的学生观摩手术侵犯了王某某的隐私权。

医疗保险常用政策法规

国务院办公厅关于将大学生纳入城镇居民基本医疗保险试点范围的指导意见

（国办发［2008］119号）

各省、自治区、直辖市人民政府，国务院各部委、各直属机构：

根据《国务院关于开展城镇居民基本医疗保险试点的指导意见》（国发［2007］20号）有关精神，为进一步做好大学生医疗保障工作，国务院决定将大学生纳入城镇居民基本医疗保险试点范围。经国务院同意，现就有关工作提出以下指导意见：

一、基本原则

按照党中央、国务院关于加快建立覆盖城乡居民的社会保障体系和开展城镇居民基本医疗保险试点工作的总体要求，坚持自愿原则，将大学生纳入城镇居民基本医疗保险试点范围，并继续做好日常医疗工作；中央确定基本原则和主要政策，试点地区制订具体办法，对参保大学生实行属地管理；完善医疗保障资金筹集机制和费用分担机制，重点保障基本医疗需求，逐步提高保障水平。

二、主要政策

（一）参保范围。各类全日制普通高等学校（包括民办高校）、科研院所（以下统称高校）中接受普通高等学历教育的全日制本专科生、全日制研究生。

（二）保障方式。大学生住院和门诊大病医疗，按照属地原则通过参加学校所在地城镇居民基本医疗保险解决，大学生按照当地规定缴费并享受相应待遇，待遇水平不低于当地城镇居民。同时按照现有规定继续做好大学生日常医疗工作，方便其及时就医。

鼓励大学生在参加基本医疗保险的基础上，按自愿原则，通过参加商业医疗保险等多种途径，提高医疗保障水平。

（三）资金筹措。大学生参加城镇居民基本医疗保险的个人缴费标准和政府补助标准，按照当地中小学生参加城镇居民基本医疗保险相应标准执行。个人缴费原则上由大学生本人和家庭负担，有条件的高校可对其缴费给予补助。大学生参保所需政府补助资金，按照高校隶属关系，由同级财政负责安排。中央财政对地方所属高校学生按照城镇居民基本医疗保险补助办法给予补助。大学生日常医疗所需资金，继续按照高校隶属关系，由同级财政予以补助。

各地要采取措施，对家庭经济困难大学生个人应缴纳的基本医疗保险费及按规定应由其个人承担的医疗费用，通过医疗救助制度、家庭经济困难学生资助体系和社会慈善捐助等多种途径给予资助，切实减轻家庭经济困难学生的医疗费用负担。

三、精心组织实施

已开展城镇居民基本医疗保险试点的地区，按本指导意见将大学生纳入城镇居民基本医疗保险体系后，要切实保障参保大学生住院和门诊大病需求，同时继续做好大学生日常医疗工作；未开展试点的地区，要完善现有办法，加强和改进大学生医疗保障工作，随着试点扩大，逐步将大学生纳入城镇居民基本医疗保险范围。各地人力资源社会保障部门要把符合条件的大学医疗机构纳入城镇居民基本医疗保险定点医疗机构范围。

各地区、各有关部门要充分认识做好大学生医疗保障工作对建立健全本覆盖城乡居民社会保障体系，保障大学生就医权益、提高大学生健康水平，促进社会和谐稳定的重大意义，切实加强组织领导和宣传解释工作。省级人民政府要根据本指导意见，统筹规划，积极稳妥地推进这项工作。试点城市要因地制宜制订具体实施办法和推进步骤，确定合理的保障水平，精心组织实施，确保新旧制度平稳过渡，维护社会稳定。教育、财政、人力资源社会保障、卫生和民政部门要通力协作，制订周密工作计划，确保缴费和财政资金及时足额到位，不断完善大学生医疗经费和就医管理措施。高校要切实抓好大学生就医工作，深化改革，加强管理，提高工作效率和水平。

中华人民共和国国务院办公厅
二〇〇八年十月二十五日

关于做好2008年城镇居民基本医疗保险试点工作的通知

（人社部发［2008］39号）

各省、自治区、直辖市人事厅（局）、劳动和社会保障厅（局）、财政厅（局）：

2007年，城镇居民基本医疗保险试点顺利启动，取得了初步的工作成效。为做好2008年扩大试点工作，现就有关问题通知如下：

一、明确目标和任务。各地要高度重视试点工作，切实加大工作力度，为2010年在全国全面推开试点奠定坚实基础。原则上2008年扩大试点城市实施方案由省级人民政府审批后，第二季度启动实施。到今年底，扩大试点城市的居民参保率力争达到50%左右。2007年已开展试点的城市，要在保持政策连续性的基础上，结合试点工作中反映出来的问题进一步完善政策、加强管理，努力提高居民参保率。

二、做好试点启动各项工作。扩大试点城市劳动保障、财政等部门要在当地人民政府的领导下，认真进行基线调查，在准确掌握城镇居民人均可支配收入、现有医疗消费水平、居民医疗服务需求，充分考虑当地财力状况的基础上，坚持低水平起步原则，合理确定筹资标准、财政补助标准、待遇支付水平，科学设计费用支出的项目、范围和基金支付比例。在制定实施方案过程中，要广泛征求各方面意见。要积极做好试点前的有关准备工作，确保实施方案出台后城镇居民能够尽快参保缴费，方便就医结算，及时享受待遇。要认真做好宣传动员工作，启动实施初期要着力对试点工作的具体政策进行宣传，努力做到家喻户晓。启动实施后，要加大对试点成效的宣传力度，通过对居民参保受益典型事例的宣传，提高广大居民参保的积极性。各省（区、市）劳动保障、财政等部门要在省级人民政府领导下，切实负起责任，在试点城市实施方案制定和完善、试点工作组织动员等方面加强指导，确保试点工作顺利进行。

三、完善财政补助政策。在坚持个人（家庭）缴费的基础上，2008年政府对试点城市参保居民的补助标准，由2007年的不低于人均40元提高到不低于80元，其中中央财政对中西部地区按人均40元给予补助，对东部地区参照新型农村合作医疗的补助标准同步提高。对2007年已开始试点的城市，财政负担确有困难的，提高补助标准可以分两年到位。省级财政补助资金要向困难市县倾斜。各地要按照《财政部、劳动保障部关于中央财政对城镇居民基本医疗保险补助资金申请拨付有关问题的通知》（财社［2007］163号）要求，及时上报申报材料，确保中央财政补助资金申报审核相关工作顺利进行。地方各级财政也要努力调整财政支出结构，将补助资金列入预算并明确到位时间，确保补助资金及时足额落实到位。地方各级财政要规范和完善财政补助资金拨付办法，简化拨付流程，及时足额拨付上级和本级补助资金，加强对补助资金申报、使用的监督管理，确保专款专用。要进一步加大工作力度，通过城市医疗救助等渠道，切实解决困难居民缴费难的问题。

四、进一步完善政策。各地应探索实行地级统筹。经济社会发展水平较高的地区，应实行地级统筹，做到统一政策、统一基金管理、统一管理服务体系，增强风险共济能力，同时研究解决好激励区县工作积极性等问题；条件不具备、难以一步到位实行地级统筹的地区，可以在全市范围内统一政策基础上，实行分别管理，分别运作，但也要研究建立基金调剂机制，平衡和分散基金风险。各地要在重点保障住院和门诊大病医疗费用的基础上，抓住财政补助标准提高和大力发展社区卫生服务的有利时机，探索建立普通门诊费用统筹办法，充分利用基层和社区医疗卫生服务，扩大制度受益面，增强政策吸引力。要探索解决城镇居民基本医疗保险和城镇职工基本医疗保险、新型农村合作医疗等医疗保障制度的衔接问题，做好医疗保险制度和医疗救助制度的衔接，研究不同制度转换接续的具体办法，逐步整合管理资源，减少管理成本。要鼓励有条件的地区探索统筹城乡一体化的医疗保障制度和管理模式，全国统筹城乡综合配套改革试验区的重庆市、成都市，以及东南沿海城乡一体化进程较快的地区，可以先行探索城乡医疗保障一体化的政策管理体系。

五、切实加强基金和医疗费用支出管理。各地要按照有关规定将医疗保险基金纳入财政专户，建立健全基金财务会计制度，规范基金的核算和管理，建立健全基金风险防范机制、基金运行预警机制和内部控制制度，确保基金安全。要积极推进社会保障信息披露制度建设，探索建立保险信息社区公示制度，公开居民参保、缴费、补助及报销信息，畅通投诉、举报渠道，保障群众的参与权、知情权和监督权，加强社会监督。要强化医疗费用支出管理，加强对高价药品、新增诊疗项目、大型医用设备检查和高值医用耗材的准入和使用管理。加强定点医疗服务协议管理，完善定点医药机构进入和退出的动态管理机制。大力发展社区卫生服务，在降低起付线、提高报销比例的基础上，鼓励有条件的地区探索社区首诊和转院审批制度，引导居民到社区就医。积极探索和推广按病种付费、按人头付费及总额预付等结算方式，切实控制医药费用，提高基金使用效率。

六、切实加强管理和经办机构能力建设。要加强社区服务平台建设，建立健全医疗保险公共服务和管理服务网络。要制定简便易行的经办服务办法，方便居民登记、参保、缴费，努力做到参保居民在医疗机构直接结算。要以现有城镇职工基本医疗保险管理资源为基础，根据医疗保险事业发展的需要和工作量的增加，进一步加强经办机构能力建设。要充分利用现有的计算机和网络资源，完善医疗保险信息管理系统，以信息化促进科学、规范管理。

今年是城镇居民基本医疗保险试点工作承上启下的关键一年，时间紧、任务重，各级劳动保障、财政部门一定要在党委和政府的领导下，统一思想，提高认识，按照既定目标任务，周密安排扩大试点工作进程，制订具体工作计划并抓紧组织实施。建立目标责任制，加大督察力度，确保工作落实。加强宣传培训工作，为扩大试点创造良好氛围。深入调研，不断总结经验加以推广，注重制度和机制创新，对试点工作中反映出来的重大问题要及时报告。

人力资源和社会保障部

财政部

二〇〇八年六月十日

卫生部 财政部印发关于做好 2008 年新型农村合作医疗工作的通知

（卫农卫发［2008］17 号）

各省、自治区、直辖市、计划单列市卫生厅局、财政厅局，新疆生产建设兵团卫生局、财务局：

为贯彻落实 2008 年全国新型农村合作医疗工作会议精神，按照增加补助、全面覆盖、巩固提高的总体要求，切实做好2008年新型农村合作医疗工作，现将有关事项通知如下：

一、加大工作力度，实现全面覆盖。各级卫生、财政部门要加大对尚未开展新型农村合作医疗地区的指导和支持力度，特别对老、少、边、穷县（市、区）要在政策和资金上给予重点扶持，确保这些县（市、区）新型农村合作医疗制度顺利启动，实现2008年新型农村合作医疗制度的全面覆盖。已经开展新型农村合作医疗的地区也要加大工作力度，巩固成果、完善制度，不断研究新情况、解决新问题，确保新型农村合作医疗制度平稳运行。

二、提高筹资标准，完善财政补助政策。从2008年开始，各级财政对参合农民的补助标准提高到每人每年80元，其中中央财政对中西部地区参合农民按40元给予补助，并对东部省份按照一定比例给予补助，计划单列市和农业人口低于50%的市辖区也全部纳入中央财政补助范围；地方财政也要相应提高补助标准，确有困难的地区可分两年到位。地方增加的资金，应以省级财政承担为主，尽量减少困难县（市、区）的负担。农民个人缴费由每人每年10元增加到20元，困难地区也可以分两年到位。各地要按照《财政部卫生部关于调整中央财政新型农村合作医疗补助资金拨付办法有关问题的通知》（财社［2007］5号）要求，在3月底前上报中央财政补助资金申请，以保证资金及时审核拨付。要切实规范财政补助资金拨付管理办法，保证资金及时足额到位。

三、完善统筹补偿方案，合理使用基金。各地要按照卫生部、财政部、国家中医药管理局《关于完善新型农村合作医疗统筹补偿方案的指导意见》（卫农卫发［2007］253号）的精神，调整和完善统筹补偿方案，提高住院补偿水平，适当增加门诊补偿，扩大受益面。各级卫生行政部门要加强定点医疗机构监管，规范医疗服务行为，控制医药费用不合理增长，确保新增基金切实用于提高农民的医疗保障水平。

四、采取有效措施，加强基金监管。各地要按照《财政部卫生部关于印发新型农村合作医疗基金财务制度的通知》（财社［2008］8号）和《财政部关于印发新型农村合作医疗基金会计制度的通知》（财会［2008］1号）的要求，结合当地实际情况制订实施办法，做好贯彻和执行工作，严格基金财会管理，完善新型农村合作医疗基金运行机制，加强基金使用的审核和监管，对挤占、挪用和欺骗套取基金的违规行为要坚决查处，保障基金安全。

五、做好相关试点，完善制度建设。各省（区、市）卫生、财政等部门要积极会同有关部门组织开展以下试点工作：一是开展大病统筹与门诊统筹相结合的试点，探索门诊补偿的有效方式，扩大受益面；二是在一些农业人口较少的地区或其他有条件的地区开展地市级统筹试点，提高统筹和管理层次；三是开展新型农村合作医疗与城镇居民基本医疗保险相衔接的试点，使进城务工农民和失地农民等特殊群体享受到基本医疗保障；四是在老、少、边、穷地区开展巡回医疗和远程医疗等试点，改善医疗服务质量，提高医疗服务水平。各省（区、市）要按照积极稳妥的原则，结合实际，针对问题，在具备条件的地方组织开展相关的试点工作。要通过试点探索完善新型农村合作医疗制度运行机制。

二〇〇八年三月十三日

中共中央 国务院关于深化医药卫生体制改革的意见

（中发［2009］6号）

按照党的十七大精神，为建立中国特色医药卫生体制，逐步实现人人享有基本医疗卫生服务的目标，提高全民健康水平，现就深化医药卫生体制改革提出如下意见。

一、充分认识深化医药卫生体制改革的重要性、紧迫性和艰巨性

医药卫生事业关系亿万人民的健康，关系千家万户的幸福，是重大民生问题。深化医药卫生体制改革，加快医药卫生事业发展，适应人民群众日益增长的医药卫生需求，不断提高人民群众健康素质，是贯彻落实科学发展观、促进经济社会全面协调可持续发展的必然要求，是维护社会公平正义、提高人民生活质量的重要举措，是全面建设小康社会和构建社会主义和谐社会的一项重大任务。

新中国成立以来，特别是改革开放以来，我国医药卫生事业取得了显著成就，覆盖城乡的医药卫生服务体系基本形成，疾病防治能力不断增强，医疗保障覆盖人口逐步扩大，卫生科技水平迅速提高，人民群众健康水平明显

改善，居民主要健康指标处于发展中国家前列。尤其是抗击非典取得重大胜利以来，各级政府投入加大，公共卫生、农村医疗卫生和城市社区卫生发展加快，新型农村合作医疗和城镇居民基本医疗保险取得突破性进展，为深化医药卫生体制改革打下了良好基础。同时，也应该看到，当前我国医药卫生事业发展水平与人民群众健康需求及经济社会协调发展要求不适应的矛盾还比较突出。城乡和区域医疗卫生事业发展不平衡，资源配置不合理，公共卫生和农村、社区医疗卫生工作比较薄弱，医疗保障制度不健全，药品生产流通秩序不规范，医院管理体制和运行机制不完善，政府卫生投入不足，医药费用上涨过快，个人负担过重，对此，人民群众反映强烈。

从现在到2020年，是我国全面建设小康社会的关键时期，医药卫生工作任务繁重。随着经济的发展和人民生活水平的提高，群众对改善医药卫生服务将会有更高的要求。工业化、城镇化、人口老龄化、疾病谱变化和生态环境变化等，都给医药卫生工作带来一系列新的严峻挑战。深化医药卫生体制改革，是加快医药卫生事业发展的战略选择，是实现人民共享改革发展成果的重要途径，是广大人民群众的迫切愿望。

深化医药卫生体制改革是一项涉及面广、难度大的社会系统工程。我国人口多，人均收入水平低，城乡、区域差距大，长期处于社会主义初级阶段的基本国情，决定了深化医药卫生体制改革是一项十分复杂艰巨的任务，是一个渐进的过程，需要在明确方向和框架的基础上，经过长期艰苦努力和坚持不懈的探索，才能逐步建立符合我国国情的医药卫生体制。因此，对深化医药卫生体制改革，既要坚定决心、抓紧推进，又要精心组织、稳步实施，确保改革顺利进行，达到预期目标。

二、深化医药卫生体制改革的指导思想、基本原则和总体目标

（一）深化医药卫生体制改革的指导思想。以邓小平理论和“三个代表”重要思想为指导，深入贯彻落实科学发展观，从我国国情出发，借鉴国际有益经验，着眼于实现人人享有基本医疗卫生服务的目标，着力解决人民群众最关心、最直接、最现实的利益问题。坚持公共医疗卫生的公益性质，坚持预防为主、以农村为重点、中西医并重的方针，实行政事分开、管办分开、医药分开、营利性和非营利性分开，强化政府责任和投入，完善国民健康政策，健全制度体系，加强监督管理，创新体制机制，鼓励社会参与，建设覆盖城乡居民的基本医疗卫生制度，不断提高全民健康水平，促进社会和谐。

（二）深化医药卫生体制改革的基本原则。医药卫生体制改革必须立足国情，一切从实际出发，坚持正确的改革原则。

——坚持以人为本，把维护人民健康权益放在第一位。坚持医药卫生事业为人民健康服务的宗旨，以保障人民健康为中心，以人人享有基本医疗卫生服务为根本出发点和落脚点，从改革方案设计、卫生制度建立到服务体系建设都要遵循公益性的原则，把基本医疗卫生制度作为公共产品向全民提供，着力解决群众反映强烈的突出问题，努力实现全体人民病有所医。

——坚持立足国情，建立中国特色医药卫生体制。坚持从基本国情出发，实事求是地总结医药卫生事业改革发展的实践经验，准确把握医药卫生发展规律和主要矛盾；坚持基本医疗卫生服务水平与经济社会发展相协调、与人民群众的承受能力相适应；充分发挥中医药（民族医药）作用；坚持因地制宜、分类指导，发挥地方积极性，探索建立符合国情的基本医疗卫生制度。

——坚持公平与效率统一，政府主导与发挥市场机制作用相结合。强化政府在基本医疗卫生制度中的责任，加强政府在制度、规划、筹资、服务、监管等方面的职责，维护公共医疗卫生的公益性，促进公平公正。同时，注重发挥市场机制作用，动员社会力量参与，促进有序竞争机制的形成，提高医疗卫生运行效率、服务水平和质量，满足人民群众多层次、多样化的医疗卫生需求。

——坚持统筹兼顾，把解决当前突出问题与完善制度体系结合起来。从全局出发，统筹城乡、区域发展，兼顾供给方和需求方等各方利益，注重预防、治疗、康复三者的结合，正确处理政府、卫生机构、医药企业、医务人员和人民群众之间的关系。既着眼长远，创新体制机制，又立足当前，着力解决医药卫生事业中存在的突出问题。既注重整体设计，明确总体改革方向目标和基本框架，又突出重点，分步实施，积极稳妥地推进改革。

（三）深化医药卫生体制改革的总体目标。建立健全覆盖城乡居民的基本医疗卫生制度，为群众提供安全、有效、方便、价廉的医疗卫生服务。

到 2011 年，基本医疗保障制度全面覆盖城乡居民，基本药物制度初步建立，城乡基层医疗卫生服务体系进一步健全，基本公共卫生服务得到普及，公立医院改革试点取得突破，明显提高基本医疗卫生服务可及性，有效减轻居民就医费用负担，切实缓解“看病难、看病贵”问题。

到 2020 年，覆盖城乡居民的基本医疗卫生制度基本建立。普遍建立比较完善的公共卫生服务体系和医疗服务体系，比较健全的医疗保障体系，比较规范的药品供应保障体系，比较科学的医疗卫生机构管理体制和运行机制，形成多元办医格局，人人享有基本医疗卫生服务，基本适应人民群众多层次的医疗卫生需求，人民群众健康水平进一步提高。

三、完善医药卫生四大体系，建立覆盖城乡居民的基本医疗卫生制度

建设覆盖城乡居民的公共卫生服务体系、医疗服务体系、医疗保障体系、药品供应保障体系，形成四位一体的基本医疗卫生制度。四大体系相辅相成，配套建设，协调发展。

（四）全面加强公共卫生服务体系建设。建立健全疾病预防控制、健康教育、妇幼保健、精神卫生、应急救治、采供血、卫生监督和计划生育等专业公共卫生服务网络，完善以基层医疗卫生服务网络为基础的医疗服务体系的公共卫生服务功能，建立分工明确、信息互通、资源共享、协调互动的公共卫生服务体系，提高公共卫生服务和突发公共卫生事件应急处置能力，促进城乡居民逐步享有均等化的基本公共卫生服务。

确定公共卫生服务范围。明确国家基本公共卫生服务项目，逐步增加服务内容。鼓励地方政府根据当地经济发展水平和突出的公共卫生问题，在中央规定服务项目的基础上增加公共卫生服务内容。

完善公共卫生服务体系。进一步明确公共卫生服务体系的职能、目标和任务，优化人员和设备配置，探索整合公共卫生服务资源的有效形式。完善重大疾病防控体系和突发公共卫生事件应急机制，加强对严重威胁人民健康的传染病、慢性病、地方病、职业病和出生缺陷等疾病的监测与预防控制。加强城乡急救体系建设。

加强健康促进与教育。医疗卫生机构及机关、学校、社区、企业等要大力开展健康教育，充分利用各种媒体，加强健康、医药卫生知识的传播，倡导健康文明的生活方式，促进公众合理营养，提高群众的健康意识和自我保健能力。

深入开展爱国卫生运动。将农村环境卫生与环境污染治理纳入社会主义新农村建设规划，推动卫生城市和文明村镇建设，不断改善城乡居民生活、工作等方面的卫生环境。

加强卫生监督服务。大力促进环境卫生、食品卫生、职业卫生、学校卫生，以及农民工等流动人口卫生工作。

（五）进一步完善医疗服务体系。坚持非营利性医疗机构为主体、营利性医疗机构为补充，公立医疗机构为主导、非公立医疗机构共同发展的办医原则，建设结构合理、覆盖城乡的医疗服务体系。

大力发展农村医疗卫生服务体系。进一步健全以县级医院为龙头、乡镇卫生院和村卫生室为基础的农村医疗卫生服务网络。县级医院作为县域内的医疗卫生中心，主要负责基本医疗服务及危重急症病人的抢救，并承担对乡镇卫生院、村卫生室的业务技术指导和卫生人员的进修培训；乡镇卫生院负责提供公共卫生服务和常见病、多发病的诊疗等综合服务，并承担对村卫生室的业务管理和技术指导；村卫生室承担行政村的公共卫生服务及一般疾病的诊治等工作。有条件的农村实行乡村一体化管理。积极推进农村医疗卫生基础设施和能力建设，政府重点办好县级医院，并在每个乡镇办好一所卫生院，采取多种形式支持村卫生室建设，使每个行政村都有一所村卫生室，大力改善农村医疗卫生条件，提高服务质量。

完善以社区卫生服务为基础的新型城市医疗卫生服务体系。加快建设以社区卫生服务中心为主体的城市社区卫生服务网络，完善服务功能，以维护社区居民健康为中心，提供疾病预防控制等公共卫生服务、一般常见病及多发病的初级诊疗服务、慢性病管理和康复服务。转变社区卫生服务模式，不断提高服务水平，坚持主动服务、上门服务，逐步承担起居民健康“守门人”的职责。

健全各类医院的功能和职责。优化布局和结构，充分发挥城市医院在危重急症和疑难病症的诊疗、医学教育和科研、指导和培训基层卫生人员等方面的骨干作用。有条件的大医院按照区域卫生规划要求，可以通过托管、重组等方式促进医疗资源合理流动。

建立城市医院与社区卫生服务机构的分工协作机制。城市医院通过技术支持、人员培训等方式，带动社区卫生服务持续发展。同时，采取增强服务能力、降低收费标准、提高报销比例等综合措施，引导一般诊疗下沉到基层，逐步实现社区首诊、分级医疗和双向转诊。整合城市卫生资源，充分利用城市现有一、二级医院及国有企事业单位所属医疗机构和社会力量举办的医疗机构等资源，发展和完善社区卫生服务网络。

充分发挥中医药（民族医药）在疾病预防控制、应对突发公共卫生事件、医疗服务中的作用。加强中医临床研究基地和中医院建设，组织开展中医药防治疑难疾病的联合攻关。在基层医疗卫生服务中，大力推广中医药适宜技术。采取扶持中医药发展政策，促进中医药继承和创新。

建立城市医院对口支援农村医疗卫生工作的制度。发达地区要加强对口支援贫困地区和少数民族地区发展医疗卫生事业。城市大医院要与县级医院建立长期稳定的对口支援和合作制度，采取临床服务、人员培训、技术指导、设备支援等方式，帮助其提高医疗水平和服务能力。

（六）加快建设医疗保障体系。加快建立和完善以基本医疗保障为主体，其他多种形式补充医疗保险和商业健康保险为补充，覆盖城乡居民的多层次医疗保障体系。

建立覆盖城乡居民的基本医疗保障体系。城镇职工基本医疗保险、城镇居民基本医疗保险、新型农村合作医疗和城乡医疗救助共同组成基本医疗保障体系，分别覆盖城镇就业人口、城镇非就业人口、农村人口和城乡困难人群。坚持广覆盖、保基本、可持续的原则，从重点保障大病起步，逐步向门诊小病延伸，不断提高保障水平。建立国家、单位、家庭和个人责任明确、分担合理的多渠道筹资机制，实现社会互助共济。随着经济社会发展，逐步提高筹资水平和统筹层次，缩小保障水平差距，最终实现制度框架的基本统一。进一步完善城镇职工基本医疗保险制度，加快覆盖就业人口，重点解决国有关闭破产企业、困难企业等职工和退休人员，以及非公有制经济组织从业人员和灵活就业人员的基本医疗保险问题；2009 年全面推开城镇居民基本医疗保险，重视解决老人、残疾人和儿童的基本医疗保险问题；全面实施新型农村合作医疗制度，逐步提高政府补助水平，适当增加农民缴费，提高保障能力；完善城乡医疗救助制度，对困难人群参保及其难以负担的医疗费用提供补助，筑牢医疗保障底线。探索建立城乡一体化的基本医疗保障管理制度。

鼓励工会等社会团体开展多种形式的医疗互助活动。鼓励和引导各类组织和个人发展社会慈善医疗救助。

做好城镇职工基本医疗保险制度、城镇居民基本医疗保险制度、新型农村合作医疗制度和城乡医疗救助制度之间的衔接。以城乡流动的农民工为重点积极做好基本医疗保险关系转移接续，以异地安置的退休人员为重点改进异地就医结算服务。妥善解决农民工基本医疗保险问题。签订劳动合同并与企业建立稳定劳动关系的农民工，要按照国家规定明确用人单位缴费责任，将其纳入城镇职工基本医疗保险制度；其他农民工根据实际情况，参加户籍所在地新型农村合作医疗或务工所在地城镇居民基本医疗保险。

积极发展商业健康保险。鼓励商业保险机构开发适应不同需要的健康保险产品，简化理赔手续，方便群众，满足多样化的健康需求。鼓励企业和个人通过参加商业保险及多种形式的补充保险解决基本医疗保障之外的需求。在确保基金安全和有效监管的前提下，积极提倡以政府购买医疗保障服务的方式，探索委托具有资质的商业保险机构经办各类医疗保障管理服务。

（七）建立健全药品供应保障体系。加快建立以国家基本药物制度为基础的药品供应保障体系，保障人民群众安全用药。

建立国家基本药物制度。中央政府统一制定和发布国家基本药物目录，按照防治必需、安全有效、价格合理、使用方便、中西药并重的原则，结合我国用药特点，参照国际经验，合理确定品种和数量。建立基本药物的生产供应保障体系，在政府宏观调控下充分发挥市场机制的作用，基本药物实行公开招标采购，统一配送，减少中间环节，保障群众基本用药。国家制定基本药物零售指导价格，在指导价格内，由省级人民政府根据招标情况确定本地区的统一采购价格。规范基本药物使用，制定基本药物临床应用指南和基本药物处方集。城乡基层医疗卫生机构应全部配备、使用基本药物，其他各类医疗机构也要将基本药物作为首选药物并确定使用比例。基本药物全部纳入基本医疗保障药物报销目录，报销比例明显高于非基本药物。

规范药品生产流通。完善医药产业发展政策和行业发展规划，严格市场准入和药品注册审批，大力规范和整顿生产流通秩序，推动医药企业提高自主创新能力和医药产业结构优化升级，发展药品现代物流和连锁经营，促进药品生产、流通企业的整合。建立便民惠农的农村药品供应网。完善药品储备制度。支持用量小的特殊用药、急救用药生产。规范药品采购，坚决治理医药购销中的商业贿赂。加强药品不良反应监测，建立药品安全预警和应急处置机制。

四、完善体制机制，保障医药卫生体系有效规范运转

完善医药卫生的管理、运行、投入、价格、监管体制机制，加强科技与人才、信息、法制建设，保障医药卫生体系有效规范运转。

（八）建立协调统一的医药卫生管理体制。实施属地化和全行业管理。所有医疗卫生机构，不论所有制、投资主体、隶属关系和经营性质，均由所在地卫生行政部门实行统一规划、统一准入、统一监管。中央、省级可以设置少量承担医学科研、教学功能的医学中心或区域医疗中心，以及承担全国或区域性疑难病症诊治的专科医院等医疗机构；县（市）主要负责举办县级医

院、乡村卫生和社区卫生服务机构；其余公立医院由市负责举办。

强化区域卫生规划。省级人民政府制定卫生资源配置标准，组织编制区域卫生规划和医疗机构设置规划，明确医疗机构的数量、规模、布局和功能。科学制定乡镇卫生院（村卫生室）、社区卫生服务中心（站）等基层医疗卫生机构和各级医院建设与设备配置标准。充分利用和优化配置现有医疗卫生资源，对不符合规划要求的医疗机构要逐步进行整合，严格控制大型医疗设备配置，鼓励共建共享，提高医疗卫生资源利用效率。新增卫生资源必须符合区域卫生规划，重点投向农村和社区卫生等薄弱环节。加强区域卫生规划与城乡规划、土地利用总体规划等的衔接。建立区域卫生规划和资源配置监督评价机制。

推进公立医院管理体制改革。从有利于强化公立医院公益性和政府有效监管出发，积极探索政事分开、管办分开的多种实现形式。进一步转变政府职能，卫生行政部门主要承担卫生发展规划、资格准入、规范标准、服务监管等行业管理职能，其他有关部门按照各自职能进行管理和提供服务。落实公立医院独立法人地位。

进一步完善基本医疗保险管理体制。中央统一制定基本医疗保险制度框架和政策，地方政府负责组织实施管理，创造条件逐步提高统筹层次。有效整合基本医疗保险经办资源，逐步实现城乡基本医疗保险行政管理的统一。

（九）建立高效规范的医药卫生机构运行机制。公共卫生机构收支全部纳入预算管理。按照承担的职责任务，由政府合理确定人员编制、工资水平和经费标准，明确各类人员岗位职责，严格人员准入，加强绩效考核，建立能进能出的用人制度，提高工作效率和服务质量。

转变基层医疗卫生机构运行机制。政府举办的城市社区卫生服务中心（站）和乡镇卫生院等基层医疗卫生机构，要严格界定服务功能，明确规定使用适宜技术、适宜设备和基本药物，为广大群众提供低成本服务，维护公益性质。要严格核定人员编制，实行人员聘用制，建立能进能出和激励有效的人力资源管理制度。要明确收支范围和标准，实行核定任务、核定收支、绩效考核补助的财务管理办法，并探索实行收支两条线、公共卫生和医疗保障经费的总额预付等多种行之有效的管理办法，严格收支预算管理，提高资金使用效益。要改革药品加成政策，实行药品零差率销售。加强和完善内部管理，建立以服务质量为核心、以岗位责任与绩效为基础的考核和激励制度，形成保障公平效率的长效机制。

建立规范的公立医院运行机制。公立医院要遵循公益性质和社会效益原则，坚持以病人为中心，优化服务流程，规范用药、检查和医疗行为。深化运行机制改革，建立和完善医院法人治理结构，明确所有者和管理者的责权，形成决策、执行、监督相互制衡，有责任、有激励、有约束、有竞争、有活力的机制。推进医药分开，积极探索多种有效方式逐步改革以药补医机制。通过实行药品购销差别加价、设立药事服务费等多种方式逐步改革或取消药品加成政策，同时采取适当调整医疗服务价格、增加政府投入、改革支付方式等措施完善公立医院补偿机制。进一步完善财务、会计管理制度，严格预算管理，加强财务监管和运行监督。地方可结合本地实际，对有条件的医院开展“核定收支、以收抵支、超收上缴、差额补助、奖惩分明”等多种管理办法的试点。改革人事制度，完善分配激励机制，推行聘用制度和岗位管理制度，严格工资总额管理，实行以服务质量及岗位工作量为主的综合绩效考核和岗位绩效工资制度，有效调动医务人员的积极性。

健全医疗保险经办机构运行机制。完善内部治理结构，建立合理的用人机制和分配制度，完善激励约束机制，提高医疗保险经办管理能力和管理效率。

（十）建立政府主导的多元卫生投入机制。明确政府、社会与个人的卫生投入责任。确立政府在提供公共卫生和基本医疗服务中的主导地位。公共卫生服务主要通过政府筹资，向城乡居民均等化提供。基本医疗服务由政府、社会和个人三方合理分担费用。特需医疗服务由个人直接付费或通过商业健康保险支付。

建立和完善政府卫生投入机制。中央政府和地方政府都要增加对卫生的投入，并兼顾供给方和需求方。逐步提高政府卫生投入占卫生总费用的比重，使居民个人基本医疗卫生费用负担有效减轻；政府卫生投入增长幅度要高于经常性财政支出的增长幅度，使政府卫生投入占经常性财政支出的比重逐步提高。新增政府卫生投入重点用于支持公共卫生、农村卫生、城市社区卫生和基本医疗保障。

按照分级负担的原则合理划分中央和地方各级政府卫生投入责任。地方政府承担主要责任，中央政府主要对国家免疫规划、跨地区的重大传染疾病预防控制等公共卫生、城乡居民的基本医疗保障以及有关公立医疗卫生机构建设等给予补助。加大中央、省级财政对困难地区的专项转移支付力度。

完善政府对公共卫生的投入机制。专业公共卫生服务机构的人员经费、发展建设和业务经费由政府全额安排，按照规定取得的服务收入上缴财政专户或纳入预算管理。逐步提高人均公共卫生经费，健全公共卫生服务经费保障机制。

完善政府对城乡基层医疗卫生机构的投入机制。政府负责其举办的乡镇卫生院、城市社区卫生服务中心（站）按国家规定核定的基本建设经费、设备购置经费、人员经费和其承担公共卫生服务的业务经费，使其正常运行。对包括社会力量举办的所有乡镇卫生院和城市社区卫生服务机构，各地都可采取购买服务等方式核定政府补助。支持村卫生室建设，对乡村医生承担的公共卫生服务等任务给予合理补助。

落实公立医院政府补助政策。逐步加大政府投入，主要用于基本建设和设备购置、扶持重点学科发展、符合国家规定的离退休人员费用和补贴政策性亏损等，对承担的公共卫生服务等任务给予专项补助，形成规范合理的公立医院政府投入机制。对中医院（民族医院）、传染病院、精神病院、职业病防治院、妇产医院和儿童医院等在投入政策上予以倾斜。严格控制公立医院建设规模、标准和贷款行为。

完善政府对基本医疗保障的投入机制。政府提供必要的资金支持新型农村合作医疗、城镇居民基本医疗保险、城镇职工基本医疗保险和城乡医疗救助制度的建立和完善。保证相关经办机构正常经费。

鼓励和引导社会资本发展医疗卫生事业。积极促进非公立医疗卫生机构发展，形成投资主体多元化、投资方式多样化的办医体制。抓紧制定和完善有关政策法规，规范社会资本包括境外资本办医疗机构的准入条件，完善公平公正的行业管理政策。鼓励社会资本依法兴办非营利性医疗机构。国家制定公立医院改制的指导性意见，积极引导社会资本以多种方式参与包括国有企业所办医院在内的部分公立医院改制重组。稳步推进公立医院改制的试点，适度降低公立医疗机构比重，形成公立医院与非公立医院相互促进、共同发展的格局。支持有资质人员依法开业，方便群众就医。完善医疗机构分类管理政策和税收优惠政策。依法加强对社会力量办医的监管。

大力发展医疗慈善事业。制定相关优惠政策，鼓励社会力量兴办慈善医疗机构，或向医疗救助、医疗机构等慈善捐赠。

（十一）建立科学合理的医药价格形成机制。规范医疗服务价格管理。对非营利性医疗机构提供的基本医疗服务，实行政府指导价，其余由医疗机构自主定价。中央政府负责制定医疗服务价格政策及项目、定价原则及方法；

省或市级价格主管部门会同卫生、人力资源社会保障部门核定基本医疗服务指导价格。基本医疗服务价格按照扣除财政补助的服务成本制定，体现医疗服务合理成本和技术劳务价值。不同级别的医疗机构和医生提供的服务，实行分级定价。规范公立医疗机构收费项目和标准，研究探索按病种收费等收费方式改革。建立医用设备仪器价格监测、检查治疗服务成本监审及其价格定期调整制度。

改革药品价格形成机制。合理调整政府定价范围，改进定价方法，提高透明度，利用价格杠杆鼓励企业自主创新，促进国家基本药物的生产和使用。对新药和专利药品逐步实行定价前药物经济性评价制度。对仿制药品实行后上市价格从低定价制度，抑制低水平重复建设。严格控制药品流通环节差价率。对医院销售药品开展差别加价、收取药事服务费等试点，引导医院合理用药。加强医用耗材及植（介）入类医疗器械流通和使用环节价格的控制和管理。健全医药价格监测体系，规范企业自主定价行为。

积极探索建立医疗保险经办机构与医疗机构、药品供应商的谈判机制，发挥医疗保障对医疗服务和药品费用的制约作用。

（十二）建立严格有效的医药卫生监管体制。强化医疗卫生监管。健全卫生监督执法体系，加强城乡卫生监督机构能力建设。强化医疗卫生服务行为和质量监管，完善医疗卫生服务标准和质量评价体系，规范管理制度和工作流程，加快制定统一的疾病诊疗规范，健全医疗卫生服务质量监测网络。加强医疗卫生机构的准入和运行监管。加强对生活饮用水安全、职业危害防治、食品安全、医疗废弃物处置等社会公共卫生的监管。依法严厉打击各种危害人民群众身体健康和生命安全的违法行为。

完善医疗保障监管。加强对医疗保险经办、基金管理和使用等环节的监管，建立医疗保险基金有效使用和风险防范机制。强化医疗保障对医疗服务的监控作用，完善支付制度，积极探索实行按人头付费、按病种付费、总额预付等方式，建立激励与惩戒并重的有效约束机制。加强商业健康保险监管，促进规范发展。

加强药品监管。强化政府监管责任，完善监管体系建设，严格药品研究、生产、流通、使用、价格和广告的监管。落实药品生产质量管理规范，加强对高风险品种生产的监管。严格实施药品经营管理规范，探索建立药品经营许可分类、分级的管理模式，加大重点品种的监督抽验力度。建立农村药品监督网。加强政府对药品价格的监管，有效抑制虚高定价。规范药品临床使用，发挥执业药师指导合理用药与药品质量管理方面的作用。

建立信息公开、社会多方参与的监管制度。鼓励行业协会等社会组织和个人对政府部门、医药机构和相关体系的运行绩效进行独立评价和监督。加强行业自律。

（十三）建立可持续发展的医药卫生科技创新机制和人才保障机制。推进医药卫生科技进步。把医药卫生科技创新作为国家科技发展的重点，努力攻克医药科技难关，为人民群众健康提供技术保障。加大医学科研投入，深化医药卫生科技体制和机构改革，整合优势医学科研资源，加快实施医药科技重大专项，鼓励自主创新，加强对重大疾病防治技术和新药研制关键技术等的研究，在医学基础和应用研究、高技术研究、中医和中西医结合研究等方面力求新的突破。开发生产适合我国国情的医疗器械。广泛开展国际卫生科技合作交流。

加强医药卫生人才队伍建设。制定和实施人才队伍建设规划，重点加强公共卫生、农村卫生、城市社区卫生专业技术人员和护理人员的培养培训。制定优惠政策，鼓励优秀卫生人才到农村、城市社区和中西部地区服务。对长期在城乡基层工作的卫生技术人员在职称晋升、业务培训、待遇政策等方面给予适当倾斜。完善全科医师任职资格制度，健全农村和城市社区卫生人员在岗培训制度，鼓励参加学历教育，促进乡村医生执业规范化，尽快实现基层医疗卫生机构都有合格的全科医生。加强高层次科研、医疗、卫生管理等人才队伍建设。建立住院医师规范化培训制度，强化继续医学教育。加强护理队伍建设，逐步解决护理人员比例过低的问题。培育壮大中医药人才队伍。稳步推动医务人员的合理流动，促进不同医疗机构之间人才的纵向和横向交流，研究探索注册医师多点执业。规范医院管理者的任职条件，逐步形成一支职业化、专业化的医疗机构管理队伍。

调整高等医学教育结构和规模。加强全科医学教育，完善标准化、规范化的临床医学教育，提高医学教育质量。加大医学教育投入，大力发展面向农村、社区的高等医学本专科教育，采取定向免费培养等多种方式，为贫困地区农村培养实用的医疗卫生人才，造就大批扎根农村、服务农民的合格医生。

构建健康和谐的医患关系。加强医德医风建设，重视医务人员人文素养培养和职业素质教育，大力弘扬救死扶伤精神。优化医务人员执业环境和条件，保护医务人员的合法权益，调动医务人员改善服务和提高效率的积极性。

完善医疗执业保险，开展医务社会工作，完善医疗纠纷处理机制，增进医患沟通。在全社会形成尊重医学科学、尊重医疗卫生工作者、尊重患者的良好风气。

（十四）建立实用共享的医药卫生信息系统。大力推进医药卫生信息化建设。以推进公共卫生、医疗、医保、药品、财务监管信息化建设为着力点，整合资源，加强信息标准化和公共服务信息平台建设，逐步实现统一高效、互联互通。

加快医疗卫生信息系统建设。完善以疾病控制网络为主体的公共卫生信息系统，提高预测预警和分析报告能力；以建立居民健康档案为重点，构建乡村和社区卫生信息网络平台；以医院管理和电子病历为重点，推进医院信息化建设；利用网络信息技术，促进城市医院与社区卫生服务机构的合作。积极发展面向农村及边远地区的远程医疗。

建立和完善医疗保障信息系统。加快基金管理、费用结算与控制、医疗行为管理与监督、参保单位和个人管理服务等具有复合功能的医疗保障信息系统建设。加强城镇职工基本医疗保险、城镇居民基本医疗保险、新型农村合作医疗和医疗救助信息系统建设，实现与医疗机构信息系统的对接，积极推广“一卡通”等办法，方便参保（合）人员就医，增加医疗服务的透明度。

建立和完善国家、省、市三级药品监管、药品检验检测、药品不良反应监测信息网络。建立基本药物供求信息系统。

（十五）建立健全医药卫生法律制度。完善卫生法律法规。加快推进基本医疗卫生立法，明确政府、社会和居民在促进健康方面的权利和义务，保障人人享有基本医疗卫生服务。建立健全卫生标准体系，做好相关法律法规的衔接与协调。加快中医药立法工作。完善药品监管法律法规。逐步建立健全与基本医疗卫生制度相适应、比较完整的卫生法律制度。

推进依法行政。严格、规范执法，切实提高各级政府运用法律手段发展和管理医药卫生事业的能力。加强医药卫生普法工作，努力创造有利于人民群众健康的法治环境。

五、着力抓好五项重点改革，力争近期取得明显成效

为使改革尽快取得成效，落实医疗卫生服务的公益性质，着力保障广大群众看病就医的基本需求，按照让群众得到实惠，让医务人员受到鼓舞，让

监管人员易于掌握的要求，2009—2011年着力抓好五项重点改革。

（十六）加快推进基本医疗保障制度建设。基本医疗保障制度全面覆盖城乡居民，3年内城镇职工基本医疗保险、城镇居民基本医疗保险和新型农村合作医疗参保（合）率均达到90%以上；城乡医疗救助制度覆盖到全国所有困难家庭。以提高住院和门诊大病保障为重点，逐步提高筹资和保障水平，2010年各级财政对城镇居民基本医疗保险和新型农村合作医疗的补助标准提高到每人每年120元。做好医疗保险关系转移接续和异地就医结算服务。完善医疗保障管理体制机制。有效减轻城乡居民个人医药费用负担。

（十七）初步建立国家基本药物制度。建立比较完整的基本药物遴选、生产供应、使用和医疗保险报销的体系。2009年，公布国家基本药物目录；规范基本药物采购和配送；合理确定基本药物的价格。从2009年起，政府举办的基层医疗卫生机构全部配备和使用基本药物，其他各类医疗机构也都必须按规定使用基本药物，所有零售药店均应配备和销售基本药物；完善基本药物的医保报销政策。保证群众基本用药的可及性、安全性和有效性，减轻群众基本用药费用负担。

（十八）健全基层医疗卫生服务体系。加快农村三级医疗卫生服务网络和城市社区卫生服务机构建设，发挥县级医院的龙头作用，用3年时间建成比较完善的基层医疗卫生服务体系。加强基层医疗卫生人才队伍建设，特别是全科医生的培养培训，着力提高基层医疗卫生机构服务水平和质量。转变基层医疗卫生机构运行机制和服务模式，完善补偿机制。逐步建立分级诊疗和双向转诊制度，为群众提供便捷、低成本的基本医疗卫生服务。

（十九）促进基本公共卫生服务逐步均等化。国家制定基本公共卫生服务项目，从2009年起，逐步向城乡居民统一提供疾病预防控制、妇幼保健、健康教育等基本公共卫生服务。实施国家重大公共卫生服务项目，有效预防控制重大疾病及其危险因素，进一步提高突发重大公共卫生事件处置能力。健全城乡公共卫生服务体系，完善公共卫生服务经费保障机制，2009年人均基本公共卫生服务经费标准不低于15元，到2011年不低于20元。加强绩效考核，提高服务效率和质量。逐步缩小城乡居民基本公共卫生服务差距，力争让群众少生病。

（二十）推进公立医院改革试点。改革公立医院管理体制、运行机制和监管机制，积极探索政事分开、管办分开的有效形式。完善医院法人治理结构。推进公立医院补偿机制改革，加大政府投入，完善公立医院经济补偿政策，逐步解决“以药补医”问题。加快形成多元化办医格局，鼓励民营资本举办非营利性医院。大力改进公立医院内部管理，优化服务流程，规范诊疗行为，调动医务人员的积极性，提高服务质量和效率，明显缩短病人等候时间，实现同级医疗机构检查结果互认，努力让群众看好病。

六、积极稳妥推进医药卫生体制改革

（二十一）提高认识，加强领导。各级党委和政府要充分认识深化医药卫生体制改革的重要性、紧迫性和艰巨性，提高认识、坚定信心，切实加强组织领导，把解决群众看病就医问题作为改善民生、扩大内需的重点摆上重要议事日程，明确任务分工，落实政府的公共医疗卫生责任。成立国务院深化医药卫生体制改革领导小组，统筹组织实施深化医药卫生体制改革。国务院有关部门要认真履行职责，密切配合，形成合力，加强监督考核。地方政府要按照本意见和实施方案的要求，因地制宜制定具体实施方案和有效措施，精心组织，有序推进改革进程，确保改革成果惠及全体人民群众。

（二十二）突出重点，分步实施。建立覆盖城乡居民的基本医疗卫生制度是一项长期任务，要坚持远近结合，从基础和基层起步，近期重点抓好基本医疗保障制度、国家基本药物制度、基层医疗卫生服务体系、基本公共卫生服务均等化和公立医院改革试点五项改革。要抓紧制定操作性文件和具体方案，进一步深化、细化政策措施，明确实施步骤，做好配套衔接，协调推进各项改革。

（二十三）先行试点，逐步推开。医药卫生体制改革涉及面广、情况复杂、政策性强，一些重大改革要先行试点。国务院深化医药卫生体制改革领导小组负责制定试点原则和政策框架，统筹协调、指导各地试点工作。各省区市制定具体试点方案并组织实施。鼓励地方结合当地实际，开展多种形式的试点，积极探索有效的实现途径，并及时总结经验，逐步推开。

（二十四）加强宣传，正确引导。深化医药卫生体制改革需要社会各界和广大群众的理解、支持和参与。要坚持正确的舆论导向，广泛宣传改革的重大意义和主要政策措施，积极引导社会预期，增强群众信心，使这项惠及广大人民群众的重大改革深入人心，为深化改革营造良好的舆论环境。

二〇〇九年三月十七日

国务院关于印发《医药卫生体制改革近期重点实施方案（2009—2011年）》的通知

（国发［2009］12号）

各省、自治区、直辖市人民政府，国务院各部委、各直属机构：

现将《医药卫生体制改革近期重点实施方案（2009—2011年）》印发给你们，请结合本地区、本部门实际，认真贯彻执行。

国务院

二〇〇九年三月十八日

医药卫生体制改革近期重点实施方案（2009—2011年）

根据《中共中央、国务院关于深化医药卫生体制改革的意见》（中发［2009］6号，以下简称《意见》），2009—2011年重点抓好五项改革：一是加快推进基本医疗保障制度建设，二是初步建立国家基本药物制度，三是健全基层医疗卫生服务体系，四是促进基本公共卫生服务逐步均等化，五是推进公立医院改革试点。

推进五项重点改革，旨在着力解决群众反映较多的“看病难、看病贵”问题。推进基本医疗保障制度建设，将全体城乡居民纳入基本医疗保障制度，切实减轻群众个人支付的医药费用负担。建立国家基本药物制度，完善基层医疗卫生服务体系，方便群众就医，充分发挥中医药作用，降低医疗服务和药品价格。促进基本公共卫生服务逐步均等化，使全体城乡居民都能享受基本公共卫生服务，最大限度地预防疾病。推进公立医院改革试点，提高公立医疗机构服务水平，努力解决群众“看好病”问题。

推进五项重点改革，旨在落实医疗卫生事业的公益性质，具有改革阶段性的鲜明特征。把基本医疗卫生制度作为公共产品向全民提供，实现人人享有基本医疗卫生服务，这是我国医疗卫生事业发展从理念到体制的重大变革，是贯彻落实科学发展观的本质要求。医药卫生体制改革是艰巨而长期的任务，需要分阶段有重点地推进。要处理好公平与效率的关系，在改革初期首先着力解决公平问题，保障广大群众看病就医的基本需求，并随着经济社会发展逐步提高保障水平。逐步解决城镇职工基本医疗保险、城镇居民基本医疗保险、新型农村合作医疗制度之间的衔接问题。鼓励社会资本投入，发展多层次、多样化的医疗卫生服务，统筹利用全社会的医疗卫生资源，提高服务效率和质量，满足人民群众多样化的医疗卫生需求。

推进五项重点改革，旨在增强改革的可操作性，突出重点，带动医药卫生体制全面改革。建立基本医疗卫生制度是一项重大制度创新，是医药卫生体制全面改革的关键环节。五项重点改革涉及医疗保障制度建设、药品供应保障、医药价格形成机制、基层医疗卫生机构建设、公立医疗机构改革、医疗卫生投入机制、医务人员队伍建设、医药卫生管理体制等关键环节和重要领域。抓好这五项改革，目的是从根本上改变部分城乡居民没有医疗保障和公共医疗卫生服务长期薄弱的状况，扭转公立医疗机构趋利行为，使其真正回归公益性，有效解决当前医药卫生领域的突出问题，为全面实现医药卫生体制改革的长远目标奠定坚实基础。

一、加快推进基本医疗保障制度建设

（一）扩大基本医疗保障覆盖面。三年内，城镇职工基本医疗保险（以下简称城镇职工医保）、城镇居民基本医疗保险（以下简称城镇居民医保）和新型农村合作医疗（以下简称新农合）覆盖城乡全体居民，参保率均提高到90%以上。用两年左右时间，将关闭破产企业退休人员和困难企业职工纳入城镇职工医保，确有困难的，经省级人民政府批准后，参加城镇居民医保。关闭破产企业退休人员实现医疗保险待遇与企业缴费脱钩。中央财政对困难地区的国有关闭破产企业退休人员参保给予适当补助。2009年全面推开城镇居民医保制度，将在校大学生全部纳入城镇居民医保范围。积极推进城镇非公有制经济组织从业人员、灵活就业人员和农民工参加城镇职工医保。政府对符合就业促进法规定的就业困难人员参加城镇职工医保的参保费用给予补贴。灵活就业人员自愿选择参加城镇职工医保或城镇居民医保。参加城镇职工医保有困难的农民工，可以自愿选择参加城镇居民医保或户籍所在地的新农合。

（二）提高基本医疗保障水平。逐步提高城镇居民医保和新农合筹资标准和保障水平。2010 年，各级财政对城镇居民医保和新农合的补助标准提高到每人每年 120 元，并适当提高个人缴费标准，具体缴费标准由省级人民政府制定。城镇职工医保、城镇居民医保和新农合对政策范围内的住院费用报销比例逐步提高。逐步扩大和提高门诊费用报销范围和比例。将城镇职工医保、城镇居民医保最高支付限额分别提高到当地职工年平均工资和居民可支配收入的 6 倍左右，新农合最高支付限额提高到当地农民人均纯收入的 6 倍以上。

（三）规范基本医疗保障基金管理。各类医保基金要坚持以收定支、收支平衡、略有结余的原则。合理控制城镇职工医保基金、城镇居民医保基金的年度结余和累计结余，结余过多的地方要采取提高保障水平等办法，把结余逐步降到合理水平。新农合统筹基金当年结余率原则上控制在 15% 以内，累计结余不超过当年统筹基金的 25%。建立基本医疗保险基金风险调剂金制度。基金收支情况要定期向社会公布。提高基金统筹层次，2011 年城镇职工医保、城镇居民医保基本实现市（地）级统筹。

（四）完善城乡医疗救助制度。有效使用救助资金，简化救助资金审批发放程序，资助城乡低保家庭成员、五保户参加城镇居民医保或新农合，逐步提高对经济困难家庭成员自负医疗费用的补助标准。

（五）提高基本医疗保障管理服务水平。鼓励地方积极探索建立医保经办机构与医药服务提供方的谈判机制和付费方式改革，合理确定药品、医疗服务和医用材料支付标准，控制成本费用。改进医疗保障服务，推广参保人员就医“一卡通”，实现医保经办机构与定点医疗机构直接结算。允许参加新农合的农民在统筹区域内自主选择定点医疗机构就医，简化到县域外就医的转诊手续。建立异地就医结算机制，探索异地安置的退休人员就地就医、就地结算办法。制定基本医疗保险关系转移接续办法，解决农民工等流动就业人员基本医疗保障关系跨制度、跨地区转移接续问题。做好城镇职工医保、城镇居民医保、新农合、城乡医疗救助之间的衔接。探索建立城乡一体化的基本医疗保障管理制度，并逐步整合基本医疗保障经办管理资源。在确保基金安全和有效监管的前提下，积极提倡以政府购买医疗保障服务的方式，探索委托具有资质的商业保险机构经办各类医疗保障管理服务。

二、初步建立国家基本药物制度

（六）建立国家基本药物目录遴选调整管理机制。制订国家基本药物遴选和管理办法。基本药物目录定期调整和更新。2009 年初，公布国家基本药物目录。

（七）初步建立基本药物供应保障体系。充分发挥市场机制作用，推动药品生产流通企业兼并重组，发展统一配送，实现规模经营；鼓励零售药店发展连锁经营。完善执业药师制度，零售药店必须按规定配备执业药师为患者提供购药咨询和指导。政府举办的医疗卫生机构使用的基本药物，由省级人民政府指定的机构公开招标采购，并由招标选择的配送企业统一配送。参与投标的生产企业和配送企业应具备相应的资格条件。招标采购药品和选择配送企业，要坚持全国统一市场，不同地区、不同所有制企业平等参与、公平竞争。药品购销双方要根据招标采购结果签订合同并严格履约。用量较少的基本药物，可以采用招标方式定点生产。完善基本药物国家储备制度。加强药品质量监管，对药品定期进行质量抽检，并向社会公布抽检结果。

国家制定基本药物零售指导价格。省级人民政府根据招标情况在国家指导价格规定的幅度内确定本地区基本药物统一采购价格，其中包含配送费用。政府举办的基层医疗卫生机构按购进价格实行零差率销售。鼓励各地探索进一步降低基本药物价格的采购方式。

（八）建立基本药物优先选择和合理使用制度。所有零售药店和医疗机构均应配备和销售国家基本药物，满足患者需要。不同层级医疗卫生机构基本药物使用率由卫生行政部门规定。从 2009 年起，政府举办的基层医疗卫生机构全部配备和使用基本药物，其他各类医疗机构也都必须按规定使用基本药物。卫生行政部门制订临床基本药物应用指南和基本药物处方集，加强用药指导和监管。允许患者凭处方到零售药店购买药物。基本药物全部纳入基本医疗保障药品报销目录，报销比例明显高于非基本药物。

三、健全基层医疗卫生服务体系

（九）加强基层医疗卫生机构建设。完善农村三级医疗卫生服务网络。发挥县级医院的龙头作用，三年内中央重点支持 2000 所左右县级医院（含中医院）建设，使每个县至少有 1 所县级医院基本达到标准化水平。完善乡镇卫生院、社区卫生服务中心建设标准。2009 年，全面完成中央规划支持的 2.9 万所乡镇卫生院建设任务，再支持改扩建 5000 所中心乡镇卫生院，每个县 1—3 所。支持边远地区村卫生室建设，三年内实现全国每个行政村都有卫生室。三年内新建、改造 3700 所城市社区卫生服务中心和 1.1 万个社区卫生服务站。中央支持困难地区2400所城市社区卫生服务中心建设。公立医院资源过剩地区，要进行医疗资源重组，充实和加强基层医疗卫生机构。对社会力量举办基层医疗卫生机构提供的公共卫生服务，采取政府购买服务等方式给予补偿；对其提供的基本医疗服务，通过签订医疗保险定点合同等方式，由基本医疗保障基金等渠道补偿。鼓励有资质的人员开办诊所或个体行医。

（十）加强基层医疗卫生队伍建设。制定并实施免费为农村定向培养全科医生和招聘执业医师计划。用三年时间，分别为乡镇卫生院、城市社区卫生服务机构和村卫生室培训医疗卫生人员36万人次、16万人次和137万人次。完善城市医院对口支援农村制度。每所城市三级医院要与3所左右县级医院（包括有条件的乡镇卫生院）建立长期对口协作关系。继续实施“万名医师支援农村卫生工程”。采取到城市大医院进修、参加住院医师规范化培训等方式，提高县级医院医生水平。

落实好城市医院和疾病预防控制机构医生晋升中高级职称前到农村服务一年以上的政策。鼓励高校医学毕业生到基层医疗机构工作。从2009年起，对志愿去中西部地区乡镇卫生院工作三年以上的高校医学毕业生，由国家代偿学费和助学贷款。

（十一）改革基层医疗卫生机构补偿机制。基层医疗卫生机构运行成本通过服务收费和政府补助补偿。政府负责其举办的乡镇卫生院、城市社区卫生服务中心和服务站按国家规定核定的基本建设、设备购置、人员经费及所承担公共卫生服务的业务经费，按定额定项和购买服务等方式补助。医务人员的工资水平，要与当地事业单位工作人员平均工资水平相衔接。基层医疗卫生机构提供的医疗服务价格，按扣除政府补助后的成本制定。实行药品零差率销售后，药品收入不再作为基层医疗卫生机构经费的补偿渠道，不得接受药品折扣。探索对基层医疗卫生机构实行收支两条线等管理方式。

政府对乡村医生承担的公共卫生服务等任务给予合理补助，补助标准由地方人民政府规定。

（十二）转变基层医疗卫生机构运行机制。基层医疗卫生机构要使用适宜技术、适宜设备和基本药物，大力推广包括民族医药在内的中医药，为城乡居民提供安全有效和低成本服务。乡镇卫生院要转变服务方式，组织医务人员在乡村开展巡回医疗；城市社区卫生服务中心和服务站对行动不便的患者要实行上门服务、主动服务。鼓励地方制定分级诊疗标准，开展社区首诊制试点，建立基层医疗机构与上级医院双向转诊制度。全面实行人员聘用制，建立能进能出的人力资源管理制度。完善收入分配制度，建立以服务质量和服务数量为核心、以岗位责任与绩效为基础的考核和激励制度。

四、促进基本公共卫生服务逐步均等化

（十三）基本公共卫生服务覆盖城乡居民。制定基本公共卫生服务项目，明确服务内容。从2009年开始，逐步在全国统一建立居民健康档案，并实施规范管理。定期为65岁以上老年人做健康检查、为3岁以下婴幼儿做生长发育检查、为孕产妇做产前检查和产后访视，为高血压、糖尿病、精神疾病、艾滋病、结核病等人群提供防治指导服务。普及健康知识，2009年开设中央电视台健康频道，中央和地方媒体均应加强健康知识宣传教育。

（十四）增加国家重大公共卫生服务项目。继续实施结核病、艾滋病等重大疾病防控和国家免疫规划、农村妇女住院分娩等重大公共卫生项目。从2009年开始开展以下项目：为15岁以下人群补种乙肝疫苗；消除燃煤型氟中毒危害；农村妇女孕前和孕早期补服叶酸等，预防出生缺陷；贫困白内障患者复明；农村改水改厕等。

（十五）加强公共卫生服务能力建设。重点改善精神卫生、妇幼卫生、卫生监督、计划生育等专业公共卫生机构的设施条件。加强重大疾病以及突发公共卫生事件预测预警和处置能力。积极推广和应用中医药预防保健方法和技术。落实传染病医院、鼠防机构、血防机构和其他疾病预防控制机构从事高风险岗位工作人员的待遇政策。

（十六）保障公共卫生服务所需经费。专业公共卫生机构人员经费、发展建设经费、公用经费和业务经费由政府预算全额安排，服务性收入上缴财政专户或纳入预算管理。按项目为城乡居民免费提供基本公共卫生服务。提高公共卫生服务经费标准。2009年人均基本公共卫生服务经费标准不低于15元，2011年不低于20元。中央财政通过转移支付对困难地区给予补助。

五、推进公立医院改革试点

（十七）改革公立医院管理体制、运行机制和监管机制。公立医院要坚持维护公益性和社会效益原则，以病人为中心。鼓励各地积极探索政事分开、管办分开的有效形式。界定公立医院所有者和管理者的责权。完善医院法人治理结构。推进人事制度改革，明确院长选拔任用和岗位规范，完善医务人员职称评定制度，实行岗位绩效工资制度。建立住院医师规范化培训制度。

鼓励地方探索注册医师多点执业的办法和形式。强化医疗服务质量管理。规范公立医院临床检查、诊断、治疗、使用药物和植（介）入类医疗器械行为，优先使用基本药物和适宜技术，实行同级医疗机构检查结果互认。

探索建立由卫生行政部门、医疗保险机构、社会评估机构、群众代表和专家参与的公立医院质量监管和评价制度。严格医院预算和收支管理，加强成本核算与控制。全面推行医院信息公开制度，接受社会监督。

（十八）推进公立医院补偿机制改革。逐步将公立医院补偿由服务收费、药品加成收入和财政补助三个渠道改为服务收费和财政补助两个渠道。政府负责公立医院基本建设和大型设备购置、重点学科发展、符合国家规定的离退休人员费用和政策性亏损补偿等，对公立医院承担的公共卫生任务给予专项补助，保障政府指定的紧急救治、援外、支农、支边等公共服务经费，对中医院（民族医院）、传染病医院、职业病防治院、精神病医院、妇产医院和儿童医院等在投入政策上予以倾斜。严格控制公立医院建设规模、标准和贷款行为。推进医药分开，逐步取消药品加成，不得接受药品折扣。医院由此减少的收入或形成的亏损通过增设药事服务费、调整部分技术服务收费标准和增加政府投入等途径解决。药事服务费纳入基本医疗保险报销范围。积极探索医药分开的多种有效途径。适当提高医疗技术服务价格，降低药品、医用耗材和大型设备检查价格。定期开展医疗服务成本测算，科学考评医疗服务效率。

公立医院提供特需服务的比例不超过全部医疗服务的10%。鼓励各地探索建立医疗服务定价由利益相关方参与协商的机制。

（十九）加快形成多元办医格局。省级卫生行政部门会同有关部门，按照区域卫生规划，明确辖区内公立医院的设置数量、布局、床位规模、大型医疗设备配置和主要功能。要积极稳妥地把部分公立医院转制为民营医疗机构。制定公立医院转制政策措施，确保国有资产保值和职工合法权益。

鼓励民营资本举办非营利性医院。民营医院在医保定点、科研立项、职称评定和继续教育等方面，与公立医院享受同等待遇；对其在服务准入、监督管理等方面一视同仁。落实非营利性医院税收优惠政策，完善营利性医院税收政策。

公立医院改革2009年开始试点，2011年逐步推开。

六、保障措施

（二十）加强组织领导。国务院深化医药卫生体制改革领导小组统筹组织和协调改革工作。国务院有关部门要抓紧研究制定相关配套文件。各级政府要切实加强领导，抓好组织落实，加快推进各项重点改革。

（二十一）加强财力保障。各级政府要认真落实《意见》提出的各项卫生投入政策，调整支出结构，转变投入机制，改革补偿办法，切实保障改革所需资金，提高财政资金使用效益。为了实现改革的目标，经初步测算，2009—2011 年各级政府需要投入 8500 亿元，其中中央政府投入 3318 亿元。

（二十二）鼓励各地试点。医药卫生体制改革涉及面广，情况复杂，政策性强，一些重大改革要先行试点，逐步推开。各地情况差别很大，要鼓励地方因地制宜制定具体实施方案，开展多种形式的试点，进行探索创新。国务院深化医药卫生体制改革领导小组负责统筹协调、指导各地试点工作。要注意总结和积累经验，不断深入推进改革。

（二十三）加强宣传引导。坚持正确的舆论导向，制定分步骤、分阶段的宣传方案；采取通俗易懂、生动形象的方式，广泛宣传实施方案的目标、任务和主要措施，解答群众关心的问题；及时总结、宣传改革经验，为深化改革营造良好的社会和舆论环境。

国务院办公厅关于印发《医药卫生体制五项重点改革 2009 年工作安排》的通知

（国办函［2009］75 号）

各省、自治区、直辖市人民政府，国务院各有关部门：

《医药卫生体制五项重点改革 2009 年工作安排》（以下简称《工作安排》）已经国务院同意，现印发给你们，请结合实际，认真组织实施。

深化医药卫生体制改革是一项艰巨而复杂的工作，要明确方向，统筹规划，循序渐进，量力而行。《工作安排》围绕医药卫生体制五项重点改革三年目标，抓住关键，突出重点，提出了 2009 年推进改革的 10 项任务，并明确了牵头部门。各地区、各有关部门要加强领导，精心组织，进一步分解工作任务，细化工作安排，切实抓好落实。国务院深化医药卫生体制改革领导小组办公室要加强对医改工作的统筹协调，指导和督促地方推进改革。年底前，国务院深化医药卫生体制改革领导小组将对《工作安排》落实情况进行全面检查。

国务院办公厅

二〇〇九年七月二十二日

医药卫生体制五项重点改革2009年工作安排

按照《中共中央国务院关于深化医药卫生体制改革的意见》（中发［2009］6号）和《国务院关于印发医药卫生体制改革近期重点实施方案（2009—2011年）的通知》（国发［2009］12号）精神，为切实推动改革，加强督促检查，确保开好局、起好步，现提出2009年医药卫生体制五项重点改革的工作安排。

一、加快推进基本医疗保障制度建设

（一）扩大基本医疗保障覆盖面。

主要工作目标：

1. 城镇职工基本医疗保险（以下简称城镇职工医保）、城镇居民基本医疗保险（以下简称城镇居民医保）参保人数达到3.9亿人，比2008年增加7200万人。做好城镇非公有制经济组织从业人员、大学生、灵活就业人员和农民工的参保工作。（人力资源社会保障部负责）

2. 解决607万地方政策性关闭破产和依法破产国有企业、中央和中央下放地方政策性关闭破产国有企业退休人员的参保问题。指导和督促地方解决其他破产企业退休人员和困难企业职工的参保问题。（人力资源社会保障部负责）

3. 新型农村合作医疗（以下简称新农合）参保率稳定在90%以上。（卫生部负责）

（二）提高基本医疗保障水平。

主要工作目标：

1. 全面落实政府对新农合和城镇居民医保人均每年80元补助。（卫生部、人力资源社会保障部分别负责）

2. 城镇职工医保、城镇居民医保和新农合的统筹基金最高支付限额原则上分别提高到当地职工年平均工资、居民可支配收入和农民人均纯收入的6倍左右。已建立大额医疗费用补助的地区可于2010年达到该标准。(人力资源社会保障部、卫生部分别负责)

3. 50%的统筹地区城镇职工医保、城镇居民医保和新农合住院费用报销比例比2008年分别提高5个百分点。(人力资源社会保障部、卫生部分别负责)

4. 30%的统筹地区开展城镇居民医保门诊费用统筹试点，三分之一的统筹地区新农合门诊费用统筹得到巩固完善。(人力资源社会保障部、卫生部分别负责)

5. 进一步完善城乡医疗救助制度，加大救助力度，资助城乡所有五保户、低保对象参保，有效使用救助资金。(民政部负责)

6. 鼓励有条件的地方逐步整合基本医疗保障经办管理资源，探索委托具有资质的商业保险机构经办各类医疗保障管理服务。(人力资源社会保障部、卫生部、保监会负责)

二、初步建立国家基本药物制度

(三) 国家基本药物制度取得进展。

主要工作目标：

1. 发布国家基本药物目录（2009版）。(卫生部负责)

2. 国家基本药物目录发布后，核定并公布基本药物零售指导价格。(国家发展改革委负责)

3. 不迟于2009年12月份每个省（区、市）在30%的政府办城市社区卫生服务机构和县（基层医疗卫生机构）实施基本药物制度，包括实行省级集中网上公开招标采购、统一配送，全部配备使用基本药物并实行零差率销售。(国家发展改革委、卫生部负责)

4. 2009年11月底前，完成国家基本医疗保险药品目录调整工作，将基本药物全部纳入基本医疗保险药品目录，基本药物报销比例明显高于非基本药物。(人力资源社会保障部、卫生部负责)

5. 制定并出台临床基本药物应用指南和基本药物处方集。(卫生部负责)

三、健全基层医疗卫生服务体系

(四) 加强基层医疗卫生机构建设。

主要工作目标：

1. 制定并出台基层医疗卫生机构建设标准。（卫生部、国家发展改革委负责）

2. 在全国支持986个县级医院（含中医院）、3549个中心乡镇卫生院和1154个城市社区卫生服务中心等基层医疗卫生机构建设。（国家发展改革委负责）

（五）加强以全科医生为重点的基层医疗卫生队伍建设。

主要工作目标：

1. 制定以全科医生为重点的基层医疗卫生队伍建设规划，并启动实施。（国家发展改革委负责）

2. 为乡镇卫生院招聘执业医师1000人，鼓励地方在此基础上自行增加招聘数量；在岗培训乡镇卫生人员12万人次、城市社区卫生服务人员5.3万人次。（卫生部负责）

3. 900个三级医院与2000个县级医院建立起长期对口协作关系。（卫生部负责）

4. 启动住院医师规范化培训制度试点工作。（卫生部负责）

（六）改革基层医疗卫生机构补偿机制。

主要工作目标：

1. 完善政府办城乡基层医疗卫生服务机构补偿机制，落实财政补助政策，并与基本药物零差率销售政策衔接一致。在基层医疗卫生事业单位实施绩效工资（公共卫生事业单位同步实施）。探索实行政府购买服务等补助方式。（财政部、人力资源社会保障部分别负责）

2. 督促地方落实对乡村医生承担的公共卫生服务等任务的补助政策。（财政部负责）

四、促进基本公共卫生服务逐步均等化

（七）重点抓好涉及面广、影响全民健康水平的公共卫生项目的实施。

主要工作目标：

1. 启动建立居民健康档案、健康教育、免疫规划、传染病防治、儿童保健、孕产妇保健、老年人保健、慢性病管理、重性精神疾病患者管理等9类国家基本公共卫生服务项目。2009年底前，城市居民健康档案规范化建档率达到30%左右，农村居民试点建档率达到5%。（卫生部负责）

2. 开始对15岁以下的人群补种乙肝疫苗，2009年补种2300万人左右，占应补种人数的31%。(卫生部负责)

3. 启动35—59岁农村妇女常见病检查项目，完成宫颈癌检查200万人，乳腺癌检查40万人；对全国农村约1180万名生育妇女补服叶酸和住院分娩给予补助。(卫生部负责)

4. 为20万例贫困白内障患者免费开展复明手术。(卫生部负责)

5. 在燃煤污染型氟中毒病区改炉改灶87万户，炉灶维修45万户。(卫生部负责)

6. 支持建设农村无害化卫生厕所411万座。(卫生部负责)

7. 落实人均基本公共卫生服务经费不低于15元。(财政部负责)

五、推进公立医院改革试点

(八) 调整公立医院布局和结构，完善管理体制。

主要工作目标：

1. 试点地区制定公立医院区域布局和结构调整规划；鼓励社会资本投入医疗服务领域。(卫生部负责)

2. 探索政事分开、管办分开的有效形式；完善医院法人治理结构，推进人事制度改革。(卫生部负责)

3. 加强公立医院运行管理，建立以公益性为核心的公立医院监管制度。(卫生部负责)

(九) 改革公立医院补偿机制。

主要工作目标：

研究拟定推进医药分开、逐步取消药品加成、增设药事服务费、调整医疗服务价格的政策，使试点公立医院逐步实现由服务收费和政府补助进行补偿。(卫生部、国家发展改革委、财政部负责)

(十) 推行电子医疗档案和常见病临床路径。

主要工作目标：

拟定全国统一的医院电子病历标准和规范以及100种常见疾病临床路径，在50家医院开展试点。(卫生部负责)

公立医院改革按照先行试点、逐步推开的原则进行。2009年在东、中、西部地区选择12个左右具备一定条件的地级市，在100所左右公立医院进行改革试点，探索公立医院维护公益性与提高效率的具体实现形式。

关于全面开展城镇居民基本医疗保险工作的通知

（人社部发［2009］35号）

各省、自治区、直辖市人力资源社会保障（人事、劳动保障）厅（局）、财政厅（局），新疆生产建设兵团劳动保障局、财务局：

城镇居民基本医疗保险试点工作开展以来，各地高度重视，组织有力，工作扎实，稳步推进，试点工作取得明显成效，受到广大城镇居民的欢迎，为完善城镇居民基本医疗保险制度积累了经验。根据《中共中央 国务院关于深化医药卫生体制改革的意见》（中发［2009］6号）和《国务院关于印发医药卫生体制改革近期重点实施方案（2009—2011年）的通知》（国发［2009］12号），经国务院同意，2009年在全国范围内全面开展城镇居民基本医疗保险工作。现就有关问题通知如下：

一、明确工作目标和任务。各地要在认真总结试点经验基础上，加大工作力度，完善相关政策，提高居民参保率，全面开展城镇居民基本医疗保险工作。2009年全国所有城市都要开展城镇居民基本医疗保险工作。2009年新开展这项工作的城市，方案由省级人民政府负责审批，并报人力资源社会保障部备案，原则上第二季度启动实施，参保率力争达到50%以上。2009年前已开展试点的城市，应结合试点工作中出现的问题进一步完善政策、加强管理，参保率力争达到80%以上。东部地区可在规范管理的基础上加快推进扩面速度。在工作推进中，各地区要坚持低水平、广覆盖、保基本、可持续的原则，科学设计和调整实施方案；要坚持公开、公正、公平，规范操作，加强监管；要坚持便民利民，真正方便居民、服务居民、让居民受益。

二、规范和完善财政补助政策。2009年政府对参保居民的补助标准，按照《关于做好2008年城镇居民基本医疗保险试点工作的通知》（人社部发［2008］39号）相关规定执行。省级财政要切实负起责任，加大对困难市县的补助力度。各地要及时上报财政补助申报材料，将本级财政应当安排的补助资金列入预算，及时足额拨付上级和本级补助资金，确保财政补助申请和拨付工作顺利进行。继续完善城乡医疗救助制度，切实做好困难居民的界定工作，进一步加大投入，帮助解决困难城镇居民缴费困难问题。同时，要加强城镇居民基本医疗保险基金管理和使用的专项审计，发现问题，及时纠正。

三、科学合理制定和调整有关政策。各地要在分析总结城镇居民基本医疗保险制度和基金运行情况基础上，认真测算，科学制定和调整有关政策。坚持做到城镇居民基本医疗保险基金收支平衡，略有结余。基金结余较多的城市要根据基金收支情况适当调整基金支付政策，避免结余资金过多。充分利用基层和社区医疗卫生服务，探索建立普通门诊费用统筹，扩大制度受益面。对起付线、封顶线、基金支付比例和补助范围等政策的调整，要通盘考虑城镇居民基本医疗保险基金使用情况、居民潜在医疗需求增长和医药费用上涨等因素，注意保持政策的连续性和稳定性。要探索做好参保人员在不同制度间转移时的医疗保险关系和待遇等的衔接。有条件的地方积极探索推进统筹城乡医疗保险的不同方式和路径。

四、提高统筹层次，积极推进地级统筹。明确地级统筹中市（地、州）和县（市、区）相关机构的职责，建立相应的考核激励办法，充分发挥县（市、区）一级相关机构在医疗保险筹资和管理中的作用。同一统筹地区应统一缴费和待遇政策，基金统筹管理使用，统一设计各项管理流程，统一管理服务网络。条件不具备、难以一步到位实行地级统筹的地区，可在统一缴费和待遇政策、统一管理经办流程、统一管理服务网络的基础上，建立基金调剂机制，明确调剂金的管理使用办法，建立相应的考核激励办法。要探索地级统筹情况下适宜的就医管理办法，处理好扩大就医范围与合理控制医疗费用的关系。

五、切实加强经办管理能力建设。各地要本着精简、效能的原则，切实解决好经办机构人员编制和经费问题。要强化经办机构内部管理，明确岗位职责，优化岗位设置，提高经办机构服务水平和能力。要加强社区服务平台建设，提高社区劳动保障平台的服务管理能力，探索建立社区劳动保障平台与社区卫生服务机构之间的信息共享和协同管理服务机制，形成服务到人的管理服务网络。要建立和完善基本医疗保障信息系统。加强信息系统建设，实现与医疗机构信息系统的对接。要逐步建立药品、诊疗项目以及参保人员实际利用医疗服务信息基础数据库，研究科学合理的药品和诊疗项目评价办法，逐步建立医疗保险技术标准体系，实现医疗保险管理规范化、精细化和标准化。要建立健全科学合理的绩效评价体系，对经办服务机构进行量化评价，促进经办服务机构提高管理服务水平和能力。

六、加强对全面开展城镇居民基本医疗保险工作的组织领导。全面开展城镇居民基本医疗保险工作是深入贯彻落实科学发展观、完善社会保障体系、推进医药卫生体制改革、缓解群众“看病难、看病贵”矛盾、提高全民健康素质的一项重要措施，各地要切实摆上工作日程，提高认识，加强领导，组织好各方面力量，全力推进这项工作。各有关部门要明确责任，加强协调，密切配合。要在统筹考虑城镇职工基本医疗保险、城镇居民基本医疗保险以及新型农村合作医疗三项制度相关统计数据基础上，核准城镇居民应参保人数并制定目标任务，层层分解，加强目标考核和督察调研，制订周密工作计划并抓紧组织实施。加强宣传培训工作，使这项惠及民生的重要改革深入人心，为全面推开试点创造良好舆论环境。要不断总结经验教训，注重研究新问题、新情况，对试点工作中反映出来的重大问题要及时报告。

人力资源和社会保障部

财政部

二〇〇九年四月八日

人力资源和社会保障部 财政部 卫生部关于开展城镇居民基本医疗保险门诊统筹的指导意见

（人社部发［2009］66号）

各省、自治区、直辖市人力资源社会保障（劳动保障）厅（局）、财政厅（局）、卫生厅（局），新疆生产建设兵团劳动保障局、财务局、卫生局：

根据《国务院关于印发医药卫生体制改革近期重点实施方案（2009—2011年）的通知》（国发［2009］12号）和《国务院关于开展城镇居民基本医疗保险试点的指导意见》（国发［2007］20号）的精神，为扩大城镇居民基本医疗保险制度受益面，切实减轻参保居民门诊医疗费用负担，有条件的地区可逐步开展城镇居民基本医疗保险门诊统筹工作，现就有关问题提出如下意见：

一、开展城镇居民基本医疗保险门诊统筹，要在坚持基本医疗保险政策规定的基础上，充分考虑门诊医疗服务特点和城镇居民对门诊医疗基本保障的迫切需要，进一步完善基本医疗保险的保障范围、筹资、支付等政策和就医、费用结算、业务经办等管理措施，通过统筹共济的方式合理分担参保居民门诊医疗费用。

二、开展门诊统筹应坚持以下原则：立足基本保障，从低水平起步，逐步减轻群众门诊医疗费用负担；实行社会共济，通过基金统筹调剂使用，提高基金保障能力；主要依托社区卫生服务中心（站）等基层医疗卫生机构，方便群众就医，降低医疗成本。

三、根据城镇居民基本医疗保险基金支付能力，在重点保障参保居民住院和门诊大病医疗支出的基础上，逐步将门诊小病医疗费用纳入基金支付范围。城镇居民基本医疗保险基金要坚持收支平衡的原则，门诊统筹所需费用在城镇居民基本医疗保险基金中列支，单独列账。

四、建立门诊统筹可以从慢性病发生较多的老年人起步，也可以从群众反映负担较大的多发病、慢性病做起。门诊统筹可以单独设立起付标准、支付比例和最高支付限额，具体可由各统筹地区根据实际合理确定。门诊统筹支付水平要与当地经济发展和医疗消费水平相适应，与当地城镇居民基本医疗保险筹资水平相适应。

五、开展门诊统筹应充分利用社区卫生服务中心（站）等基层医疗卫生机构和中医药服务。将符合条件的基层医疗卫生机构纳入基本医疗保险定点范围。起步阶段，门诊统筹原则上用于在定点基层医疗卫生机构发生的门诊医疗费用，随着分级诊疗和双向转诊制度的建立完善，逐步将支付范围扩大到符合规定的转诊费用。同时，要通过制定优惠的偿付政策，提供方便快捷的服务，鼓励和引导参保居民充分利用基层医疗卫生服务。各级卫生行政部门要合理设置基层医疗卫生机构，促进基层医疗卫生机构与转诊医疗机构的分工合作，探索建立分级诊疗制度及转诊相关管理办法和标准。统筹地区人力资源社会保障部门要会同卫生行政部门共同探索首诊和转诊的参保人员就医管理办法，促进建立双向转诊制度。

六、探索适合门诊统筹费用控制机制和结算管理的方式。根据门诊就医和医疗费用支出特点，积极探索总额预付或按人头付费等费用结算办法。充分发挥医疗保险集团购买的优势，采取定服务机构、定服务项目、定考核指标、定结算标准、定支付办法等方式，探索就医、支付、结算一体化的门诊统筹综合管理办法，有效控制门诊医疗费用。

七、加强组织领导。各地要高度重视，科学决策，精心组织实施。切实加强经办能力建设，完善医疗保险信息系统，探索适应门诊统筹管理需要的经办方式，提高管理服务水平。要加强社区劳动保障平台与社区卫生服务机构的协作，促进参保人员健康管理。要认真研究工作中出现的新情况、新问题，积极探索解决办法，遇有重要情况要及时报告。

人力资源和社会保障部

财政部

卫生部

二〇〇九年七月二十四日

关于进一步加强基本医疗保险基金管理的指导意见

（人社部发［2009］67号）

各省、自治区、直辖市人力资源社会保障（劳动保障）厅（局）、财政厅（局），新疆生产建设兵团劳动保障局、财务局：

根据《中共中央国务院关于深化医药卫生体制改革的意见》（中发［2009］6号）和《国务院关于印发医药卫生体制改革近期重点实施方案（2009—2011年）的通知》（国发［2009］12号）的要求，为进一步加强基本医疗保险基金管理，提高基金使用效率，现就有关问题提出如下意见：

一、充分认识加强基本医疗保险基金管理的重要性和紧迫性

（一）加快推进基本医疗保障制度建设，将全体城乡居民纳入基本医疗保障制度，逐步提高基本医疗保障水平，是深化医药卫生体制改革的重要内容。按照以收定支、收支平衡、略有结余的原则，管好、用好基本医疗保险基金，对保障参保人员的基本医疗权益，减轻人民群众医药费用负担有着十分重要的现实意义。各级各有关部门要提高认识，不断完善政策，创新管理机制，强化基金管理，增强基金的共济和保障能力，提高基金使用效率。

二、增强基本医疗保险基金共济和保障能力

（二）加大基本医疗保险扩面和基金征缴力度。各地要按照3年内基本医疗保险参保率达到90%以上的目标，进一步加大城镇职工基本医疗保险和城镇居民基本医疗保险的扩面力度。要切实按照人力资源社会保障部、财政部等部门《关于妥善解决关闭破产国有企业退休人员等医疗保障有关问题的通知》（人社部发［2009］52号）的要求，通过破产企业财产变现、未列入破产财产的土地出让所得、财政补助、医疗保险统筹基金结余调剂等多渠道筹资，妥善解决关闭破产国有企业退休人员参加城镇职工基本医疗保险问题。同时，各地要统筹解决包括关闭破产集体企业退休人员和困难企业职工等在内的其他各类城镇人员的医疗保障问题。进一步加大基本医疗保险基金的征缴和稽核力度，确保基本医疗保险基金应收尽收。

（三）逐步提高基本医疗保险保障水平，减轻参保人员的个人负担。各地要在精心测算的基础上，适当提高政策内住院医疗费用的报销水平，逐步提高统筹基金最高支付限额，规范门诊大病管理。鼓励各地积极开展城镇居民基本医疗保险门诊医疗费用统筹，扩大城镇居民基本医疗保险受益范围。有条件的统筹地区可以探索调整城镇职工基本医疗保险个人账户使用办法，试行城镇职工基本医疗保险门诊医疗费用统筹，逐步扩大和提高门诊费用的报销范围和比例，提高个人账户基金的使用效率。

（四）提高基本医疗保险统筹层次。各地要根据本地实际情况，加快推进提高基本医疗保险统筹层次工作，到2011年基本实现市（地）级统筹。实现市（地）级基金统收统支确有困难的地区，可以先建立市（地）级基金风险调剂制度，再逐步过渡。具备条件的地区，可以探索实行省级统筹。

三、强化基本医疗保险基金管理

（五）进一步加强基本医疗保险基金收支预算管理。统筹地区要认真执行社会保险基金财务制度，按年度编制基本医疗保险基金收支预算。编制基金收入预算应综合考虑当地经济发展水平、职工工资收入水平、医疗保险覆盖面、医疗保险筹资比例等因素；编制基金支出预算应综合考虑当地参保人员年龄结构、疾病谱、医疗费用增长、医疗保险受益面、保障水平和基金结余情况等因素。

（六）做好基本医疗保险基金会计核算和统计分析工作。各地要认真落实

社会保险基金会计制度，加强基本医疗保险基金会计核算工作。医疗保险经办机构要单独建立一次性预缴基本医疗保险费统计台账，加强对一次性预缴基本医疗保险费的统计分析和管理。

（七）建立基本医疗保险基金运行情况分析和风险预警制度。各地要利用医疗保险信息系统，构建基本医疗保险基金运行分析和风险预警系统，将统筹基金累计结余作为基本医疗保险基金风险预警监测的关键性指标，加强对基本医疗保险基金运行情况的分析。除一次性预缴基本医疗保险费外，统筹地区城镇职工基本医疗保险统筹基金累计结余原则上应控制在6—9个月平均支付水平。城镇职工基本医疗保险统筹基金累计结余超过15个月平均支付水平的，为结余过多状态，累计结余低于3个月平均支付水平的，为结余不足状态。城镇居民基本医疗保险的基金风险预警指标，各地可根据当地实际具体确定。

（八）妥善解决统筹基金结余过多和当期收不抵支问题。统筹地区因职工工资水平增长等因素，统筹基金收入增幅明显高于支出增幅，连续2年处于结余过多状态的，可阶段性降低基本医疗保险筹资比例或适当提高参保人员医疗保险待遇水平。统筹基金出现当期收不抵支的统筹地区，要认真查找超支原因，通过改进结算方式、加强支出管理等途径，控制费用支出增长。统筹基金累计结余不足、难以保证当期支付的统筹地区，可通过临时借款保证当期支付，并及时研究调整筹资或待遇政策。各统筹地区应根据上述原则制订相应的基金告警预案，并报省级人力资源社会保障（劳动保障）、财政部门备案。统筹地区启动预案响应和费率调整等政策变化，应报省级人民政府批准。重大政策调整省级人民政府应报人力资源社会保障部、财政部备案。

（九）强化基本医疗保险基金监管。完善基本医疗保险基金管理内控制度，形成部门之间、岗位之间和业务之间相互制衡、相互监督的内控机制。加强行政监管，建立基本医疗保险基金欺诈防范机制，杜绝骗保等欺诈行为的发生。建立和完善基本医疗保险基金内部审计制度，及时整改审计发现的问题。定期向社会公布基本医疗保险基金收支情况和参保人员医疗保险待遇的享受情况，接受社会各界的监督。

四、加强基本医疗保险支付管理

（十）加大医疗保险对医疗服务行为的监控力度。各地要把相关部门制定的出入院标准、临床诊疗规范、临床用药指南和处方管理办法等纳入协议管理的范围，建立和完善对定点医疗机构服务质量的考核评价体系。要不断完善医疗保险信息系统，逐步实现对医疗服务行为的全程实时监控，加强对重点医疗服务项目和重点药品使用情况的监测，减少不合理医疗费用的发生，防范医疗欺诈行为。

（十一）改进费用结算方式。积极探索医疗保险经办机构与医疗机构、药品供应商通过协商谈判，合理确定医药服务的付费方式及标准，发挥医疗保障对医疗服务和药品费用的制约作用。鼓励探索实行按病种付费、总额预付、按人头付费等结算方式，充分调动医疗机构和医生控制医疗服务成本的主动性和积极性。

（十二）优化医疗费用结算流程。医疗保险经办机构要进一步优化医疗费用结算程序，逐步实现与定点医疗机构直接结算，缩短医疗费用结算时间，符合规定的医疗费用，要按照协议及时足额支付。医疗费用结算前，医疗保险经办机构可按照协议向医疗机构预拨一定比例的周转金。简化个人医疗费用报销结算程序，提供人性化服务，方便广大参保人员。

人力资源和社会保障部

财政部

二〇〇九年七月二十四日

人力资源和社会保障部关于印发国家基本医疗保险、工伤保险和生育保险药品目录的通知

（人社部发［2009］159号）

各省、自治区、直辖市人力资源社会保障（劳动保障）厅（局），新疆生产建设兵团劳动保障局：

为贯彻落实《中共中央国务院关于深化医药卫生体制改革的意见》（中发［2009］6号）、《国务院关于印发医药卫生体制改革近期重点实施方案（2009—2011年）的通知》（国发［2009］12号）精神，重点做好与加快医疗保障体系建设、初步建立国家基本药物制度、加强医疗服务监管和探索建立医疗保险谈判机制四方面政策的衔接，我部按照《医药卫生体制五项重点

改革2009年工作安排》（国办函［2009］75号）的要求，以及《城镇职工基本医疗保险用药范围管理暂行办法》（劳社部发［1999］15号）和《工伤保险条例》的规定，经过组织专家进行药品遴选，制定了《国家基本医疗保险、工伤保险和生育保险药品目录（2009年版）》（以下简称《药品目录》），现印发各地，请遵照执行。

一、调整制定2009年版《药品目录》，是贯彻落实党中央、国务院深化医药卫生体制改革文件的重要举措，对于完善医疗、工伤、生育保险制度，提高群众的保障水平，逐步实现人人享有基本医疗保障的目标，具有重要的意义。各省（自治区、直辖市）人力资源社会保障部门要统一思想，提高认识，认真做好《药品目录》的组织实施工作。

二、2009年版《药品目录》在保持参保人员用药政策相对稳定连续的基础上，根据临床医药科技进步与参保人员用药需求变化，适当扩大了用药范围和提高了用药水平。本版《药品目录》适用于基本医疗保险、工伤保险和生育保险，是基本医疗保险、工伤保险和生育保险基金支付参保人员药品费用和强化医疗保险医疗服务管理的政策依据及标准。

三、《药品目录》分西药、中成药和中药饮片3部分。其中，西药部分和中成药部分用准入法，规定基金准予支付费用的药品，基本医疗保险支付时区分甲、乙类，工伤保险和生育保险支付时不分甲、乙类；中药饮片部分用排除法，规定基金不予支付费用的药品。参保人员使用目录内西药、中成药和目录外中药饮片所发生的费用，具体给付标准按基本医疗保险、工伤保险和生育保险的有关规定执行。

四、《国家基本药物目录》内的治疗性药品已全部列入《药品目录》甲类药品。统筹地区对于甲类药品，要按照基本医疗保险的规定全额给付，不得再另行设定个人自付比例。对于乙类药品可根据基金承受能力，先设定一定的个人自付比例，再按基本医疗保险的规定给付。对于国家免费提供的抗艾滋病病毒药物和国家基本公共卫生项目涉及的抗结核病药物、抗疟药物和抗血吸虫病药物，参保人员使用且符合公共卫生支付范围的，基本医疗保险、工伤保险和生育保险基金不予支付；不符合公共卫生支付范围的，基本医疗保险、工伤保险和生育保险基金按规定支付。

五、各地要分步做好《药品目录》的组织实施工作。甲类药品，各省（自治区、直辖市）不再进行调整，各统筹地区应于今年12月份开始执行使用。乙类药品，各省（自治区、直辖市）可按规定进行调整后，再由所辖统筹地区执行使用。民族药和中药饮片部分，各地按现有政策继续执行。各省（自治区、直辖市）应于2010年3月31日前发布本地基本医疗保险、工伤保险和生育保险药品目录，各统筹地区要在2010年6月30日前完成计算机信息管理系统药品数据库的更新工作。

六、各省（自治区、直辖市）调整乙类药品时，不得要求企业申报，不得以任何名目向企业收取费用。对国家基本药物和仅限工伤保险的品种，不得将其从目录中调出。对《药品目录》规定的药品限定支付范围，可以进行调整但不得取消。对药品名称不得使用或标注商品名。各省（自治区、直辖市）乙类药品调整品种应按规定报我部备案，调整品种总数（含调入、调出和调整限定支付范围的药品品种）不得超过243个。

七、各统筹地区要严格执行本省（自治区、直辖市）基本医疗保险、工伤保险和生育保险药品目录，并按照有关规定更新定点医疗机构纳入基金支付范围的医院制剂清单，但不得以任何名义调整《药品目录》或另行制订药品目录。要根据辖区内医疗机构和零售药店药品使用情况，做好《药品目录》内药品名称的对应工作，及时更新信息管理系统的药品数据库，有条件的省（自治区、直辖市）可统一更新药品数据库。要按照药品通用名称支付参保人员药品费用，不得按商品名进行限定，不能以药品数据库没有更新为由拒付参保人员费用。

八、各地要加强《药品目录》使用情况的监测与分析。通过统一药品代码，完善分析指标，逐步建立药品使用情况的监测分析体系。要充分利用药品使用情况基础数据，对参保人员各类药品用量和各项保险费用支出情况进行分析，加强对用量大、费用支出多药品的重点监测，有重点、有针对性地采取监管措施，以加强对医疗过程中药品滥用等不良行为的控制。

九、各地要加强定点医疗机构和零售药店使用《药品目录》的管理。医师开具西药处方须符合西医疾病诊治原则，开具中成药处方须遵循中医辩证施治原则和理法方药，对于每一最小分类下的同类药品原则上不宜叠加使用。对按西医诊断开具中成药、按中医诊断开具西药等不合理用药、重复用药和药物滥用等，要明确相应的处罚措施并纳入定点协议管理。要采取措施鼓励医师按照先甲类后乙类、先口服制剂后注射制剂、先常释剂型后缓（控）释剂型等原则选择药品，鼓励药师在调配药品时首先选择相同品种剂型中价格低廉的药品。

十、各地要参照卫生等有关部门制定的处方管理办法、临床技术操作规范、临床诊疗指南和药物临床应用指导原则等，加强对临床用药合理性的监督检查，进一步明确药品限定支付范围，完善药品费用审核办法，严格药品费用支付管理。要将定点医疗机构和定点零售药店执行使用《药品目录》的情况，纳入定点服务协议管理和定点服务考核范围，并进一步完善管理考核指标，加大监督检查力度。

十一、各地要进一步完善医疗保险用药分类支付管理办法。对于《药品目录》内同一品种剂型规格的药品，可探索设定最高支付限额标准。对乙类药品中主要起辅助治疗作用的药品，可适当加大个人自付比例，拉开与其他乙类药品的支付比例档次。对临床紧急抢救与特殊疾病治疗所必需的目录外药品，要建立定点医疗机构申报制度并明确相应的审核管理办法。对于《药品目录》内可用于自我药疗的药品，原则上规定为，参保人员住院使用时由基本医疗保险统筹基金支付；门诊使用时限个人账户支付。对于未列入《药品目录》但由目录内西药品种组成的复合药（包括含药大输液），如果其价格不高于其所组成药品价格之和的，可视同乙类药品按规定予以支付，具体管理办法由各地制订。

十二、做好药品目录管理与医疗服务项目管理和费用结算管理的衔接。本版《药品目录》未列入的放射性同位素类药物，将纳入医疗服务项目范围进行管理，各地在具体办法出台前仍可按原有政策执行。对于《药品目录》内的影像诊断用药，要结合医疗服务项目管理，加强费用的审核支付。对实行按总额、按病种、按定额等结算办法的地区，要从保障参保人员获得必需药品的角度出发，探索完善相应的考核管理措施，以确保在控制费用、强化管理和建立风险共担机制的同时，保障参保人员的基本权益。

十三、本次发布的《药品目录》中未包括谈判准入的药品。我部将会同有关部门研究制订药品谈判机制的有关规则，建立相应的工作组织体系，确定谈判准入的药品类别，组织社会保险经办机构与药品供应商，对临床疗效确切有重大创新价值但价格昂贵可能对基金产生风险的部分药品品种及其费用支付方式和标准进行谈判。具体办法另行发布。

十四、各地在《药品目录》调整工作和组织实施过程中，如有重大问题，要及时报告。

人力资源和社会保障部

二〇〇九年十一月二十七日

人力资源和社会保障部 财政部关于基本医疗保险异地就医结算服务工作的意见

（人社部发［2009］190号）

各省、自治区、直辖市人力资源社会保障（劳动保障）厅（局）、财政厅（局），新疆生产建设兵团劳动保障局、财务局：

为贯彻落实《中共中央国务院关于深化医药卫生体制改革的意见》（中发［2009］6号）、《国务院关于印发医药卫生体制改革近期重点实施方案（2009—2011年）的通知》（国发［2009］12号）精神，切实加强和改进以异地安置退休人员为重点的基本医疗保险异地就医（以下简称异地就医）结算服务，现提出以下意见：

一、加强和改进异地就医结算服务的基本原则和指导思想是，以人为本、突出重点、循序渐进、多措并举，以异地安置退休人员为重点，提高参保地的异地就医结算服务水平和效率，加强就医地的医疗服务监控，大力推进区域统筹和建立异地协作机制，方便必需异地就医参保人员的医疗费用结算，减少个人垫付医疗费，并逐步实现参保人员就地就医、持卡结算。

二、按国务院医改近期重点实施方案的要求提高统筹层次，有条件的地区实行市（地）级统筹，在同一统筹地区范围内统一基本医疗保险的政策、标准和管理、结算方式，实行统一结算，减少异地就医结算。

三、参保人员短期出差、学习培训或度假等期间，在异地发生疾病并就地紧急诊治发生的医疗费用，一般由参保地按参保地规定报销。

四、参保人员因当地医疗条件所限需异地转诊的，医疗费用结算按照参保地有关规定执行。参保地负责审核、报销医疗费用。有条件的地区可经地区间协商，订立协议，委托就医地审核。

五、异地长期居住的退休人员在居住地就医，常驻异地工作的人员在工作地就医，原则上执行参保地政策。参保地经办机构可采用邮寄报销、在参保人员较集中的地区设立代办点、委托就医地基本医疗保险经办机构（以下简称经办机构）代管报销等方式，改进服务，方便参保人员。

六、加快基本医疗保险信息系统建设，鼓励有条件的地区实行城市间或区域间的信息、资源共享和联网结算。各地可积极探索利用各种社会服务资源参与异地就医结算服务。

七、对经国家组织动员支援边疆等地建设，按国家有关规定办理退休手续后，已按户籍管理规定异地安置的参保退休人员，要探索与当地医疗保障体系相衔接的办法。具体办法由参保地与安置地协商确定、稳妥实施。

八、统筹地区经办机构认真履行本地参保人员就医管理和医疗费用审核结算的职责，同时要为在本地就医的异地参保人员和其参保地经办机构提供相应服务，对医疗服务进行监控。市（地）级统筹地区经办机构要加强对县（区）级经办机构的指导，做好医疗保险政策、信息系统建设、经办管理、医疗服务管理和技术标准等方面的衔接，保证异地就医结算服务工作顺利开展。

九、省级人力资源社会保障等部门及经办机构在国家政策指导下，负责统一组织协调并实施省内参保人员异地就医结算服务工作，规范异地就医结算的业务流程、基金划转及基础管理等工作。加大金保工程建设投入，加强医疗保险信息系统建设，推行社会保障“一卡通”，逐步扩大联网范围，实现持卡结算。确有需要且有条件的省（自治区、直辖市）可建立异地就医结算平台。省级人力资源社会保障部门要根据本意见的要求，会同财政部门制定实施办法，并报人力资源社会保障部。

十、建立异地就医协作机制的地区，相关协作服务费标准由协作双方协商确定，所需经费列入同级财政预算。跨省（自治区、直辖市）异地就医结算协作方案及联网结算方案，报人力资源社会保障部备案。

人力资源和社会保障部

财政部

二〇〇九年十二月三十一日

人力资源和社会保障部 卫生部 财政部关于印发《流动就业人员基本医疗保障关系转移接续暂行办法》的通知

（人社部发［2009］191号）

各省、自治区、直辖市人力资源社会保障（劳动保障）厅（局）、卫生厅

(局)、财政厅（局），新疆生产建设兵团劳动保障局、卫生局、财务局：

现将《流动就业人员基本医疗保障关系转移接续暂行办法》印发你们，请遵照执行。

二〇〇九年十二月三十一日

流动就业人员基本医疗保障关系转移接续暂行办法

第一条 为保证城镇职工基本医疗保险、城镇居民基本医疗保险和新型农村合作医疗参保（合）人员流动就业时能够连续参保，基本医疗保障关系能够顺畅接续，保障参保（合）人员的合法权益，根据《中共中央国务院关于深化医药卫生体制改革的意见》（中发［2009］6号）的要求，制定本办法。

第二条 城乡各类流动就业人员按照现行规定相应参加城镇职工基本医疗保险、城镇居民基本医疗保险或新型农村合作医疗，不得同时参加和重复享受待遇。各地不得以户籍等原因设置参加障碍。

第三条 农村户籍人员在城镇单位就业并有稳定劳动关系的，由用人单位按照《社会保险登记管理暂行办法》的规定办理登记手续，参加就业地城镇职工基本医疗保险。其他流动就业的，可自愿选择参加户籍所在地新型农村合作医疗或就业地城镇基本医疗保险，并按照有关规定到户籍所在地新型农村合作医疗经办机构或就业地社会（医疗）保险经办机构办理登记手续。

第四条 新型农村合作医疗参合人员参加城镇基本医疗保险后，由就业地社会（医疗）保险经办机构通知户籍所在地新型农村合作医疗经办机构办理转移手续，按当地规定退出新型农村合作医疗，不再享受新型农村合作医疗待遇。

第五条 由于劳动关系终止或其他原因中止城镇基本医疗保险关系的农村户籍人员，可凭就业地社会（医疗）保险经办机构出具的参保凭证，向户籍所在地新型农村合作医疗经办机构申请，按当地规定参加新型农村合作医疗。

第六条 城镇基本医疗保险参保人员跨统筹地区流动就业，新就业地有接收单位的，由单位按照《社会保险登记管理暂行办法》的规定办理登记手续，参加新就业地城镇职工基本医疗保险；无接收单位的，个人应在中止原基本医疗保险关系后的3个月内到新就业地社会（医疗）保险经办机构办理登记手续，按当地规定参加城镇职工基本医疗保险或城镇居民基本医疗保险。

第七条 城镇基本医疗保险参保人员跨统筹地区流动就业并参加新就业地城镇基本医疗保险的，由新就业地社会（医疗）保险经办机构通知原就业地社会（医疗）保险经办机构办理转移手续，不再享受原就业地城镇基本医疗保险待遇。建立个人账户的，个人账户原则上随其医疗保险关系转移划转，个人账户余额（包括个人缴费部分和单位缴费划入部分）通过社会（医疗）保险经办机构转移。

第八条 参保（合）人员跨制度或跨统筹地区转移基本医疗保障关系的，原户籍所在地或原就业地社会（医疗）保险或新型农村合作医疗经办机构应在其办理中止参保（合）手续时为其出具参保（合）凭证（样式见附件），并保留其参保（合）信息，以备核查。新就业地要做好流入人员的参保（合）信息核查以及登记等工作。

第九条 参保（合）凭证由人力资源社会保障部会同卫生部统一设计，由各地社会（医疗）保险及新型农村合作医疗经办机构统一印制。参保（合）凭证信息原则上通过社会（医疗）保险及新型农村合作医疗经办机构之间传递，因特殊原因无法传递的，由参保（合）人员自行办理有关手续。

第十条 社会（医疗）保险和新型农村合作医疗经办机构要指定窗口或专人，办理流动就业人员的基本医疗保障登记和关系接续等业务。要逐步将身份证号码作为各类人员参加城镇职工基本医疗保险、城镇居民基本医疗保险和新型农村合作医疗的唯一识别码，加强信息系统建设，及时记录更新流动人员参保（合）缴费的信息，保证参保（合）记录的完整性和连续性。

第十一条 社会（医疗）保险和新型农村合作医疗经办机构要加强沟通和协作，共同做好基本医疗保障关系转移接续管理服务工作，简化手续，规范流程，共享数据，方便参保（合）人员接续基本医疗保障关系和享受待遇。

第十二条 各省、自治区、直辖市要按照本办法，并结合当地实际制定流动就业人员基本医疗保障登记管理和转移接续的具体实施办法。

第十三条 本办法自2010年7月1日起实施。

人力资源和社会保障部关于妥善解决城镇居民生育医疗费用的通知

（人社厅发［2009］97号）

各省、自治区、直辖市人力资源社会保障厅（局），新疆生产建设兵团人力资源社会保障局：

为提高城镇居民医疗保障水平，保障妇女生育基本医疗需求，现就城镇居民生育医疗费用有关问题通知如下：

一、各地要将城镇居民基本医疗保险参保人员住院分娩发生的符合规定的医疗费用纳入城镇居民基本医疗保险基金支付范围。开展门诊统筹的地区，可将参保居民符合规定的产前检查费用纳入基金支付范围。

二、城镇居民生育医疗服务管理，原则上参照城镇居民基本医疗保险有关规定执行。要综合考虑城镇居民生育的基本医疗需求和基金承受能力，合理确定医疗服务范围和标准。要完善医疗费结算办法，探索适合生育保障特点的结算方式，为参保人员提供方便快捷的服务，控制医疗费用不合理支出。

三、各地要从实际出发，统筹考虑城镇居民基本医疗保险和城镇职工生育保险制度的衔接，积极探索保障城镇居民生育相关费用的具体措施，妥善解决城镇居民生育医疗费用问题。

二〇〇九年七月三十一日

卫生部 国家发展和改革委员会 工业和信息化部 监察部 财政部 人力资源和社会保障部 商务部 国家食品药品监督管理局 国家中医药管理局 关于印发《关于建立国家基本药物制度的实施意见》的通知

（卫药政发［2009］78号）

各省、自治区、直辖市和新疆生产建设兵团卫生厅（局）、发展改革委、物价局、工业和信息化主管部门、监察厅（局）、财政厅（局）、人力资源社会保障厅（局）、商务厅（局）、食品药品监管局、中医药局：

为加快建立国家基本药物制度，卫生部、国家发展改革委、工业和信息化部、监察部、财政部、人力资源社会保障部、商务部、食品药品监管局、中医药局制定了《关于建立国家基本药物制度的实施意见》，已经国务院深化医药卫生体制改革领导小组同意。现印发给你们，请遵照执行。

二○○九年八月十八日

关于建立国家基本药物制度的实施意见

为保障群众基本用药，减轻医药费用负担，根据《中共中央、国务院关于深化医药卫生体制改革的意见》和《国务院关于印发医药卫生体制改革近期重点实施方案（2009—2011 年）的通知》，现就建立国家基本药物制度提出以下意见：

一、基本药物是适应基本医疗卫生需求，剂型适宜，价格合理，能够保障供应，公众可公平获得的药品。政府举办的基层医疗卫生机构全部配备和使用基本药物，其他各类医疗机构也都必须按规定使用基本药物。

国家基本药物制度是对基本药物的遴选、生产、流通、使用、定价、报销、监测评价等环节实施有效管理的制度，与公共卫生、医疗服务、医疗保障体系相衔接。

二、国家基本药物工作委员会负责协调解决制定和实施国家基本药物制度过程中各个环节的相关政策问题，确定国家基本药物制度框架，确定国家基本药物目录遴选和调整的原则、范围、程序和工作方案，审核国家基本药物目录。委员会由卫生部、国家发展和改革委员会、工业和信息化部、监察部、财政部、人力资源和社会保障部、商务部、国家食品药品监督管理局、国家中医药管理局等部门组成。办公室设在卫生部，承担国家基本药物工作委员会的日常工作。

三、制定和发布国家基本药物目录。在充分考虑我国现阶段基本国情和基本医疗保障制度保障能力的基础上，按照防治必需、安全有效、价格合理、使用方便、中西药并重、基本保障、临床首选的原则，结合我国用药特点和基层医疗卫生机构配备的要求，参照国际经验，合理确定我国基本药物品种（剂型）和数量。2009 年公布国家基本药物目录。

四、在保持数量相对稳定的基础上，实行国家基本药物目录动态调整管理。根据经济社会的发展、医疗保障水平、疾病谱变化、基本医疗卫生需求、科学技术进步等情况，不断优化基本药物品种、类别与结构比例。国家基本药物目录原则上每 3 年调整一次。必要时，国家基本药物工作委员会适时组织调整。

五、在政府宏观调控下充分发挥市场机制作用，规范基本药物的生产流通，完善医药产业政策和行业发展规划，推动医药企业提高自主创新能力和医药产业结构优化升级，发展药品现代物流和连锁经营，促进药品生产企业、流通企业的整合。

六、政府举办的医疗卫生机构使用的基本药物，由省级人民政府指定以政府为主导的药品集中采购相关机构按《招标投标法》和《政府采购法》的有关规定，实行省级集中网上公开招标采购，由招标选择的药品生产企业、具有现代物流能力的药品经营企业或具备条件的其他企业统一配送。药品配送费用经招标确定。其他医疗机构和零售药店基本药物采购方式由各地确定。

七、各地应重点结合企业的产品质量、服务和保障能力，具体制定参与投标的基本药物生产、经营企业资格条件。药品招标采购要坚持“质量优先、价格合理”的原则，坚持全国统一市场，不同地区、不同所有制企业平等参与、公平竞争。充分依托现有资源，逐步形成全国基本药物集中采购信息网络。

八、完善国家药品储备制度，确保临床必需、不可替代、用量不确定、企业不常生产的基本药物生产供应。

九、加强基本药物购销合同管理。生产企业、经营企业和医疗卫生机构按照《合同法》等规定，根据集中采购结果签订合同，履行药品购销合同规定的责任和义务。合同中应明确品种、规格、数量、价格、回款时间、履约方式、违约责任等内容。各级卫生行政部门要会同有关部门督促检查。

十、国家发展改革委制定基本药物全国零售指导价格。制定零售指导价格要加强成本调查监审和招标价格等市场购销价格及配送费用的监测，在保持生产企业合理盈利的基础上，压缩不合理营销费用。基本药物零售指导价格原则上按药品通用名称制定公布，不区分具体生产经营企业。

十一、在国家零售指导价格规定的幅度内，省级人民政府根据招标形成的统一采购价格、配送费用及药品加成政策确定本地区政府举办的医疗卫生机构基本药物具体零售价格。鼓励各地在确保产品质量和配送服务水平的前提下，探索进一步降低基本药物价格的采购方式，并探索设定基本药物标底价格，避免企业恶性竞争。

十二、实行基本药物制度的县（市、区），政府举办的基层医疗卫生机构配备使用的基本药物实行零差率销售。各地要按国家规定落实相关政府补助政策。

十三、建立基本药物优先和合理使用制度。政府举办的基层医疗卫生机构全部配备和使用国家基本药物。在建立国家基本药物制度的初期，政府举办的基层医疗卫生机构确需配备、使用非目录药品，暂由省级人民政府统一确定，并报国家基本药物工作委员会备案。配备使用的非目录药品执行国家基本药物制度相关政策和规定。其他各类医疗机构也要将基本药物作为首选药物并达到一定使用比例，具体使用比例由卫生行政部门确定。

医疗机构要按照国家基本药物临床应用指南和基本药物处方集，加强合理用药管理，确保规范使用基本药物。

十四、政府举办的基层医疗卫生机构增加使用非目录药品品种数量，应坚持防治必需、结合当地财政承受能力和基本医疗保障水平从严掌握。具体品种由省级卫生行政部门会同发展改革（价格）、工业和信息化、财政、人力资源社会保障、食品药品监管、中医药等部门组织专家论证，从国家基本医疗保险药品目录（甲类）范围内选择，确因地方特殊疾病治疗必需的，也可从目录（乙类）中选择。增加药品应是多家企业生产品种。

民族自治区内政府举办的基层医疗卫生机构配备使用国家基本药物目录以外的民族药，由自治区人民政府制定相应管理办法。

十五、患者凭处方可以到零售药店购买药物。零售药店必须按规定配备执业药师或其他依法经资格认定的药学技术人员为患者提供购药咨询和指导，对处方的合法性与合理性进行审核，依据处方正确调配、销售药品。

十六、基本药物全部纳入基本医疗保障药品报销目录，报销比例明显高于非基本药物。具体办法按医疗保障有关规定执行。

十七、加强基本药物质量安全监管。完善基本药物生产、配送质量规范，对基本药物定期进行质量抽检，并向社会及时公布抽检结果。加强和完善基本药物不良反应监测，建立健全药品安全预警和应急处置机制，完善药品召回管理制度，保证用药安全。

十八、加强基本药物制度绩效评估。统筹利用现有资源，完善基本药物采购、配送、使用、价格和报销信息管理系统，充分发挥行政监督、技术监督和社会监督的作用，对基本药物制度实施情况进行绩效评估，发布监测评估报告等相关信息，促进基本药物制度不断完善。

十九、2009 年，每个省（区、市）在 30% 的政府办城市社区卫生服务机构和县（基层医疗卫生机构）实施基本药物制度，包括实行省级集中网上公开招标采购、统一配送，全部配备使用基本药物并实现零差率销售；到 2011 年，初步建立国家基本药物制度；到 2020 年，全面实施规范的、覆盖城乡的国家基本药物制度。

二十、国家基本药物制度是一项全新的制度，要加强合理用药舆论宣传与教育引导工作，提高全民对基本药物的认知度和信赖度，营造良好社会氛围。

各地要根据医药卫生体制改革的总体要求，落实政府责任，切实履行职责，坚持改革与投入并重，结合当地实际，积极稳妥地建立和实施国家基本药物制度。

卫生部 国家发展和改革委员会 工业和信息化部 监察部 财政部 人力资源和社会保障部 商务部 国家食品药品监督管理局 关于印发《国家基本药物目录管理办法（暂行）》的通知

（卫药政发［2009］79 号）

各省、自治区、直辖市和新疆生产建设兵团卫生厅（局）、发展改革委、物价局、工业和信息化主管部门、监察厅（局）、财政厅（局）、人力资源社会保障厅（局）、商务厅（局）、食品药品监管局、中医药局：

为贯彻落实《中共中央 国务院关于深化医药卫生体制改革的意见》，根据《国务院关于印发医药卫生体制改革近期重点实施方案（2009—2011 年）的通知》，卫生部、国家发展改革委、工业和信息化部、监察部、财政部、人力资源社会保障部、商务部、食品药品监管局、中医药局制定了《国家基本药物目录管理办法（暂行)》。现印发给你们，请遵照执行。

卫生部
国家发展和改革委员会
工业和信息化部
监察部
财政部
人力资源和社会保障部
商务部
国家食品药品监督管理局
国家中医药管理局
二〇〇九年八月十八日

国家基本药物目录管理办法（暂行)

为落实《中共中央国务院关于深化医药卫生体制改革的意见》和《国务院关于印发医药卫生体制改革近期重点实施方案（2009—2011 年）的通知》精神，建立国家基本药物目录遴选调整管理机制，制定本办法。

第一条 基本药物是适应基本医疗卫生需求，剂型适宜，价格合理，能够保障供应，公众可公平获得的药品。政府举办的基层医疗卫生机构全部配备和使用基本药物，其他各类医疗机构也都必须按规定使用基本药物。

第二条 国家基本药物目录中的药品包括化学药品、生物制品、中成药。化学药品和生物制品主要依据临床药理学分类，中成药主要依据功能分类。

第三条 国家基本药物工作委员会负责协调解决制定和实施国家基本药物制度过程中各个环节的相关政策问题，确定国家基本药物制度框架，确定国家基本药物目录遴选和调整的原则、范围、程序和工作方案，审核国家基本药物目录，各有关部门在职责范围内做好国家基本药物遴选调整工作。委员会由卫生部、国家发展和改革委员会、工业和信息化部、监察部、财政部、人力资源和社会保障部、商务部、国家食品药品监督管理局、国家中医药管理局组成。办公室设在卫生部，承担国家基本药物工作委员会的日常工作。

第四条　国家基本药物遴选应当按照防治必需、安全有效、价格合理、使用方便、中西药并重、基本保障、临床首选和基层能够配备的原则，结合我国用药特点，参照国际经验，合理确定品种（剂型）和数量。

国家基本药物目录的制定应当与基本公共卫生服务体系、基本医疗服务体系、基本医疗保障体系相衔接。

第五条　国家基本药物目录中的化学药品、生物制品、中成药，应当是《中华人民共和国药典》收载的，卫生部、国家食品药品监督管理局颁布药品标准的品种。除急救、抢救用药外，独家生产品种纳入国家基本药物目录应当经过单独论证。

化学药品和生物制品名称采用中文通用名称和英文国际非专利药名中表达的化学成分的部分，剂型单列；中成药采用药品通用名称。

第六条　下列药品不纳入国家基本药物目录遴选范围：

（一）含有国家濒危野生动植物药材的；

（二）主要用于滋补保健作用，易滥用的；

（三）非临床治疗首选的；

（四）因严重不良反应，国家食品药品监督管理部门明确规定暂停生产、销售或使用的；

（五）违背国家法律、法规，或不符合伦理要求的；

（六）国家基本药物工作委员会规定的其他情况。

第七条　按照国家基本药物工作委员会确定的原则，卫生部负责组织建立国家基本药物专家库，报国家基本药物工作委员会审核。专家库主要由医学、药学、药物经济学、医疗保险管理、卫生管理和价格管理等方面专家组成，负责国家基本药物的咨询和评审工作。

第八条　卫生部会同有关部门起草国家基本药物目录遴选工作方案和具体的遴选原则，经国家基本药物工作委员会审核后组织实施。制定国家基本药物目录的程序：

（一）从国家基本药物专家库中，随机抽取专家成立目录咨询专家组和目录评审专家组，咨询专家不参加目录评审工作，评审专家不参加目录制订的咨询工作；

（二）咨询专家组根据循证医学、药物经济学对纳入遴选范围的药品进行技术评价，提出遴选意见，形成备选目录；

（三）评审专家组对备选目录进行审核投票，形成目录初稿；

（四）将目录初稿征求有关部门意见，修改完善后形成送审稿；

（五）送审稿经国家基本药物工作委员会审核后，授权卫生部发布。

第九条 国家基本药物目录在保持数量相对稳定的基础上，实行动态管理，原则上3年调整一次。必要时，经国家基本药物工作委员会审核同意，可适时组织调整。调整的品种和数量应当根据以下因素确定：

（一）我国基本医疗卫生需求和基本医疗保障水平变化；

（二）我国疾病谱变化；

（三）药品不良反应监测评价；

（四）国家基本药物应用情况监测和评估；

（五）已上市药品循证医学、药物经济学评价；

（六）国家基本药物工作委员会规定的其他情况。

第十条 属于下列情形之一的品种，应当从国家基本药物目录中调出：

（一）药品标准被取消的；

（二）国家食品药品监督管理部门撤销其药品批准证明文件的；

（三）发生严重不良反应的；

（四）根据药物经济学评价，可被风险效益比或成本效益比更优的品种所替代的；

（五）国家基本药物工作委员会认为应当调出的其他情形。

第十一条 国家基本药物目录的调整应当遵循本办法第四条、第五条、第六条、第九条的规定，并按照本办法第八条规定的程序进行。属于第十条规定情形的品种，经国家基本药物工作委员会审核，调出目录。

第十二条 国家基本药物目录遴选调整应当坚持科学、公正、公开、透明。建立健全循证医学、药物经济学评价标准和工作机制，科学合理地制定目录。广泛听取社会各界的意见和建议，接受社会监督。

第十三条 中药饮片的基本药物管理暂按国务院有关部门关于中药饮片定价、采购、配送、使用和基本医疗保险给付等政策规定执行。

第十四条 鼓励科研机构、医药企业、社会团体等开展国家基本药物循证医学、药物经济学评价工作。

第十五条 本办法由卫生部负责解释。

第十六条 本办法自发布之日起施行。

关于做好新型农村合作医疗管理能力建设项目有关工作的通知

（卫办农卫发［2009］6号）

各省、自治区、直辖市卫生厅局：

根据财政部、卫生部《关于下达公共卫生专项资金的通知》（财社［2008］293号）要求，2009年将继续开展新型农村合作医疗（以下简称新农合）管理能力建设项目。现就做好项目实施工作通知如下：

一、明确项目工作目标

实施新农合管理能力建设项目的主要目的是通过中央公共卫生专项资金支持，进一步加强新农合管理能力和信息化建设，提高新农合管理经办队伍的政策水平和管理、服务能力，促进新农合的持续健康发展，确保农民得到更多实惠。具体内容包括开展中西部地区新农合工作人员培训，支持中西部地区县级新农合数据中心建设，在部分县（市、区）设立新农合监测点等。

二、项目范围

人员培训包括中西部地区22个省（区、市）所有开展新农合的县（市、区）。县级新农合数据中心建设，按照3年规划，每年按中西部22个省（区、市）行政区划县（市、区）总数的1/3安排资金。首批新农合监测点在吉林、浙江、湖北、云南和青海5省设立。

东部地区应积极协调地方财政部门，争取在地方财政支持下加强本地区新农合管理能力建设。

三、项目实施内容和经费安排

中西部各省（区、市）新农合管理能力建设项目应按照财社［2008］293号文件中《2008年中央补助地方公共卫生专项资金项目管理方案》的要求认真实施。

（一）人员培训。新农合人员培训分为“管理和经办人员培训”和“定点医疗机构人员培训”两种，培训形式可在保证良好培训效果的前提下，由各地结合新农合制度特点因地制宜地确定。管理和经办人员培训由省级卫生行政部门负责制定实施方案，具体培训工作由省级（也可委托市级）卫生行政部门组织实施，培训内容按照3年进行规划。2009年主要进行财务会计制度培训和信息化培训，培训对象为县级管理和经办人员，包括县（市、区）卫生局、财政局管理人员和县、乡经办机构人员。定点医疗机构人员培训由县级卫生行政部门具体实施，每年进行1次，主要内容为新农合基本政策、新农合统筹补偿方案、新农合基本用药（诊疗）目录的调整、诊疗行为的规范和监管等，培训对象为定点医疗机构相关人员。

（二）县级新农合数据中心建设。项目为中部地区每县（市、区）补助15万元，为西部地区每县（市、区）补助20万元，用于支持县级新农合数据中心建设。此项工作由省级卫生行政部门负责制定总体规划，要与省级新农合信息平台建设相结合。采用统一的省级平台模式的地区，可由省级卫生行政部门统一实施，采用省、县两级平台模式的地区，可在省级卫生行政部门统一规划下由县级卫生行政部门实施。经费不足部分由地方安排。

（三）新农合监测点建设。为长期、动态地监测新农合制度的运行规律和发展趋势，我部拟在吉林、浙江、湖北、云南、青海5个省各选取两个县（市、区）作为新农合监测点。监测点的选取要兼顾地区、农民人均纯收入、人口规模、启动时间以及运行模式等因素，具体名单将由卫生部农卫司和5省卫生厅共同协商确定。项目为每个新农合监测点补助18万元，其中建设费用8万元，当年运行和维护费用10万元，由省级卫生行政部门根据监测点实施进展和实际需要拨付。监测点具体工作方案和监测指标体系由卫生部农卫司另行制定后通知。

四、项目执行时间

获得中央财政专项补助资金支持的各省（区、市）要在2009年2月底以前制定出相关项目的具体实施方案并报卫生部农卫司备案。各地确定项目实施方案后应立即进行组织实施，并按要求在2009年年底以前完成项目实施工作，向卫生部农卫司报送项目执行情况报告。

五、有关要求

各省（区、市）要高度重视项目工作，加强协作，精心组织，确保项目任务的落实。要按照财政部、卫生部《中央补助地方卫生事业专项资金管理暂行办法》（财社［2004］24号）等有关文件要求，严格按照相应补助范围和标准执行项目工作，在人员培训中严禁将财政补助直接发给受训人员。

招标采购工作要根据《中华人民共和国政府采购法》等有关规定组织开展，各省（区、市）卫生行政部门要结合本地实际和工作需要，合理制定采购需求。

项目工作的方案制定、组织管理、监督评估等工作经费不得挤占中央财政补助资金。卫生部相关司局将在项目执行完毕后对部分省（区、市）的项目执行情况进行抽查评估。

二〇〇九年一月十日

卫生部关于在省级和设区市级新型农村合作医疗定点医疗机构开展即时结报工作的指导意见

（卫农卫发［2009］62号）

各省、自治区、直辖市卫生厅局：

在省级和设区市级（以下简称省市级）新型农村合作医疗（以下简称新农合）定点医疗机构开展即时结报工作，是指参合农民在省市级新农合定点医疗机构住院治疗，出院时由定点医疗机构按规定初审并垫付应给农民的新农合补偿费用，再由定点医疗机构与统筹地区新农合经办机构定期结算的过程。在省市级新农合定点医疗机构开展即时结报工作，有利于方便参合农民报销医药费用，有利于加强对省市级新农合定点医疗机构监管，也有利于防范不法分子利用虚假发票报销等弄虚作假骗取新农合基金行为的发生，对巩固和完善新农合制度有着重要的作用。为逐步推行和切实做好这项工作，提出以下指导意见：

一、工作目标

2009年底以前，各省（区、市）要制定出省市级新农合定点医疗机构即时结报实施办法。从2010年起，分别选择1—2家省级和设区市级新农合定点医疗机构开展试点工作，积极探索，创造条件，争取 3 年内以省为单位实现参合农民在大部分省市级新农合定点医疗机构住院都能即时结报新农合补偿费用的目标，切实方便广大参合农民。已经在省市级新农合定点医疗机构开展即时结报工作或其他有条件的地区，可以适当加快工作进度。

二、基本原则

（一）先行试点，稳步推进。开展省市级新农合定点医疗机构即时结报工作必须结合本省（区、市）的新农合管理、医疗机构监管和农民意愿等实际情况制定实施办法，要通过试点取得经验，循序渐进，不断完善。

（二）统一方案，规范操作。各省（区、市）应制定全省（区、市）相对统一的统筹补偿方案，原则上在省级和市级定点医疗机构应实行同级医疗机构相同起付线、补偿比，并统一新农合补偿封顶线。要制定能满足省市级新农合定点医疗机构诊治疑难重症需要和适应当地经济社会发展水平的新农合报销药物目录和诊疗项目补偿范围，明确目录外用药费用比例等，统一工作流程和结算方法。

（三）健全机制，完善服务。各省（区、市）要进一步加强和完善新农合信息化建设，逐步实现省市级新农合定点医疗机构与统筹地区新农合经办机构信息系统的互联互通。省市级新农合定点医疗机构要积极参与和配合，改进和完善医疗机构内部管理运行机制，提高服务质量，规范服务行为，方便参合农民看病就医和结算报销，保证新农合基金合理使用。

三、合理确定省市级即时结报定点医疗机构

原则上由同级卫生行政部门确定省市级新农合定点医疗机构，并建立严格的准入与退出机制，进行动态监管，对年度考核不合格的，应及时取消其定点资格。统筹地区新农合经办机构应结合病人就医流向、疾病分布等因素，在省市级新农合定点医疗机构中确定开展即时结报的医疗机构，签订即时结报工作服务协议，明确双方的权利、义务和责任等，并向社会公布名单。即时结报工作服务协议可由上级卫生行政部门统一组织本辖区内新农合经办机构与省市级新农合定点医疗机构分别签订，有条件的地区也可由上级卫生行政部门代表本辖区内新农合经办机构与省市级新农合定点医疗机构统一签订，在辖区内通行。

四、定点医疗机构要做好即时结报服务工作

省市级新农合定点医疗机构应建立健全即时结报相关工作制度，规范相

应工作程序，指定科室或专人管理、经办具体业务，应安排不少于2名专职工作人员（财务和医务人员），并配备计算机、复印机等办公设施。定点医疗机构在办理出院手续窗口附近应设立有明显标识的即时结报窗口，内部局域网应设置省级统一的新农合基本用药目录、诊疗项目等标识，工作人员要严格核实参合患者身份，主动提醒参合患者带齐即时结报所需材料，免费提供住院费用清单等材料。定点医疗机构要对职工进行新农合政策培训，并利用宣传栏、电子屏、宣传单、院报等宣传新农合即时结报政策、补偿程序和所需材料等。要实行服务承诺、医疗收费、药品价格“三公开”，并适当降低参合患者预交金的数额，严格入出院标准，做到合理检查、合理用药、合理治疗、合理收费。专职工作人员要加强与各统筹地区新农合经办机构的信息沟通，要设置举报投诉电话和信箱，主动接受监督。

五、建立及时结算拨付机制

统筹地区新农合经办机构与新农合定点医疗机构签订的服务协议中应明确定点医疗机构垫付款的结算拨付程序和时间规定，保证垫付款及时结算拨付。一般应在一个月内结付新农合定点医疗机构垫付款，定点医疗机构可定期将上月住院参合农民补偿材料直接寄送新农合经办机构，经办机构实行先结付后审核的办法。经办机构在后期审核中，发现不符合新农合政策的补偿内容，应主动与定点医疗机构沟通，按服务协议在下期回付款中予以扣除。定点医疗机构与新农合经办机构在即时结报工作中发生争议，双方协商难以达成一致意见时，由负责确定定点医疗机构资格的卫生行政部门根据核实的情况或专家会审意见裁定。

六、建立简便、规范的转诊制度

参合农民因病情需要转到省市级新农合定点医疗机构住院治疗，应在统筹地区新农合经办机构进行转诊备案，经办机构要主动告知相关注意事项和域外所有可开展即时结报新农合定点医疗机构名称，由参合农民自主选择。急诊或外出务工参合农民可先就诊，一周内或出院前通过电话告知统筹地区新农合经办机构。有条件的地区，可以进一步简化转诊制度，通过合理调整新农合统筹补偿方案中不同级别医疗机构的起付线和补偿比例，或者对于经转诊备案和未经转诊备案的采用不同的补偿比例来引导参合农民的合理就医流向，方便参合农民就医。

七、加强组织领导

各级卫生行政部门要充分认识在新农合定点医疗机构开展即时结报工作的重要意义，精心组织，密切配合，抓好试点，扎实推进。要利用多种形式大力宣传，让广大参合农民了解即时结报的主要政策和具体做法。要组织专家进行定期或不定期的抽查，加强新农合定点医疗机构服务行为和即时结报工作的监管，确保把这项切实方便农民的工作做细做实做好，促进新农合制度健康深入发展。

二〇〇九年六月二十四日

卫生部 民政部 财政部 农业部 中医药局关于巩固和发展新型农村合作医疗制度的意见

（卫农卫发［2009］68号）

各省、自治区、直辖市卫生厅局、民政厅局、财政厅局、农业（林）厅（局、委）、中医药局：

新型农村合作医疗（以下简称新农合）制度是党中央、国务院为解决农村居民看病就医问题而建立的一项基本医疗保障制度，是落实科学发展观、构建社会主义和谐社会的重大举措。2003年以来，在各级政府的领导下，各有关部门共同努力，广大农村居民积极参与，新农合工作取得了显著成效。农村地区已全面建立起新农合制度，制度框架和运行机制基本建立，农村居民医疗负担得到减轻，卫生服务利用率得到提高，因病致贫、因病返贫的状况得到缓解。为贯彻《中共中央国务院关于深化医药卫生体制改革的意见》精神，落实《国务院关于医药卫生体制改革近期重点实施方案（2009—2011年）》，现就巩固和发展新农合制度提出如下意见。

一、明确目标任务，稳步发展新农合制度

在已全面建立新农合制度的基础上，各地要以便民、利民、为民为出发点，大力加强制度建设，巩固和发展与农村经济社会发展水平和农民基本医

疗需求相适应的、具有基本医疗保障性质的新农合制度，逐步缩小城乡居民之间的基本医疗保障差距。逐步提高筹资标准和待遇水平，进一步调整和完善统筹补偿方案，强化基金监督管理，让参合农民得到更多实惠，增强新农合的吸引力，继续保持高水平的参合率。从2009年下半年开始，新农合补偿封顶线（最高支付限额）达到当地农民人均纯收入的6倍以上。有条件的地区，可开展地市级统筹试点，逐步提高新农合统筹层次和管理层次，增强基金抗风险能力。

二、逐步提高筹资水平，完善筹资机制

要根据各级政府财力状况和农民收入增长情况及承受能力，逐步提高财政补助标准及农民个人筹资水平，积极探索建立稳定可靠、合理增长的筹资机制。

2009年，全国新农合筹资水平要达到每人每年100元，其中，中央财政对中西部地区参合农民按40元标准补助，对东部省份按照中西部地区的一定比例给予补助；地方财政补助标准要不低于40元，农民个人缴费增加到不低于20元。东部地区的人均筹资水平应不低于中西部地区。

2010年开始，全国新农合筹资水平提高到每人每年150元，其中，中央财政对中西部地区参合农民按60元的标准补助，对东部省份按照中西部地区一定比例给予补助；地方财政补助标准相应提高到60元，确有困难的地区可分两年到位。地方增加的资金，应以省级财政承担为主，尽量减少困难县（市、区）的负担。农民个人缴费由每人每年20元增加到30元，困难地区可以分两年到位。

各地要继续坚持以家庭为单位自愿参加的原则，积极探索符合当地情况，农民群众易于接受、简便易行的新农合个人缴费方式。可以采取农民定时定点交纳、委托乡镇财税所等机构代收、经村民代表大会同意由村民委员会代收或经农民同意后由金融机构通过农民的储蓄或结算账户代缴等方式，逐步变上门收缴为引导农民主动缴纳，降低筹资成本，提高工作效率。

三、调整新农合补偿方案，使农民群众更多受益

各省（区、市）要加强对县（市、区）的指导，进一步规范和统一全省（区、市）的新农合统筹补偿方案，在综合分析历年补偿方案运行和基金使用等情况的基础上，结合筹资标准的提高，适当扩大受益面和提高保

障水平。

开展住院统筹加门诊统筹的地区，要适当提高基层医疗机构的门诊补偿比例，门诊补偿比例和封顶线要与住院补偿起付线和补偿比例有效衔接。开展大病统筹加门诊家庭账户的地区，要提高家庭账户基金的使用率，有条件的地区要逐步转为住院统筹加门诊统筹模式。要扩大对慢性病等特殊病种大额门诊医药费用纳入统筹基金进行补偿的病种范围。要结合门诊补偿政策，合理调整住院补偿起付线，适当提高补偿比例和封顶线，扩大补偿范围。统筹补偿方案要重点提高在县、乡、村级医疗机构医药费用和使用中医药有关费用的补偿比例，引导农民在基层就医和应用中医药适宜技术。县内难以医治的疑难杂症按规定转外就医的，可适当提高补偿比例，扩大补偿范围，进一步缓解农民患大病的医药费用负担。

严格执行有关基金结余的规定。年底基金结余较多的地区，可以按照《卫生部关于规范新型农村合作医疗二次补偿的指导意见》（卫农卫发［2008］65 号）和《卫生部关于规范新型农村合作医疗健康体检工作的意见》（卫农卫发［2008］55 号）要求，开展二次补偿或健康体检工作，使农民充分受益。同时，结合实际适当调整下年度统筹补偿方案，但不应将二次补偿作为常规性补偿模式。

此外，要做好新农合基金补偿与公共卫生专项补助的衔接，新农合基金只能用于参合农民的医药费用补偿，应由政府另行安排资金的基本公共卫生服务项目不应纳入新农合补偿范围，重大公共卫生服务项目（如农村孕产妇住院分娩）应先执行国家专项补助，剩余部分中的医药费用再按新农合规定给予补偿。有条件的地区可探索公共卫生经费和新农合基金的总额预付等多种支付管理办法。

四、加大基金监管力度，确保基金安全运行

要认真执行财政部、卫生部下发的新农合基金财务会计制度。从基金的筹集、拨付、存储、使用等各个环节着手，规范基金监管措施，健全监管机制，加强对基金运行情况的分析和监控，保障基金安全运行，确保及时支付农民医药费用的补偿款。新农合基金要全部纳入财政专户管理和核算，并实行收支两条线管理，专款专用。经办机构应配备取得会计从业资格证书的专职财会人员，建立内部稽核制度，合理设置财务会计岗位，会计和出纳不得由一人兼任。基金的使用和费用的补偿，要坚持县、乡、村三级定期公示制

度，完善群众举报、投诉、咨询等农民参与监督管理的有效形式，畅通信访受理渠道，及时处理群众反映的问题。

为了保证各级新农合财政补助资金及时足额到位，进一步简化补助拨付方式，从2009年起调整中央财政补助资金拨付办法，采取年初预拨、年底结算的方式，加快审核下达中央财政补助资金，同时地方财政补助资金也要及时足额到位。各地要严格执行财政部发布的新农合补助资金国库集中支付管理暂行办法，保证各级财政补助资金直接拨付到县级新农合基金专户，杜绝新农合基金截留、滞留的现象。

五、规范医疗服务行为，控制医药费用不合理增长

要采取多种综合措施规范医疗服务行为。各级卫生部门要加强对定点医疗机构服务行为的行政监管，将定点医疗机构做好新农合工作情况纳入日常工作考核指标体系，对出现的违规违纪行为要按照有关规定严肃处理。要注重发挥协议管理在定点医疗机构管理中的作用，建立健全新农合定点医疗机构的准入和退出机制，通过协议实行动态管理。探索建立本县（市、区）以外定点医疗机构信息沟通和监管制度，由省、市（地）级新农合管理机构确定同级定点医疗机构，并实施监管。对定点医疗机构的检查、用药等行为进行严格监管，合理控制药品费用和大型设备检查。

积极开展支付方式改革，控制医药费用不合理支出，可推广单病种定额付费和限额付费制度，合理确定病种收费标准，逐步扩大病种范围，严格掌握入出院标准；开展门诊统筹的地区，要积极探索门诊费用总额预付或总额核算的支付方式。

发挥社会和舆论监督对医疗机构服务行为的约束作用，推行医药费用查询制、平均住院费用公示及警示制度，完善补偿公示等多项措施，建立医药费用监测和信息发布制度。各级定点医疗机构也要切实加强内部管理，建立健全疾病检查、治疗、用药、收费等方面的规范、制度和自律机制，加强绩效考核。

六、坚持便民的就医和结报方式，做好流动人口参加新农合的有关工作

全面实行参合农民在统筹区域范围内所有定点医疗机构自主选择就医，出院即时获得补偿的办法。简化农民到县外就医的转诊手续，探索推行参合

农民在省市级定点医疗机构就医即时结报的办法，方便参合农民在全省范围内就医补偿。

定点医疗机构要按照新农合的规定认真初审并垫付补偿资金。经办机构要强化资料审核，并采取现场抽查、事后回访、网络监管等多种行之有效的方式，对医药费用发生的真实性、合理性进行认真复审。对于不符合新农合补偿规定的费用由医疗机构自行承担，经办机构不予结算。

积极引导外出务工农民参加新农合制度。外出务工农民的个人参合费用收缴时间可根据实际情况延长至春节前后。要做好外出务工参合农民的就医补偿工作，探索方便外出务工农民就医、简化审核报销程序的有效方式，探索在农民工务工城市确定新农合定点医疗机构。在制订和调整统筹补偿方案时，要认真分析外出务工农民返乡就医对新农合运行的影响，并提出相应对策。要充分考虑流动人口的实际情况，做好新农合与相关制度的衔接。

七、健全管理经办体系，提高经办服务能力

随着门诊统筹的推进，新农合的监管难度加大。各县（市、区）要根据要求落实新农合管理经办机构的人员编制，保证必要的工作经费。有条件的地方可进一步充实人员力量，实行县级经办机构向乡镇派驻经办审核人员的做法，严格新农合基金监管。建立健全各项内部管理、考核制度，继续加强管理经办人员培训，提高管理经办服务水平。要按照全国的统一要求和规定，制定全省的新农合信息化建设方案，加快推进新农合信息化建设，逐步实现新农合经办机构与定点医疗机构的联网，实行县级网上审核，省级网上监测运行，全国网上信息汇总分析。在全国逐步建立新农合监测网络，开展新农合运行的监测评估工作，改进监管手段，创新监管方法，降低管理成本，建立监管的长效机制，提高监管的水平和效率。在确保基金安全和有效监管的前提下，积极提倡以政府购买医疗保障服务的方式，探索委托具有资质的商业保险机构参与新农合经办服务。

八、加强新农合与相关制度的衔接

要加强部门配合，做好新农合与农村医疗救助制度在政策、技术、服务管理和费用结算方面的有效衔接。在县级探索建立新农合与农村医疗救助的统一服务平台，使贫困参合农民能够方便、快捷地获得新农合补偿和医疗救

助补助资金。有条件的地区，要实现两项制度的信息共享，积极推行贫困农民就医后在医疗机构当场结算新农合补偿和医疗救助补助资金的一站式服务，简化手续，方便贫困农民。

要做好新农合、城镇居民基本医疗保险和城镇职工基本医疗保险制度在相关政策及经办服务等方面的衔接，既要保证人人能够享受基本医疗保障，又要避免重复参合（保），重复享受待遇，推动三项制度平稳、协调发展。

新农合制度的巩固和发展关系到亿万农民的切身利益，是一项重大的民生工程。要继续坚持和完善政府领导、卫生部门主管、多部门配合、经办机构具体承办、医疗机构提供医疗服务、农民群众参与的管理运行机制。各级卫生、财政、农业、民政等相关部门要在各级政府的领导下，加强协调，密切配合，各负其责。卫生部门要充分发挥主管部门的作用，做好政策拟订、组织实施和综合管理工作；财政部门要加大投入力度，加强对财政补助资金和新农合基金的监管；农业部门要做好宣传推广工作，协助筹集资金，监督基金使用；民政部门要做好农村医疗救助工作，加强与新农合制度的衔接，帮助贫困农民解决特殊困难。各部门要根据各自职责，积极支持，共同促进新农合制度不断巩固完善，持续发展。

卫生部

民政部

财政部

农业部

中医药局

二〇〇九年七月二日

卫生部关于调整和制订新型农村合作医疗报销药物目录的意见

（卫农卫发［2009］94号）

各省、自治区、直辖市卫生厅局：

为贯彻《中共中央 国务院关于深化医药卫生体制改革的意见》精神，落实国务院《医药卫生体制改革近期重点实施方案（2009—2011年)》，加快农村基本医疗保障体系建设，推动国家基本药物制度的实施，根据国务院办公厅转发的《关于建立新型农村合作医疗制度意见的通知》（国办发［2003］3号)，现就调整和制订新型农村合作医疗（以下简称新农合）报销药物目录，规范新农合报销药物目录使用工作提出如下意见。

一、指导思想

调整和制订新农合报销药物目录必须从保障农民基本医疗需求出发，充分考虑国家基本药物政策，结合当地实际，保证农民基本医疗用药需求。通过严格执行新农合目录内用药，控制目录外用药比例，促进合理用药，有效控制药品费用。

二、基本原则

调整和制订新农合报销药物目录应遵循以下原则：

（一）要与农村经济社会发展、新农合筹资水平、农民健康需求相适应，有利于巩固和发展新农合制度。

（二）要以国家基本药物目录为基础，结合实际，确定适宜的目录范围。

（三）要按照临床必需、安全有效、价格合理、使用方便的原则遴选药品。

（四）要兼顾西药、中药（民族药），并适当考虑医疗机构制剂，有效覆盖农村常见病、多发病。

三、实行分级药物目录

由于我国区域经济发展不平衡，各地新农合筹资水平、医疗服务能力、农民经济承受能力差异较大，各省（区、市）应结合实际，调整和制订全省（区、市）统一的新农合报销药物目录，不宜简单套用城镇职工医疗保险报销药品目录。新农合报销药物目录分为县（及以上)、乡、村三级，分别供县（及以上)、乡、村级新农合定点医疗机构参照使用。

县级（及以上）新农合报销药物目录要包含全部国家基本药物目录，并能基本满足诊治疑难重症的需要；乡级新农合报销药物目录要以国家基本药物目录（基层部分）为主体，可根据当地突出健康需求和新农合基金支付能力适当增加，增加的药品从本省（区、市）县级（及以上）新农合报销药物目录内选择。农村基层医疗卫生机构的药品配备使用，按《关于建立国家基本药物制度的实施意见》执行。村级新农合报销药物目录使用国家基本药物目录（基层部分），如地方根据实际确需增加民族药或地方特殊疾病用药，经省级卫生行政部门批准，可适当增加相应药物品种。

四、确定适宜的药物品种结构和数量

新农合报销药物目录应注意纳入品种的合理性，对可替代性强、品种丰富的同类药物要经相关专业学科专家论证后，合理选择纳入目录。要兼顾儿科等专科及罕见、少见疾病用药，做到基本种类齐全、结构合理。要根据不同级别目录确定合理的品种数量，县级新农合报销药物目录以800—1200种药物（含中药和民族药）为宜，乡级新农合报销药物目录原则上应控制在300—500种（含中药和民族药）。

五、规范目录格式

各省（区、市）应按照统一、规范的目录格式印发新农合报销药物目录。新农合报销药物目录包括目录、正文和附录三大部分。

目录部分是对新农合报销药物的详细分类及所在页码。

正文部分是对基本用药目录相关内容的具体反映，是目录的核心，分为西药部分、中成药部分（民族药）、饮片部分，介绍具体的西药和中成药（民族药）品种、剂型及对品种使用的限定等内容。中药饮片是介绍新农合可使用的饮片，可通过列举法或排除法进行明确。

附录部分为索引，便于检索查找药品，也可包括针对目录未尽事宜的一些补充意见。

新农合报销药物目录的化学药品和生物制品名称采用中文通用名称和英文国际非专利药名称（International Nonproprietary Names，INN）中表达的化学成分的部分，剂型单列；中成药采用药品通用名称；中药饮片有国家药品标准的，采用国家药品标准名称；没有国家药品标准的，采用地方中药饮片炮制规范收载的品种名称。

六、合理使用新农合报销药物目录

各省（区、市）应结合新农合筹资水平和报销药物目录，调整完善新农合统筹补偿方案。为保证国家基本药物制度的落实，新农合对国家基本药物目录内的药品报销比例要明显高于国家基本药物目录外药品，各省（区、市）应根据实际情况将报销比例差距保持在5%—10%。不同级别定点医疗机构应采用不同的报销比例，引导参合农民更多到基层定点医疗机构就医。

各省（区、市）应严格要求定点医疗机构执行相应的新农合报销药物目录，对目录内限制使用范围的药品，要细化支付审核标准。对新农合目录外用药，也要加强限制，确定使用比例。使用目录外药品应坚持患者签字认可制度。

七、适时调整新农合报销药物目录

新农合报销药物目录应根据当地经济发展、新农合筹资水平、医疗服务能力、地方疾病谱变化和国家基本药物目录的变化等实际情况适时调整，调整时间间隔不宜过短。严格按照新农合报销药物目录的调整制订原则调入新的药物品种；对循证医学证明无效或有严重不良反应、不符合药物经济学评价（或有性价比更高且安全适用的替代药品时）或市场不再能保证供应的药品应及时调出新农合报销药物目录。

八、新农合报销药物目录调整和制订工作职责

各省级卫生行政部门负责新农合报销药物目录的调整和制订工作。在调整和制订过程中，要充分听取相关专家意见，由省级卫生行政部门从省、市（地）级医疗机构、医学科研机构选取作风正、业务精的专家，覆盖药学和临床等不同专业学科，负责论证药品调入、调出的筛选方案和备选药品范围意见。各省（区、市）应选取部分县级医疗机构的不同专业学科的专家参与论证工作，并听取新农合管理经办机构负责人员关于基层用药实际的意见。

各地要充分认识新农合报销药物目录调整和制订工作的重要性、紧迫性和时限性，按照本意见的原则要求，力争在2009年11月底前完成新农合报销药物目录的调整和制订工作，并报卫生部农卫司备案。同时，各地应精心组织，做好宣传和相应的管理软件修改等实施准备工作，保证在2010年度新农合工作中使用新的报销药物目录，落实国家基本药物制度，促进新农合制度的巩固和发展。

二〇〇九年九月二十九日

卫生部办公厅关于做好2009年下半年新型农村合作医疗工作的通知

（卫办农卫发［2009］108号）

各省、自治区、直辖市卫生厅局：

为贯彻《中共中央国务院关于深化医药卫生体制改革的意见》精神，落实《国务院关于医药卫生体制改革近期重点实施方案（2009—2011年）》相关要求，现就做好2009年下半年新型农村合作医疗（以下简称新农合）工作通知如下：

一、确保新农合补助资金及时足额到位

2009年，中央财政对中西部地区参合农民按40元标准补助，对东部省份按照中西部地区的一定比例给予补助。中西部地区地方各级财政对新农合补助资金未达到40元的，卫生行政部门要积极协调相关部门保证补助资金及时足额到位，使地方财政补助标准不低于40元，农民个人缴费应增加到不低于20元。东部地区的人均筹资水平应不低于中西部地区。各省（区、市）要确保新农合筹资水平达到每人每年100元以上。

二、进一步提高参合农民受益水平

随着医药卫生体制改革工作的推进以及新农合筹资水平的提高，各省（区、市）要指导各统筹地区结合实际不断完善新农合统筹补偿方案，加强对新农合定点医疗机构的监管，逐步提高新农合对政策范围内的住院费用报销比例，努力实现2009年新农合封顶线（最高支付限额）提高到当地农民年人均纯收入的6倍，50%的地区住院费用报销比例提高5个百分点的目标。同时，要逐步扩大门诊统筹试点范围，2009年在全国三分之一以上的县（市、区）开始实行门诊统筹，切实提高参合农民的实际受益水平。

三、合理控制基金使用

要坚持新农合基金以收定支、收支平衡、略有结余的原则，合理控制

基金的年度结余和累计结余，使新农合统筹基金当年结余率原则上控制在15%以内，累计结余不超过当年统筹基金的25%，基金结余较多的地区要通过调整统筹补偿方案或开展二次补偿等方式，把基金结余逐步降到合理水平。

各省（区、市）卫生厅局要充分认识做好2009年下半年的新农合工作对于巩固发展新农合制度和深化医药卫生体制改革的重要意义。切实加强领导，结合实际，精心安排，稳步实施，在2009年新农合参合率稳定在较高水平的基础上，做好政策宣传、组织动员和方案调整工作，为做好2010年的新农合各项工作打下坚实基础。

二〇〇九年六月二十九日

民政部 财政部 卫生部 人力资源和社会保障部关于进一步完善城乡医疗救助制度的意见

（民发［2009］81号）

各省、自治区、直辖市民政厅（局）、财政厅（局）、卫生厅（局）、人力资源社会保障（劳动保障）厅（局），新疆生产建设兵团民政局、财务局、卫生局、劳动保障局：

为贯彻落实《中共中央、国务院关于深化医药卫生体制改革的意见》（中发［2009］6号）和《国务院关于印发医药卫生体制改革近期重点实施方案（2009—2011年）的通知》（国发［2009］12号）的精神，进一步完善城乡医疗救助制度，保障困难群众能够享受到基本医疗卫生服务，现提出如下意见：

一、指导思想、基本原则和目标任务

（一）指导思想：以邓小平理论、“三个代表”重要思想和科学发展观为指导，坚持以人为本、执政为民的工作理念，贯彻落实关于深化医药卫生体制改革的有关精神，不断强化政府责任，完善医疗救助制度，创新机制，加强管理，改进服务，着力解决城乡困难群众最关心、最现实、最迫切的基本

医疗保障问题，努力实现困难群众“病有所医”的目标。

（二）基本原则：坚持从我国经济和社会发展实际出发，保障困难群众基本医疗需求；坚持统筹协调，搞好医疗救助制度与相关社会保障制度的衔接，探索建立城乡一体化的医疗救助制度；坚持突出重点，分类施救，公开便捷，发挥医疗救助的救急救难作用；坚持政府主导，社会参与，大力发展医疗慈善事业。

（三）目标任务：进一步完善医疗救助制度，筑牢医疗保障底线。用3年左右时间，在全国基本建立起资金来源稳定，管理运行规范，救助效果明显，能够为困难群众提供方便、快捷服务的医疗救助制度。

二、健全制度，满足困难群众的基本医疗服务需求

（一）合理确定救助范围。在切实将城乡低保家庭成员和五保户纳入医疗救助范围的基础上，逐步将其他经济困难家庭人员纳入医疗救助范围。其他经济困难家庭人员主要包括低收入家庭重病患者以及当地政府规定的其他特殊困难人员。具体救助对象界定标准，由地方民政部门会同财政等有关部门根据本地经济条件和医疗救助基金筹集情况、困难群众的支付能力以及基本医疗需求等因素制定，并报同级人民政府批准。

（二）实行多种方式救助。对城乡低保家庭成员、五保户和其他经济困难家庭人员，要按照有关规定，资助其参加城镇居民基本医疗保险或新型农村合作医疗并对其难以负担的基本医疗自付费用给予补助。

（三）完善救助服务内容。要根据救助对象的不同医疗需求，开展医疗救助服务。要坚持以住院救助为主，同时兼顾门诊救助。住院救助主要用于帮助解决因病住院救助对象个人负担的医疗费用；门诊救助主要帮助解决符合条件的救助对象患有常见病、慢性病、需要长期药物维持治疗以及急诊、急救的个人负担的医疗费用。

（四）合理制定补助方案。各地要根据当年医疗救助基金总量，科学制定医疗救助补助方案。逐步降低或取消医疗救助的起付线，合理设置封顶线，进一步提高救助对象经相关基本医疗保障制度补偿后需自付的基本医疗费用的救助比例。

三、简化程序，充分发挥医疗救助的便民救急作用

各级民政部门要会同卫生等部门，鼓励和推行定点医疗机构即时结算

医疗救助费用的办法，民政部门可结合实际提供必要的预付资金。对于城乡低保家庭成员、五保户等医疗救助对象，凭相关证件或证明材料，到开展即时结算的定点医疗机构就医所发生的医疗费用，应由医疗救助支付的，由定点医疗机构即时结算，救助对象只需支付自付部分。定点医疗机构与民政部门要定期结算。对于申请医疗救助的其他经济困难人员，或到尚未开展即时结算的定点医疗机构就医的医疗救助对象，当地民政部门要及时受理，并按规定办理审批手续，使困难群众能够及时享受到医疗服务。

救助对象因治疗需要转诊至非定点医疗机构治疗的，应当由定点医疗机构出具转诊证明，由救助对象报当地县级人民政府民政部门核准备案。此外，各地要探索属于救助对象的流动就业人员异地就医的申报、审批和结算办法，方便困难群众就医。

各地在简化医疗救助操作程序的同时，要规范工作流程，完善服务管理，并建立健全医疗救助工作的民主监督机制，及时将医疗救助对象姓名、救助标准、救助金额等向社会公布，接受群众和社会监督，做到政策公开、资金公开、保障对象公开。

四、加强配合，做好医疗救助与相关基本医疗保障制度的衔接

各地在制定医疗救助制度实施方案时，要结合城镇职工基本医疗保险、城镇居民基本医疗保险与新型农村合作医疗制度的建立，统筹协调，更好地发挥各项制度的整体效能。要按照动态变化，全面准确掌握城乡低保家庭人数、五保户和经济困难家庭人员情况以及医疗服务需求，确定救助对象和救助方式。要通过对城镇居民基本医疗保险和新型农村合作医疗个人缴费部分的补助，使城乡低保家庭成员和五保户等经济困难家庭人员，能够享有相关基本医疗保障待遇，并帮助解决相关基本医疗保障起付线以下的自付部分。对经相关保障制度补偿后个人负担医疗费用有困难的救助对象，要及时给予医疗救助。

加强医疗救助和城镇职工基本医疗保险、城镇居民基本医疗保险、新型农村合作医疗在经办管理方面的衔接，改进各项制度的结算办法，探索实行“一站式”管理服务，逐步实现不同医疗保障制度间人员信息、就医信息和医疗费用信息的共享，提高管理服务效率，方便困难群众。

五、加大资金投入力度，强化基金的管理

（一）多渠道筹集资金。要强化地方政府责任，地方各级财政特别是省级财政要切实调整财政支出结构，增加投入，进一步扩大医疗救助基金规模。中央财政安排专项资金，对困难地区开展城乡医疗救助给予补助。各地要动员和发动社会力量，通过慈善和社会捐助等，多渠道筹集资金。

（二）严格基金的管理和使用。县级财政部门要在社会保障基金财政专户中设立城市和农村医疗救助基金专账，办理医疗救助资金的筹集、拨付。县级民政部门要做好医疗救助资金的发放工作。要加强对城乡医疗救助基金的管理，在确保基金安全的前提下，做到基金收支基本平衡，略有结余。基金结余较多的地区，应积极采取措施，逐步降低基金结余率，到2011年，各地累计结余的资金一般应不超过当年筹集基金总额的15%，且要按规定及时结转下年使用，不得挪作他用。对于结余资金过多的，上级财政、民政部门应根据情况减拨或停拨补助资金。

六、加强协议监管，控制医疗费用不合理支出

各级民政部门要会同有关部门，建立医疗救助定点医疗机构的准入和退出机制，实行动态管理。定点医疗机构原则上在城镇居民基本医疗保险和新型农村合作医疗确定的范围内选择。各级卫生部门要加强对医疗救助定点医疗机构的监管，规范定点医疗机构的医疗服务行为和基本药物目录、诊疗目录的使用，鼓励并引导定点医疗机构优先、合理使用国家基本药物和适宜诊疗技术，控制医疗费用的不合理增长。民政部门要与定点医疗机构签订协议，明确双方责任、权利与义务，并严格履行。对不按规定目录用药、诊疗以及提供医疗服务所发生的医疗费用，城乡医疗救助基金不予结算。

七、加强组织领导，密切配合，确保医疗救助工作顺利开展

城乡医疗救助工作直接关系困难群众切身利益，是一项重大的民心工程，各地民政、财政、卫生、人力资源社会保障部门要在当地政府领导下，高度重视，各负其责，密切配合，共同抓好落实。民政部门要充分发挥医疗救助主管部门作用，做好政策研究制定和组织实施工作，做好医疗救助与社会慈

善救助的衔接；财政部门要落实安排救助资金，加强对资金管理和使用情况的监督检查；卫生部门要做好困难群众参加新型农村合作医疗的服务管理工作，加强对定点医疗机构的监管；人力资源社会保障部门要做好困难群众参加城镇居民基本医疗保险的服务管理工作。

各省、自治区、直辖市要分别选择2—3个医疗救助工作示范点，示范点的选择要根据各地工作基础、领导重视程度、财政状况确定。开展城乡医疗救助示范工作的地区，要重点探索如何合理确定救助对象，探索切实可行的医疗救助资金支付方式和结算办法，简化申请审批程序，与相关保障制度搞好衔接等。各地要充分发挥示范点的引导作用，指导辖区内地方不断创新发展，强化管理，提高医疗救助工作实效。

省级民政、财政、卫生、人力资源社会保障部门要根据本意见的要求，结合当地实际，制定具体实施办法，抓好督促落实。工作进展中的情况和问题，请及时报上级有关部门。

民政部

财政部

卫生部

人力资源和社会保障部

二〇〇九年六月十五日

财政部 国家发展和改革委员会 民政部 人力资源和社会保障部 卫生部关于完善政府卫生投入政策的意见

（财社［2009］66号）

各省、自治区、直辖市、计划单列市财政厅（局）、发展改革委、民政厅（局）、人力资源社会保障厅（局）、卫生厅（局）：

根据《中共中央 国务院关于深化医药卫生体制改革的意见》（中发［2009］6号）和《国务院关于印发医药卫生体制改革近期重点实施方案（2009—2011年）的通知》（国发［2009］12号）规定，现就完善政府卫生投入政策提出如下意见。

一、完善政府卫生投入政策的基本原则

（一）统筹规划，优化资源配置。科学制定并严格执行具有可行性、客观性、前瞻性和相对稳定的区域卫生规划，在医疗卫生机构设置、基本建设投资、大型检查治疗设备购置、人力资源配置等方面统筹考虑区域内医疗卫生资源的存量和增量，对医疗卫生资源从地理、功能和学科布局上进行整合，合理规划，避免重复浪费。对于医疗卫生资源供过于求的地区，要对资源闲置、功能重叠、布局不合理的公立医疗卫生机构进行规范化调整；对于医疗卫生资源供不应求的地区，坚持政府主导，鼓励社会力量参与举办，建立健全医疗卫生服务网络。

（二）增加投入，多方筹集资金。科学界定政府和市场在医疗卫生方面的投入责任，确定政府在提供公共卫生和基本医疗服务中的主导地位。公共卫生服务主要通过政府筹资提供。基本医疗服务由政府、社会和个人三方合理分担费用。特需医疗服务由个人直接付费或通过商业保险支付。鼓励多渠道筹集资金，满足人民群众不同层次的医疗卫生需求。公共卫生服务和医疗服务既可由政府举办的医疗卫生机构提供，也可由社会力量举办的医疗卫生机构提供。同时，随着经济发展和人民群众医疗卫生需求水平的不断提高，中央政府和地方政府都要增加卫生投入，政府卫生投入增长幅度要高于经常性财政支出增长幅度，使政府卫生投入占经常性财政支出的比重逐步提高。逐步提高政府卫生投入占卫生总费用的比重，居民个人基本医疗卫生费用负担有效减轻。

（三）兼顾供需，保障重点领域。政府卫生投入要紧紧围绕满足人民群众的医疗卫生需求，兼顾供给方和需求方，支持基本公共卫生服务、医疗服务、医疗保障和药品供应保障体系建设。政府卫生投入要重点用于支持公共卫生、农村卫生、城市社区卫生和基本医疗保障，鼓励在以上各个方面充分发挥中医药的作用。

（四）明确责任，分级负担投入。在科学界定政府间医疗卫生事权的基础上，合理划分中央政府和地方政府的医疗卫生投入责任，形成职责明确、分级负担、财力与事权相匹配的政府卫生投入机制。地方政府承担主要的医疗卫生投入责任，中央政府按照基本公共服务均等化的要求，加大对困难地区的转移支付力度。

（五）转变机制，提高投入效率。探索实行政府购买服务、直接补助需方等多种形式的政府卫生投入方式，促进医疗卫生服务机制转变和效率提高。同时，建立健全科学合理的绩效考评体系，对医疗卫生机构及其提供的医疗卫生服务进行量化考评，并将考核结果与政府投入相结合，不断提高资金使用效率。

二、明确政府卫生投入的范围和方式

（一）健全公共卫生经费保障机制。

根据国家基本公共卫生服务项目，建立健全城乡基本公共卫生服务经费保障机制，使城乡居民都能平等享受基本公共卫生服务。对于包括社会力量举办在内的社区卫生服务中心（站）、乡镇卫生院、村卫生室等医疗卫生机构按规定提供基本公共卫生服务项目所需经费，由政府根据其服务人口和提供基本公共卫生服务项目的数量、质量和单位综合服务成本，在全面考核评价的基础上，可采取购买服务等方式核定政府补助。根据经济发展水平和突出公共卫生问题，逐步增加基本公共卫生服务内容，逐步提高人均基本公共卫生服务经费标准。

根据重大疾病预防控制需要和财力可能，合理安排结核病、艾滋病等重大疾病防治、国家免疫规划、农村妇女住院分娩等重大公共卫生项目所需资金。

根据城乡居民公共卫生服务需求和合理划分各类专业公共卫生机构职能的要求，在探索整合、优化人员和设备配置的基础上，建立健全疾病预防控制、健康教育、妇幼卫生、精神卫生、应急救治、采供血、卫生监督、计划生育等专业公共卫生服务网络。专业公共卫生机构所需基本建设、设备购置等发展建设支出由政府根据公共卫生事业发展需要足额安排，所需人员经费、公用经费和业务经费根据人员编制、经费标准、服务任务完成及考核情况由政府预算全额安排。专业公共卫生服务机构按照规定取得的收入，应上缴财政的要全部按国库集中收缴制度规定及时足额上缴国库或财政专户。

（二）完善基层医疗卫生机构和公立医院补助政策。

1. 补助范围。

对政府举办的社区卫生服务中心（站）和乡镇卫生院等基层医疗卫生机构，要在严格界定功能和任务、核定人员编制、核定收支范围和标准、转变运行机制的同时，政府负责按国家规定核定的基本建设、设备购置、人员经费和其承担的公共卫生服务的业务经费，使其正常运行。支持村卫生室建设，对乡村医生承担的公共卫生服务等任务给予合理补助。

在推进公立医院改革的同时，加大政府对公立医院投入，主要用于基本建设和设备购置、扶持重点学科发展、符合国家规定的离退休人员费用、政策性亏损补贴、承担的公共卫生服务任务补助等方面。

2. 补助方式。

(1) 政府对基层医疗卫生机构的补助方式。

政府举办的基层医疗卫生机构基本建设和设备购置等发展建设支出，由政府根据基层医疗卫生机构发展建设规划统筹安排。

政府举办的基层医疗卫生机构的人员经费和业务经费等运行成本通过服务收费和政府补助补偿。政府补助按照“核定任务、核定收支、绩效考核补助”的办法核定。在核定任务方面，根据基层医疗卫生机构的功能定位核定基本医疗服务和基本公共卫生服务任务。在核定经常性收入方面，医疗服务收入根据前几年医疗服务平均收入情况，并综合考虑影响医疗服务收入的特殊因素核定；基本公共卫生服务补助收入根据服务人口、单位综合服务成本及核定的公共卫生服务任务的数量、质量核定。在核定经常性支出方面，可以按人员、业务经费分项定额核定，即：人员经费按定员定额的方式核定，核定工资水平要与当地事业单位工作人员平均工资水平相衔接；业务经费根据核定的基本医疗服务和基本公共卫生服务任务的数量、质量和成本定额（剔除人力成本）等综合核定。也可以根据核定的基本医疗服务和基本公共卫生服务任务的数量、质量及单位综合服务成本，综合考虑以前年度支出水平和有关特殊因素，分别核定基本医疗服务和基本公共卫生服务支出预算额度。药品支出和收入根据药品采购价格和合理用药数量等额核定。其他支出和收入根据以前年度水平并扣除不合理因素核定。核定经常性收支时要充分考虑基层医疗卫生机构取消药品加成后减少的收入等合理的收支增减因素。在补偿渠道方面，基本医疗服务主要通过医疗保障付费和个人付费补偿；基本公共卫生服务通过政府建立的城乡基本公共卫生服务经费保障机制补偿；对其承担的突发公共卫生事件处置任务由政府按服务成本核定补助。对核定的经常性收入不足以弥补核定的经常性支出的基层医疗卫生机构，差额部分由政府在预算中予以足额安排，并在对其任务完成情况、患者满意度、居民健康改善状况等进行综合绩效考核的基础上，采取预拨和结算相结合的方式予以拨付。探索对基层医疗卫生机构实行收支两条线管理，基层医疗卫生机构的基本医疗服务等收入全额上缴，开展基本医疗和公共卫生服务所需经常性支出由财政核定并全额安排。

基层医疗卫生机构人才培训和人员招聘所需支出，由财政部门根据有关人才培养规划和人员招聘规划合理安排补助。

政府举办的基层医疗卫生机构的离退休人员符合国家规定的离退休费用，在事业单位养老保险制度改革前，由财政根据国家有关规定核定补助。事业单位养老保险制度改革后，按相关规定执行。

（2）政府对公立医院的补助方式。

政府举办的公立医院的基本建设和设备购置等发展建设支出，经发展改革等有关部门批准和专家论证后，建立政府专项补助资金项目库，由政府根据轻重缓急和承受能力逐年安排所需资金。政府对包括公立医院在内的各类医疗机构承担的公共卫生任务给予专项补助，按服务成本保障政府指定的紧急救治、援外、支农、支边等公共服务经费。公立医院重点学科建设项目，由政府安排专项资金予以支持。对于中医院（民族医院）、传染病院、精神病院、职业病防治院、妇产医院、儿童医院，在投入政策上予以倾斜。公立医院的政策性亏损，按规定动用药品收支结余弥补后仍有差额的，由同级政府核定补助。

政府举办的公立医院的离退休人员符合国家规定的离退休费用，在事业单位养老保险制度改革前，由财政根据国家有关规定核定补助。事业单位养老保险制度改革后，按相关规定执行。

3. 鼓励社会力量举办医疗卫生机构。

政府在保持公立医疗卫生机构适度规模的同时，要在平等、公开、规范、有序的基础上，鼓励和引导社会资本参与部分公立医疗卫生机构的重组改制或者直接举办医疗卫生机构，为不同层次的患者提供更多的选择空间。对于社会力量举办的医疗卫生机构，除了按规定享受相应的税收优惠政策，承担政府公共卫生服务任务可以按照规定获得政府补偿外，地方政府还可以在房屋建设、设备购置以及人员培养等方面给予一定的扶持。

在支付方式上，各地可探索公共卫生经费和医疗保障经费总额预付等多种行之有效的办法。

（三）落实基本医疗保障补助政策。

继续按照国家有关政策规定，落实和完善政府对新型农村合作医疗和城镇居民基本医疗保险的补助政策，并随着经济发展水平的提高，逐步提高筹资水平和政府补助标准。通过破产企业资产变现、企业集团或主管部门帮助和政府投入等多渠道筹资，帮助关闭破产国有企业退休人员参加城镇职工基本医疗保险。机关事业单位职工参加城镇职工基本医疗保险以及落实国家公务员医疗补助政策所需资金，由各级政府按照有关规定予以安排。继续完善城乡医疗救助制度，进一步增加投入，加大救助力度。对于医疗保障经办机构开展工作所需必要经费和应由政府承担的基本建设投资，由同级政府安排。

（四）支持建立药品供应保障体系。

支持国家基本药物目录的制定修订和食品、药品、医疗器械标准的建立和完善。加大食品和药品监督管理能力建设投入，支持食品安全和药品安全突发事件和重大事故应急处置工作。

加大医学教育和医学科研投入，推进医学教育和医药卫生科技进步。

三、合理划分各级政府之间的卫生投入责任

合理划分中央和地方公共卫生支出责任。各级专业公共卫生机构所需发展建设支出和日常运转所需经常性支出，主要由同级政府负担，省级政府和中央政府对困难地区公共卫生机构的基本建设和设备购置给予适当补助。按照基本公共服务均等化的要求，省级政府要承担建立城乡基本公共卫生服务经费保障机制的主要责任，中央政府根据服务人口和绩效考核情况等对困难地区给予适当补助。

地方政府对于辖区内重大传染病预防控制等公共卫生承担主要投入责任，中央政府对于跨地区的重大传染疾病预防控制等公共卫生给予补助。纳入国家免疫规划的常规免疫以及国家确定的群体性预防接种和重点人群应急接种所需疫苗和注射器的购置费用由中央政府承担，省级及以下地方人民政府确定的群体性预防接种、应急接种所需疫苗和注射器的购置费用由地方政府承担。地方政府要结合城乡基本公共卫生服务经费保障机制，切实保障实施国家免疫规划相关冷链系统的建设、运转和预防接种等工作经费，中央政府对困难地区给予必要支持。对于重大突发性公共卫生事件所需经费，以地方政府投入为主，中央政府给予适当补助。

合理划分各级政府对医疗服务机构的补助责任。地方各级政府特别是省级政府要承担基层医疗卫生机构投入的主要责任，中央政府对基层医疗卫生

机构的基本建设、设备购置、人员培训和人才招聘等予以补助。公立医院发展建设支出、符合国家规定的离退休人员费用和政策性亏损补贴，主要由同级政府安排。省级政府对辖区内困难地区公立医院的基本建设和设备购置给予适当补助。中央政府对困难地区公立医院的基本建设和设备购置等予以补助。

中央和地方财政共同支持基本医疗保障体系的建设。政府对新型农村合作医疗、城镇居民基本医疗保险的补助资金，由中央财政和地方财政按照国家有关规定分级负担。对关闭破产国有企业退休人员参加医疗保险所需补助资金，按照隶属关系由同级财政补助，中央财政和省级财政按规定对困难地区国有关闭破产企业退休人员参保给予适当补助。对城乡医疗救助所需资金，由市、县级财政负担，中央财政和省级财政给予补助。

合理分担食品药品监督管理经费。地方政府按规定合理安排食品药品监管机构正常经费和能力建设经费。中央政府对食品药品和医疗器械标准制定等以及困难地区监管能力建设予以补助。

四、加强对政府卫生投入的管理监督

（一）各级财政、发展改革等部门要按照有关法律法规的规定，认真落实政府卫生投入政策，并结合本地实际制定具体办法，合理安排资金。

（二）政府卫生投入资金应依据合法、科学、公开、公正、规范、透明的原则进行分配，并依法接受人大、审计部门和社会的监督。

（三）各级财政、发展改革、卫生、人力资源和社会保障、民政、中医、药监等部门要加强对政府卫生投入资金使用情况的监督管理。充分发挥会计师事务所等有资质社会中介组织的审计监督作用。建立健全监测评估制度，采取绩效考评等方法，提高资金使用效率。考评结果要及时公开，接受监督。

（四）政府专项补助支出应按照国家关于专项资金管理的有关要求，专款专用。资金支付按照财政国库管理制度有关规定执行，加快项目资金使用进度并对资金流向进行监控。项目所需设备和劳务，根据《中华人民共和国政府采购法》等有关规定实行政府采购。医院重点学科建设项目，应通过公开招标等政府采购方式确定。

（五）有关公立医疗卫生机构、医疗保险机构、药品监督机构新建、改扩建工程建设和限额以上的大中型医疗设备购置项目必须符合区域卫生规划要求，按分级管理原则，经项目主管部门、投资主管部门综合平衡、审批后列入年度基本建设投资计划。严格禁止基层医疗机构的贷款行为，限制公立医疗机构的贷款行为。社会力量举办的非营利性医疗机构的基本建设项目，也要纳入国家基本建设程序管理。

基本建设工程项目要认真贯彻《中华人民共和国招标投标法》，保证招标、投标工作公开、公正。工程项目要严格按照批准的预算规模、标准和内容建设，并按有关规定实施项目建设稽查、审计、竣工验收等制度。有关部门要加强监督，规范管理，建立工程质量责任追究制度。

（六）加强对医疗卫生预算单位的财务监管，监督其严格执行财务会计制度有关规定，确保应缴入财政专户或国库的资金及时应缴尽缴。

（七）对挤占挪用政府补助资金以及未按照国家有关规定使用资金、造成资金损失浪费的单位和个人，按照有关法律法规严肃处理。

财政部
国家发展和改革委员会
民政部
人力资源和社会保障部
卫生部
二〇〇九年七月一日

关于印发《改革药品和医疗服务价格形成机制的意见》的通知

（发改价格［2009］2844号）

各省、自治区、直辖市及计划单列市发展改革委、物价局、卫生厅（局）、人力资源社会保障（劳动保障）厅（局）：

根据《中共中央、国务院关于深化医药卫生体制改革的意见》（中发［2009］6号）和《国务院关于印发医药卫生体制改革近期重点实施方案（2009—2011年）的通知》（国发［2009］12号）的有关精神，我们研究制定了《改革药品和医疗服务价格形成机制的意见》，现印发你们，请按照执行。

附：改革药品和医疗服务价格形成机制的意见

国家发展改革委

卫生部

人力资源和社会保障部

二〇〇九年十一月九日

改革药品和医疗服务价格形成机制的意见

为贯彻落实《中共中央、国务院关于深化医药卫生体制改革的意见》（中发［2009］6号）和《国务院关于印发医药卫生体制改革近期重点实施方案（2009—2011年）的通知》（国发［2009］12号）的精神，现就改革药品和医疗服务价格形成机制，提出以下意见：

一、改革的指导思想、基本原则和目标任务

（一）指导思想。

按照贯彻落实科学发展观和构建社会主义和谐社会的要求，从我国医药产业发展现状和医疗服务特点出发，充分发挥价格杠杆调节作用，合理调控药品和医疗服务价格水平，促进卫生事业和医药产业健康发展，满足人民群众不断增长的医疗卫生需求。

（二）基本原则。

一是坚持政府调控和市场调节相结合。按照建立社会主义市场经济的要求，根据卫生事业公益性特点，在强化政府对医药价格监管的同时，注意充分发挥市场机制作用，促进生产经营企业和医疗机构加强管理、提高效率，形成公开、公平、公正和有序竞争的药品和医疗服务市场。

二是鼓励研发创新与使用基本药物和适宜技术并重。医药价格制定要有利于激发企业和医疗机构提高创新能力和动力，研究开发新产品和新技术，保护和扶持中医药发展，提高医药行业整体竞争能力，同时要兼顾经济发展水平、基本医疗保障水平和群众承受能力，鼓励使用基本药物和适宜技术，

减轻群众不合理的医药费用负担。

三是促进企业和医疗机构不断提高产品质量和服务水平。政府制定药品和医疗服务价格，要体现质量差别，鼓励企业提升产品质量，促进医疗机构改善医疗服务条件和提高诊疗技术，满足群众多层次的用药及医疗服务需求。

四是医药价格改革与医药卫生体制改革协调推进。医药价格改革要有利于促进医药卫生体制改革，与相关政策协调配套，同步推进。价格调整要充分考虑社会各方面利益和群众承受能力，统筹兼顾，逐步疏导矛盾。

（三）目标任务 。

到 2011 年，政府管理医药价格方法进一步完善，企业和医疗机构价格行为比较规范，市场价格秩序逐步好转，药品价格趋于合理，医疗服务价格结构性矛盾明显缓解。

到 2020 年，建立健全政府调控与市场调节相结合，符合医药卫生事业发展规律的医药价格形成机制；医药价格能够客观及时反映生产服务成本变化和市场供求；医药价格管理体系完善，调控方法科学；医药价格秩序良好，市场竞争行为规范。

2009—2011 年的主要任务：

——完善医药价格管理政策。调整政府管理药品及医疗服务价格范围，改进价格管理方法，进一步完善价格决策程序，提高价格监管的科学性和透明度。

——合理调整药品价格。在全面核定政府管理的药品价格基础上，进一步降低偏高的药品价格，适当提高临床必需的廉价药品价格。科学制定国家基本药物价格。

——进一步理顺医疗服务比价关系。在规范医疗服务价格项目的基础上，适当提高临床诊疗、护理、手术以及其他体现医务人员技术劳务价值的医疗服务价格，同时降低大型医用设备检查和治疗价格。加强对植（介）入类等高值医疗器械价格的监管。

——强化成本价格监测和监督检查。完善药品成本价格监测制度，加强药品价格形势分析，公开市场价格信息，发挥社会舆论监督作用。定期开展医药价格检查，规范生产经营企业、医疗机构价格行为。进一步健全医疗机构医药费用清单制度，提高收费透明度。

二、改革药品价格管理

（四）调整政府管理药品价格范围。政府管理药品价格的重点是国家基本药物、国家基本医疗保障用药及生产经营具有垄断性的特殊药品。其他药品实行市场调节价，对其中临床使用量大面广的处方药品，要通过试点逐步探索加强价格监管的有效方法。

（五）药品价格实行分级管理。国务院价格主管部门负责制定药品价格的政策、原则和方法；制定国家基本药物、国家基本医疗保障用药中的处方药及生产经营具有垄断性的特殊药品价格。

各省、自治区、直辖市价格主管部门根据国家统一政策，负责制定国家基本医疗保障用药中的非处方药（不含国家基本药物）、地方增补的医疗保障用药价格。非营利性医疗机构自配的药物制剂价格，由各省、自治区、直辖市根据本地实际情况确定价格管理权限、形式和内容。

（六）政府制定公布药品指导价格，生产经营单位自主确定实际购销价格。纳入政府价格管理范围的药品，除国家免疫规划和计划生育药具实行政府定价外，其他药品实行政府指导价。麻醉药品、一类精神药品由政府定价形式改为政府指导价，并对流通环节按全国性批发和区域性批发分别制定进销差价率的上限标准。

实行政府指导价的药品，生产经营单位在不突破政府规定价格的前提下，根据市场供求情况自主确定实际购销价格。

（七）政府制定药品价格原则上按照通用名称制定统一价格。政府制定药品价格，一般情况下不区分具体生产经营企业，按照药品通用名称制定统一的指导价格。已针对特定企业制定的价格，与统一指导价有较大价差的，要加大调整力度，逐步缩小价差。今后对于符合国家鼓励扶持发展政策且具有明显不同质量标准的药品，可以依据按质论价的原则，实行有差别的价格政策。

（八）政府制定药品价格以社会平均成本为基础，综合考虑其他相关因素。政府制定药品价格，应遵循"补偿成本、合理盈利、反映供求"的基本原则，同时考虑社会经济发展水平、基本医疗保障水平、群众承受能力、国家宏观调控及产业发展政策、药品临床价值等因素。对于临床必需但市场不能保证供应的普通药品，可以适当提高价格。

（九）科学确定药品之间的差比价关系。进一步完善药品差价比价规则，合理确定同种药品中代表剂型规格品及价格，其他剂型规格品价格按照规定差价或比价关系制定。对可替代药品和创新药品定价逐步引入药物经济性评价方法，促进不同种类药品保持合理比价关系。

（十）鼓励药品研发创新。在合理审核药品成本基础上，根据药品创新程度，对销售利润实行差别控制。允许创新程度较高的药品在合理期限内保持较高销售利润率，促进企业研制开发创新药品。

（十一）引导仿制药品有序生产和竞争。对今后国内首先仿制上市的药品，价格参照被仿制药品价格制定；被仿制药品在国内尚未上市的，首先仿制药品的价格依据其合理成本制定。再仿制上市的药品，价格按照低于首先仿制药品价格的一定比例制定。同种仿制药品生产企业达到一定数量时，应根据社会平均成本等情况制定统一价格。

（十二）鼓励基本药物生产供应。按照通用名称合理制定基本药物零售指导价格，不区分具体生产经营企业。核定基本药物零售价格，要严格控制营销费用，压缩流通环节差价率。保持基本药物价格相对稳定，保障国家基本药物正常生产和供应。

（十三）控制药品流通环节差价率。逐步降低政府指导价药品的流通差价率，对流通环节差价率（额）实行上限控制，并对高价和低价药品实行差别差率控制，低价药品差价率从高，高价药品差价率从低，利用价格杠杆促进药品流通领域兼并重组，扩大规模，集约经营，降低成本，减少流通费用。

（十四）改革医疗卫生机构药品销售加成政策。按照“医药分开”的要求，改革医疗机构补偿机制，逐步取消医疗机构销售药品加成。改革过渡期间，要逐步降低医疗机构药品加价率，在总体不突破15%的前提下，可按价格高低实行差别加价政策。必要时对高价药品实行最高加价额限制。中药饮片加价率标准适当放宽。

鼓励地方结合公立医院试点改革，统筹开展公立医院销售药品零差率改革。公立医院取消药品加成后减少的收入，可通过增加财政补助，提高医疗服务价格和设立“药事服务费”项目等措施进行必要补偿。

（十五）规范药品市场交易价格行为。药品生产经营单位应按照诚实守信的原则合理制定购销价格，要加强行业自律，公开价格信息，提高价格形成的透明度，禁止价格欺诈、价格垄断、价格歧视及其他损害消费者合法权益的行为。

三、改革医疗服务价格管理

（十六）医疗服务价格实行政府指导价和市场调节价相结合的管理方式。非营利性医疗机构提供的基本医疗服务，实行政府指导价；营利性医疗机构提供的各种医疗服务和非营利性医疗机构提供的特需医疗服务实行市场调节价。

（十七）医疗服务价格实行统一政策、分级管理。国务院价格主管部门商相关部门制定医疗服务价格政策及项目、定价原则和方法，加强对地方制定医疗服务价格的指导和协调。基本医疗服务的指导价格，由省或市级价格主管部门会同同级卫生、人力资源社会保障部门制定。

（十八）基本医疗服务价格要体现公益性质。基本医疗服务价格要按照“合理补偿成本、兼顾群众和基本医疗保障承受能力”的原则核定。制定基本医疗服务价格所依据的合理成本，按照扣除财政补助、医疗机构销售药品和医疗器械（耗材）差价收益核算。

（十九）改革医疗服务定价方式。根据医疗技术发展和临床诊疗需要，完善医疗服务价格项目规范，合理设立医疗服务价格项目。从严控制简单以新设备、新试剂、新方法等名义新增医疗检查检验项目，进一步规范医疗服务价格项目名称和服务内容。逐步改革医疗服务以项目为主的定价方式，积极探索有利于控制费用、公开透明、方便操作的医疗服务定价方式。社区、乡镇卫生院等基层医疗机构开展的便民个性化服务，可以按照服务时间、服务次数等方式制定价格。

（二十）合理制定不同级别医疗机构和不同职级医师的服务价格。根据医疗机构等级、医师级别和市场需求等因素，对医疗服务可以制定不同的指导价格。要逐步拉开价格差距，促进患者合理分流。

（二十一）提高体现技术和劳务价值的医疗服务价格。按照医疗服务补偿合理成本的要求，结合政府财政投入情况，合理调整非营利性医疗机构基本医疗服务价格，逐步提高中医和体现医务人员技术劳务价值的诊疗、手术、护理等项目价格。

（二十二）降低大型医用设备检查和治疗价格。加强医用检查和治疗设备价格监测。完善服务成本审核方法，医用检查和治疗设备折旧费用按额定工作量测算。降低偏高的医用设备检查和治疗价格，促进医用检查和治疗设备集约化使用。

（二十三）加强医疗器械价格管理。合理控制医疗服务价格项目外单独收费的医疗器械范围。对单独收费的品种，要建立目录进行管理。对高值特别是植（介）入类医疗器械，可通过限制流通环节差价率、发布市场价格信息等措施，引导价格合理形成。

四、建立健全制度，加强基础工作

（二十四）加强价格评审，健全成本调查和价格监测体系。完善药品和医疗服务价格评审制度，加强价格评审专家队伍建设，健全药品和医疗服务成本核算方法。建立和完善医药市场价格调查、监测和信息采集分析系统。

（二十五）进一步完善价格决策程序。公开政府定价程序和方法，增强价格决策透明度。建立药品和医疗服务价格动态调整制度。完善地区间医药价格信息交流协调机制。制定和调整价格要广泛听取生产经营企业、医疗服务单位、医疗保险经办机构、消费者以及相关部门的意见，充分调动社会各方面参与药品和医疗服务价格管理的积极性。

（二十六）积极探索建立医药费用供需双方谈判机制。在政府制定药品和医疗服务价格的基础上，改革医疗保险支付方式，逐步实行按病种付费、按服务单元付费和总额预付。积极探索医疗保险经办机构与医疗机构（医院协会）、药品供应商通过协商谈判，合理确定医药费用及付费方式。鼓励有条件的地方开展支付方式和费用谈判机制的试点。

（二十七）加强价格监督检查。进一步强化医药价格明码标价工作，全面推行医疗机构医疗服务、医疗器械和药品价格公示及住院费用“一日清单”等制度。定期开展医药价格专项检查工作。研究探索建立医药价格监督的长效机制，规范生产经营企业、医疗卫生机构价格行为。

中华人民共和国侵权责任法

（2009 年 12 月 26 日第十一届全国人民代表大会常务委员会第十二次会议通过）

目　录

第六章　机动车交通事故责任
第七章　医疗损害责任
第八章　环境污染责任
第九章　高度危险责任
第十章　饲养动物损害责任
第十一章　物件损害责任
第十二章　附则

第一章　一般规定

第一条　为保护民事主体的合法权益，明确侵权责任，预防并制裁侵权行为，促进社会和谐稳定，制定本法。

第二条　侵害民事权益，应当依照本法承担侵权责任。

本法所称民事权益，包括生命权、健康权、姓名权、名誉权、荣誉权、肖像权、隐私权、婚姻自主权、监护权、所有权、用益物权、担保物权、著作权、专利权、商标专用权、发现权、股权、继承权等人身、财产权益。

第三条　被侵权人有权请求侵权人承担侵权责任。

第四条　侵权人因同一行为应当承担行政责任或者刑事责任的，不影响依法承担侵权责任。

因同一行为应当承担侵权责任和行政责任、刑事责任，侵权人的财产不足以支付的，先承担侵权责任。

第五条　其他法律对侵权责任另有特别规定的，依照其规定。

第二章　责任构成和责任方式

第六条　行为人因过错侵害他人民事权益，应当承担侵权责任。

根据法律规定推定行为人有过错，行为人不能证明自己没有过错的，应当承担侵权责任。

第七条　行为人损害他人民事权益，不论行为人有无过错，法律规定应当承担侵权责任的，依照其规定。

第八条　二人以上共同实施侵权行为，造成他人损害的，应当承担连带责任。

第九条　教唆、帮助他人实施侵权行为的，应当与行为人承担连带责任。

教唆、帮助无民事行为能力人、限制民事行为能力人实施侵权行为的，应当承担侵权责任；该无民事行为能力人、限制民事行为能力人的监护人未尽到监护责任的，应当承担相应的责任。

第十条 二人以上实施危及他人人身、财产安全的行为，其中一人或者数人的行为造成他人损害，能够确定具体侵权人的，由侵权人承担责任；不能确定具体侵权人的，行为人承担连带责任。

第十一条 二人以上分别实施侵权行为造成同一损害，每个人的侵权行为都足以造成全部损害的，行为人承担连带责任。

第十二条 二人以上分别实施侵权行为造成同一损害，能够确定责任大小的，各自承担相应的责任；难以确定责任大小的，平均承担赔偿责任。

第十三条 法律规定承担连带责任的，被侵权人有权请求部分或者全部连带责任人承担责任。

第十四条 连带责任人根据各自责任大小确定相应的赔偿数额；难以确定责任大小的，平均承担赔偿责任。

支付超出自己赔偿数额的连带责任人，有权向其他连带责任人追偿。

第十五条 承担侵权责任的方式主要有：

（一）停止侵害；

（二）排除妨碍；

（三）消除危险；

（四）返还财产；

（五）恢复原状；

（六）赔偿损失；

（七）赔礼道歉；

（八）消除影响、恢复名誉。

以上承担侵权责任的方式，可以单独适用，也可以合并适用。

第十六条 侵害他人造成人身损害的，应当赔偿医疗费、护理费、交通费等为治疗和康复支出的合理费用，以及因误工减少的收入。造成残疾的，还应当赔偿残疾生活辅助具费和残疾赔偿金。造成死亡的，还应当赔偿丧葬费和死亡赔偿金。

第十七条 因同一侵权行为造成多人死亡的，可以以相同数额确定死亡赔偿金。

第十八条 被侵权人死亡的，其近亲属有权请求侵权人承担侵权责任。被侵权人为单位，该单位分立、合并的，承继权利的单位有权请求侵权人承担侵权责任。

被侵权人死亡的，支付被侵权人医疗费、丧葬费等合理费用的人有权请求侵权人赔偿费用，但侵权人已支付该费用的除外。

第十九条 侵害他人财产的，财产损失按照损失发生时的市场价格或者其他方式计算。

第二十条 侵害他人人身权益造成财产损失的，按照被侵权人因此受到的损失赔偿；被侵权人的损失难以确定，侵权人因此获得利益的，按照其获得的利益赔偿；侵权人因此获得的利益难以确定，被侵权人和侵权人就赔偿数额协商不一致，向人民法院提起诉讼的，由人民法院根据实际情况确定赔偿数额。

第二十一条 侵权行为危及他人人身、财产安全的，被侵权人可以请求侵权人承担停止侵害、排除妨碍、消除危险等侵权责任。

第二十二条 侵害他人人身权益，造成他人严重精神损害的，被侵权人可以请求精神损害赔偿。

第二十三条 因防止、制止他人民事权益被侵害而使自己受到损害的，由侵权人承担责任。侵权人逃逸或者无力承担责任，被侵权人请求补偿的，受益人应当给予适当补偿。

第二十四条 受害人和行为人对损害的发生都没有过错的，可以根据实际情况，由双方分担损失。

第二十五条 损害发生后，当事人可以协商赔偿费用的支付方式。协商不一致的，赔偿费用应当一次性支付；一次性支付确有困难的，可以分期支付，但应当提供相应的担保。

第三章 不承担责任和减轻责任的情形

第二十六条 被侵权人对损害的发生也有过错的，可以减轻侵权人的责任。

第二十七条 损害是因受害人故意造成的，行为人不承担责任。

第二十八条 损害是因第三人造成的，第三人应当承担侵权责任。

第二十九条 因不可抗力造成他人损害的，不承担责任。法律另有规定的，依照其规定。

第三十条 因正当防卫造成损害的，不承担责任。正当防卫超过必要的限度，造成不应有的损害的，正当防卫人应当承担适当的责任。

第三十一条 因紧急避险造成损害的，由引起险情发生的人承担责任。如果危险是由自然原因引起的，紧急避险人不承担责任或者给予适当补偿。紧急避险采取措施不当或者超过必要的限度，造成不应有的损害的，紧急避险人应当承担适当的责任。

第四章 关于责任主体的特殊规定

第三十二条 无民事行为能力人、限制民事行为能力人造成他人损害的，由监护人承担侵权责任。监护人尽到监护责任的，可以减轻其侵权责任。

有财产的无民事行为能力人、限制民事行为能力人造成他人损害的，从本人财产中支付赔偿费用。不足部分，由监护人赔偿。

第三十三条 完全民事行为能力人对自己的行为暂时没有意识或者失去控制造成他人损害有过错的，应当承担侵权责任；没有过错的，根据行为人的经济状况对受害人适当补偿。

完全民事行为能力人因醉酒、滥用麻醉药品或者精神药品对自己的行为暂时没有意识或者失去控制造成他人损害的，应当承担侵权责任。

第三十四条 用人单位的工作人员因执行工作任务造成他人损害的，由用人单位承担侵权责任。

劳务派遣期间，被派遣的工作人员因执行工作任务造成他人损害的，由接受劳务派遣的用工单位承担侵权责任；劳务派遣单位有过错的，承担相应的补充责任。

第三十五条 个人之间形成劳务关系，提供劳务一方因劳务造成他人损害的，由接受劳务一方承担侵权责任。提供劳务一方因劳务自己受到损害的，根据双方各自的过错承担相应的责任。

第三十六条 网络用户、网络服务提供者利用网络侵害他人民事权益的，应当承担侵权责任。

网络用户利用网络服务实施侵权行为的，被侵权人有权通知网络服务提供者采取删除、屏蔽、断开链接等必要措施。网络服务提供者接到通知后未及时采取必要措施的，对损害的扩大部分与该网络用户承担连带责任。

网络服务提供者知道网络用户利用其网络服务侵害他人民事权益，未采取必要措施的，与该网络用户承担连带责任。

第三十七条 宾馆、商场、银行、车站、娱乐场所等公共场所的管理人或者群众性活动的组织者，未尽到安全保障义务，造成他人损害的，应当承担侵权责任。

因第三人的行为造成他人损害的，由第三人承担侵权责任；管理人或者组织者未尽到安全保障义务的，承担相应的补充责任。

第三十八条 无民事行为能力人在幼儿园、学校或者其他教育机构学习、生活期间受到人身损害的，幼儿园、学校或者其他教育机构应当承担责任，但能够证明尽到教育、管理职责的，不承担责任。

第三十九条 限制民事行为能力人在学校或者其他教育机构学习、生活期间受到人身损害，学校或者其他教育机构未尽到教育、管理职责的，应当承担责任。

第四十条 无民事行为能力人或者限制民事行为能力人在幼儿园、学校或者其他教育机构学习、生活期间，受到幼儿园、学校或者其他教育机构以外的人员人身损害的，由侵权人承担侵权责任；幼儿园、学校或者其他教育机构未尽到管理职责的，承担相应的补充责任。

第五章 产品责任

第四十一条 因产品存在缺陷造成他人损害的，生产者应当承担侵权责任。

第四十二条 因销售者的过错使产品存在缺陷，造成他人损害的，销售者应当承担侵权责任。

销售者不能指明缺陷产品的生产者也不能指明缺陷产品的供货者的，销售者应当承担侵权责任。

第四十三条 因产品存在缺陷造成损害的，被侵权人可以向产品的生产者请求赔偿，也可以向产品的销售者请求赔偿。

产品缺陷由生产者造成的，销售者赔偿后，有权向生产者追偿。

因销售者的过错使产品存在缺陷的，生产者赔偿后，有权向销售者追偿。

第四十四条 因运输者、仓储者等第三人的过错使产品存在缺陷，造成他人损害的，产品的生产者、销售者赔偿后，有权向第三人追偿。

第四十五条 因产品缺陷危及他人人身、财产安全的，被侵权人有权请求生产者、销售者承担排除妨碍、消除危险等侵权责任。

第四十六条 产品投入流通后发现存在缺陷的，生产者、销售者应当及时采取警示、召回等补救措施。未及时采取补救措施或者补救措施不力造成损害的，应当承担侵权责任。

第四十七条 明知产品存在缺陷仍然生产、销售，造成他人死亡或者健康严重损害的，被侵权人有权请求相应的惩罚性赔偿。

第六章 机动车交通事故责任

第四十八条 机动车发生交通事故造成损害的，依照道路交通安全法的有关规定承担赔偿责任。

第四十九条 因租赁、借用等情形机动车所有人与使用人不是同一人时，发生交通事故后属于该机动车一方责任的，由保险公司在机动车强制保险责任限额范围内予以赔偿；不足部分，由机动车使用人承担赔偿责任；机动车所有人对损害的发生有过错的，承担相应的赔偿责任。

第五十条 当事人之间已经以买卖等方式转让并交付机，动车但未办理所有权转移登记，发生交通事故后属于该机动车一方责任的，由保险公司在机动车强制保险责任限额范围内予以赔偿；不足部分，由受让人承担赔偿责任。

第五十一条 以买卖等方式转让拼装或者已达到报废标准的机动车，发生交通事故造成损害的，由转让人和受让人承担连带责任。

第五十二条 盗窃、抢劫或者抢夺的机动车发生交通事故造成损害的，由盗窃人、抢劫人或者抢夺人承担赔偿责任。保险公司在机动车强制保险责任限额范围内垫付抢救费用的，有权向交通事故责任人追偿。

第五十三条 机动车驾驶人发生交通事故后逃逸，该机动车参加强制保险的，由保险公司在机动车强制保险责任限额范围内予以赔偿；机动车不明或者该机动车未参加强制保险，需要支付被侵权人人身伤亡的抢救、丧葬等费用的，由道路交通事故社会救助基金垫付。道路交通事故社会救助基金垫付后，其管理机构有权向交通事故责任人追偿。

第七章 医疗损害责任

第五十四条 患者在诊疗活动中受到损害，医疗机构及其医务人员有过错的，由医疗机构承担赔偿责任。

第五十五条 医务人员在诊疗活动中应当向患者说明病情和医疗措施。需要实施手术、特殊检查、特殊治疗的，医务人员应当及时向患者说明医疗风险、替代医疗方案等情况，并取得其书面同意；不宜向患者说明的，应当向患者的近亲属说明，并取得其书面同意。

医务人员未尽到前款义务，造成患者损害的，医疗机构应当承担赔偿责任。

第五十六条 因抢救生命垂危的患者等紧急情况，不能取得患者或者其近亲属意见的，经医疗机构负责人或者授权的负责人批准，可以立即实施相应的医疗措施。

第五十七条 医务人员在诊疗活动中未尽到与当时的医疗水平相应的诊疗义务，造成患者损害的，医疗机构应当承担赔偿责任。

第五十八条 患者有损害，因下列情形之一的，推定医疗机构有过错：

（一）违反法律、行政法规、规章以及其他有关诊疗规范的规定；

（二）隐匿或者拒绝提供与纠纷有关的病历资料；

（三）伪造、篡改或者销毁病历资料。

第五十九条 因药品、消毒药剂、医疗器械的缺陷，或者输入不合格的血液造成患者损害的，患者可以向生产者或者血液提供机构请求赔偿，也可以向医疗机构请求赔偿。患者向医疗机构请求赔偿的，医疗机构赔偿后，有权向负有责任的生产者或者血液提供机构追偿。

第六十条 患者有损害，因下列情形之一的，医疗机构不承担赔偿责任：

（一）患者或者其近亲属不配合医疗机构进行符合诊疗规范的诊疗；

（二）医务人员在抢救生命垂危的患者等紧急情况下已经尽到合理诊疗义务；

（三）限于当时的医疗水平难以诊疗。

前款第一项情形中，医疗机构及其医务人员也有过错的，应当承担相应的赔偿责任。

第六十一条 医疗机构及其医务人员应当按照规定填写并妥善保管住院志、医嘱单、检验报告、手术及麻醉记录、病理资料、护理记录、医疗费用等病历资料。

患者要求查阅、复制前款规定的病历资料的，医疗机构应当提供。

第六十二条 医疗机构及其医务人员应当对患者的隐私保密。泄露患者隐私或者未经患者同意公开其病历资料，造成患者损害的，应当承担侵权责任。

第六十三条 医疗机构及其医务人员不得违反诊疗规范实施不必要的检查。

第六十四条 医疗机构及其医务人员的合法权益受法律保护。干扰医疗秩序，妨害医务人员工作、生活的，应当依法承担法律责任。

第八章 环境污染责任

第六十五条 因污染环境造成损害的，污染者应当承担侵权责任。

第六十六条 因污染环境发生纠纷，污染者应当就法律规定的不承担责任或者减轻责任的情形及其行为与损害之间不存在因果关系承担举证责任。

第六十七条 两个以上污染者污染环境，污染者承担责任的大小，根据污染物的种类、排放量等因素确定。

第六十八条 因第三人的过错污染环境造成损害的，被侵权人可以向污染者请求赔偿，也可以向第三人请求赔偿。污染者赔偿后，有权向第三人追偿。

第九章 高度危险责任

第六十九条 从事高度危险作业造成他人损害的，应当承担侵权责任。

第七十条 民用核设施发生核事故造成他人损害的，民用核设施的经营者应当承担侵权责任，但能够证明损害是因战争等情形或者受害人故意造成的，不承担责任。

第七十一条 民用航空器造成他人损害的，民用航空器的经营者应当承担侵权责任，但能够证明损害是因受害人故意造成的，不承担责任。

第七十二条 占有或者使用易燃、易爆、剧毒、放射性等高度危险物造成他人损害的，占有人或者使用人应当承担侵权责任，但能够证明损害是因受害人故意或者不可抗力造成的，不承担责任。被侵权人对损害的发生有重大过失的，可以减轻占有人或者使用人的责任。

第七十三条 从事高空、高压、地下挖掘活动或者使用高速轨道运输工具造成他人损害的，经营者应当承担侵权责任，但能够证明损害是因受害人故意或者不可抗力造成的，不承担责任。被侵权人对损害的发生有过失的，可以减轻经营者的责任。

第七十四条 遗失、抛弃高度危险物造成他人损害的，由所有人承担侵权责任。所有人将高度危险物交由他人管理的，由管理人承担侵权责任；所有人有过错的，与管理人承担连带责任。

第七十五条 非法占有高度危险物造成他人损害的，由非法占有人承担侵权责任。所有人、管理人不能证明对防止他人非法占有尽到高度注意义务的，与非法占有人承担连带责任。

第七十六条 未经许可进入高度危险活动区域或者高度危险物存放区域

受到损害，管理人已经采取安全措施并尽到警示义务的，可以减轻或者不承担责任。

第七十七条 承担高度危险责任，法律规定赔偿限额的，依照其规定。

第十章 饲养动物损害责任

第七十八条 饲养的动物造成他人损害的，动物饲养人或者管理人应当承担侵权责任，但能够证明损害是因被侵权人故意或者重大过失造成的，可以不承担或者减轻责任。

第七十九条 违反管理规定，未对动物采取安全措施造成他人损害的，动物饲养人或者管理人应当承担侵权责任。

第八十条 禁止饲养的烈性犬等危险动物造成他人损害的，动物饲养人或者管理人应当承担侵权责任。

第八十一条 动物园的动物造成他人损害的，动物园应当承担侵权责任，但能够证明尽到管理职责的，不承担责任。

第八十二条 遗弃、逃逸的动物在遗弃、逃逸期间造成他人损害的，由原动物饲养人或者管理人承担侵权责任。

第八十三条 因第三人的过错致使动物造成他人损害的，被侵权人可以向动物饲养人或者管理人请求赔偿，也可以向第三人请求赔偿。动物饲养人或者管理人赔偿后，有权向第三人追偿。

第八十四条 饲养动物应当遵守法律，尊重社会公德，不得妨害他人生活。

第十一章 物件损害责任

第八十五条 建筑物、构筑物或者其他设施及其搁置物、悬挂物发生脱落、坠落造成他人损害，所有人、管理人或者使用人不能证明自己没有过错的，应当承担侵权责任。所有人、管理人或者使用人赔偿后，有其他责任人的，有权向其他责任人追偿。

第八十六条 建筑物、构筑物或者其他设施倒塌造成他人损害的，由建设单位与施工单位承担连带责任。建设单位、施工单位赔偿后，有其他责任人的，有权向其他责任人追偿。

因其他责任人的原因，建筑物、构筑物或者其他设施倒塌造成他人损害的，由其他责任人承担侵权责任。

第八十七条 从建筑物中抛掷物品或者从建筑物上坠落的物品造成他人损害，难以确定具体侵权人的，除能够证明自己不是侵权人的外，由可能加害的建筑物使用人给予补偿。

第八十八条 堆放物倒塌造成他人损害，堆放人不能证明自己没有过错的，应当承担侵权责任。

第八十九条 在公共道路上堆放、倾倒、遗撒妨碍通行的物品造成他人损害的，有关单位或者个人应当承担侵权责任。

第九十条 因林木折断造成他人损害，林木的所有人或者管理人不能证明自己没有过错的，应当承担侵权责任。

第九十一条 在公共场所或者道路上挖坑、修缮安装地下设施等，没有设置明显标志和采取安全措施造成他人损害的，施工人应当承担侵权责任。

窨井等地下设施造成他人损害，管理人不能证明尽到管理职责的，应当承担侵权责任。

第十二章 附 则

第九十二条 本法自2010年7月1日起施行。

中华人民共和国社会保险法

（2010年10月28日第十一届全国人民代表大会常务委员会第十七次会议通过）

目 录

第一章　总　则

第一条　为了规范社会保险关系，维护公民参加社会保险和享受社会保险待遇的合法权益，使公民共享发展成果，促进社会和谐稳定，根据宪法，制定本法。

第二条　国家建立基本养老保险、基本医疗保险、工伤保险、失业保险、生育保险等社会保险制度，保障公民在年老、疾病、工伤、失业、生育等情况下依法从国家和社会获得物质帮助的权利。

第三条　社会保险制度坚持广覆盖、保基本、多层次、可持续的方针，社会保险水平应当与经济社会发展水平相适应。

第四条　中华人民共和国境内的用人单位和个人依法缴纳社会保险费，有权查询缴费记录、个人权益记录，要求社会保险经办机构提供社会保险咨询等相关服务。

个人依法享受社会保险待遇，有权监督本单位为其缴费情况。

第五条　县级以上人民政府将社会保险事业纳入国民经济和社会发展规划。

国家多渠道筹集社会保险资金。县级以上人民政府对社会保险事业给予必要的经费支持。

国家通过税收优惠政策支持社会保险事业。

第六条　国家对社会保险基金实行严格监管。

国务院和省、自治区、直辖市人民政府建立健全社会保险基金监督管理制度，保障社会保险基金安全、有效运行。

县级以上人民政府采取措施，鼓励和支持社会各方面参与社会保险基金的监督。

第七条　国务院社会保险行政部门负责全国的社会保险管理工作，国务院其他有关部门在各自的职责范围内负责有关的社会保险工作。

县级以上地方人民政府社会保险行政部门负责本行政区域的社会保险管理工作，县级以上地方人民政府其他有关部门在各自的职责范围内负责有关的社会保险工作。

第八条 社会保险经办机构提供社会保险服务，负责社会保险登记、个人权益记录、社会保险待遇支付等工作。

第九条 工会依法维护职工的合法权益，有权参与社会保险重大事项的研究，参加社会保险监督委员会，对与职工社会保险权益有关的事项进行监督。

第二章 基本养老保险

第十条 职工应当参加基本养老保险，由用人单位和职工共同缴纳基本养老保险费。

无雇工的个体工商户、未在用人单位参加基本养老保险的非全日制从业人员以及其他灵活就业人员可以参加基本养老保险，由个人缴纳基本养老保险费。

公务员和参照公务员法管理的工作人员养老保险的办法由国务院规定。

第十一条 基本养老保险实行社会统筹与个人账户相结合。

基本养老保险基金由用人单位和个人缴费以及政府补贴等组成。

第十二条 用人单位应当按照国家规定的本单位职工工资总额的比例缴纳基本养老保险费，记入基本养老保险统筹基金。

职工应当按照国家规定的本人工资的比例缴纳基本养老保险费，记入个人账户。

无雇工的个体工商户、未在用人单位参加基本养老保险的非全日制从业人员以及其他灵活就业人员参加基本养老保险的，应当按照国家规定缴纳基本养老保险费，分别记入基本养老保险统筹基金和个人账户。

第十三条 国有企业、事业单位职工参加基本养老保险前，视同缴费年限期间应当缴纳的基本养老保险费由政府承担。

基本养老保险基金出现支付不足时，政府给予补贴。

第十四条 个人账户不得提前支取，记账利率不得低于银行定期存款利率，免征利息税。个人死亡的，个人账户余额可以继承。

第十五条 基本养老金由统筹养老金和个人账户养老金组成。

基本养老金根据个人累计缴费年限、缴费工资、当地职工平均工资、个人账户金额、城镇人口平均预期寿命等因素确定。

第十六条 参加基本养老保险的个人，达到法定退休年龄时累计缴费满十五年的，按月领取基本养老金。

参加基本养老保险的个人，达到法定退休年龄时累计缴费不足十五年的，可以缴费至满十五年，按月领取基本养老金；也可以转入新型农村社会养老保险或者城镇居民社会养老保险，按照国务院规定享受相应的养老保险待遇。

第十七条 参加基本养老保险的个人，因病或者非因工死亡的，其遗属可以领取丧葬补助金和抚恤金；在未达到法定退休年龄时因病或者非因工致残完全丧失劳动能力的，可以领取病残津贴。所需资金从基本养老保险基金中支付。

第十八条 国家建立基本养老金正常调整机制。根据职工平均工资增长、物价上涨情况，适时提高基本养老保险待遇水平。

第十九条 个人跨统筹地区就业的，其基本养老保险关系随本人转移，缴费年限累计计算。个人达到法定退休年龄时，基本养老金分段计算、统一支付。具体办法由国务院规定。

第二十条 国家建立和完善新型农村社会养老保险制度。

新型农村社会养老保险实行个人缴费、集体补助和政府补贴相结合。

第二十一条 新型农村社会养老保险待遇由基础养老金和个人账户养老金组成。

参加新型农村社会养老保险的农村居民，符合国家规定条件的，按月领取新型农村社会养老保险待遇。

第二十二条 国家建立和完善城镇居民社会养老保险制度。

省、自治区、直辖市人民政府根据实际情况，可以将城镇居民社会养老保险和新型农村社会养老保险合并实施。

第三章　基本医疗保险

第二十三条 职工应当参加职工基本医疗保险，由用人单位和职工按照国家规定共同缴纳基本医疗保险费。

无雇工的个体工商户、未在用人单位参加职工基本医疗保险的非全日制从业人员以及其他灵活就业人员可以参加职工基本医疗保险，由个人按照国家规定缴纳基本医疗保险费。

第二十四条 国家建立和完善新型农村合作医疗制度。

新型农村合作医疗的管理办法，由国务院规定。

第二十五条 国家建立和完善城镇居民基本医疗保险制度。

城镇居民基本医疗保险实行个人缴费和政府补贴相结合。

享受最低生活保障的人、丧失劳动能力的残疾人、低收入家庭六十周岁以上的老年人和未成年人等所需个人缴费部分，由政府给予补贴。

第二十六条 职工基本医疗保险、新型农村合作医疗和城镇居民基本医疗保险的待遇标准按照国家规定执行。

第二十七条 参加职工基本医疗保险的个人，达到法定退休年龄时累计缴费达到国家规定年限的，退休后不再缴纳基本医疗保险费，按照国家规定享受基本医疗保险待遇；未达到国家规定年限的，可以缴费至国家规定年限。

第二十八条 符合基本医疗保险药品目录、诊疗项目、医疗服务设施标准以及急诊、抢救的医疗费用，按照国家规定从基本医疗保险基金中支付。

第二十九条 参保人员医疗费用中应当由基本医疗保险基金支付的部分，由社会保险经办机构与医疗机构、药品经营单位直接结算。

社会保险行政部门和卫生行政部门应当建立异地就医医疗费用结算制度，方便参保人员享受基本医疗保险待遇。

第三十条 下列医疗费用不纳入基本医疗保险基金支付范围：

（一）应当从工伤保险基金中支付的；

（二）应当由第三人负担的；

（三）应当由公共卫生负担的；

（四）在境外就医的。

医疗费用依法应当由第三人负担，第三人不支付或者无法确定第三人的，由基本医疗保险基金先行支付。基本医疗保险基金先行支付后，有权向第三人追偿。

第三十一条 社会保险经办机构根据管理服务的需要，可以与医疗机构、药品经营单位签订服务协议，规范医疗服务行为。

医疗机构应当为参保人员提供合理、必要的医疗服务。

第三十二条 个人跨统筹地区就业的，其基本医疗保险关系随本人转移，缴费年限累计计算。

第四章　工伤保险

第三十三条 职工应当参加工伤保险，由用人单位缴纳工伤保险费，职工不缴纳工伤保险费。

第三十四条 国家根据不同行业的工伤风险程度确定行业的差别费率，

并根据使用工伤保险基金、工伤发生率等情况在每个行业内确定费率档次。行业差别费率和行业内费率档次由国务院社会保险行政部门制定，报国务院批准后公布施行。

社会保险经办机构根据用人单位使用工伤保险基金、工伤发生率和所属行业费率档次等情况，确定用人单位缴费费率。

第三十五条 用人单位应当按照本单位职工工资总额，根据社会保险经办机构确定的费率缴纳工伤保险费。

第三十六条 职工因工作原因受到事故伤害或者患职业病，且经工伤认定的，享受工伤保险待遇；其中，经劳动能力鉴定丧失劳动能力的，享受伤残待遇。

工伤认定和劳动能力鉴定应当简捷、方便。

第三十七条 职工因下列情形之一导致本人在工作中伤亡的，不认定为工伤：

（一）故意犯罪；

（二）醉酒或者吸毒；

（三）自残或者自杀；

（四）法律、行政法规规定的其他情形。

第三十八条 因工伤发生的下列费用，按照国家规定从工伤保险基金中支付：

（一）治疗工伤的医疗费用和康复费用；

（二）住院伙食补助费；

（三）到统筹地区以外就医的交通食宿费；

（四）安装配置伤残辅助器具所需费用；

（五）生活不能自理的，经劳动能力鉴定委员会确认的生活护理费；

（六）一次性伤残补助金和一至四级伤残职工按月领取的伤残津贴；

（七）终止或者解除劳动合同时，应当享受的一次性医疗补助金；

（八）因工死亡的，其遗属领取的丧葬补助金、供养亲属抚恤金和因工死亡补助金；

（九）劳动能力鉴定费。

第三十九条 因工伤发生的下列费用，按照国家规定由用人单位支付：

（一）治疗工伤期间的工资福利；

（二）五级、六级伤残职工按月领取的伤残津贴；

（三）终止或者解除劳动合同时，应当享受的一次性伤残就业补助金。

第四十条　工伤职工符合领取基本养老金条件的，停发伤残津贴，享受基本养老保险待遇。基本养老保险待遇低于伤残津贴的，从工伤保险基金中补足差额。

第四十一条　职工所在用人单位未依法缴纳工伤保险费，发生工伤事故的，由用人单位支付工伤保险待遇。用人单位不支付的，从工伤保险基金中先行支付。

从工伤保险基金中先行支付的工伤保险待遇应当由用人单位偿还。用人单位不偿还的，社会保险经办机构可以依照本法第六十三条的规定追偿。

第四十二条　由于第三人的原因造成工伤，第三人不支付工伤医疗费用或者无法确定第三人的，由工伤保险基金先行支付。工伤保险基金先行支付后，有权向第三人追偿。

第四十三条　工伤职工有下列情形之一的，停止享受工伤保险待遇：

（一）丧失享受待遇条件的；

（二）拒不接受劳动能力鉴定的；

（三）拒绝治疗的。

第五章　失业保险

第四十四条　职工应当参加失业保险，由用人单位和职工按照国家规定共同缴纳失业保险费。

第四十五条　失业人员符合下列条件的，从失业保险基金中领取失业保险金：

（一）失业前用人单位和本人已经缴纳失业保险费满一年的；

（二）非因本人意愿中断就业的；

（三）已经进行失业登记，并有求职要求的。

第四十六条　失业人员失业前用人单位和本人累计缴费满一年不足五年的，领取失业保险金的期限最长为十二个月；累计缴费满五年不足十年的，领取失业保险金的期限最长为十八个月；累计缴费十年以上的，领取失业保险金的期限最长为二十四个月。重新就业后，再次失业的，缴费时间重新计算，领取失业保险金的期限与前次失业应当领取而尚未领取的失业保险金的期限合并计算，最长不超过二十四个月。

第四十七条　失业保险金的标准，由省、自治区、直辖市人民政府确定，不得低于城市居民最低生活保障标准。

第四十八条 失业人员在领取失业保险金期间，参加职工基本医疗保险，享受基本医疗保险待遇。

失业人员应当缴纳的基本医疗保险费从失业保险基金中支付，个人不缴纳基本医疗保险费。

第四十九条 失业人员在领取失业保险金期间死亡的，参照当地对在职职工死亡的规定，向其遗属发给一次性丧葬补助金和抚恤金。所需资金从失业保险基金中支付。

个人死亡同时符合领取基本养老保险丧葬补助金、工伤保险丧葬补助金和失业保险丧葬补助金条件的，其遗属只能选择领取其中的一项。

第五十条 用人单位应当及时为失业人员出具终止或者解除劳动关系的证明，并将失业人员的名单自终止或者解除劳动关系之日起十五日内告知社会保险经办机构。

失业人员应当持本单位为其出具的终止或者解除劳动关系的证明，及时到指定的公共就业服务机构办理失业登记。

失业人员凭失业登记证明和个人身份证明，到社会保险经办机构办理领取失业保险金的手续。失业保险金领取期限自办理失业登记之日起计算。

第五十一条 失业人员在领取失业保险金期间有下列情形之一的，停止领取失业保险金，并同时停止享受其他失业保险待遇：

（一）重新就业的；

（二）应征服兵役的；

（三）移居境外的；

（四）享受基本养老保险待遇的；

（五）无正当理由，拒不接受当地人民政府指定部门或者机构介绍的适当工作或者提供的培训的。

第五十二条 职工跨统筹地区就业的，其失业保险关系随本人转移，缴费年限累计计算。

第六章 生育保险

第五十三条 职工应当参加生育保险，由用人单位按照国家规定缴纳生育保险费，职工不缴纳生育保险费。

第五十四条 用人单位已经缴纳生育保险费的，其职工享受生育保险待遇；职工未就业配偶按照国家规定享受生育医疗费用待遇。所需资金从生育保险基金中支付。

生育保险待遇包括生育医疗费用和生育津贴。

第五十五条 生育医疗费用包括下列各项：

（一）生育的医疗费用；

（二）计划生育的医疗费用；

（三）法律、法规规定的其他项目费用。

第五十六条 职工有下列情形之一的，可以按照国家规定享受生育津贴：

（一）女职工生育享受产假；

（二）享受计划生育手术休假；

（三）法律、法规规定的其他情形。

生育津贴按照职工所在用人单位上年度职工月平均工资计发。

第七章 社会保险费征缴

第五十七条 用人单位应当自成立之日起三十日内凭营业执照、登记证书或者单位印章，向当地社会保险经办机构申请办理社会保险登记。社会保险经办机构应当自收到申请之日起十五日内予以审核，发给社会保险登记证件。

用人单位的社会保险登记事项发生变更或者用人单位依法终止的，应当自变更或者终止之日起三十日内，到社会保险经办机构办理变更或者注销社会保险登记。

工商行政管理部门、民政部门和机构编制管理机关应当及时向社会保险经办机构通报用人单位的成立、终止情况，公安机关应当及时向社会保险经办机构通报个人的出生、死亡以及户口登记、迁移、注销等情况。

第五十八条 用人单位应当自用工之日起三十日内为其职工向社会保险经办机构申请办理社会保险登记。未办理社会保险登记的，由社会保险经办机构核定其应当缴纳的社会保险费。

自愿参加社会保险的无雇工的个体工商户、未在用人单位参加社会保险的非全日制从业人员以及其他灵活就业人员，应当向社会保险经办机构申请办理社会保险登记。

国家建立全国统一的个人社会保障号码。个人社会保障号码为公民身份号码。

第五十九条 县级以上人民政府加强社会保险费的征收工作。

社会保险费实行统一征收，实施步骤和具体办法由国务院规定。

第六十条 用人单位应当自行申报、按时足额缴纳社会保险费，非因不可抗力等法定事由不得缓缴、减免。职工应当缴纳的社会保险费由用人单位代扣代缴，用人单位应当按月将缴纳社会保险费的明细情况告知本人。

无雇工的个体工商户、未在用人单位参加社会保险的非全日制从业人员以及其他灵活就业人员，可以直接向社会保险费征收机构缴纳社会保险费。

第六十一条 社会保险费征收机构应当依法按时足额征收社会保险费，并将缴费情况定期告知用人单位和个人。

第六十二条 用人单位未按规定申报应当缴纳的社会保险费数额的，按照该单位上月缴费额的百分之一百一十确定应当缴纳数额；缴费单位补办申报手续后，由社会保险费征收机构按照规定结算。

第六十三条 用人单位未按时足额缴纳社会保险费的，由社会保险费征收机构责令其限期缴纳或者补足。

用人单位逾期仍未缴纳或者补足社会保险费的，社会保险费征收机构可以向银行和其他金融机构查询其存款账户；并可以申请县级以上有关行政部门作出划拨社会保险费的决定，书面通知其开户银行或者其他金融机构划拨社会保险费。用人单位账户余额少于应当缴纳的社会保险费的，社会保险费征收机构可以要求该用人单位提供担保，签订延期缴费协议。

用人单位未足额缴纳社会保险费且未提供担保的，社会保险费征收机构可以申请人民法院扣押、查封、拍卖其价值相当于应当缴纳社会保险费的财产，以拍卖所得抵缴社会保险费。

第八章 社会保险基金

第六十四条 社会保险基金包括基本养老保险基金、基本医疗保险基金、工伤保险基金、失业保险基金和生育保险基金。各项社会保险基金按照社会保险险种分别建账，分账核算，执行国家统一的会计制度。

社会保险基金专款专用，任何组织和个人不得侵占或者挪用。

基本养老保险基金逐步实行全国统筹，其他社会保险基金逐步实行省级统筹，具体时间、步骤由国务院规定。

第六十五条 社会保险基金通过预算实现收支平衡。

县级以上人民政府在社会保险基金出现支付不足时，给予补贴。

第六十六条 社会保险基金按照统筹层次设立预算。社会保险基金预算按照社会保险项目分别编制。

第六十七条 社会保险基金预算、决算草案的编制、审核和批准，依照法律和国务院规定执行。

第六十八条 社会保险基金存入财政专户，具体管理办法由国务院规定。

第六十九条 社会保险基金在保证安全的前提下，按照国务院规定投资运营实现保值增值。

社会保险基金不得违规投资运营，不得用于平衡其他政府预算，不得用于兴建、改建办公场所和支付人员经费、运行费用、管理费用，或者违反法律、行政法规规定挪作其他用途。

第七十条 社会保险经办机构应当定期向社会公布参加社会保险情况以及社会保险基金的收入、支出、结余和收益情况。

第七十一条 国家设立全国社会保障基金，由中央财政预算拨款以及国务院批准的其他方式筹集的资金构成，用于社会保障支出的补充、调剂。全国社会保障基金由全国社会保障基金管理运营机构负责管理运营，在保证安全的前提下实现保值增值。

全国社会保障基金应当定期向社会公布收支、管理和投资运营的情况。国务院财政部门、社会保险行政部门、审计机关对全国社会保障基金的收支、管理和投资运营情况实施监督。

第九章 社会保险经办

第七十二条 统筹地区设立社会保险经办机构。社会保险经办机构根据工作需要，经所在地的社会保险行政部门和机构编制管理机关批准，可以在本统筹地区设立分支机构和服务网点。

社会保险经办机构的人员经费和经办社会保险发生的基本运行费用、管理费用，由同级财政按照国家规定予以保障。

第七十三条 社会保险经办机构应当建立健全业务、财务、安全和风险管理制度。

社会保险经办机构应当按时足额支付社会保险待遇。

第七十四条 社会保险经办机构通过业务经办、统计、调查获取社会保险工作所需的数据，有关单位和个人应当及时、如实提供。

社会保险经办机构应当及时为用人单位建立档案，完整、准确地记录参加社会保险的人员、缴费等社会保险数据，妥善保管登记、申报的原始凭证和支付结算的会计凭证。

社会保险经办机构应当及时、完整、准确地记录参加社会保险的个人缴费和用人单位为其缴费，以及享受社会保险待遇等个人权益记录，定期将个人权益记录单免费寄送本人。

用人单位和个人可以免费向社会保险经办机构查询、核对其缴费和享受社会保险待遇记录，要求社会保险经办机构提供社会保险咨询等相关服务。

第七十五条 全国社会保险信息系统按照国家统一规划，由县级以上人民政府按照分级负责的原则共同建设。

第十章 社会保险监督

第七十六条 各级人民代表大会常务委员会听取和审议本级人民政府对社会保险基金的收支、管理、投资运营以及监督检查情况的专项工作报告，组织对本法实施情况的执法检查等，依法行使监督职权。

第七十七条 县级以上人民政府社会保险行政部门应当加强对用人单位和个人遵守社会保险法律、法规情况的监督检查。

社会保险行政部门实施监督检查时，被检查的用人单位和个人应当如实提供与社会保险有关的资料，不得拒绝检查或者谎报、瞒报。

第七十八条 财政部门、审计机关按照各自职责，对社会保险基金的收支、管理和投资运营情况实施监督。

第七十九条 社会保险行政部门对社会保险基金的收支、管理和投资运营情况进行监督检查，发现存在问题的，应当提出整改建议，依法作出处理决定或者向有关行政部门提出处理建议。社会保险基金检查结果应当定期向社会公布。

社会保险行政部门对社会保险基金实施监督检查，有权采取下列措施：

（一）查阅、记录、复制与社会保险基金收支、管理和投资运营相关的资料，对可能被转移、隐匿或者灭失的资料予以封存；

（二）询问与调查事项有关的单位和个人，要求其对与调查事项有关的问题作出说明、提供有关证明材料；

（三）对隐匿、转移、侵占、挪用社会保险基金的行为予以制止并责令改正。

第八十条 统筹地区人民政府成立由用人单位代表、参保人员代表，以及工会代表、专家等组成的社会保险监督委员会，掌握、分析社会保险基金的收支、管理和投资运营情况，对社会保险工作提出咨询意见和建议，实施社会监督。

社会保险经办机构应当定期向社会保险监督委员会汇报社会保险基金的收支、管理和投资运营情况。社会保险监督委员会可以聘请会计师事务所对社会保险基金的收支、管理和投资运营情况进行年度审计和专项审计。审计结果应当向社会公开。

社会保险监督委员会发现社会保险基金收支、管理和投资运营中存在问题的，有权提出改正建议；对社会保险经办机构及其工作人员的违法行为，有权向有关部门提出依法处理建议。

第八十一条 社会保险行政部门和其他有关行政部门、社会保险经办机构、社会保险费征收机构及其工作人员，应当依法为用人单位和个人的信息保密，不得以任何形式泄露。

第八十二条 任何组织或者个人有权对违反社会保险法律、法规的行为进行举报、投诉。

社会保险行政部门、卫生行政部门、社会保险经办机构、社会保险费征收机构和财政部门、审计机关对属于本部门、本机构职责范围的举报、投诉，应当依法处理；对不属于本部门、本机构职责范围的，应当书面通知并移交有权处理的部门、机构处理。有权处理的部门、机构应当及时处理，不得推诿。

第八十三条 用人单位或者个人认为社会保险费征收机构的行为侵害自己合法权益的，可以依法申请行政复议或者提起行政诉讼。

用人单位或者个人对社会保险经办机构不依法办理社会保险登记、核定社会保险费、支付社会保险待遇、办理社会保险转移接续手续或者侵害其他社会保险权益的行为，可以依法申请行政复议或者提起行政诉讼。

个人与所在用人单位发生社会保险争议的，可以依法申请调解、仲裁，提起诉讼。用人单位侵害个人社会保险权益的，个人也可以要求社会保险行政部门或者社会保险费征收机构依法处理。

第十一章 法律责任

第八十四条 用人单位不办理社会保险登记的，由社会保险行政部门责令限期改正；逾期不改正的，对用人单位处应缴社会保险费数额一倍以上三倍以下的罚款，对其直接负责的主管人员和其他直接责任人员处五百元以上三千元以下的罚款。

第八十五条 用人单位拒不出具终止或者解除劳动关系证明的，依照《中华人民共和国劳动合同法》的规定处理。

第八十六条 用人单位未按时足额缴纳社会保险费的，由社会保险费征收机构责令限期缴纳或者补足，并自欠缴之日起，按日加收万分之五的滞纳金；逾期仍不缴纳的，由有关行政部门处欠缴数额一倍以上三倍以下的罚款。

第八十七条 社会保险经办机构以及医疗机构、药品经营单位等社会保险服务机构以欺诈、伪造证明材料或者其他手段骗取社会保险基金支出的，由社会保险行政部门责令退回骗取的社会保险金，处骗取金额二倍以上五倍以下的罚款；属于社会保险服务机构的，解除服务协议；直接负责的主管人员和其他直接责任人员有执业资格的，依法吊销其执业资格。

第八十八条 以欺诈、伪造证明材料或者其他手段骗取社会保险待遇的，由社会保险行政部门责令退回骗取的社会保险金，处骗取金额二倍以上五倍以下的罚款。

第八十九条 社会保险经办机构及其工作人员有下列行为之一的，由社会保险行政部门责令改正；给社会保险基金、用人单位或者个人造成损失的，依法承担赔偿责任；对直接负责的主管人员和其他直接责任人员依法给予处分：

（一）未履行社会保险法定职责的；

（二）未将社会保险基金存入财政专户的；

（三）克扣或者拒不按时支付社会保险待遇的；

（四）丢失或者篡改缴费记录、享受社会保险待遇记录等社会保险数据、个人权益记录的；

（五）有违反社会保险法律、法规的其他行为的。

第九十条 社会保险费征收机构擅自更改社会保险费缴费基数、费率，导致少收或者多收社会保险费的，由有关行政部门责令其追缴应当缴纳的社会保险费或者退还不应当缴纳的社会保险费；对直接负责的主管人员和其他直接责任人员依法给予处分。

第九十一条 违反本法规定，隐匿、转移、侵占、挪用社会保险基金或者违规投资运营的，由社会保险行政部门、财政部门、审计机关责令追回；有违法所得的，没收违法所得；对直接负责的主管人员和其他直接责任人员依法给予处分。

第九十二条 社会保险行政部门和其他有关行政部门、社会保险经办机构、社会保险费征收机构及其工作人员泄露用人单位和个人信息的，对直接负责的主管人员和其他直接责任人员依法给予处分；给用人单位或者个人造成损失的，应当承担赔偿责任。

第九十三条 国家工作人员在社会保险管理、监督工作中滥用职权、玩忽职守、徇私舞弊的，依法给予处分。

第九十四条 违反本法规定，构成犯罪的，依法追究刑事责任。

第十二章 附 则

第九十五条 进城务工的农村居民依照本法规定参加社会保险。

第九十六条 征收农村集体所有的土地，应当足额安排被征地农民的社会保险费，按照国务院规定将被征地农民纳入相应的社会保险制度。

第九十七条 外国人在中国境内就业的，参照本法规定参加社会保险。

第九十八条 本法自2011年7月1日起施行。

实施《中华人民共和国社会保险法》若干规定

（人社部令［2011］第13号）

为了实施《中华人民共和国社会保险法》（以下简称社会保险法），制定本规定。

第一章 关于基本养老保险

第一条 社会保险法第十五条规定的统筹养老金，按照国务院规定的基础养老金计发办法计发。

第二条 参加职工基本养老保险的个人达到法定退休年龄时，累计缴费不足十五年的，可以延长缴费至满十五年。社会保险法实施前参保、延长缴费五年后仍不足十五年的，可以一次性缴费至满十五年。

第三条 参加职工基本养老保险的个人达到法定退休年龄后，累计缴费不足十五年（含依照第二条规定延长缴费）的，可以申请转入户籍所在地新型农村社会养老保险或者城镇居民社会养老保险，享受相应的养老保险待遇。

参加职工基本养老保险的个人达到法定退休年龄后，累计缴费不足十五年（含依照第二条规定延长缴费），且未转入新型农村社会养老保险或者城镇居民社会养老保险的，个人可以书面申请终止职工基本养老保险关系。社会保险经办机构收到申请后，应当书面告知其转入新型农村社会养老保险或者城镇居民社会养老保险的权利以及终止职工基本养老保险关系的后果，经本人书面确认后，终止其职工基本养老保险关系，并将个人账户储存额一次性支付给本人。

第四条 参加职工基本养老保险的个人跨省流动就业，达到法定退休年龄时累计缴费不足十五年的，按照《国务院办公厅关于转发人力资源社会保障部财政部城镇企业职工基本养老保险关系转移接续暂行办法的通知》（国办发［2009］66号）有关待遇领取地的规定确定继续缴费地后，按照本规定第二条办理。

第五条 参加职工基本养老保险的个人跨省流动就业，符合按月领取基本养老金条件时，基本养老金分段计算、统一支付的具体办法，按照《国务院办公厅关于转发人力资源社会保障部财政部城镇企业职工基本养老保险关系转移接续暂行办法的通知》（国办发［2009］66号）执行。

第六条 职工基本养老保险个人账户不得提前支取。个人在达到法定的领取基本养老金条件前离境定居的，其个人账户予以保留，达到法定领取条件时，按照国家规定享受相应的养老保险待遇。其中，丧失中华人民共和国国籍的，可以在其离境时或者离境后书面申请终止职工基本养老保险关系。社会保险经办机构收到申请后，应当书面告知其保留个人账户的权利以及终止职工基本养老保险关系的后果，经本人书面确认后，终止其职工基本养老保险关系，并将个人账户储存额一次性支付给本人。

参加职工基本养老保险的个人死亡后，其个人账户中的余额可以全部依法继承。

第二章 关于基本医疗保险

第七条 社会保险法第二十七条规定的退休人员享受基本医疗保险待遇的缴费年限按照各地规定执行。

参加职工基本医疗保险的个人，基本医疗保险关系转移接续时，基本医疗保险缴费年限累计计算。

第八条　参保人员在协议医疗机构发生的医疗费用，符合基本医疗保险药品目录、诊疗项目、医疗服务设施标准的，按照国家规定从基本医疗保险基金中支付。

参保人员确需急诊、抢救的，可以在非协议医疗机构就医；因抢救必须使用的药品可以适当放宽范围。参保人员急诊、抢救的医疗服务具体管理办法由统筹地区根据当地实际情况制定。

第三章　关于工伤保险

第九条　职工（包括非全日制从业人员）在两个或者两个以上用人单位同时就业的，各用人单位应当分别为职工缴纳工伤保险费。职工发生工伤，由职工受到伤害时工作的单位依法承担工伤保险责任。

第十条　社会保险法第三十七条第二项中的醉酒标准，按照《车辆驾驶人员血液、呼气酒精含量阈值与检验》（GB19522－2004）执行。公安机关交通管理部门、医疗机构等有关单位依法出具的检测结论、诊断证明等材料，可以作为认定醉酒的依据。

第十一条　社会保险法第三十八条第八项中的因工死亡补助金是指《工伤保险条例》第三十九条的一次性工亡补助金，标准为工伤发生时上一年度全国城镇居民人均可支配收入的20倍。

上一年度全国城镇居民人均可支配收入以国家统计局公布的数据为准。

第十二条　社会保险法第三十九条第一项治疗工伤期间的工资福利，按照《工伤保险条例》第三十三条有关职工在停工留薪期内应当享受的工资福利和护理等待遇的规定执行。

第四章　关于失业保险

第十三条　失业人员符合社会保险法第四十五条规定条件的，可以申请领取失业保险金并享受其他失业保险待遇。其中，非因本人意愿中断就业包括下列情形：

（一）依照劳动合同法第四十四条第一项、第四项、第五项规定终止劳动合同的；

（二）由用人单位依照劳动合同法第三十九条、第四十条、第四十一条规定解除劳动合同的；

（三）用人单位依照劳动合同法第三十六条规定向劳动者提出解除劳动合

同并与劳动者协商一致解除劳动合同的；

（四）由用人单位提出解除聘用合同或者被用人单位辞退、除名、开除的；

（五）劳动者本人依照劳动合同法第三十八条规定解除劳动合同的；

（六）法律、法规、规章规定的其他情形。

第十四条 失业人员领取失业保险金后重新就业的，再次失业时，缴费时间重新计算。失业人员因当期不符合失业保险金领取条件的，原有缴费时间予以保留，重新就业并参保的，缴费时间累计计算。

第十五条 失业人员在领取失业保险金期间，应当积极求职，接受职业介绍和职业培训。失业人员接受职业介绍、职业培训的补贴由失业保险基金按照规定支付。

第五章 关于基金管理和经办服务

第十六条 社会保险基金预算、决算草案的编制、审核和批准，依照《国务院关于试行社会保险基金预算的意见》（国发［2010］2号）的规定执行。

第十七条 社会保险经办机构应当每年至少一次将参保人员个人权益记录单通过邮寄方式寄送本人。同时，社会保险经办机构可以通过手机短信或者电子邮件等方式向参保人员发送个人权益记录。

第十八条 社会保险行政部门、社会保险经办机构及其工作人员应当依法为用人单位和个人的信息保密，不得违法向他人泄露下列信息：

（一）涉及用人单位商业秘密或者公开后可能损害用人单位合法利益的信息；

（二）涉及个人权益的信息。

第六章 关于法律责任

第十九条 用人单位在终止或者解除劳动合同时拒不向职工出具终止或者解除劳动关系证明，导致职工无法享受社会保险待遇的，用人单位应当依法承担赔偿责任。

第二十条 职工应当缴纳的社会保险费由用人单位代扣代缴。用人单位未依法代扣代缴的，由社会保险费征收机构责令用人单位限期代缴，并自欠缴之日起向用人单位按日加收万分之五的滞纳金。用人单位不得要求职工承担滞纳金。

第二十一条 用人单位因不可抗力造成生产经营出现严重困难的，经省级人民政府社会保险行政部门批准后，可以暂缓缴纳一定期限的社会保险费，期限一般不超过一年。暂缓缴费期间，免收滞纳金。到期后，用人单位应当缴纳相应的社会保险费。

第二十二条 用人单位按照社会保险法第六十三条的规定，提供担保并与社会保险费征收机构签订缓缴协议的，免收缓缴期间的滞纳金。

第二十三条 用人单位按照本规定第二十一条、第二十二条缓缴社会保险费期间，不影响其职工依法享受社会保险待遇。

第二十四条 用人单位未按月将缴纳社会保险费的明细情况告知职工本人的，由社会保险行政部门责令改正；逾期不改的，按照《劳动保障监察条例》第三十条的规定处理。

第二十五条 医疗机构、药品经营单位等社会保险服务机构以欺诈、伪造证明材料或者其他手段骗取社会保险基金支出的，由社会保险行政部门责令退回骗取的社会保险金，处骗取金额二倍以上五倍以下的罚款。对与社会保险经办机构签订服务协议的医疗机构、药品经营单位，由社会保险经办机构按照协议追究责任，情节严重的，可以解除与其签订的服务协议。对有执业资格的直接负责的主管人员和其他直接责任人员，由社会保险行政部门建议授予其执业资格的有关主管部门依法吊销其执业资格。

第二十六条 社会保险经办机构、社会保险费征收机构、社会保险基金投资运营机构、开设社会保险基金专户的机构和专户管理银行及其工作人员有下列违法情形的，由社会保险行政部门按照社会保险法第九十一条的规定查处：

（一）将应征和已征的社会保险基金，采取隐藏、非法放置等手段，未按规定征缴、入账的；

（二）违规将社会保险基金转入社会保险基金专户以外的账户的；

（三）侵吞社会保险基金的；

（四）将各项社会保险基金互相挤占或者其他社会保障基金挤占社会保险基金的；

（五）将社会保险基金用于平衡财政预算，兴建、改建办公场所和支付人员经费、运行费用、管理费用的；

（六）违反国家规定的投资运营政策的。

第七章 其 他

第二十七条 职工与所在用人单位发生社会保险争议的，可以依照《中华人民共和国劳动争议调解仲裁法》、《劳动人事争议仲裁办案规则》的规定，申请调解、仲裁，提起诉讼。

职工认为用人单位有未按时足额为其缴纳社会保险费等侵害其社会保险权益行为的，也可以要求社会保险行政部门或者社会保险费征收机构依法处理。社会保险行政部门或者社会保险费征收机构应当按照社会保险法和《劳动保障监察条例》等相关规定处理。在处理过程中，用人单位对双方的劳动关系提出异议的，社会保险行政部门应当依法查明相关事实后继续处理。

第二十八条 在社会保险经办机构征收社会保险费的地区，社会保险行政部门应当依法履行社会保险法第六十三条所规定的有关行政部门的职责。

第二十九条 2011 年 7 月 1 日后对用人单位未按时足额缴纳社会保险费的处理，按照社会保险法和本规定执行；对 2011 年 7 月 1 日前发生的用人单位未按时足额缴纳社会保险费的行为，按照国家和地方人民政府的有关规定执行。

第三十条 本规定自 2011 年 7 月 1 日起施行。

二〇一一年六月二十九日

人力资源和社会保障部 财政部关于做好 2010 年城镇居民基本医疗保险工作的通知

（人社部发［2010］39 号）

各省、自治区、直辖市人力资源社会保障厅（局）、财政厅（局），新疆生产建设兵团劳动保障局、财务局：

2009 年，城镇居民基本医疗保险（以下简称城镇居民医保）制度在全国所有城市全面建立，参保人数继续快速增加，待遇水平进一步提高，城镇居民医保工作取得良好成效。为进一步贯彻落实《中共中央国务院关于深化医药卫生体制改革的意见》（中发［2009］6 号）和《国务院关于印发医药卫生体制改革近期重点实施方案（2009—2011 年）的通知》（国发［2009］12 号）的有关精神，做好 2010 年城镇居民医保工作，现就有关问题通知如下：

一、完善参保政策，巩固扩大覆盖面

2010 年各地要在全面建立城镇居民医保制度的基础上，巩固和扩大覆盖面，提高参保率，城镇居民医保参保率要达到 80%，有条件的地方要力争达到 90%，并将在校大学生全部纳入城镇居民医保。

各地要适应就业形式多样化和人员流动加剧、城镇化速度加快的形势，在鼓励灵活就业人员参加城镇职工基本医疗保险的基础上，采取有效措施，落实符合条件的灵活就业人员、农民工等流动就业人员可以选择参加城镇居民医疗保险的有关政策。对自愿选择参加城镇居民医保的灵活就业人员和农民工，不得以户籍等原因设置参保障碍。与此同时，各地要确定简捷规范的工作程序，做好保险关系的转移接续工作，方便灵活就业人员、农民工等流动就业人员参保和享受待遇。

要进一步推进大学生参保工作。各级人力资源社会保障部门要加强与有关部门的协调配合，充分发挥高校组织参保的作用。鼓励有经济负担能力的大学生参加商业医疗保险，并切实做好居民医保与商业保险的衔接，通过多层次保障体系，提高大学生医疗保障水平。

要着力探索缴费年限与待遇水平挂钩办法，有条件的地区要探索在较大范围内统一不同医保制度间缴费年限换算累计等办法，鼓励居民积极连续参保。

二、提高财政补助标准，健全筹资机制

2010 年各级财政对城镇居民医保的补助标准提高到每人每年不低于 120 元，其中中央财政对中西部地区按人均 60 元给予补助，对东部地区的补助标准同比例提高。地方财政负担确有困难的，提高补助标准可以分两年到位。省财政要切实负起责任，加大对困难市县的补助力度。要按照高校的隶属关系落实各级财政对于公办、民办和企业办高校学生参保的财政补助。各地要通过医疗救助等渠道，加大对各类困难人群的帮助力度，确保困难人群参保。各级财政部门要按照国家规定的补助标准安排预算，按有关规定及时足额拨付补助资金，不得滞拨、缓拨。

在财政补助标准提高的同时，各地要根据经济发展、城镇居民可支配收入等情况，适当提高个人缴费水平。要按照《国务院关于开展城镇居民基本医疗保险试点的指导意见》（国发［2007］20号）的精神，进一步完善筹资政策。

三、提高待遇水平，逐步减轻参保人员个人负担

在提高筹资标准基础上，各地要按照以收定支、收支平衡、略有结余的原则，立足于减轻居民医疗费用负担，科学测算，合理提高城镇居民医保待遇水平。

要坚持基本保障，适当提高基层医疗卫生机构医疗费用基金支付比例，引导参保人员到基层医疗卫生机构就医。重点解决大病重病患者的医疗费用负担过重问题。要逐步缩小地区间、制度间待遇差距，体现制度公平性。

提高待遇水平要优先考虑提高基金最高支付限额，减轻大病重病患者的医药费用负担，2010年居民医保基金最高支付限额要提高到居民可支配收入的6倍以上。要逐步提高住院医疗费用基金支付比例，原则上参保人员住院政策范围内医疗费用基金支付比例要达到60%，二级（含）以下医疗机构住院政策范围内医疗费用基金支付比例要达到70%。各地要按照《关于开展城镇居民基本医疗保险门诊统筹的指导意见》（人社部发［2009］66号）要求开展门诊统筹工作，今年要在60%的统筹地区建立城镇居民医保门诊统筹。医疗保险基金结余较多的地方，可采取多种方式，加大对医疗负担过重的大病重病患者的保障力度。对儿童重大疾病患者，可以通过探索到指定医疗机构诊治、医疗保险基金对医疗机构按病种限额或定额结算、适当降低个人自付比例等方式，进一步减轻个人负担。

要将城镇居民医保参保人员住院分娩和产前检查发生的符合规定的医疗费用纳入城镇居民医保基金支付范围。

四、加强医疗保险管理，提升经办能力和水平

要切实加强基金管理，认真执行《关于加强城镇居民基本医疗保险基金和财政补助资金管理有关问题的通知》（财社［2008］116号）和《关于进一步加强基本医疗保险基金管理的指导意见》（人社部发［2009］67号），严格掌握基金支付范围，居民医保基金只能用于参保人员住院和门急诊医疗服务费用支出。要做好基金会计核算和统计分析工作，建立基金运行情况分析和

风险预警制度，合理确定基金结余水平。要强化基金监管，加大监督检查力度，杜绝挤占、挪用、骗取基金等违法违规行为，确保基金安全运行。要逐步提高统筹层次，提升基金共济能力。

要强化医疗保险医疗服务管理。进一步完善就医引导机制，结合开展门诊统筹工作，将符合条件的基层医疗卫生机构纳入基本医疗保险定点范围，有条件的地方要探索建立首诊和双向转诊制度，充分发挥基层医疗卫生机构作用。根据各地基金承受能力，合理确定基金支付范围。要将自费药品和诊疗项目的控制指标纳入协议管理范围。完善费用结算办法，加快推进按病种、按人头付费、总额预付等支付方式改革，充分利用有关部门制定的临床路径等标准，合理确定结算标准。对实施基本药物零差率销售的医疗机构，可通过购买服务的方式，对其取消药品加成减少的收入给予合理补偿。要完善定点医疗机构考核评价体系，合理确定考核指标，实行定点医疗机构的分级管理，引导医疗机构加强内部管理、控制服务成本。要强化监督检查，探索建立医疗服务违规行为举报奖励制度，发挥社会监督作用。

要统筹加强社区服务平台建设，提升城镇居民基本医疗保险经办服务能力，对社区和学校应参保人员进行全面登记，了解掌握参保人员情况。要按照权利义务相对等的原则，设立更为灵活的缴费时间和待遇享受时间，方便居民参保和待遇享受。要规范管理服务行为，制定高效合理的经办服务流程，及时发放医疗保险证等凭证。要进一步加强信息系统建设，80%以上的统筹地区要实现医疗保险经办机构与定点医疗机构和定点药店的直接结算。要切实按照规定，加强区域间、不同医疗保险制度间经办机构协作，做好参保人员异地就医和医疗保险关系转移的管理服务工作。

今年是完成深化医药卫生体制改革近期重点工作目标，巩固和完善城镇居民医保制度的关键一年。各地要按照深化医药卫生体制改革的总体要求，坚持统筹协调，做好城镇居民医疗保险制度与其他医疗保障制度、相关医药卫生体制改革制度的衔接，有条件的地方，要积极探索城乡一体化的基本医疗保障管理制度。要精心组织，周密安排，抓好落实。各省（区、市）要切实承担责任，制定工作方案，加大对统筹地区的指导和监督。各统筹地区要制订具体实施计划，确保完成各项工作任务。人力资源和社会保障部、财政部将对各地工作落实情况适时进行督察。各地要加强宣传工作，坚持正确的舆论导向，合理引导社会预期。要注重制度和机制创新，积极探索解决工作推进中遇到的问题，重大事项要及时上报。

人力资源和社会保障部

财政部

二〇一〇年六月一日

关于实行基本医疗保险定点医疗机构分级管理的意见

（人社厅发［2010］9 号）

各省、自治区、直辖市人力资源社会保障（劳动保障）厅（局），新疆生产建设兵团劳动保障局：

城镇职工基本医疗保险和城镇居民基本医疗保险制度实施以来，各地普遍建立了定点医疗机构协议管理制度，一些地区探索了依据协议对定点医疗机构的考核评价机制，对规范和引导定点医疗机构的医疗服务行为、抑制医疗费用过快增长、合理使用基本医疗保险基金起到了积极作用。但各地的具体做法、考核内容、评价标准差异较大。《中共中央国务院关于深化医药卫生体制改革的意见》（中发［2009］6 号）要求“强化医疗保障对医疗服务的监控作用”，“建立激励与惩戒并重的有效约束机制”；《国务院关于印发医药卫生体制改革近期重点实施方案的通知（2009—2011 年）》（国发［2009］12 号）也要求“探索建立由卫生行政部门、医疗保险机构、社会评估机构、群众代表和专家参与的公立医院质量监管和评价制度”。为贯彻落实党中央、国务院的要求，进一步加强医疗保险对医疗服务的监督制约作用，总结各地经验，现就实行基本医疗保险定点医疗机构分级管理提出如下意见：

一、凡人力资源社会保障部门负责管理的基本医疗保险，都应逐步实行对定点医疗机构的分级管理制度。工作目标是，建立基本医疗保险对医疗服务的监督评价体系，形成对定点医疗机构有效的激励约束机制，促进医疗服务质量提高，控制医疗费用不合理增长，保证参保人员得到合理的医疗服务。

二、定点医疗机构分级管理是对定点医疗机构按不同类别和级别分别确定评价内容和指标，并纳入履行医疗服务协议的考核，依据考核情况，将定点医疗机构分为4个等级（AAA级、AA级、A级、无级别），并实施相应的管理措施。各地可从二级以上定点医疗机构评价起步，有条件的地区也可以积极探索对社区卫生服务机构及其他基层医疗服务机构的评价与分级管理办法。

三、定点医疗机构评价的主要内容是，落实医疗保险政策法规及医疗服务协议履行情况，包括就医管理、医疗服务质量管理、医疗费用结算管理、目录管理、信息系统管理、医疗保险基础管理及社会监督等方面。AAA级、AA级和A级评价指标和标准由各省（区、市）结合《基本医疗保险定点医疗机构评价参考指标》（见附件）和当地实际情况确定。评价重点指标应全部纳入AAA级、AA级和A级评价指标范围。

四、定点医疗机构评价和分级管理要体现参保人员的关切。各地在开展评价工作时，必须进行参保人员满意度调查，充分考虑参保人员的意见。

五、定点医疗机构评价分级分为制定评价指标、审核、评定、公示、备案、公布等工作环节，所有程序均应坚持公开、公平、公正的原则。

定点医疗机构评价分级从A级起步，A级每年评价一次。连续两次评为A级的，可参加AA级评定，已开展分级管理的地区可直接启动AA级评定工作；连续两次评为AA级的，可参加AAA级评定。A级的资格审核和评价由市（地）级负责；AA级和AAA级由市（地）级推荐，省级统一组织协调。

评价结果在人力资源社会保障网站及当地主要媒体上公示；评价指标、标准和评价结果报送上一级医疗保险经办机构备案；评价结果以多种形式向社会公布。

六、定点医疗机构评价分级标准要坚持统一规范，评定为AAA级、AA级、A级的定点医疗机构各项指标综合评价应分别为全省、全市（地）同级同类医疗机构领先水平。AAA级、AA级、A级定点医疗机构的评定数量应兼顾地区发展水平、定点医疗机构分布和类别级别构成等因素，起步阶段，原则上不超过本地二级以上定点医疗机构总数的2%、10%、20%。

七、实行定点医疗机构分级激励机制。医疗保险经办机构对评定为A级以上的定点医疗机构可采取相应的激励措施，促进定点医疗机构实现自我管理、自我约束，如放宽参保人员定点选择限制、提高预付比例、适当提高总额预付资金分配标准、优先结算、简化费用审核与结算程序等。各地要将评定级别较高的定点医疗机构优先作为国内、省内参保人员异地就医的定点医疗机构。

对评定级别较高的定点医疗机构，要采取以医疗机构自我管理为主与不定期的检查、抽查相结合的方式进行监督管理。对未获得级别的定点医疗机构，要加大监督检查力度。

八、建立定点医疗机构分级退出机制。对已获得级别的医疗机构，由评定机构进行跟踪监管。如有严重违规行为，或受到相关部门处理以及在考核评价时有弄虚作假等行为的，可以降低评定级别或取消评定资格，情节特别严重的，可中止、取消医疗服务协议，直至取消定点资格。在年度评价分级中，一次达不到A级的，应取消AA级或AAA级资格。定点医疗机构分级管理有关信息应定期向社会公布。

九、各省（区、市）人力资源社会保障部门要切实提高认识，加强领导，精心组织，拟定实施办法，稳步推进分级管理工作。省级医疗保险机构要全面加强对各市（地）的组织推动和督促检查工作，指导市（地）级医疗保险机构开展定点医疗机构的分级管理工作。

各地要认真研究工作中出现的新情况、新问题，积极探索解决办法，重要情况及时报告。各省（区、市）实施办法要报人力资源社会保障部备案。

附件：基本医疗保险定点医疗机构评价参考指标（略）。

二〇一〇年一月二十八日

卫生部办公厅关于推进乡村卫生服务一体化管理的意见

（卫办农卫发［2010］48号）

各省、自治区、直辖市卫生厅局，新疆生产建设兵团卫生局：

为贯彻落实《中共中央国务院关于深化医药卫生体制改革的意见》（中发［2009］6号）精神，现就乡村卫生服务一体化管理（以下简称乡村一体化管理）工作提出如下意见。

一、目的和意义

按照深化医药卫生体制改革总体部署，积极推进乡村一体化管理。通过实行乡村一体化管理，合理规划和配置乡村卫生资源，规范服务行为，提高服务能力，促进新农合制度的巩固和完善，推动农村医疗卫生事业健康持续发展，满足广大农村居民的医疗卫生需求。

二、主要内容

乡村一体化管理是指在县级卫生行政部门统一规划和组织实施下，以乡镇为范围，对乡镇卫生院和村卫生室的行政、业务、药械、财务和绩效考核等方面予以规范的管理体制。在乡村一体化管理中，乡镇卫生院受县级卫生行政部门的委托，负责履行本辖区内卫生管理职责，在向农民提供公共卫生服务和常见病、多发病的诊疗等综合服务的同时，承担对村卫生室的管理和指导职能；村卫生室承担行政村的公共卫生服务及一般疾病的初级诊治等工作。

乡村一体化管理的主要内容包括：

（一）加强机构的设置规划与建设。根据区域卫生规划和医疗机构设置规划，综合考虑辖区服务人口、农民需求以及地理条件，本着方便群众和优化卫生资源配置的原则，合理设置乡镇卫生院和村卫生室。每个乡镇至少要有一所政府举办的卫生院。因乡镇撤并造成当地居民就医不方便的地方，可设立卫生院分院。中心卫生院与一般卫生院的比例宜控制在1∶3—4，县城所在地一般不设中心卫生院。国家采取多种形式支持村卫生室建设，原则上，每个行政村应有一所村卫生室。对村型较大，人口较多，自然村较为分散的行政村，可酌情增设村卫生室；对人口较少的行政村可合并设立村卫生室；乡镇卫生院所在地的行政村原则上可不再设立村卫生室。乡镇卫生院、村卫生室的房屋和基本装备要按照国家规定的标准，合理规划与配备，提高乡镇卫生院和村卫生室服务能力，保证乡镇卫生院和村卫生室发挥应有的功能。

村卫生室的设置应当由能够独立承担民事责任的单位或个人按照《医疗机构管理条例》和《医疗机构管理条例实施细则》有关规定申请，其法人代表根据国家有关法律法规承担相应的法律责任。

（二）加强人员的准入与执业管理。乡镇卫生院和村卫生室卫生技术人员执业应当达到《执业医师法》和《乡村医生从业管理条例》（以下简称《条例》）规定的条件。新进入村卫生室的人员应当具备执业助理医师及以上资格，对暂时达不到这一要求的村卫生室人员，按照《条例》有关要求，由省（自治区、直辖市）人民政府根据实际需要制定具体办法。按照《执业医师法》和《条例》等有关法律法规，加强对乡镇卫生院和村卫生室卫生人员的执业准入管理。从事医疗、护理、公共卫生等卫生专业技术人员必须经卫生行政部门注册并在规定的范围内执业。

乡镇卫生院和村卫生室人员实行聘用制，建立能进能出的人力资源管理制度。选择具有一定管理水平和专业素质的人员担任乡镇卫生院院长和村卫生室负责人。

（三）加强业务管理。建立健全乡镇卫生院和村卫生室的规章制度和业务技术流程，严格规范诊疗行为，做到规范服务，记录完整。加强服务质量管理，采取积极措施，预防医疗差错和事故，确保医疗安全。积极推动乡镇卫生院和村卫生室使用适宜技术、适宜设备和基本药物。乡镇卫生院和村卫生室要按照要求，为农村居民提供规范的国家基本公共卫生服务，协助专业机构落实重大公共卫生项目。

建立健全乡镇卫生院和村卫生室卫生技术人员继续教育和培训制度。支持乡村医生参加医学学历教育，鼓励符合条件的乡村医生参加执业（助理）医师资格考试。乡镇卫生院和村卫生室卫生技术人员应当定期到上级医疗卫生机构进修学习，积极参加岗位培训，不断更新知识，提高专业技术水平。乡镇卫生院要制订村卫生室从业人员培训计划，通过业务讲座、临床带教和例会等多种方式加强对村卫生室的业务指导，切实提高村卫生室从业人员的业务技术水平。

乡镇卫生院和村卫生室要转变服务模式，注重公共卫生服务，贯彻落实预防为主的卫生工作方针，组织医务人员实行上门服务，主动服务，加强对农村居民的健康管理。

（四）加强药械管理。按照统一部署，逐步实施国家基本药物制度。乡镇卫生院和村卫生室使用配备的国家基本药物和省内增补的非目录药品由省级人民政府指定的机构公开招标采购，并由中标企业统一配送。禁止乡镇卫生院和村卫生室从非法渠道购进药品。县级卫生行政部门要加强对乡镇卫生院和村卫生室人员合理用药的教育、培训和日常监督管理，切实维护群众用药安全。

按照国家有关规定，加强乡镇卫生院和村卫生室医疗器械的购置、使用和管理。

（五）加强财务管理。乡镇卫生院和村卫生室应当严格执行国家规定的财务会计制度，规范会计核算和财务管理，加强对经济活动的控制和监督，完善财务管理体制。做到收费有单据、账目有记录、支出有凭证，要公开医疗服务和药品收费项目及价格。县级卫生行政部门要定期开展对乡、村医疗卫生人员财务管理有关规定的教育和培训，树立正确财务理念，提高财务管理水平。

（六）加强绩效考核。要制定乡镇卫生院和村卫生室的绩效考核办法，建立以服务质量和服务数量为核心、以岗位责任与绩效为基础的考核和激励机制，调动人员积极性，促进乡、村卫生机构运行机制的转变。由县级卫生行政部门定期组织对乡镇卫生院的业务技术和医德医风等进行考核，考核结果记入个人业务档案。乡镇卫生院在县级卫生行政部门的统一组织下，做好对村卫生室的考核工作。对乡镇卫生院和村卫生室的考核结果作为补助经费的发放依据。

鼓励有条件的地方，逐步实行村卫生室由政府或集体举办，乡村医生在暂不改变农民身份的前提下实行聘用制，并在村卫生室执业，乡村医生的业务收入、社会保障和村卫生室的资产纳入乡镇卫生院统一管理。

三、完善组织领导

各地在实施乡村一体化管理过程中，要及时总结一体化管理经验，逐步完善制度建设。采取积极措施，切实保护好乡村医生的合法权益，不得向村卫生室和乡村医生收取国家规定以外的任何费用。县级卫生行政部门要在当地党委政府统一领导下，主动征得有关部门的支持，通过实行乡村一体化管理，促进乡镇卫生院和村卫生室共同发展，确保为农村居民提供安全、有效、方便、价廉的基本医疗卫生服务，切实推动医改各项任务在农村的落实和医改目标的顺利实现。

二〇一〇年三月三十一日

关于开展提高农村儿童重大疾病医疗保障水平试点工作的意见

（卫农卫发［2010］53号）

各省、自治区、直辖市卫生厅局、民政厅局：

为贯彻《中共中央 国务院关于深化医药卫生体制改革的意见》（中发［2009］6号）精神，落实《国务院关于印发医药卫生体制改革近期重点实施方案（2009—2011年）的通知》（国发［2009］12号）要求，进一步提高农村居民医疗保障水平，探索减轻农民重大疾病负担的有效途径，现决定开展提高农村儿童重大疾病医疗保障水平试点工作，具体意见如下：

一、指导思想

在保持新型农村合作医疗（以下简称“新农合”）和医疗救助制度健康发展并使广大农村居民公平享有的基础上，优先选择几种危及儿童生命健康、医疗费用高、经积极治疗预后较好的重大疾病开展试点，通过新农合和医疗救助等各项医疗保障制度的紧密结合，探索有效的补偿和支付办法，提高对重大疾病的医疗保障水平。各省（区、市）要在试点基础上逐步探索建立新农合重大疾病医疗补偿办法，进一步缓解农村居民重大疾病的经济负担。

二、基本原则

量力而行，稳步推进。根据基金支付能力，稳步推进试点工作。以儿童为重点，优先选择个别重大疾病在部分县（市）开展试点。

加强衔接，合力保障。对试点的重大疾病，要将提高新农合补偿水平与提高医疗救助水平紧密结合，有效提高保障能力。

规范方案，合理补偿。各省（区、市）对试点疾病的补偿模式应相对统一，新农合、医疗救助、患者家庭合理分担医疗费用，有效缓解患者的疾病经济负担。

三、合理确定试点地区和疾病

各省（区、市）结合实际，并结合公立医院改革试点工作，在本辖区内选择2—3个参合人口多、信息化管理能力较强、已经开展省、市级定点医疗机构即时结报工作和医疗救助“一站式”服务的县（市）开展试点工作。

试点工作可先从解决0—14周岁（含14周岁）儿童所患急性白血病和先天性心脏病两类重大疾病入手，优先选择儿童急性淋巴细胞白血病、儿童急性早幼粒细胞白血病、儿童先天性房间隔缺损、儿童先天性室间隔缺损、儿童先天性动脉导管未闭、儿童先天性肺动脉瓣狭窄等6个病种进行试点。

各省（区、市）也可根据基金支付能力，适当增加试点病种。增加试点病种应考虑基金的使用效益，同时兼顾基金使用的公平性。

四、明确救治医院

各地应根据试点疾病，由省级卫生行政部门在本辖区内选择具备诊治条件、诊疗技术水平高的省、市级新农合定点医疗机构作为选定病种的救治医院，并与救治医院签署定点医疗服务协议。县级新农合定点医疗机构确具备诊疗条件和能力的，也可选作试点病种的救治医院。

省级卫生行政部门要根据卫生部印发的相关病种临床路径、临床技术操作规范或诊疗指南，确定试点病种的标准化诊疗方案，并依据诊疗方案和定点医疗服务协议，规范救治医院的医疗服务行为，加强监管，有效控制试点病种的诊疗费用。

五、完善医疗费用补偿办法

各省（区、市）要根据试点病种的标准化诊疗方案，测算并限定相应病种的合理诊疗费用。新农合和医疗救助基金在限定费用的基础上，实行按病种付费，明显提高报销比例。原则上，新农合对试点病种的补偿比例应达到本省（区、市）限定费用的70%左右，医疗救助对符合条件的患者再行补偿，补偿比例不低于限定费用的20%。参合患者在本省（区、市）内相应的定点医疗机构诊疗，享受规定的补偿。

六、改善医疗保障服务管理

各级新农合经办机构应遵循便民、利民的原则，及时做好参合农民的转诊工作，简化并规范试点疾病的结算报销流程。实行新农合定点医疗机构即时结报，并与医疗救助“一站式”服务，方便参合人员及时得到补偿。要简化定点医疗机构的相关结算程序，及时结算医疗机构的垫付资金。

七、认真组织实施试点工作

各级卫生行政部门要切实重视试点工作的开展，认真做好各项组织工作。各省级卫生行政部门要会同民政部门制定提高农村儿童重大疾病医疗保障水平试点的具体实施方案，确定试点县（市）。各试点县（市）要在信息系统支持、经办服务等方面做好相应的准备工作，同时做好试点工作的宣传。

各省级卫生、民政部门在开展试点工作的同时，应当积极争取本地区红十字会或慈善救助等组织对试点疾病补偿工作的支持，在项目开展、基金使用、救助对象等方面与基本医疗保障制度相衔接，形成救助合力，探索建立多层次的农村基本医疗保障体系，通过多渠道筹资，共同提高保障水平。

请各省（区、市）卫生、民政部门尽快组织实施，并于2010年7月31日前将试点县（市）名单及试点实施方案报卫生部、民政部备案。

二〇一〇年六月七日

卫生部 人力资源和社会保障部 民政部 财政部 中国残联关于将部分医疗康复项目纳入基本医疗保障范围的通知

（卫农卫发［2010］80号）

各省、自治区、直辖市卫生厅局、人力资源社会保障厅局、民政厅局、财政厅局、残联：

随着我国城乡居民基本医疗保障体系的建立和发展，一些地方逐步把部分医疗康复项目纳入基本医疗保障范围，使残疾人的康复服务得到明显改善。但是，由于各地医疗保障筹资水平不同，支付的项目数量有差别，部分地方的残疾人医疗康复费用负担仍然较重。为贯彻落实《中共中央国务院关于促进残疾人事业发展的意见》（中发［2008］7号）和《中共中央国务院关于深化医药卫生体制改革的意见》（中发［2009］6号）精神，更好地保障参保（参合）人员特别是残疾人的基本康复需求，提高基本医疗保障水平，现就有关事项通知如下：

一、将部分医疗康复项目纳入基本医疗保障范围

各省（区、市）要把以治疗性康复为目的的运动疗法等9项医疗康复项目（见附件）纳入基本医疗保障范围，自2011年1月1日起分别由城镇职工基本医疗保险、城镇居民基本医疗保险（以下简称城镇医保）、新型农村合作医疗（以下简称新农合）基金按规定比例给予支付。各省（区、市）已经纳入相应基本医疗保障支付范围的其他医疗康复项目应当继续保留，有条件的

地区可根据基金承受能力，按照保障基本需求的原则，适当增加纳入基本医疗保障范围的医疗康复项目，增加的项目应当从《全国医疗服务价格项目规范》中选择。随着经济社会的发展，各省（区、市）应当积极推进残疾人康复事业，逐步增加纳入基本医疗保障范围的医疗康复项目。

二、加强医疗康复项目支付管理

各省（区、市）要严格限定医疗康复项目的适用人群及条件，在相应定点医疗机构中选择具有康复医学诊疗资质的医疗机构，由取得专业技术资格的康复医学或康复医学治疗技术人员（含中医人员）提供服务。纳入基本医疗保障范围的医疗康复项目，其项目内涵、除外内容、计价单位等参照《全国医疗服务价格项目规范》有关规定执行。各级城镇医保、新农合经办机构应当依据定点医疗服务协议，加强对定点医疗机构的监督检查，加强对结算报销关键环节的审核，对参保（参合）人员在限定支付范围内的医疗康复费用安装当地支付标准（补偿方案）给予支付。对超过规定支付时限的患者，由具有康复医学诊疗资质的医疗机构评估并认为确有必要，经城镇医保、新农合经办机构审核同意后，可适当延长支付时限。各省（区、市）可对医疗康复项目的限定支付范围进行适当调整。要制定相应的管理办法，做好医疗康复项目管理工作。

三、做好与现行城镇医保医疗服务项目管理政策的衔接

各省（区、市）要做好与现行基本医疗保障医疗服务项目管理政策的衔接，将以往按照“排除法”管理的城镇医疗康复项目改为“准入法”管理。对医疗康复项目以外的其他医疗服务项目（包括中医医疗服务项目），各地可继续按照《关于印发城镇职工基本医疗保险诊疗项目管理、医疗服务设施范围和支付标准意见的通知》（劳社部发［1999］22号）的有关规定，采取“排除法”管理。已经探索按照“准入法”管理医疗服务项目的地区，也要按照本通知精神进一步完善相关管理政策。

四、做好相关部门之间的协调配合

各省（区、市）要指导各地认真调研、摸清底数，做好支付标准（补偿方案）的测算和调整工作，通过多层次的基本医疗保障体系，提高残疾人的医疗保障水平。各级民政部门要对符合救助条件的残疾人，在城镇医保、新农合补

偿的基础上按照规定给予医疗救助，做好城乡医疗救助与城镇基本医保及新农合制度的衔接。各级财政部门对已经纳入基本医疗保障范围的医疗康复项目，可相应或逐步调整财政专项资助。各级残联要加强并积极争取社会力量对残疾人的医疗救助。各相关部门要加强协作，相互配合，确保工作顺利实施。

附件：国家基本医疗保障医疗康复项目。

二〇一〇年九月六日

附件：

国家基本医疗保障医疗康复项目

序号	项目名称	限定支付范围
1	运动疗法	限器质性病变导致的肌力、关节活动度和平衡功能障碍的患者，1个疾病过程支付不超过3个月；每日支付不超过2次（包括项目合并计算）。与偏瘫、脑瘫或截瘫肢体综合训练同时使用时只支付其中1项。
2	偏瘫肢体综合训练	1个疾病过程支付不超过3个月。与运动疗法同时使用时只支付其中1项。
3	脑瘫肢体综合训练	限儿童。3岁以前，每年支付不超过6个月；3岁以后，每年支付不超过3个月。支付总年限不超过5年。与运动疗法同时使用时只支付其中1项。
4	截瘫肢体综合训练	1个疾病过程支付不超过3个月。与运动疗法同时使用时只支付其中1项。
5	作业疗法	限器质性病变导致的生活、工作能力障碍。1个疾病过程支付不超过3个月；每日支付不超过1次。
6	认知知觉功能障碍训练	限器质性病变导致的认知知觉功能障碍。1个疾病过程支付不超过3个月。
7	言语训练	限器质性病变导致的中、重度语言障碍。1个疾病过程支付不超过3个月；每日支付不超过1次。
8	吞咽功能障碍训练	限中、重度功能障碍；限三级医院康复科或康复专科医院使用。1个疾病过程支付不超过3个月。
9	日常生活能力评定	限本目录所列康复项目在具体实施中涉及的日常生活能力评定。1个疾病过程支付不超过4次。

国务院办公厅关于印发《医药卫生体制五项重点改革2011年度主要工作安排》的通知

（国办发［2011］8号）

各省、自治区、直辖市人民政府，国务院有关部门：

《医药卫生体制五项重点改革2011年度主要工作安排》（以下简称《工作安排》）已经国务院同意，现印发给你们，请结合实际，认真组织实施。

2011年是“十二五”规划的开局之年，也是完成医药卫生体制五项重点改革三年任务的攻坚之年，各地区、各有关部门要继续认真落实“保基本、强基层、建机制”的要求，坚定信心，加强领导，明确责任，攻坚克难，强化考核，狠抓落实。地方各级政府主要负责同志是本地区医改工作第一责任人，要对本地区医改任务完成情况负总责；各牵头部门要对牵头任务全国范围内的完成情况负总责，各有关方面要相互支持，密切配合，确保完成医改各项任务。

国务院办公厅

二〇一一年二月十三日

医药卫生体制五项重点改革2011年度主要工作安排

为明确任务目标，落实工作责任，扎实推进改革，现提出医药卫生体制五项重点改革2011年度主要工作安排如下：

一、总体要求

深入贯彻落实《中共中央、国务院关于深化医药卫生体制改革的意见》（中发［2009］6号）和《国务院关于印发医药卫生体制改革近期重点实施方案（2009—2011年）的通知》（国发［2009］12号）精神，继续围绕“保基本、强基层、建机制”，统筹推进医药卫生体制五项重点改革。确保基本医疗保障制度覆盖城乡居民，保障水平显著提高；确保国家基本药物制度基层全覆盖，基层医疗卫生机构综合改革全面推开，新的运行机制基本建立；确保基层医疗卫生服务体系建设任务全面完成，服务能力明显增强；确保基本公共卫生服务和重大公共卫生服务项目有效提供，均等化水平进一步提高；公立医院改革试点不断深化，体制机制综合改革取得实质性进展，便民惠民措施普遍得到推广。中医药服务能力和水平进一步提高。医疗费用过快增长得到进一步控制。医药卫生体制改革近三年重点任务基本完成，为下一步深化改革奠定坚实基础。

二、工作任务

（一）加快推进基本医疗保障制度建设。

1. 巩固扩大基本医疗保障覆盖面，基本实现全民医保。

（1）职工基本医疗保险（以下简称职工医保）、城镇居民基本医疗保险（以下简称城镇居民医保）参保人数达到4.4亿，参保率均提高到90%以上。妥善解决关闭破产企业退休人员和困难企业职工参保问题。将在校大学生全部纳入城镇居民医保范围。积极推进非公有制经济组织从业人员、灵活就业人员和农民工参加职工医保。促进失业人员参保。落实灵活就业人员、未建立劳动关系的农民工等人员选择性参保的政策。（人力资源社会保障部、教育部、国资委、财政部负责）

（2）进一步巩固新型农村合作医疗（以下简称新农合）覆盖面，参合率继续稳定在90%以上。（卫生部负责）

2. 全面提升基本医疗保障水平，增强保障能力。

（1）进一步提高筹资标准，政府对新农合和城镇居民医保补助标准均提高到每人每年200元，适当提高个人缴费标准。（财政部、卫生部、人力资源社会保障部负责）

（2）扩大门诊统筹实施范围，普遍开展城镇居民医保、新农合门诊统筹，将基层医疗卫生机构使用的医保目录内药品和收取的一般诊疗费按规定纳入支付范围；积极探索职工医保门诊统筹。（人力资源社会保障部、卫生部分别负责）

（3）明显提高保障水平。城镇居民医保、新农合政策范围内住院费用支付比例力争达到70%左右。所有统筹地区职工医保、城镇居民医保和新农合政策范围内统筹基金最高支付限额分别达到当地职工年平均工资、当地居民年可支配收入和全国农民年人均纯收入的6倍以上，且均不低于5万元。（人力资源社会保障部、卫生部分别负责）

（4）积极开展提高重大疾病医疗保障水平试点，以省（区、市）为单位推开提高儿童白血病、先天性心脏病保障水平的试点，并在总结评估基础上增加试点病种，扩大试点地区范围。抓紧研究从医保、救助等方面对艾滋病病人机会性感染治疗给予必要支持的政策措施。（卫生部、人力资源社会保障部、民政部、财政部负责）

（5）全面提高医疗救助水平。资助困难人群参保，资助范围从低保对象、五保户扩大到低收入重病患者、重度残疾人、低收入家庭老年人等特殊困难群体。开展门诊救助。逐步降低、取消医疗救助起付线，政策范围内住院自付费用救助比例原则上不低于50%。探索开展特重大疾病救助试点。鼓励社会力量向医疗救助慈善捐赠，拓宽筹资渠道。（民政部、卫生部、人力资源社会保障部负责）

3. 提高基本医疗保障经办管理水平，方便群众就医结算。

（1）继续推广就医“一卡通”等办法，基本实现参保人员统筹区域内医疗费用即时结算（或结报，下同）。加强异地就医结算能力建设，开展省（区、市）内异地就医即时结算，探索以异地安置的退休人员为重点的就地就医、就地即时结算。做好农民工等流动就业人员基本医疗保险关系转移接续工作，研究缴费年限累计计算相关问题。（人力资源社会保障部、卫生部、发展改革委、财政部负责）

（2）加强医疗保障基金收支预算管理，建立基金运行分析和风险预警制度，控制基金结余，提高使用效率。职工医保和城镇居民医保基金结余过多的地区要把结余逐步降到合理水平；新农合统筹基金当年结余率控制在15%以内，累计结余不超过当年统筹基金的25%。基金当期收不抵支的地区要采取切实有效措施确保基金平稳运行。（人力资源社会保障部、卫生部、财政部分别负责）

（3）发挥医疗保障对医疗服务供需双方的引导和对医药费用的制约作用。对到基层医疗卫生机构就诊的，在医保支付比例上给予倾斜。改革医疗保险支付方式，大力推行按人头付费、按病种付费、总额预付。积极探索建立医保经办机构与医疗机构、药品供应商的谈判机制。（人力资源社会保障部、卫生部、发展改革委负责）

（4）加强医疗保险对医疗服务的监管。强化定点医疗机构和定点零售药店动态管理，建立完善医疗保险诚信等级评价制度，推行定点医疗机构分级管理，进一步规范定点医疗机构和定点药店的服务行为。研究逐步将医保对医疗机构医疗服务的监管延伸到对医务人员医疗服务行为的监管。依法加大对欺诈骗保行为的处罚力度。（人力资源社会保障部、卫生部分别负责）

（5）职工医保、城镇居民医保基本实现市（地）级统筹，鼓励地方探索省级统筹。有条件的地区进一步提高新农合统筹层次。加快推进基本医疗保障城乡统筹，稳步推进经办管理资源整合。做好各项基本医疗保障制度政策和管理的衔接，实现信息共享，避免重复参保。积极探索委托具有资质的商业保险机构经办各类医疗保障管理服务。（人力资源社会保障部、卫生部、财政部、民政部、保监会分别负责）

（6）支持商业健康保险发展，鼓励企业和个人通过参加商业保险及多种形式的补充保险解决基本医疗保障之外的需求。（保监会、人力资源社会保障部、卫生部负责）

（二）初步建立国家基本药物制度。

全面贯彻落实《国务院办公厅关于印发建立和规范政府办基层医疗卫生机构基本药物采购机制指导意见的通知》（国办发［2010］56号）和《国务院办公厅关于建立健全基层医疗卫生机构补偿机制的意见》（国办发［2010］62号），按照全覆盖、建机制的要求，建立规范基本药物采购机制，推进基层医疗卫生机构综合改革，实现新旧机制平稳转换。

4. 扩大国家基本药物制度实施范围，实现基层全覆盖。

（1）扩大基本药物制度实施范围，在所有政府办基层医疗卫生机构实施国家基本药物制度，实行药品零差率销售。（发展改革委、卫生部负责）

（2）研究完善国家基本药物目录（基层使用部分），规范各省（区、市）药品增补，兼顾成人和儿童用药需要，更好地适应基层基本用药需求。同步落实基本药物医保支付政策。（卫生部、人力资源社会保障部负责）

5. 建立规范基本药物采购机制，重塑基层药品供应保障体系。

（1）对实施基本药物制度的政府办基层医疗卫生机构使用的基本药物（包括各省区市增补品种）实行以省（区、市）为单位集中采购、统一配送，确保基本药物安全有效、品质良好、价格合理、供应及时。（卫生部负责）

（2）编制基本药物集中采购计划，确定基本药物采购的具体剂型、规格、质量要求，明确采购数量，并实行量价挂钩。暂无法确定采购数量的省（区、

市）通过单一货源承诺的方式进行采购。（卫生部负责）

（3）坚持质量优先、价格合理，鼓励各地采用“双信封”的招标制度，只有经济技术标书评审合格的企业才能进入商务标书评审，商务标书评审由价格最低者中标。（卫生部负责）

（4）实行招标采购结合，签订购销合同。采购机构受基层医疗卫生机构授权或委托与药品供货企业签订购销合同并负责合同执行，对各基层医疗卫生机构基本药物货款进行统一支付，原则上从交货验收合格到付款不得超过30日。（卫生部负责）

（5）建立完善基本药物指导价格动态调整机制，对基本药物零售指导价进行分类管理，对基本药物中的独家品种和经多次集中采购价格已基本稳定且供应充足的品种探索实行国家统一定价。（发展改革委负责）

（6）制定完善基本药物基层配备使用政策，确保政府办基层医疗卫生机构全部配备使用基本药物。（卫生部负责）

（7）保障基本药物生产供应。由供货企业自主选择经营企业进行配送或自行配送。鼓励发展现代物流等多种手段，提高配送效率。推动药品生产流通企业优化结构，实现规模经营。（卫生部、工业和信息化部、商务部负责）

（8）全面推行国家基本药物质量新标准。加强基本药物监管，加快信息化体系建设，对基本药物进行全品种覆盖抽验和全品种电子监管，提升对基本药物从生产到流通全过程追溯的能力。（食品药品监管局负责）

6. 全面推进基层医疗卫生机构综合改革，建立新的运行机制。

（1）调整基层医疗卫生机构收费项目和医保支付政策，将基层医疗卫生机构原挂号费、诊查费、注射费以及药事服务成本合并为一般诊疗费。合理制定调整一般诊疗费收费标准，并在不增加群众现有个人负担的前提下，合理确定医保支付比例。（发展改革委、人力资源社会保障部、卫生部分别负责）

（2）建立基层医疗卫生机构稳定长效的多渠道补偿机制。落实政府对基层医疗卫生机构的专项补助以及经常性收支差额的补助，具备条件的地区可以实行“收支两条线”。（财政部、卫生部负责）

（3）完善编制管理。加快完成基层医疗卫生机构人员编制标准的制定工作。创新机构编制管理方式，以县（市、区）为单位实行人员编制总量控制、统筹安排、动态调整。（中央编办、卫生部、人力资源社会保障部、财政部负责）

（4）深化人事制度改革。推动各地实行定编定岗，全面建立人员聘用制度和岗位管理制度，实行按需设岗、竞聘上岗、按岗聘用、合同管理，建立绩效考核、优胜劣汰、能上能下、能进能出的用人机制。完成基层医务人员竞聘上岗，各地结合实际妥善分流安置未聘人员，确保社会稳定。（人力资源社会保障部、卫生部负责）

（5）健全绩效考核机制，根据工作数量、质量和服务对象满意度、居民健康状况改善等指标，对基层医疗卫生机构及医务人员进行综合量化考核，考核结果与基层医疗卫生机构补助和医务人员收入水平挂钩。（卫生部、财政部、人力资源社会保障部负责）

（6）完善分配激励机制。全面落实绩效工资，保障基层医务人员合理收入水平不降低。坚持多劳多得、优绩优酬，适当拉开医务人员收入差距，并向关键岗位、业务骨干和作出突出贡献的人员重点倾斜，调动医务人员积极性。（人力资源社会保障部、财政部、卫生部负责）

（7）鼓励有条件的地区将村卫生室和非政府举办的基层医疗卫生机构纳入基本药物制度实施范围，通过购买服务等方式进行合理补偿。落实对村医的补助和扶持政策。（卫生部、财政部、人力资源社会保障部负责）

（8）中央财政继续通过以奖代补的办法对各地实施国家基本药物制度和基层医疗卫生机构综合改革给予奖励补助。（财政部、卫生部、发展改革委负责）

（三）健全基层医疗卫生服务体系。

7. 继续加强基层医疗卫生机构建设，提升基层服务能力。

（1）完成农村三级卫生服务网络和城市社区卫生服务机构建设任务，在前两年支持建设的基础上再支持300所以上县级医院（含中医院，下同）、1000所以上中心乡镇卫生院和13000个以上村卫生室建设，使每个县至少有1所县级医院基本达到二级甲等水平、有1—3所达标的中心乡镇卫生院，每个行政村都有卫生室，每个街道都有社区卫生服务机构。为中西部边远地区、山区配置流动巡回医疗服务车。（发展改革委、卫生部负责）

（2）在整合资源的基础上推进基层医疗卫生机构信息化建设，以省（区、市）为单位建立涵盖基本药物供应使用、居民健康管理、绩效考核等基本功能的基层医疗卫生管理信息系统，并与医保信息系统有效衔接，提高基层规范化服务水平。（发展改革委、卫生部、人力资源社会保障部负责）

8. 加强以全科医生为重点的基层医疗卫生队伍建设，大力培养适宜人才。

（1）出台建立全科医生制度的文件，开展全科医生规范化培训，完善和落实鼓励全科医生长期在基层服务的政策，努力从体制机制上解决基层医疗卫生人才不足的问题。（发展改革委、卫生部、教育部、财政部、人力资源社会保障部负责）

（2）为中西部地区乡镇卫生院和基层部队招收5000名以上定向免费医学生，累计招收超过1万名。（卫生部、教育部、人力资源社会保障部、总后勤部卫生部、财政部负责）

（3）安排1.5万名基层医疗卫生机构在岗人员进行全科医生转岗培训，累计培训人员达到3万名。（卫生部、财政部、人力资源社会保障部负责）

（4）鼓励和引导医疗卫生人才到基层服务，加大乡镇卫生院执业医师招聘力度，为乡镇卫生院和村卫生室培训医疗卫生人员12万人次和46万人次，继续开展城市社区卫生服务机构医疗卫生人员培训。（卫生部、人力资源社会保障部、财政部负责）

（5）制定并实施全科医生临床培养基地建设方案，重点支持100个左右全科医生临床培训基地建设。（发展改革委、卫生部、教育部负责）

9. 转变基层医疗卫生机构服务模式，提高服务质量和效率。

（1）鼓励基层医疗卫生机构开展主动服务、上门服务和巡回医疗。鼓励有条件的地区积极建立全科医生团队，推进家庭签约医生服务，为辖区居民提供方便、连续的健康管理服务。鼓励基层医疗卫生机构提供中医药等适宜技术和服务。（卫生部负责）

（2）大力推行院长（主任）负责制，落实管理责任，提高管理效率。结合基层医疗卫生机构信息化建设，推行规范化、精细化管理，运用基本药物临床应用指南和处方集，规范基层用药和医疗行为，控制基层门诊输液和抗生素、激素使用。（卫生部负责）

（3）明显提高乡镇卫生院和社区卫生服务机构门诊量占医疗卫生机构门诊总量的比例。（卫生部、发展改革委、财政部、人力资源社会保障部负责）

（四）促进基本公共卫生服务逐步均等化。

10. 全面开展9类基本公共卫生服务，提高居民健康素质。

（1）拓展和深化基本公共卫生服务内容，扩大服务人群，提高服务质量，2011年人均基本公共卫生服务经费标准提高到25元。（卫生部、财政部负责）

（2）完善并严格执行9类国家基本公共卫生服务项目服务标准、操作规范和考核办法，提高服务水平。城乡居民健康档案规范化电子建档率达到

50%左右。进一步提高儿童保健、孕产妇保健等基本公共卫生服务的质量。做好农民工基本公共卫生服务。为65岁及以上老年人每年进行健康危险因素调查和体格检查。高血压、糖尿病管理人数分别提高到4500万人、1500万人以上。发现的重性精神疾病患者全部纳入管理。（卫生部、财政部负责）

（3）完善基层健康宣传网络。通过互联网等多种渠道开展健康宣传教育，普及健康知识，积极倡导健康的生活方式，促进全民健康素质的提高。（卫生部负责）

11. 完成重大公共卫生服务项目，落实预防为主方针。

（1）继续对15岁以下的人群补种乙肝疫苗，2011年再补种626万人左右，全面完成补种任务。（卫生部负责）

（2）在前两年工作基础上，再完成适龄妇女宫颈癌检查400万人，乳腺癌检查40万人。农村孕产妇住院分娩率达到95%以上；继续开展农村生育妇女免费补服叶酸。（卫生部负责）

（3）为45万例贫困白内障患者免费开展复明手术，累计完成100万例。（卫生部负责）

（4）在前两年工作基础上，累计完成163万户燃煤污染型氟中毒病区改炉改灶任务。（卫生部负责）

（5）在前两年工作基础上，累计完成1128万户无害化卫生厕所建设任务。（卫生部负责）

（6）继续实施艾滋病母婴传播阻断项目。（卫生部负责）

12. 加强专业公共卫生服务能力建设，提高服务可及性。

（1）启动卫生监督体系建设和发展规划，支持中西部地区2100所以上县级卫生监督机构建设。（发展改革委、卫生部负责）

（2）全面实施精神卫生防治体系建设与发展规划，国家重点支持430所左右精神卫生专业机构建设（发展改革委、卫生部、民政部负责）。

（3）依托县级医院建立县域内农村院前急救体系，重点支持800个左右的县配置必要的救护车和指挥系统，同步建立体现公益性的运行机制。（发展改革委、卫生部负责）

（4）落实传染病医院、鼠防机构、血防机构和其他疾病预防控制机构从事高风险岗位工作人员的待遇政策。（卫生部、财政部、人力资源社会保障部负责）

（五）积极稳妥地推进公立医院改革。

按照上下联动、内增活力、外加推力的原则，积极推进公立医院改革试点，着力创新体制机制。同时，在全国范围内大力推广行之有效的便民惠民措施，提高公立医院的服务质量和运行效率。

13. 不断深化体制机制改革试点，形成公立医院综合改革经验。

加大公立医院（含国有企业医院）改革试点力度，力争形成公立医院改革的基本路子。在16个国家联系的公立医院改革试点城市和省级试点城市加快推进综合改革，鼓励在政事分开、管办分开、医药分开、营利和非营利分开等重点难点问题上大胆探索。探索建立高效的公立医院管理体制，形成规范化的公立医院法人治理结构，积极推进现代医院管理制度。深化人事制度改革，健全聘用和岗位管理制度，形成能进能出、能上能下的用人机制，完善以服务质量和效率为核心、能充分调动医务人员积极性的绩效考核和分配激励机制。改革公立医院补偿机制，落实政府投入政策，完善医药价格机制。（卫生部、发展改革委、人力资源社会保障部、财政部、中央编办、国资委负责）

14. 深化公立医院与基层医疗卫生机构的分工协作机制，提高医疗体系整体效率。

（1）着力提高县级医院服务能力，使县级医院成为县域内医疗卫生中心，带动乡村共同提高医疗卫生服务水平。积极推进县级医院综合改革，形成维护公益性、调动积极性的高效运行机制。（卫生部、发展改革委、财政部负责）

（2）进一步巩固和深化三级医院对口支援县级医院长期合作帮扶机制。重点帮助县级医院加强人才培养和能力建设，全国安排6000名县级医院医务骨干人员到三级医院进修学习。三级医院与对口的县级医院建立远程医疗系统。（卫生部、财政部负责）

（3）鼓励各地采取多种方式建立基层医疗卫生机构与县级及其以上医疗机构合作的激励机制，引导有资历的医师到基层医疗卫生机构开展执业活动。探索建立长期稳定、制度化的协作机制，逐步形成基层首诊、分级医疗、双向转诊的服务模式。组建医疗小分队，为边远地区提供巡回医疗服务。（卫生部、人力资源社会保障部负责）

15. 以病人为中心完善公立医院内部运行机制，方便群众就医。

（1）完善预约诊疗制度，所有三级医院实行预约诊疗服务。优化门诊诊疗流程，实行错峰、分时段诊疗，全面推广叫号服务，合并挂号、收费、取药等服务窗口，简化就医手续，缩短群众候诊时间。推行双休日和节假日门诊。广泛开展优质护理服务。（卫生部负责）

（2）制定并落实控制医药费用过快增长的政策措施。规范公立医院临床检查、诊断、治疗、使用药物和植（介）入类医疗器械行为，对医疗、用药行为全过程跟踪监管，鼓励公立医院优先使用基本药物和适宜技术。加强公立医院财务管理和成本核算。完善医用设备和医用耗材管理、采购和价格等政策，政府投资购置的公立医院大型设备按扣除折旧后的成本制定检查价格，降低检查费用；以省（区、市）为单位逐步推开植（介）入类医用耗材实行集中招标采购。加大对开“大处方”行为的查处力度。合理调整医疗技术服务价格，开展按病种等收费方式改革试点。研究对新进入医保目录药品制定统一价格，作为医疗保险的报销计费依据，超过部分由个人支付。（卫生部、发展改革委、财政部、人力资源社会保障部分别负责）

（3）以公立医院改革试点城市为重点开展临床路径管理，研究制定适应基本医疗需求的临床路径，累计达到300种，覆盖绝大多数常见病、多发病。推行电子病历，利用信息化手段加强医疗行为管理。（卫生部、人力资源社会保障部、发展改革委、财政部负责）

（4）加强和完善医疗服务监督机制。发挥卫生行政部门全行业监管职能，加强对医疗服务行为和质量的监管。强化行业自律和医德医风建设，坚决治理医疗领域的商业贿赂，加大对违法违规行为的惩处力度。健全多方参与的社会监督机制。（卫生部负责）

16. 加强卫生人才队伍建设，调动医务人员积极性。

（1）完善住院医师规范化培训的制度框架、培训模式和政策体系，开展住院医师规范化培训。支持临床重点专科建设，对公立和非公立医院一视同仁。（卫生部、人力资源社会保障部、财政部、教育部负责）

（2）制定执业医师多点执业的规范性文件，放宽执业医师多点执业试点条件，增加执业地点数量，将试点范围扩大到所有有条件的城市。鼓励卫生专业技术人才在公立和非公立医疗机构间合理流动。（卫生部、人力资源社会保障部负责）

（3）保障医疗卫生人员合理待遇，建立和推行改善执业环境的长效机制。（卫生部、人力资源社会保障部负责）

17. 鼓励和引导社会资本举办医疗机构，加快形成多元办医格局。

（1）出台强化区域卫生规划工作的指导意见，指导各地完善区域卫生规划和医疗机构设置规划，严格控制公立医院建设规模、标准和贷款行为，新增或调整医疗卫生资源在符合准入标准的条件下优先考虑社会资本。指导公立医院改革试点地区开展公立医院布局与结构调整工作，及时总结试点经验。

研究制定公立医院改制的范围和办法，稳妥推进公立医院改制。（卫生部、发展改革委、财政部、人力资源社会保障部负责）

（2）抓紧清理和修订相关规章和办法，制定和完善实施细则和配套文件，落实鼓励和引导社会资本举办医疗机构的政策，促进非公立医疗机构发展。鼓励社会资本举办普通医疗机构，支持社会资本举办高端医疗机构，控制公立医院开展特需服务的比例。（卫生部、商务部负责）

三、保障措施

2011年度医改工作的实施时间为2011年2月到2012年2月。各地区、各有关部门要切实加强领导，精心组织实施，强化督促检查，将医改实施情况纳入政绩考核，确保如期完成各项改革任务。

（一）建立目标责任制。

国务院医改办公室将继续与各省（区、市）医改领导小组签订责任状。牵头部门对牵头任务全国范围内的完成情况负总责，要及时将任务分解到各地，制订进度计划，加强督促指导。地方各级政府主要负责同志是本地区医改工作第一责任人，对本地区医改任务完成情况负总责，分管负责同志要具体负责、亲自抓。各有关部门、各省（区、市）要层层分解任务，层层落实责任，2011年2月底前完成各项任务分解，作出具体安排。要督促县级政府实行包干负责制，按照"一人一院（中心）"的要求确定干部包干负责基层医疗卫生机构综合改革。

（二）强化财力保障。

各级政府要将2011年医改任务所需资金纳入财政预算，确保按时足额拨付到位。要重点落实基层医疗卫生机构补偿政策，确保基本药物制度和基层综合改革顺利推进，按确定的任务和进度尽早将基本公共卫生服务经费和重大公共卫生服务专项经费拨付到基层医疗卫生机构。要建立政府投入长效机制，完善政府投入方式，提高资金使用效益，将医改任务完成情况（特别是基层医疗卫生机构综合改革情况）和绩效考核结果与财政补助安排挂钩。

（三）严格绩效考核。

国务院医改办公室会同有关部门要进一步加强对各地医改进展情况和效果的监测评估，建立严格的绩效考核机制，每月对各地工作情况进行汇总通报，每季度进行进度考核，年终对医改三年目标任务完成情况进行全面评估。要建立定期督导机制，每季度开展一次全国范围内的集中督导检查。

（四）加强宣传引导。

要继续加强对医改政策的培训，增强各有关方面的政策执行力。要坚持正确的舆论导向，调动各方参与和推进医改的积极性、主动性和创造性。要及时公布医改工作进展，主动接受新闻媒体和社会各界的监督，解答社会各界关心的问题。要加强正面引导，统一思想，凝聚共识，为深化改革创造良好的舆论氛围和社会环境。

国务院办公厅关于印发《2011 年公立医院改革试点工作安排》的通知

（国办发［2011］10 号）

各省、自治区、直辖市人民政府，国务院有关部门：

《2011 年公立医院改革试点工作安排》已经国务院同意，现印发给你们，请结合实际，认真组织实施。

公立医院改革试点涉及多方面利益的调整，是医药卫生体制改革的重点和难点。2011 年是完成医药卫生体制五项重点改革三年任务的攻坚之年，也是公立医院改革试点的关键一年。做好今年公立医院改革工作，力争在体制机制综合改革等难点问题上取得突破，将为下一步改革打下坚实基础。各地区、各有关部门要切实加强领导，密切配合，精心组织，周密部署，确保公立医院改革试点取得预期成效。

国务院办公厅

二〇一一年二月二十八日

2011 年公立医院改革试点工作安排

根据《中共中央 国务院关于深化医药卫生体制改革的意见》（中发［2009］6 号）、《国务院关于印发医药卫生体制改革近期重点实施方案

(2009—2011 年）的通知》（国发［2009］12 号）、《国务院办公厅关于印发医药卫生体制五项重点改革 2011 年度主要工作安排的通知》（国办发［2011］8 号）和卫生部等部门《关于公立医院改革试点的指导意见》（卫医管发［2010］20 号），为加快公立医院改革步伐，提出 2011 年公立医院改革试点工作安排。

一、工作思路

按照上下联动、内增活力、外加推力的原则，坚持点面结合、远近兼顾、突出重点、边试边推，紧紧围绕缓解群众看病难、看病贵问题，在全国实施一批看得准、见效快的公立医院改革政策措施，争取在人民群众得实惠和医务人员受鼓舞方面取得突破性进展。同时，大力推动试点城市在“管办分开、政事分开、医药分开、营利性和非营利性分开”等重大体制机制综合改革方面积极探索，并加强指导，力争形成公立医院改革的基本路子。要把实施惠民便民措施和推进体制机制综合改革、建立长效机制紧密结合起来，使之相互配合、相互促进。

二、开展重大体制机制综合改革试点

（一）推进管办分开，深化公立医院管理体制改革。

1. 加强卫生行政部门全行业管理职责。所有医疗卫生机构均由卫生行政部门实行统一规划、统一准入、统一监管。强化卫生行政部门医疗服务监管职能，加强医疗服务监管能力建设。完善机构、人员、技术、设备的准入和退出机制，健全医疗服务标准、规范和质量评价体系，加强医疗服务行为、质量安全和医疗卫生机构运行监测监管。各级卫生行政部门负责人不得兼任公立医院领导职务。

2. 建立统一、高效、权责一致的政府办医体制。采取设立专门管理机构等多种形式确定政府办医机构，由其履行政府举办公立医院的职能，负责公立医院的资产管理、财务监管、绩效考核和医院主要负责人的任用。

（二）推进政事分开，完善公立医院法人治理机制。

1. 探索建立理事会等多种形式的公立医院法人治理结构。明确理事会、院长及医院管理层、职工代表大会等的职责，构建决策、执行、监督相互分工、相互制衡的权力运行机制。公立医院理事会成员应包括政府有关部门代表、政府办医机构代表、医院职工代表、服务对象代表、专家学者等。

2. 理顺公立医院所有者和管理者责权。公立医院的功能定位、发展规划、重大投资、院长及医院管理层薪酬制定等权力由政府办医机构或理事会行使。落实公立医院独立法人地位和经营管理自主权，强化经营管理责任，按照国家有关规定管理人员聘用和内部收入分配。推行院务公开，推进民主管理。

3. 完善公立医院院长任用制度，探索公开招聘院长，在任用或招聘中突出专业化管理能力。加强院长管理能力培训，推进院长职业化、专业化建设。按照国家政策指导建立院长收入分配激励机制和约束机制。

4. 合理确定公立医院绩效考核制度。研究建立以公益性为核心的公立医院绩效考核体系，逐步扩大考核结果公开范围，并将考核结果与院长任免、奖惩和医院财政补助、工作人员平均收入水平等挂钩。

5. 加强对公立医院履行功能定位和发展建设、投融资行为的监管，强化预算、收支、资产、成本核算与控制等财务管理的监管。探索建立医院总会计师制度，建立健全内部控制制度，实施内部和外部审计制度。

（三）推进医药分开，完善公立医院补偿机制。

1. 改革以药补医机制。探索医药分开的多种具体途径，逐步取消药品加成政策，对公立医院由此减少的合理收入，采取增设药事服务费、调整部分技术服务收费标准等措施，通过医疗保障基金支付和增加政府投入等途径予以补偿。药事服务费纳入基本医疗保障支付范围。鼓励以收付费制度改革为切入点解决以药补医问题。

2. 研究合理调整医疗服务价格。按照总量控制、结构调整的原则，合理调整体现医务人员技术劳务价值的医疗服务价格；政府出资购置的公立医院大型设备按扣除折旧后的成本制定检查价格；植（介）入类医用耗材实行集中招标采购，以省（区、市）为单位逐步推开；加强医用耗材的价格管理。所有医疗机构都要采取适当方式公示药品、医用耗材价格和医疗服务收费标准。研究制定改革医疗服务收费方式的指导意见，开展按病种等收费方式改革试点，探索有利于控制费用、公开透明、方便操作的医疗服务收费方式。

3. 落实对公立医院基本建设和大型设备购置、重点学科发展、符合国家规定的离退休人员费用和政策性亏损补贴等政府投入政策。

（四）推进营利性与非营利性分开，完善医疗机构分类管理制度。

建立健全不同经营性质医疗机构管理制度，完善非营利性医疗机构的资产管理制度、财务与会计制度、治理机制和监督管理制度。规范不同性质医疗机构的转换程序。严格界定社会资本举办医疗机构的经营性质，按照经营性质规范管理。政府不得举办营利性医疗机构。

三、推进公立医院服务体系建设发展

（一）优化公立医院布局结构。

1. 研究制定强化区域卫生规划的指导意见，完善区域医疗机构设置规划指导原则，研究制定全国不同类型地区医疗资源配置的指导标准，制定公立医院布局结构调整的指导意见。各地区要在区域卫生规划、区域医疗机构设置规划的框架下，制定公立医院设置与发展规划，确定公立医院的功能、种类、数量、规模和布局。

2. 按照总量控制、结构调整、规模适度的原则，严格控制公立医院建设规模、标准和贷款行为，采取新建、改扩建、迁建、整合、转型等方式，优化配置公立医院资源。重点加强新区、郊区、卫星城区等区域和儿科、妇产、精神卫生、传染病防控、老年护理、康复等领域的医疗服务能力建设。

3. 推进公立中医（含民族医药）医院改革发展。完善公立中医医院服务体系，促进中医药进社区、进基层、进农村，充分发挥中医药特色优势。加强国家中医重点专科建设，提高中医临床疗效。落实政府对公立中医医院投入倾斜政策，研究制定有利于公立中医医院发挥中医药特色优势的经济政策。

（二）优先建设发展县级医院。

1. 政府在每个县重点办好1所县级医院。在前两年工作基础上，中央今年再支持300所以上县级医院（含中医医院，下同）标准化建设。人口数超过30万的县（市）2011年底前基本建成1所二级甲等以上的公立医院，使常见病、多发病、危急重症和部分疑难复杂疾病的诊治能够在县域内基本解决。

2. 深化城市三级医院对口支援县级医院工作。继续实施“万名医师支援农村卫生工程”，采取合作、托管、选派院长、团队支援等方式，提高县级医院的管理和服务能力。在全国推行城市三级医院向县级医院轮换派驻医生制度，每个县不少于1所医院，每所医院不少于5名医生。妥善解决城市医院派驻人员涉及的人员编制和补助问题。

3. 加强县级医院骨干人才培养。严格县级医院人员准入，新进入县级医院医务人员须具备相应执业资格。组织未经过住院医师规范化培训的新进临床医学本科毕业生进行3年规范化培训。鼓励经过规范化培训的医师到县级医院就业，并为其长期在县级医院工作创造条件。健全继续教育制度，鼓励县级医院卫生专业技术人员通过多种形式提高业务能力和综合素质。遴选

6000名左右县级医院骨干医师或其他卫生专业技术人才到对口的三级医院进修学习。完善县级卫生人才职称评价标准，突出临床技能考核，淡化论文和外语要求。

4. 逐步推进县级医院综合改革。制定县级医院综合改革方案，在全国选择300所服务人口较多、基础较好的县级医院进行以人事管理和收入分配、绩效考核、优质护理服务、支付方式、调整医疗服务价格、实施临床路径、推进信息化建设等为重点的综合改革试点。鼓励有条件的地区扩大试点范围，加大试点力度。

（三）建立公立医院与基层医疗卫生机构的分工协作机制。

1. 总结各地医院与基层医疗卫生机构分工协作工作经验，研究制定指导性文件。

2. 加强县级医院对乡镇卫生院的支持。在全国20%的县（市）探索推进县乡纵向技术合作，提高农村医疗卫生服务体系的整体效率。在国家扶贫工作重点县和部分省定扶贫工作重点县实施二级以上医疗卫生机构对口支援乡镇卫生院项目。

3. 在城市公立医院与社区卫生服务机构之间建立长期稳定的分工协作机制。采取签订长期合作协议等多种形式，综合运用医保支付、医药服务价格调整、财政投入等政策，鼓励大医院医生到基层出诊，逐步形成基层首诊、分级医疗、双向转诊的格局。

4. 组建医疗小分队，为边远地区提供巡回医疗服务。

（四）加快推进医院信息化建设。

1. 研究建立全国统一的医院信息化建设标准体系，为实现跨机构、跨区域、跨领域的医疗信息资源互联互通、共享利用奠定基础。

2. 统一规划，整合资源，逐步完善与区域卫生信息系统衔接、以电子病历建设和医院管理为重点的医院信息化网络，支持医院和医务人员以病人为中心提供协调、连贯、便捷的服务。同时，为公立医院与基层医疗卫生机构建立上下联动的分工协作机制、建立高效医疗服务监管制度提供技术支持。

3. 推动县级医院与城市三级医院开展远程医学活动，实现远程会诊、远程诊断、远程检查、远程教育和信息共享，充分发挥优质医疗资源的辐射作用。2011年完成边远地区500所县级医院与城市三级医院的远程会诊系统建设。

四、在全国推行惠民便民措施

（一）改进群众就医服务。

1. 普遍开展预约诊疗服务。全国所有三级甲等综合医院实行多种方式预约诊疗，社区转诊预约的优先诊治，到2011年底，社区转诊预约占门诊就诊量的比例达到20%，本地病人复诊预约率达到50%，其中口腔科、产前检查、术后病人复查等复诊预约率达到60%。

2. 优化医院门急诊环境和流程。按照“填平补齐”的原则，改善三级医院急诊设施和条件。开展错峰服务和分时段诊疗，简化就医手续，缩短群众等候时间。完善门诊信息管理平台，公开医疗服务信息，提供预约挂号、叫号、报告单打印等服务。

3. 广泛开展便民门诊服务。全国三级医院普遍开展双休日及节假日门诊，充实门诊力量，延长门诊时间。通过购买服务等措施，鼓励、支持三级医院医务人员到基层医疗卫生机构开展执业活动。

4. 推广优质护理服务。全国三级医院全部开展优质护理服务，50%的三级甲等医院优质护理服务覆盖50%以上的病房，40%的地（市）级二级医院和20%的县级二级医院开展优质护理服务。完善并落实专业护理人员编制、医疗服务价格和内部收入分配等支持政策。

（二）实施控制医药费用的惠民措施。

1. 探索多种基本医疗保障付费方式改革，大力推行按人头付费、按病种付费、总额预付等多种支付方式。探索由基本医疗保障经办机构与公立医院通过谈判方式确定服务范围、支付方式、支付标准和服务质量要求。严格考核基本医疗保障药品目录备药率、使用率及自费药品控制率等指标。

2. 实现基本医疗保障费用直接结算。做好医院信息系统与基本医疗保障信息系统的对接，公立医院对统筹区域内的参保者只收取住院医药费用个人自付部分，其余部分与基本医疗保障经办机构直接结算。明显降低参保病人预交金金额，医疗保障经办机构向医院拨付一定数额的周转金，并及时足额结算医疗保障费用。

3. 促进公立医院优先配备、使用基本药物，广泛使用适宜技术。逐步实行同级医疗机构检查结果互认。

4. 完善药品集中招标采购办法，推进一般医用耗材集中招标采购，在保证质量的情况下降低采购成本和采购价格。

5. 加强医院财务管理，实施成本核算与控制，提高资源利用效率。

6. 加强医药费用的监管控制。各地要根据经济社会发展水平、基本医保基金保障能力、医药服务成本变化、医疗技术发展等情况综合确定本地区门诊和住院均次费用增长率、人次增长率、住院率、药品费用增长率和药占比等控制管理目标，纳入公立医院目标管理责任制和绩效考核范围。加强对医药费用增长速度较快疾病的诊疗行为监管。

（三）加强医疗安全质量监管。

1. 研究制定适应基本医疗需求的临床路径，不断扩大实施医院和病种范围。到2011年底，制定下发的临床路径数量增加到300个，50%的三级甲等综合医院和20%的二级甲等综合医院实行临床路径管理的病种数分别不少于每家医院10个和5个。

2. 督促指导医院加强学科建设和人才队伍建设，严格依法执业，加强对重点环节和重点部位的管理，保障医疗安全质量。

3. 开展医疗安全质量控制评价工作，推进医院管理评价评审工作，组织开展医疗安全质量专项检查治理活动。建立患者投诉处理机制，及时受理、认真解决患者投诉，提高群众满意度。

五、充分调动医务人员积极性

（一）完善公立医院人事和收入分配制度。

全面推行聘用制度，基本完成岗位设置管理实施工作，实行公开招聘和竞聘上岗，建立能进能出、能上能下的用人机制。完善人员绩效考核制度，实行岗位绩效工资制度，将医务人员的工资收入与医疗服务的数量、质量、技术难度、成本控制、群众满意度等挂钩，做到多劳多得、优绩优酬，提高临床一线护士和医师工资待遇水平。

（二）合理确定公立医院人员编制。

根据医院的功能定位、工作量和现有编制使用等因素，合理确定医务人员编制，研究解决护士不足和支援农村、基层人员编制问题。

（三）营造良好的医疗执业环境。

深入开展“平安医院”创建活动，严厉打击“医闹”行为，维护医院正常秩序。建立医疗纠纷第三方调解机制，大力发展医疗责任保险和医疗意外保险，加强医患沟通，构建和谐医患关系。加强正面宣传引导，在全社会形成尊重医学科学、尊重医务人员的社会氛围。组织或支持制作一批反映医疗战线典型人物和先进事迹的优秀影视文艺作品。

（四）创造良好的职业发展条件。

建立并贯彻落实全科医生和专科医生规范化培训制度，完善培训模式和政策措施。建立100个规范化培训基地，招录1万人开展规范化培训。加强政策指导，支持医院以提高临床实践技能为核心开展医务人员岗位培训。加强三级医院临床重点专科建设，明显提高医务人员医疗服务水平和能力。

（五）促进医务人员合理流动。

完善执业医师多点执业试点，制订规范性文件，将试点范围扩大到所有公立医院改革试点城市和其他有条件的地区，将适用人员条件放宽到主治医师，增加多点执业的地点数量。鼓励公立医院执业医师到基层医疗卫生机构开展执业活动。

（六）弘扬崇高的职业操守。

加强医德医风建设和思想政治工作，重视医务人员人文素质培养和职业素质教育，大力弘扬救死扶伤的人道主义精神。

六、推进形成多元化办医格局

（一）细化鼓励和引导社会资本举办医疗机构的政策措施。

贯彻落实《国务院办公厅转发发展改革委卫生部等部门关于进一步鼓励和引导社会资本举办医疗机构意见的通知》（国办发［2010］58号），抓紧清理和修订相关规章和办法，制定和完善实施细则和配套文件，落实鼓励和引导社会资本举办医疗机构的政策，促进非公立医疗机构持续健康发展，加快形成多元化办医格局，满足群众的多层次医疗服务需求。

（二）给非公立医疗机构留出合理发展空间。

1. 各地在制定和调整本地区区域卫生规划、医疗机构设置规划和其他医疗卫生资源配置规划时，要给非公立医疗机构留出合理空间，明确非公立医疗机构卫生人员、床位和资产总量的比例等发展指标。需要调整和新增医疗卫生资源时，在符合准入标准的条件下，优先考虑由社会资本举办医疗机构。

2. 控制公立医院特需服务规模，公立医院提供特需服务的比例不得超过本院医疗服务资源的10%。

（三）改善社会资本举办医疗机构的执业环境。

1. 非公立医疗机构凡执行政府规定的医疗服务和药品价格政策，符合医保定点相关规定，应按程序将其纳入城镇基本医疗保险、新型农村合作医疗、医疗救助、工伤保险、生育保险等社会保障的定点服务范围，签订服务协议进行管理，并执行与公立医疗机构相同的报销政策。鼓励采取招标采购等办法，选择符合条件的非公立医疗机构承担公共卫生服务以及政府下达的医疗卫生支农、支边、对口支援等任务。

2. 支持非公立医疗机构按照批准的执业范围、医院等级、服务人口数量等，合理配备大型医用设备。鼓励医务人员在公立和非公立医疗机构间合理流动，有关单位和部门应当按照有关规定办理执业变更、人事劳动关系衔接、社会保险关系转移、档案转接等手续。

（四）促进非公立医疗机构健康发展。

1. 引导非公立医疗机构依法规范执业。严禁超诊疗范围服务，依法严厉打击非法行医活动和医疗欺诈行为。规范医疗机构医疗广告发布行为。加强医疗安全质量的监督检查、审核和评估。

2. 促进非公立医疗机构按经营性质开展经营活动。非公立医疗机构要执行国家规定的财务会计制度。非营利性医疗机构所得收入除规定的合理支出外，只能用于医疗机构的继续发展。

七、有关要求

（一）加强组织领导。

各地区、各有关部门要充分认识公立医院改革的重要性、复杂性和紧迫性，增强政治责任感，把这项改革摆上重要议事日程，加强领导，精心组织，周密部署。地方政府主要负责同志要亲自抓，制订工作计划，分解目标任务，层层落实责任，加强督促检查。卫生部、国务院医改办是公立医院改革试点的牵头单位，要加强全国改革试点工作的统筹协调、组织实施和检查指导，卫生部要整合内部力量，研究设立专门的临时性公立医院改革工作机构。中央编办、发展改革委、财政部、人力资源社会保障部、中医药局等部门要按职责分工密切配合，加强对各地工作的指导和督促检查。

（二）强化支持保障。

各级政府要加大投入，认真落实公立医院财政补助政策，积极支持建立公立医院与基层医疗卫生机构分工协作机制、公立医院体制机制综合改革、住院医师规范化培训和医院信息化建设。要加强财政资金使用的管理，提高资金使用效益。各有关部门要深入开展调查研究，密切跟踪工作进展，积极制定完善有关配套政策。

（三）积极宣传引导。

加强对医务人员的宣传动员工作，使广大医务人员拥护改革，积极参与改革，发挥改革主力军作用。要广泛宣传公立医院改革试点的政策措施和取得的成效，加强政策解读，使全社会理解、配合和支持改革，为公立医院改革试点营造良好环境。

人力资源和社会保障部关于普遍开展城镇居民基本医疗保险门诊统筹有关问题的意见

（人社部发［2011］59号）

各省、自治区、直辖市人力资源社会保障厅（局），新疆生产建设兵团劳动保障局：

近年来，部分地区积极开展城镇居民基本医疗保险（以下简称居民医保）门诊统筹工作，减轻了居民门诊医疗费用负担，增强了制度保障能力，受到群众广泛欢迎。按照国务院办公厅医药卫生体制五项重点改革2011年主要安排的要求，今年要普遍开展居民医保门诊统筹工作。现就有关问题提出以下意见：

一、充分认识门诊统筹的重要意义

普遍开展居民医保门诊统筹是提高医疗保障水平的重要举措，有利于拓宽保障功能，减轻群众门诊医疗费用负担；是完善医疗保险管理机制的重要内容，有利于整体调控卫生资源，提高保障绩效；是落实“保基本、强基层、建机制”要求的重要抓手，有利于支持基层医疗机构建设，促进基本药物制度实施，推动医药卫生体制各项改革协调发展。

开展门诊统筹要坚持以下原则：坚持基本保障，重点保障群众负担较重的门诊多发病、慢性病，避免变成福利补偿；坚持社会共济，实现基金调剂使用和待遇公平；坚持依托基层医疗卫生资源，严格控制医疗服务成本，提高基金使用效率。

各地要统一思想，落实责任，加强组织实施，确保完成今年普遍开展门诊统筹的工作任务。要按照《关于开展城镇居民基本医疗保险门诊统筹的指导意见》（人社部发［2009］66号）的要求，加强管理，创新机制，努力提高门诊统筹保障绩效。要充分发挥医疗保险在医药卫生体制改革中的重要作用，着眼于调结构、建机制，降低医疗服务成本，优化卫生资源配置。

二、合理确定保障范围和支付政策

门诊统筹所需资金由居民医保基金解决。各地要综合考虑居民医疗需求、费用水平、卫生资源分布等情况，认真测算、合理安排门诊和住院资金。2011年新增财政补助资金，在保证提高住院医疗待遇的基础上，重点用于开展门诊统筹。

门诊统筹立足保障参保人员基本医疗需求，主要支付在基层医疗卫生机构发生的符合规定的门诊医疗费用，重点保障群众负担较重的多发病、慢性病。困难地区可以从纳入统筹基金支付范围的门诊大病起步逐步拓展门诊保障范围。

合理确定门诊统筹支付比例、起付标准（额）和最高支付限额。对在基层医疗卫生机构发生的符合规定的医疗费用，支付比例原则上不低于50%；累计门诊医疗费较高的部分，可以适当提高支付比例。对于在非基层医疗机构发生的门诊医疗费用，未经基层医疗机构转诊的原则上不支付。根据门诊诊疗和药品使用特点，探索分别制定诊疗项目和药品的支付办法。针对门诊发生频率较高的特点，可以采取每次就诊定额自付的办法确定门诊统筹起付额。要根据基金承受能力，综合考虑当地次均门诊费用、居民就诊次数、住院率等因素，合理确定门诊统筹最高支付限额，并随着基金承受能力的增强逐步提高。要结合完善就医机制，统筹考虑门诊、住院支付政策，做好相互之间的衔接，提高基金使用效率。

对恶性肿瘤门诊放化疗、尿毒症透析、器官移植术后抗排异治疗、糖尿病患者胰岛素治疗、重性精神病人药物维持治疗等特殊治疗，以及在门诊开展比住院更经济方便的部分手术，要采取措施鼓励患者在门诊就医。各地可以针对这些特殊治疗和手术的特点，单独确定定点医疗机构（不限于基层医疗机构），并参照住院制定相应的管理和支付办法，减轻他们的医疗费用负担。

三、完善医疗服务管理措施

根据门诊保障需要，建立健全适合门诊特点的医疗服务管理和考核体系，加强对门诊就诊率、转诊率、次均费用、费用结构等的考核，规范基层定点医疗机构医疗服务行为。做好与基层医疗服务体系建设、基本药物制度、全科医生制度等其他改革的衔接，做到相互促进。

居民医保门诊统筹执行基本医疗保险药品目录，在定点基层医疗机构保证《国家基本医疗保险药品目录》甲类药品（包括基本药物）的使用。对定点基层医疗机构医保甲类药品的配备和使用要提出明确要求，并纳入定点基层医疗机构考核体系。对部分患者门诊基本医疗必需的乙类药品，有条件的地区可以研究探索制订基层医疗机构医生处方外购药品的支付和管理办法。严格执行政府办基层医疗机构基本药物零差率销售政策，降低药品使用成本。

将一般诊疗费全额纳入医疗保险支付范围，按规定比例予以支付。建立健全门诊统筹诊疗服务规范和监管措施，加强对定点基层医疗机构服务行为监管，合理控制诊疗服务数量和费用，避免分解就诊、重复收费等不规范诊疗行为的发生。

四、创新就医管理和付费机制

创新门诊统筹就医管理和付费机制，管理重点逐步由费用控制向成本控制转变，降低服务成本，提高保障绩效。要充分利用基层医疗机构，引导群众基层就医，促进分级医疗体系形成。发挥医疗保险对卫生资源的调控作用，合理使用门诊和住院资源，降低住院率，从总体上控制医疗费用。

积极探索基层首诊和双向转诊就医管理机制。确定首诊基层医疗机构要综合考虑医疗机构服务能力、参保居民意愿、是否与上级医院建立协作关系等因素，一般一年一定，参保人只能选择一家。积极探索双向转诊，明确首诊、转诊医疗机构责任，逐步建立风险控制和费用分担机制。规范基层医疗机构上转病人，促进医院下转病人，推动形成分工合理的就医格局。

充分发挥医疗保险团购优势，通过谈判，控制医疗服务成本，减轻患者费用负担。各统筹地区要研究制定门诊统筹团购办法，明确规则、内容、流程等，在人头服务、慢病管理、常用药品、常规诊疗项目等方面探索团购工作。在实施总额预算管理的基础上，探索实行按人头付费等付费方式，建立风险共担的机制，促进医疗机构和医生主动控制费用。要根据不同付费方式的特点，明确监管重点，提高医疗质量，保障参保居民基本医疗权益。

五、加强经办管理

加强居民医保基金预算管理，统筹安排门诊和住院资金，提高基金使用效率。在统一进行预算管理的基础上，对门诊和住院医疗费用支出单独列账、分开统计。完善门诊和住院费用支出监测指标体系，建立动态分析制度。

完善门诊统筹协议管理。随着门诊统筹付费机制的完善，充实细化协议内容，将门诊统筹政策要求、管理措施、服务质量、考核办法、奖惩机制等落实到定点协议中，通过协议强化医疗服务监管。定期公布定点医疗机构医疗服务费用、质量、群众满意度等情况，充分发挥社会监督作用。加大考核力度，将考核结果与费用结算、奖励处罚挂钩。

加强信息系统建设。各统筹地区要加快发行社会保障卡，尽快将网络延伸到全部定点基层医疗机构和街道（乡镇）、社区（村）服务网点，利用信息化手段强化运行监控，方便即时结算。提高医疗保险信息系统建设部署层级，数据至少集中到地市一级。对定点医疗机构信息系统与医保信息系统的衔接提出明确要求，定点医疗机构向医保机构传输就诊结算信息，逐步由定时回传提高到实时回传，内容应包括个人就诊基本信息和各项医疗服务的汇总及明细信息（含自费项目）。

六、积极稳妥开展门诊统筹工作

各省（区、市）人力资源社会保障厅（局）要高度重视门诊统筹工作，研究制定具体落实措施和工作方案，加强对各统筹地区的工作指导和政策协调。尚未开展居民医保门诊统筹的地区，要抓紧出台相关政策，尽快启动实施；已开展居民医保门诊统筹的地区，要根据本通知要求进一步完善政策、加强管理。门诊统筹重点联系城市要做好重点专题探索工作，破解重点难点问题，实现体制机制创新。有条件的地区可以调整职工医保个人账户使用办法，探索职工门诊保障统筹共济办法。

门诊统筹工作政策性强、涉及面广，各级人力资源社会保障部门要主动加强与发展改革、财政、卫生、民政等部门的沟通协调，促进医改各项工作协同推进。各省（区、市）要充分发挥重点联系城市的作用，及时推广好的经验做法，形成上下互动的合力。

各地在推进居民医保门诊统筹过程中，遇有新情况、新问题请及时向我部报告。

二〇一一年五月二十四日

关于进一步推进医疗保险付费方式改革的意见

（人社部发［2011］63号）

各省、自治区、直辖市、人力资源社会保障厅（局），新疆生产建设兵团劳动保障局：

基本医疗保险制度建立以来，各地积极探索有效的医疗保险付费方式，在保障参保人员权益、规范医疗服务行为、控制医疗费用增长和促进医疗机构发展等方面发挥了重要作用。随着医药卫生体制改革的深化，对完善医疗保险付费体系提出了更新更高的要求。按照党中央、国务院关于深化医药卫生体制改革的总体部署，为进一步推进医疗保险付费方式改革，现提出如下意见：

一、推进付费方式改革的任务目标与基本原则

当前推进付费方式改革的任务目标是：结合基金收支预算管理加强总额控制，探索总额预付。在此基础上，结合门诊统筹的开展探索按人头付费，结合住院门诊大病的保障探索按病种付费。建立和完善医疗保险经办机构与医疗机构的谈判协商机制与风险分担机制，逐步形成与基本医疗保险制度发展相适应，激励与约束并重的支付制度。

推进付费方式改革必须把握以下基本原则：一是保障基本。要根据医疗保险基金规模，以收定支，科学合理确定支付标准，保障参保人员的基本医疗待遇。二是建立机制。要建立医疗保险经办机构和医疗机构之间的谈判协商机制和风险分担机制。三是加强管理。要针对不同付费方式特点，完善监督考核办法，在费用控制的基础上加强对医疗服务的质量控制。四是因地制宜。要从实际出发，积极探索，勇于创新，不断总结经验，完善医疗保险基金支付办法。

二、结合基金预算管理加强付费总额控制

付费方式改革要以建立和完善基金预算管理为基础。各统筹地区要按照《国务院关于试行社会保险基金预算的意见》（国发［2010］2号）文件要求，

认真编制基本医疗保险基金收支预算。对基金支出预算要进行细化，将支出预算与支付方式相结合，进行支出预算分解。

要根据基金收支预算实行总额控制，探索总额预付办法。各地要按照基金支出总额，确定对每一种付费方式的总额控制指标，根据不同定点医疗机构级别、类别、特点以及承担的服务量等因素，落实到每一个定点医疗机构，以及每一结算周期，并体现在医保经办机构和定点医疗机构的协议中。医保经办机构要根据协议的规定，按时足额向定点医疗机构支付费用。同时，根据基金能力和结算周期，明确预拨定点医疗机构周转金的条件和金额。

要将定点医疗机构总额控制指标与其定点服务考评结果挂钩，在按周期进行医疗费用结算的基础上，按照“结余奖励、超支分担”的原则实行弹性结算，作为季度或年度最终结算的依据。

三、结合医保制度改革探索相应的付费办法

门诊医疗费用的支付，要结合居民医保门诊统筹的普遍开展，适应基层医疗机构或全科医生首诊制的建立，探索实行以按人头付费为主的付费方式。实行按人头付费必须明确门诊统筹基本医疗服务包，首先保障参保人员基本医疗保险甲类药品、一般诊疗费和其他必需的基层医疗服务费用的支付。要通过签订定点服务协议，将门诊统筹基本医疗服务包列入定点服务协议内容，落实签约定点基层医疗机构或全科医生的保障责任。

住院及门诊大病医疗费用的支付，要结合医疗保险统筹基金支付水平的提高，探索实行以按病种付费为主的付费方式。按病种付费可从单一病种起步，优先选择临床路径明确、并发症与合并症少、诊疗技术成熟、质量可控且费用稳定的常见病、多发病。同时，兼顾儿童白血病、先天性心脏病等当前有重大社会影响的疾病。具体病种由各地根据实际组织专家论证后确定。有条件的地区可逐步探索按病种分组（DRGs）付费的办法。生育保险住院分娩（包括顺产、器械产、剖宫产）医疗费用，原则上要按病种付费的方式，由经办机构与医疗机构直接结算。暂不具备实行按人头或按病种付费的地方，作为过渡方式，可以结合基金预算管理，将现行的按项目付费方式改为总额控制下的按平均定额付费方式。

各地在改革中要按照不增加参保人员个人负担的原则，根据不同的医疗保险付费方式，适当调整政策，合理确定个人费用分担比例。

四、结合谈判机制科学合理确定付费标准

付费标准应在调查测算的基础上确定。可以对改革前3年定点医疗机构的费用数据进行测算，了解掌握不同医疗机构参保人员就医分布以及费用支出水平。在此基础上，根据医保基金总体支付能力和现行医保支付政策，确定医保基础付费标准。要以基础付费标准为参照，通过经办机构与定点医疗机构的谈判协商，根据定点医疗机构服务内容、服务能力以及所承担医疗保险服务量，确定不同类型、不同级别医疗机构的具体的付费标准。同时，综合考虑经济社会发展、医疗服务提供能力、适宜技术服务利用、消费价格指数和医药价格变动等因素，建立付费标准动态调整机制。

统筹地区要遵循公开透明的原则，制定医保经办机构与定点医疗机构进行谈判的程序和办法，在实践中对谈判的组织、管理、方式、纠纷处理办法等方面进行积极探索。

五、建立完善医疗保险费用质量监控标准体系

要建立健全医疗保险服务监控标准体系。要在基本医疗保险药品目录、诊疗项目范围、医疗服务设施标准基础上，针对不同付费方式特点分类确定监控指标。应明确要求定点医疗机构执行相应的出入院标准，确定住院率、转诊转院率、次均费用、参保人自费项目费用比例以及医疗服务质量、临床路径管理、合理用药情况等方面的技术控制标准，并将此纳入协议，加强对医疗机构费用的控制和质量的监管，切实保障参保人权益。

要针对不同付费方式明确监管重点环节。采取按人头付费的，重点防范减少服务内容、降低服务标准等行为；采取按病种付费的，重点防范诊断升级、分解住院等行为；采取总额预付的，重点防范服务提供不足、推诿重症患者等行为。

要加强对定点医疗机构的监督检查。通过引入参保人满意度调查、同行评议等评价方式，完善考核评价办法。要充分利用信息管理系统，通过完善数据采集和加强数据分析，查找不同付费方式的风险点并设置阈值，强化对医疗行为和医疗费用的监控，并总结风险规律，建立诚信档案。要将监测、考评和监督检查的结果与医保实际付费挂钩。

六、统筹规划，精心组织，以点带面推动实施

推动医疗保险付费方式改革是一个长期的、不断完善的过程，各地要统

一思想，提高认识，加强领导，落实责任，抓好组织工作。在推进医疗保险付费方式改革中，要按照有利于提高医疗保险基金使用效率，有利于调动医疗机构及其医务人员的积极性，有利于提高医保管理服务水平，有利于维护参保人员的基本医疗保障权益的指导思想，主动改革，敢于创新，针对改革中遇到的新情况、新问题，不断调整完善付费政策和办法。

各省级人力资源社会保障部门要按照本意见要求，在认真调研的基础上制定本省（区、市）推进付费方式改革总体规划。要通过建立重点联系城市制度，发现、培育、树立典型，通过搭建交流工作平台，充分发挥典型城市的示范带头作用，以点带面加强对所辖统筹地区的指导。

各统筹地区人力资源社会保障部门要按照省（区、市）的统一部署，制定本地区推动付费方式改革的工作方案，明确改革目标、改革思路以及推进步骤。统筹地区工作方案应报送省级人力资源社会保障部门备案。

付费方式改革涉及各方利益的调整，在改革中要注意维护政策的连续性和稳定性，妥善处理改革与稳定的关系。要加强与其他部门的沟通协调，充分听取社会各方意见建议，形成改革的合力。遇有重大事项要及时报告。

人力资源和社会保障部

二〇一一年五月三十一日

人力资源和社会保障部 财政部关于领取失业保险金人员参加职工基本医疗保险有关问题的通知

（人社部发［2011］77号）

各省、自治区、直辖市人力资源社会保障厅（局）、财政厅（局）、新疆生产建设兵团劳动保障局、财政局：

为贯彻落实《中华人民共和国社会保险法》，做好领取失业保险金期间的失业人员（以下简称领取失业保险金人员）参加职工基本医疗保险（以下简称职工医保）工作，接续基本医疗保险关系，保障合理的医疗待遇水平，现就有关问题通知如下：

一、领取失业保险金人员应按规定参加其失业前失业保险参保地的职工医保，由参保地失业保险经办机构统一办理职工医保参保缴费手续。

二、领取失业保险金人员参加职工医保应缴纳的基本医疗保险费从失业保险基金中支付，个人不缴费。

三、领取失业保险金人员参加职工医保的缴费率原则上按照统筹地区的缴费率确定。缴费基数可参照统筹地区上年度职工平均工资的一定比例确定，最低比例不低于60%。

失业保险经办机构为领取失业保险金人员缴纳基本医疗保险费的期限与领取失业保险金期限相一致。

四、领取失业保险金人员出现法律规定的情形或领取期满而停止领取失业保险金的，失业保险经办机构为其办理停止缴纳基本医疗保险费的相关手续。

失业保险经办机构应将缴费金额、缴费时间等有关信息及时告知医疗保险经办机构和领取失业保险金人员本人。

停止领取失业保险金人员按规定相应参加职工医保、城镇居民基本医疗保险或新型农村合作医疗。

五、领取失业保险金人员参加职工医保的缴费年限与其失业前参加职工医保的缴费年限累计计算。

六、领取失业保险金人员参加职工医保当月起按规定享受相应的住院和门诊医疗保险待遇，享受待遇期限与领取失业保险金期限相一致，不再享受原由失业保险基金支付的医疗补助金待遇。

七、领取失业保险金人员失业保险关系跨省、自治区、直辖市转入户籍所在地的，其职工医保关系随同转移，执行转入地职工医保政策。应缴纳的基本医疗保险费按转出地标准一次性划入转入地失业保险基金。转入地失业保险经办机构按照当地有关规定为领取失业保险金人员办理职工医保参保缴费手续。

转出地失业保险基金划转的资金缴纳转入地职工医保费的不足部分，由转入地失业保险基金予以补足，超出部分并入转入地失业保险基金。

八、各地要高度重视领取失业保险金人员参加职工医保工作，切实加强组织领导，统筹规划，认真测算，抓紧研究制定适合本地区的实施办法，自2011年7月1日起开始实施。要通过多种形式加强政策宣传，大力开展业务培训。要进一步规范管理，加强信息系统建设。已经实行失业人员参加职工医保的地区，要按照《中华人民共和国社会保险法》的规定及本通知要求进一步完善政策。

人力资源社会保障部门和财政部门要密切协作，及时沟通，确保领取失业保险金人员参加职工医保工作顺利实施；对工作中出现的新情况和新问题，要认真分析研究，不断完善政策、加强管理、改进服务，并及时向上级部门反映。

二〇一一年六月二十九日

关于删除国家基本医疗保险工伤保险和生育保险药品目录中部分药品品种及调整规范部分药品名称的通知

（人社厅函［2011］558号）

各省、自治区、直辖市人力资源社会保障厅（局），新疆生产建设兵团劳动保障局：

近期，国家食品药品监督管理局下发通知，停止阿米三嗪萝巴新片（复方阿米三嗪片）和盐酸克仑特罗片剂在我国的生产销售使用。为保证广大参保人员用药安全，现就有关问题通知如下：

一、自发文之日起，删除《国家基本医疗保险、工伤保险和生育保险药品目录（2009年版）》中的“阿米三嗪萝巴新口服常释剂型”（西药第526号）和“克仑特罗口服常释剂型”（西药第657号）。

二、各省、自治区、直辖市人力资源社会保障厅（局）要对本地调整发布的基本医疗保险、工伤保险和生育保险药品目录进行认真核查，涉及相关药品的品种应予以删除。各统筹地区应做好医疗保险信息系统相应调整工作。

此外，根据国家食品药品监督管理局对部分药品名称的修订情况，经认真核查，我部对部分药品的名称等进行了调整规范。现印发各地，请遵照执行。

附件：《国家基本医疗保险、工伤保险和生育保险药品目录》部分药品名称调整规范表。

二〇一一年十月二十四日

附件：

《国家基本医疗保险、工伤保险和生育保险药品目录》部分药品名称调整规范表

序号	类别	编号	药品名称	调整栏目	调整内容	
					调整前	调整后
3	西药	300	亮丙瑞林	中文名称	亮丙瑞林	亮丙瑞林微球
				英文名称	Leuprorelin	Leuprorelin Microspheres
4		355	α-硫辛酸	中文名称	α-硫辛酸	硫辛酸（α-硫辛酸）
				英文名称	α-Lipoic Acid	Thioctic Acid（α-Lipoic Acid）
		395	阿霉素	中文名称	阿霉素	阿霉素（多柔比星）
		899 ★（899）	卡巴克络	中文名称	卡巴克络	卡巴克络（卡络磺钠）
				英文名称	Carbazochrome	Carbazochrome Sodium
5		1046 ★（1046）	透明质酸钠	中文名称	透明质酸钠	透明质酸钠（玻璃酸钠）
	中药	623	爱活尿通片	药品名称	爱活尿通片	复方梅笠草片
11		709	六神软膏	药品名称	六神软膏	六神凝胶
12		832	治糜灵栓	药品名称	治糜灵栓	治糜康栓

关于做好2011年新型农村合作医疗有关工作的通知

（卫农卫发［2011］27号）

各省、自治区、直辖市卫生厅局、民政厅局、财政厅局：

为贯彻落实《国务院办公厅关于印发医药卫生体制五项重点改革2011年度主要工作安排的通知》（国办发［2011］8号）要求，使医改成效尽快惠及广大农村居民，现就做好2011年新型农村合作医疗（以下简称新农合）工作通知如下：

一、提高筹资水平，增加财政补助

2011年起，各级财政对新农合的补助标准从每人每年120元提高到每人每年200元。其中，原有120元中央财政继续按照原有补助标准给予补助，新增80元中央财政对西部地区补助80%，对中部地区补助60%，对东部地区（含京津沪）按一定比例补助。确有困难的个别地区，地方财政负担的补助增加部分可分两年到位。原则上农民个人缴费提高到每人每年50元，困难地区可以分两年到位。将农村重度残疾人的个人参合费用纳入农村医疗救助资助范围。做好宣传引导工作，确保财政补助和农民个人缴费提高后，参合率继续保持在90%以上。有条件的地区应当结合当地实际，加大筹资力度，让群众更多受益。

二、优化统筹补偿方案，提高保障水平

进一步提高保障水平，将新农合政策范围内的住院费用报销比例提高到70%左右，统筹基金最高支付限额提高到全国农村居民年人均纯收入的6倍以上，且不低于5万元。扩大门诊统筹实施范围，普遍开展新农合门诊统筹。人均门诊统筹基金不低于35元，力争达到40元以上。将重性精神疾病患者经常服药费用纳入门诊统筹或门诊特殊病种费用支付范围。按照卫生部、人力资源社会保障部、民政部、财政部、中国残联五部门《关于将部分医疗康复项目纳入基本医疗保障范围的通知》（卫农卫发［2010］80号）的要求，将9类残疾人康复项目纳入新农合支付的诊疗项目范围。各统筹地区卫生、财政部门应在

综合分析历年补偿方案运行和基金使用等情况的基础上，结合筹资标准的提高，优化调整统筹补偿方案。各省（区、市）要加强对辖区内各统筹地区的指导，进一步规范和逐步统一省（区、市）内各统筹地区的补偿方案。

三、扩大重大疾病保障试点工作，缓解农村居民重大疾病费用负担

积极开展提高重大疾病医疗保障水平试点工作，要以省（区、市）为单位推开提高儿童白血病、先天性心脏病保障水平的试点。在总结评价试点情况的基础上，可结合本地实际和基金收支等情况，选择疗效确切、费用较高、社会广泛关注的病种，逐步扩大重大疾病救治试点的病种范围（可优先考虑妇女宫颈癌、乳腺癌、重性精神疾病等病种）。重大疾病保障工作要以临床路径为基础，积极推行按病种付费，推进诊疗和收费的规范化，提高医疗服务质量，控制医药费用不合理增长。对于重大疾病的救治，要严格论证，坚持分级治疗，能够在县级医疗机构救治的病种，应当在县级医疗机构治疗。复杂、疑难病可选择三级医院作为定点医疗机构。

四、加快推进支付制度改革，控制医药费用不合理增长

在门诊费用控制方面，各地要在开展门诊统筹的同时推行门诊总额付费制度。原则上门诊统筹基金支付范围仅限于乡、村两级医疗卫生机构。在住院费用控制方面，要积极推进按病种付费方式，扩大开展按病种付费试点县的范围，同时努力扩大按病种付费的病种数量并增加其对住院患者的覆盖面。对于未纳入按病种付费范围的病种，探索按项目付费与按床日付费相结合的混合支付方式。有条件的地区，在混合支付方式的基础上，探索建立住院费用总额控制的机制，在基金预算上对定点医疗机构实施支付总量的控制。医疗机构要配合支付方式改革，完善各项内部管理制度，建立自我约束机制。各级卫生行政部门特别是县级卫生行政部门要进一步强化对定点医疗机构服务行为的监管，特别是对乡镇卫生院和民营医疗机构的管理，要建立起有效的制约机制，使新农合的管理经办与乡镇卫生院的医疗服务相分离。要从卫生行政管理、第三方付费管控和医疗机构内部业务管理等方面，加大监管工作力度。

五、强化基金监管，确保基金平稳运行

一是严格执行新农合基金财务会计制度，加强基金监督管理，规范监管

措施，健全监管机制，杜绝挪用和违规使用基金、骗取套取基金等行为。二是加强基金收支预算管理，建立基金运行分析和风险预警制度，防范基金风险，提高使用效率。既要避免部分地区统筹基金结余过多，又要防止部分地区收不抵支。三是继续加强对新农合基金的监督检查，并将新农合基金列入各地的审计计划，定期予以专项审计并公开审计结果。四是严格执行新农合三级定期公示制度，并纳入村务公开内容。进一步完善监督举报制度，建立信访内容核查、反馈机制，充分发挥社会和舆论的监督作用。五是加大对违反各项基金政策行为的查处力度。对有组织进行骗取、套取基金的行为要依法依规严厉查处，违规的医疗机构要取消定点资格，对医疗机构主要负责人要追究责任，重大案件要予以通报。

六、配合国家基本药物制度实施，促进农村基层医疗卫生机构运行机制改革

发挥新农合在农村居民医药费用支付中的主导作用，通过调整补偿方案和支付制度，促进国家基本药物制度的实施和完善基层医疗机构补偿机制。各地要将国家基本药物全部纳入新农合报销药物目录，报销比例明显高于非基本药物，引导基层使用基本药物。按照《国务院办公厅关于建立健全基层医疗卫生机构补偿机制的意见》（国办发［2010］62 号）的要求，在已实施基本药物零差率销售及开展新农合门诊统筹的地区，将乡、村医疗卫生机构现有的挂号费、诊查费、注射费（含静脉输液费，不含药品费）以及药事服务成本合并为一般诊疗费，不再单设药事服务费。一般诊疗费的收费标准可在原来分项收费标准总和的基础上适当调整。各省（区、市）要结合当地情况，合理确定新农合基金对乡、村两级医疗卫生机构一般诊疗费的支付标准，采用门诊总额预付的方式，纳入新农合门诊统筹报销范围。要根据近 2—3 年来乡、村医疗卫生机构的就诊人次数、次均门诊费用、诊疗和药品费用水平等数据，科学测算，综合各种因素后确定新农合支付标准，实施门诊总额预付。

七、加快新农合信息系统建设，开展“一卡通”试点工作

各地要加快新农合信息化建设，按照新农合管理信息系统建设规范等要求，尽快完成省级新农合信息平台建设，加快县级新农合信息系统建设。利用好中央补助地方公共卫生专项资金，开展村卫生室信息化建设。在已经基

本实现县乡两级即时结报的基础上，全面推行新农合省市级定点医疗机构的即时结报工作，结合门诊统筹和村卫生室信息化建设进展，推进村卫生室的即时结报工作。开展新农合“一卡通”试点，逐步达到农民持卡在省、市、县、乡、村五级医疗机构就医和结算的目标。同时，做好新农合“一卡通”与健康档案、公共卫生、医院管理等信息系统的整合与衔接，使之成为涵盖农村居民参合、就医、结算、预防保健、健康信息的综合健康“一卡通”。

八、加强管理经办能力建设，创新经办模式

要加强新农合管理经办机构建设，完善经办机构内部各项管理制度，健全新农合基金使用内部控制机制，继续加强管理经办人员队伍建设，定期开展政策和业务培训，提高经办服务水平，为参合农民提供高效便捷的服务。鼓励各地在规范有序，强化监管的基础上采取政府购买服务的方式，委托具有资质的商业保险机构开展新农合经办服务，探索第三方经办的有效形式，但不得将基金用于支付商业保险机构的经办管理费用。有条件的地区，可依托商业保险机构的统一经办平台，积极探索建立补充性医疗保险，加强与基本医疗保障制度的衔接，完善农村医疗保障体系建设。

卫生部

民政部

财政部

二〇一一年四月六日

关于进一步加强新型农村合作医疗基金管理的意见

（卫农卫发［2011］52 号）

各省、自治区、直辖市及计划单列市卫生厅（局），财政厅（局）：

近年来，随着政府补助标准和保障水平的稳步提高，新型农村合作医疗（以下简称新农合）基金的规模不断扩大。根据卫生部等五部门《关于巩固和发展新型农村合作医疗制度的意见》（卫农卫发［2009］68 号），为切实加强新农合基金管理，保障基金安全，提高基金使用绩效，现提出如下意见：

一、加强参合管理

坚持以家庭为单位自愿参加的原则，农村中小学生应当随父母参加户籍所在地的新农合，进城务工的农民及随迁家属、进城就读农村学生可以自愿选择参加新农合或者城镇职工基本医疗保险、城镇居民基本医疗保险，但不得重复参加、重复享受待遇。各地要逐步建立新农合与城镇居民医保的信息沟通机制，通过加强参合（保）人员身份信息比对，消除重复参合（保）现象。

地方各级卫生、财政部门要在准确核查参合人数和个人缴费情况的基础上，按照要求及时将财政补助资金申请材料上报上级卫生、财政部门，地方各级财政部门应当及时、足额划拨上级和本级财政补助资金，坚决杜绝虚报参合人数、虚报地方补助资金等套取上级补助资金的行为。

加强合作医疗证（卡）管理。新农合管理经办机构要认真核实身份，做好缴费、制（发）证（卡）和就医结算工作，引导农民妥善保管合作医疗证（卡），任何单位和他人不得扣留、借用。

二、规范合理使用新农合基金

各省（区、市）要加强对县（市、区）的指导，逐步规范和统一全省（区、市）的新农合统筹补偿方案。既要防止“收不抵支”，也要防止结余过多。新农合基金出现“收不抵支”和累计结余为负数的统筹地区，要认真分析超支原因，及时调整补偿方案、强化医疗费用控制和监管。补偿方案的调整，需在综合分析历年补偿方案运行和基金使用等情况的基础上，结合筹资标准的提高，进行科学测算，受益面的扩大和保障水平的提高要与基金承受能力相适应。

继续实施有利于基层医疗卫生机构就诊和基本药物使用的报销政策。适当提高县外住院补偿起付线，合理确定报销比例，引导参合农民到基层医疗卫生机构就诊和合理使用基本药物。加强门诊补偿方案与住院补偿方案的衔接，采取住院补偿低费用段报销比例与门诊报销比例一致，或合理设置乡镇卫生院住院补偿起付线的做法，控制门诊转住院行为。各地要切实将门诊统筹基金用于支付参合农民政策范围内门诊医疗费用，基金结余不能用于冲抵下一年度农民个人参合缴费，不得向参合农民返还现金。

要做好新农合补偿与公共卫生项目和相关减免优惠政策的衔接，设有财政专项经费支持的“农村孕产妇住院分娩”、“艾滋病防治”、“结核病防治”、“血吸虫病防治”、“慢性病防治”等公共卫生项目，救治经费必须首先按照财政专项经费补助政策或经费使用有关规定执行，剩余部分的医药费用再按照新农合规定补偿。不得以新农合补偿代替财政专项补助，不得用新农合资金冲抵其他专项资金或填补其他资金缺口。

规范县外就医转诊备案制度，完善急诊等特殊情况异地就医的限时转诊备案管理办法。可采取设置不同报销比例等形式，引导参合农民主动办理转诊备案手续。县级以上新农合定点医疗机构要设立专门机构，配备专职人员经办管理新农合业务，配合新农合经办机构做好即时结报、参合患者就诊信息核查和统计上报等工作，确保异地就诊信息核查渠道通畅。

三、加强对定点医疗机构的监管

各级卫生行政部门，特别是县级卫生行政部门要进一步强化对定点医疗机构服务行为的监管，特别是对乡镇卫生院和民营医疗机构的管理，严格定点医疗机构准入和退出机制。建立由新农合经办机构与定点医疗机构的谈判机制，进一步规范和强化协议管理，通过谈判将服务范围、出入院标准、临床诊疗规范、支付方式和支付标准、医疗费用控制、目录外用药控制、开展即时结报、网络支持及统计上报、就诊信息协查等纳入协议范围，明确违约责任及处理办法。各级定点医疗机构有责任向新农合经办机构提供真实信息，协助核实住院病人情况。

定期开展对定点医疗机构的考核评价，将次均费用及其增长幅度、平均住院日、目录内药品使用比例、住院人次数占总诊疗人次比例等指标纳入考核内容并加强监测预警。考核不合格者，可采取警告、通报批评、扣减即时结报回付款、暂停或取消定点资格等措施。考核结果要定期向社会公布，接受舆论监督。建立医疗机构考核档案，积极探索医疗机构信用等级管理办法。

定点医疗机构医务人员和财务人员须认真核对参合就诊人员的合作医疗证（卡）的有效性，核实身份信息，不得为冒名顶替者办理门诊及住院手续。贯彻知情同意原则，使用目录外药品和诊疗项目须履行告知义务。定点医疗机构及医务人员不得降低入院标准、扩大住院范围，不得在开具处方和报销时将目录外药品（或诊疗项目）篡换成目录内药品（或诊疗项目）。

对医疗机构和相关人员通过虚增住院天数、虚报门诊、住院、体检人次，挂床住院，伪造医疗文书及报销凭证套取新农合基金的，一经发现要严肃查处，情节严重的要取消医疗机构新农合定点资格直至依法吊销医疗机构执业许可证，对医疗机构主要负责人要追究责任，对违规医务人员可依法吊销执业资格，通报相关违规行为。

四、加快推进支付方式改革

各地要认真总结支付方式改革试点的成效与经验，加强培训与指导，逐步扩大支付方式改革的试点范围。要将门诊统筹与门诊总额预付制度相结合，将住院统筹与按病种付费、按床日付费等支付方式改革相结合。通过新农合支付方式的引导和制约机制，推动定点医疗机构加强内部管理，规范服务行为，控制医药费用不合理增长。开展支付方式改革的地区应当积极协助本省（区、市）价格主管部门，研究完善医疗收费与按病种付费等相关衔接工作。开展按病种支付方式改革试点的医疗机构制订的具体临床路径要充分考虑当地医疗实际、医疗机构自身的服务能力和新农合等各项医保基金的负担能力。新农合等经办机构要加强审查。加快推进新农合定点医疗机构即时结报工作，从2012年开始，没有条件开展即时结报的省、市级医疗机构不予纳入新农合定点范围或适当下调补偿比例。

五、严格执行新农合基金财务会计制度

新农合基金实行收支两条线管理，专款专用，不得用于参合农民医疗费用补偿以外的任何支出。要加强基金收支预算管理，按年度编制新农合基金预算，建立基金运行分析和风险预警制度，防范基金风险，提高使用效率。要规范票据管理、现金管理和资金划拨流程。

农民个人缴费应当及时缴入财政专户，不具备直接缴入财政专户条件的统筹地区，经办机构可在财政部门和卫生行政部门认定的国有或国有控股商业银行设立收入户，但一个统筹地区至多开设一个收入户，并按期将收入户存款及利息汇缴财政专户，不得发生其他支付业务。收入户月末无余额。

新农合财政专户及支出户产生的利息收入要直接计入或定期转入新农合财政专户。各统筹地区设立新农合收入户、支出户要报省级财政、卫生部门登记备案。

要健全新农合基金的内部审计和督导检查制度。财政、卫生部门和新农合经办机构要定期与开户银行对账，保证账账相符、账款相符。各统筹地区要重视发挥审计作用，定期邀请审计部门或会计师事务所开展新农合审计工

作，强化外部监管。

六、规范新农合经办机构内部监督制约机制

要建立起有效的管理经办制约机制，各省（区、市）要根据实际情况，在限定的期限内，使乡镇一级的新农合管理经办与乡镇卫生院的医疗服务相分离。实行县级经办机构向乡镇派驻经办审核人员的做法，通过异地任职、交叉任职等形式，确保经办人员的独立性。暂时难以实现新农合管理经办与医疗服务分离的乡镇，县级新农合经办机构要强化报销审核工作。

新农合经办机构应当规范设置会计、出纳、审核、复核、信息统计、稽查等岗位，并明确职责分工。会计、出纳、审核不得互相兼任，审核和复核不能由一人完成，不得由一人办理基金支付的全过程。

要规范审核流程，采取网络实时审核与费用清单事后审核双重措施，对病人、病历、处方、收费的真实性、一致性、合理性进行综合审核并定期复核。严格票据审核，必须使用就诊票据原件报销。建立健全稽查制度，通过电话查询、入户回访等方式，对参合患者尤其是异地就医或发生大额医疗费用的参合患者进行跟踪核查。经办机构及其工作人员不得擅自变更支付项目、扩大报销范围、降低或提高补偿标准，严禁虚列支出、提取或变相提取管理费。

定期开展培训，提高经办机构经办能力和管理水平。加强对经办机构的绩效考核，将组织机构设置、财务会计管理、审核报销程序、稽查监管、公示落实、档案管理、信访受理等纳入考核范围，奖优罚劣，调动经办人员积极性。

各地要进一步充实新农合管理经办队伍，落实人员编制和工作经费。省、市级卫生行政部门要有专人或专门的处室负责新农合管理，县级卫生行政部门要设立专门的经办机构，强化管理经办队伍建设。鼓励各地采取政府购买服务的方式，委托具有资质的商业保险机构参与新农合经办服务，但不得将基金用于支付商业保险机构的管理费用。政府和主管部门要加强监管和规范指导，保证基金安全。

七、加快推进新农合信息化建设

各省（区、市）要严格按照卫生部制定的《新农合管理信息系统基本规范》（卫办农卫发［2008］127 号），加快建设省级新农合信息平台，确保与国家级信息平台互联互通。要加强新农合信息系统的安全等级制度保护工作，采取有效措施保障新农合信息和网络安全，防范信息泄露。

定点医疗机构信息系统要主动提供标准化数据接口，实现与新农合信息系统的无缝连接，保证新农合病人的即时结报，并按规定向新农合信息平台上传参合农民就诊规范化数据信息。有条件的地区要通过推广使用参合“一卡通”等可识别身份的信息化凭证等方式，防范冒名顶替等弄虚作假行为。

各省（区、市）要依托省级卫生信息平台或省级新农合信息平台开发即时查询功能，所有二级以上医疗机构要实时或定期上传出院病人规范化信息（含患者姓名、身份证号、住址、入出院日期、疾病诊断、医疗费用等），尽快实现就医信息联网审核。

八、严格执行新农合三级定期公示制度

统筹地区新农合经办机构、定点医疗机构和村委会要在醒目位置或人口集中的区域设置新农合公示栏，有条件的地区要同步实行网上公示。经办机构公示内容应当包括新农合基本政策、政府补助政策、个人缴费政策、报销补偿政策、基金收支情况、大额费用补偿情况、监督举报电话等；定点医疗机构公示内容应当包括报销补偿政策、报销药物目录和诊疗项目目录、就诊转诊流程、个人补偿情况等；各行政村要将本村参合农民获得补偿情况作为村务公开的重要内容之一。

公示内容要及时更新，参合人员补偿情况要每月更新，各级卫生行政部门要定期或不定期开展监督检查，确保公示制度落实到位。要注意保护参合人员隐私，不应公示患者的疾病名称等信息。对省外就医者，可实行先公示后补偿。要进一步完善监督举报制度，建立信访内容核查、反馈机制，充分发挥社会和舆论的监督作用。

九、加强协调配合，严肃查处违法违规行为

各地要充分认识新农合基金管理的重要性、紧迫性和艰巨性，把基金管理作为新时期新农合工作的重中之重，切实加强组织领导，落实各级各相关部门的监管职责，形成部门联动、齐抓共管的工作格局。统筹地区卫生部门负责人是新农合综合管理的主要责任人。各级卫生、财政部门要主动会同审计、公安、监察等部门，严密防范、严厉打击欺诈新农合基金的行为，定期或不定期开展联合监督检查，准确掌握新农合运行情况，及时排查和消除基金安全隐患。要建立健全责任追究制度，依法加大对贪污、挤占、挪用、骗取新农合基金等违

法违规行为的处罚力度。出现新农合重大管理问题，要追究统筹地区卫生部门负责人的责任；涉及玩忽职守或渎职的，要追究法律责任。

卫生部

财政部

二〇一一年五月二十五

国务院关于印发《“十二五”期间深化医药卫生体制改革规划暨实施方案》的通知

（国发［2012］11号）

各省、自治区、直辖市人民政府，国务院各部委、各直属机构：

现将《“十二五”期间深化医药卫生体制改革规划暨实施方案》印发给你们，请认真贯彻执行。

国务院

二〇一二年三月十四日

“十二五”期间深化医药卫生体制改革规划暨实施方案

深化医药卫生体制改革是贯彻落实科学发展观、加快转变经济发展方式的重大实践，是建设现代国家、保障和改善民生、促进社会公平正义的重要举措，是贯穿经济社会领域的一场综合改革。“十二五”时期是深化医药卫生体制改革的攻坚阶段，也是建立基本医疗卫生制度的关键时期。为巩固扩大前一阶段改革成果，实现2020年人人享有基本医疗卫生服务的既定目标，根据《中华人民共和国国民经济和社会发展第十二个五年规划纲要》和《中共中央国务院关于深化医药卫生体制改革的意见》（中发［2009］6号），编制本规划。本规划主要明确2012—2015年医药卫生体制改革的阶段目标、改革重点和主要任务，是未来四年深化医药卫生体制改革的指导性文件。

一、规划背景

自2009年4月深化医药卫生体制改革启动实施以来，在党中央、国务院领导下，各地区、各有关部门认真贯彻落实中央的决策部署，按照保基本、强基层、建机制的基本原则，完善政策、健全制度、加大投入，统筹推进五项重点改革，取得了明显进展和初步成效，实现了阶段性目标。覆盖城乡全体居民的基本医疗保障制度（以下简称基本医保）框架初步形成，职工基本医疗保险（以下简称职工医保）、城镇居民基本医疗保险（以下简称城镇居民医保）和新型农村合作医疗（以下简称新农合）参保人数达到13亿人，筹资和保障水平明显提高，保障范围从大病延伸到门诊小病，城乡医疗救助力度不断加大。国家基本药物制度初步建立，政府办基层医疗卫生机构全部实施基本药物零差率销售，药品安全保障得到明显加强；以破除“以药补医”机制为核心的基层医疗卫生机构综合改革同步推进，开始形成维护公益性、调动积极性、保障可持续的新机制。覆盖城乡的基层医疗卫生服务体系基本建成，2200多所县级医院和3.3万多个城乡基层医疗卫生机构得到改造完善，中医药服务能力逐步增强，全科医生制度建设开始启动。基本公共卫生服务均等化水平不断提高，10类国家基本公共卫生服务面向城乡居民免费提供，国家重大公共卫生服务项目全面实施。公立医院改革试点积极推进，围绕政事分开、管办分开、医药分开、营利性和非营利性分开（以下简称“四个分开”）进行体制机制创新，便民惠民措施全面推开，多元办医稳步推进。各级政府对医药卫生工作的认识和执行力明显提高，实践经验和做法不断丰富，支持医药卫生体制改革的社会氛围正在形成。三年改革实践证明，医药卫生体制改革方向正确、路径清晰、措施有力，尤其是在基层取得明显成效，人民群众看病就医的公平性、可及性、便利性得到改善，看病难、看病贵问题有所缓解，医药卫生体制改革促进经济社会发展的作用越来越重要。

医药卫生体制改革是一项长期艰巨复杂的系统工程。要清醒地看到，当前医药卫生体制改革中还存在一些较为突出的矛盾和问题，特别是随着改革向纵深推进，利益格局深刻调整，体制性、结构性等深层次矛盾集中暴露，改革的难度明显加大。医疗保障制度建设有待进一步加强，基本药物制度还需巩固完善，公立医院改革需要深化拓展，推进社会力量办医仍需加大力度，人才队伍总量和结构性矛盾依然突出，政府职能转变亟待加快步伐，制度法规建设的任务更加紧迫。同时，随着经济社会进入新的发展阶段，工业化、城镇化、农业现代化、经济全球化以及人口老龄化进程加快，城乡居民健康需求不断提升并呈现多层次、多元化特点，进一步加剧了卫生资源供给约束与卫生需求日益增长之间的矛盾；疾病谱变化、医药技术创新、重大传染病防控和卫生费用快速增长等，对优化资源配置、扩大服务供给、转变服务模式、合理控制费用和提升管理能力等都提出了更高要求。解决这些问题和挑战，必须持续不断地推进改革。

“十二五”时期在深化医药卫生体制改革进程中承前启后，要在认真总结经验的基础上，进一步加强组织领导，发挥制度优势，抓住基层综合改革取得重大进展、经济持续快速发展的有利时机，不断凝聚和扩大社会共识，把改革不断推向深入，为基本建成符合我国国情的基本医疗卫生制度、实现人人享有基本医疗卫生服务奠定坚实基础。

二、总体要求和主要目标

（一）总体要求。以邓小平理论和“三个代表”重要思想为指导，深入贯彻落实科学发展观，紧紧围绕《中共中央国务院关于深化医药卫生体制改革的意见》（中发［2009］6号）精神，坚持把基本医疗卫生制度作为公共产品向全民提供的核心理念，坚持保基本、强基层、建机制的基本原则，坚持预防为主、以农村为重点、中西医并重的方针，以维护和增进全体人民健康为宗旨，以基本医疗卫生制度建设为核心，统筹安排、突出重点、循序推进，进一步深化医疗保障、医疗服务、公共卫生、药品供应以及监管体制等领域综合改革，着力在全民基本医保建设、基本药物制度巩固完善和公立医院改革方面取得重点突破，增强全民基本医保的基础性作用，强化医疗服务的公益性，优化卫生资源配置，重构药品生产流通秩序，提高医药卫生体制的运行效率，加快形成人民群众“病有所医”的制度保障，不断提高全体人民健康水平，使人民群众共享改革发展的成果。

（二）主要目标。基本医疗卫生制度建设加快推进，以基本医疗保障为主体的多层次医疗保障体系进一步健全，通过支付制度等改革，明显提高保障能力和管理水平；基本药物制度不断巩固完善，基层医疗卫生机构运行新机制有效运转，基本医疗和公共卫生服务能力同步增强；县级公立医院改革取得阶段性进展，城市公立医院改革有序开展；卫生资源配置不断优化，社会力量办医取得积极进展；以全科医生为重点的人才队伍建设得到加强，基层人才不足状况得到有效改善，中医药服务能力进一步增强；药品安全水平不断提升，药品生产流通秩序逐步规范，医药价格体系逐步理顺；医药卫生信息化水平明显提高，监管制度不断完善，对医药卫生的监管得到加强。

到2015年，基本医疗卫生服务更加公平可及，服务水平和效率明显提高；卫生总费用增长得到合理控制，政府卫生投入增长幅度高于经常性财政支出增长幅度，政府卫生投入占经常性财政支出的比重逐步提高，群众负担明显减轻，个人卫生支出占卫生总费用的比例降低到30%以下，看病难、看病贵问题得到有效缓解。人均期望寿命达到74.5岁，婴儿死亡率降低到12‰以下，孕产妇死亡率降低到22/10万以下。

三、加快健全全民医保体系

充分发挥全民基本医保的基础性作用，重点由扩大范围转向提升质量。通过支付制度改革，加大医保经办机构和医疗机构控制医药费用过快增长的责任。在继续提高基本医保参保率基础上，稳步提高基本医疗保障水平，着力加强管理服务能力，切实解决重特大疾病患者医疗费用保障问题。

（一）巩固扩大基本医保覆盖面。职工医保、城镇居民医保和新农合三项基本医疗保险参保率在2010年基础上提高三个百分点。重点做好农民工、非公有制经济组织从业人员、灵活就业人员，以及关闭破产企业退休人员和困难企业职工参保工作。

（二）提高基本医疗保障水平。到2015年，城镇居民医保和新农合政府补助标准提高到每人每年360元以上，个人缴费水平相应提高，探索建立与经济发展水平相适应的筹资机制。职工医保、城镇居民医保、新农合政策范围内住院费用支付比例均达到75%左右，明显缩小与实际住院费用支付比例之间的差距；进一步提高最高支付限额。城镇居民医保和新农合门诊统筹覆盖所有统筹地区，支付比例提高到50%以上；稳步推进职工医保门诊统筹。

（三）完善基本医保管理体制。加快建立统筹城乡的基本医保管理体制，探索整合职工医保、城镇居民医保和新农合制度管理职能和经办资源。有条件的地区探索建立城乡统筹的居民基本医疗保险制度。按照管办分开原则，完善基本医保管理和经办运行机制，明确界定职责，进一步落实医保经办机构的法人自主权，提高经办能力和效率。在确保基金安全和有效监管的前提下，鼓励以政府购买服务的方式，委托具有资质的商业保险机构经办各类医疗保障管理服务。

（四）提高基本医保管理服务水平。加快推进基本医保和医疗救助即时结算，使患者看病只需支付自负部分费用，其余费用由医保经办机构与医疗机构直接结算。建立异地就医结算机制，2015 年全面实现统筹区域内和省内医疗费用异地即时结算，初步实现跨省医疗费用异地即时结算；做好基本医保和医疗救助结算衔接。完善医保关系转移接续政策，基本实现职工医保制度内跨区域转移接续，推进各项基本医疗保险制度之间衔接。加快建立具有基金管理、费用结算与控制、医疗行为管理与监督等复合功能的医保信息系统，实现与定点医疗机构信息系统的对接。积极推广医保就医“一卡通”，方便参保人员就医。

加强基本医保基金收支管理。职工医保基金结余过多的地区要把结余降到合理水平，城镇居民医保和新农合基金要坚持当年收支平衡的原则，结余过多的，可结合实际重点提高高额医疗费用支付水平。增强基本医保基金共济和抗风险能力，实现市级统筹，逐步建立省级风险调剂金制度，积极推进省级统筹。完善基本医保基金管理监督和风险防范机制，防止基本医保基金透支，保障基金安全。

（五）改革完善医保支付制度。加大医保支付方式改革力度，结合疾病临床路径实施，在全国范围内积极推行按病种付费、按人头付费、总额预付等，增强医保对医疗行为的激励约束作用。建立医保对统筹区域内医疗费用增长的制约机制，制定医保基金支出总体控制目标并分解到定点医疗机构，将医疗机构次均（病种）医疗费用增长控制和个人负担定额控制情况列入医保分级评价体系。积极推动建立医保经办机构与医疗机构、药品供应商的谈判机制和购买服务的付费机制。医保支付政策进一步向基层倾斜，鼓励使用中医药服务，引导群众小病到基层就诊，促进分级诊疗制度形成。将符合资质条件的非公立医疗机构和零售药店纳入医保定点范围，逐步将医保对医疗机构医疗服务的监管延伸到对医务人员医疗服务行为的监管。加强对定点医疗机构和零售药店的监管，加大对骗保欺诈行为的处罚力度。

（六）完善城乡医疗救助制度。加大救助资金投入，筑牢医疗保障底线。资助低保家庭成员、五保户、重度残疾人以及城乡低收入家庭参加城镇居民医保或新农合。取消医疗救助起付线，提高封顶线，对救助对象政策范围内住院自负医疗费用救助比例提高到 70% 以上。在试点基础上，全面推进重特大疾病救助工作，加大对重特大疾病的救助力度。无负担能力的病人发生急救医疗费用通过医疗救助基金、政府补助等渠道解决。鼓励和引导社会力量发展慈善医疗救助。鼓励工会等社会团体开展多种形式的医疗互助活动。

（七）积极发展商业健康保险。完善商业健康保险产业政策，鼓励商业保险机构发展基本医保之外的健康保险产品，积极引导商业保险机构开发长期护理保险、特殊大病保险等险种，满足多样化的健康需求。鼓励企业、个人参加商业健康保险及多种形式的补充保险，落实税收等相关优惠政策。简化理赔手续，方便群众结算。加强商业健康保险监管，促进其规范发展。

（八）探索建立重特大疾病保障机制。充分发挥基本医保、医疗救助、商业健康保险、多种形式补充医疗保险和公益慈善的协同互补作用，切实解决重特大疾病患者的因病致贫问题。在提高基本医保最高支付限额和高额医疗费用支付比例的基础上，统筹协调基本医保和商业健康保险政策，积极探索利用基本医保基金购买商业大病保险或建立补充保险等方式，有效提高重特大疾病保障水平。加强与医疗救助制度的衔接，加大对低收入大病患者的救助力度。

四、巩固完善基本药物制度和基层医疗卫生机构运行新机制

持续扩大基层医药卫生体制改革成效，巩固完善国家基本药物制度，深化基层医疗卫生机构管理体制、补偿机制、药品供应和人事分配等方面的综合改革，继续加强基层服务网络建设，加快建立全科医生制度，促进基层医疗卫生机构全面发展。

（一）深化基层医疗卫生机构综合改革。完善基层医疗卫生机构编制管理、补偿机制、人事分配等方面的综合改革措施，巩固基层改革成效。健全基层医疗卫生机构稳定长效的多渠道补偿机制，地方政府要将对基层医疗卫生机构专项补助以及经常性收支差额补助纳入财政预算并及时、足额落实到位，中央财政建立基本药物制度全面实施后对地方的经常性补助机制并纳入预算；加快落实一般诊疗费及医保支付政策，确保基层医疗卫生机构正常运转。健全绩效评价和考核机制，在平稳实施绩效工资的基础上，有条件的地区可适当提高奖励性绩效工资的比例，坚持多劳多得、优绩优酬，重点向关键岗位、业务骨干和作出突出贡献的人员倾斜，合理拉开收入差距，调动医务人员积极性。

（二）扩大基本药物制度实施范围。巩固政府办基层医疗卫生机构实施基本药物制度的成果，落实基本药物全部配备使用和医保支付政策。有序推进村卫生室实施基本药物制度，执行基本药物制度各项政策，同步落实对乡村医生的各项补助和支持政策。对非政府办基层医疗卫生机构，各地政府可结合实际，采取购买服务的方式将其纳入基本药物制度实施范围。鼓励公立医院和其他医疗机构优先使用基本药物。

（三）完善国家基本药物目录。根据各地基本药物使用情况，优化基本药物品种、类别，适当增加慢性病和儿童用药品种，减少使用率低、重合率低的药品，保持合理的基本药物数量，更好地满足群众基本用药需求。2012 年调整国家基本药物目录并适时公布。逐步规范基本药物标准剂型、规格和包装。基本药物由省级人民政府统一增补，不得将增补权限下放到市、县或基层医疗卫生机构。要合理控制增补药品数量。

（四）规范基本药物采购机制。坚持基本药物以省为单位网上集中采购，落实招采合一、量价挂钩、双信封制、集中支付、全程监控等采购政策。坚持质量优先、价格合理，进一步完善基本药物质量评价标准和评标办法，既要降低虚高的药价也要避免低价恶性竞争，确保基本药物安全有效、供应及时。建立以省为单位的基本药物集中采购和使用管理系统，明显提高基本药物使用监管能力。对独家品种和经多次集中采购价格已基本稳定且市场供应充足的基本药物试行国家统一定价。对用量小、临床必需的基本药物可通过招标采取定点生产等方式确保供应。对已达到国际水平的仿制药，在定价、招标采购方面给予支持，激励企业提高基本药物质量。提高基本药物生产技术水平和供应保障能力，完善基本药物储备制度。强化基本药物质量监管，所有基本药物生产、经营企业必须纳入电子监管。

（五）提高基层医疗卫生机构服务能力。按照填平补齐的原则，继续支持村卫生室、乡镇卫生院、社区卫生服务机构标准化建设，2015 年基层医疗卫生机构达标率达到 95% 以上。继续加强基层在岗人员培训，重点实施具有全科医学特点、促进基本药物使用等针对性和实用性强的培训项目。进一步规范基层医疗卫生机构用药行为。鼓励基层医疗卫生机构采取主动服务、上门服务等方式，开展巡回医疗，推动服务重心下沉，服务内容向基本医疗和基本公共卫生服务转变。建立健全分级诊疗、双向转诊制度，积极推进基层首诊负责制试点。明显提高基层医疗卫生机构门急诊量占门急诊总量的比例。

筑牢农村医疗卫生服务网底。完善乡村医生的补偿、养老政策。加强乡村医生培训和后备力量建设，逐步推进乡村医生向执业（助理）医师转变，鼓励有条件的地区通过定向培养、学历提升、岗位培训等方式加强乡村医生能力建设。积极推进乡镇卫生院和村卫生室一体化管理。

（六）推进全科医生制度建设。把建立全科医生制度作为强基层的关键举措，通过规范化培养、转岗培训、执业医师招聘和设置特岗等方式加强全科医生队伍建设，到2015年为基层医疗卫生机构培养全科医生15万名以上，使每万名城市居民拥有2名以上全科医生，每个乡镇卫生院都有全科医生。积极推进家庭签约医生服务模式，逐步建立全科医生与居民契约服务关系，为居民提供连续的健康管理服务。

（七）促进人才向基层流动。进一步完善相关政策措施，鼓励引导医务人员到基层服务。建立上级医院与基层医疗卫生机构之间的人才合作交流机制，探索县（市、区）域人才柔性流动方式，促进县乡人才联动。开展免费医学生定向培养，实施全科医生特岗计划，充实基层人才队伍。严格落实城市医院和疾病预防控制机构医生晋升中高级职称前到农村服务累计一年以上的政策。鼓励大医院退休医生到基层和农村执业。对到艰苦边远地区基层医疗卫生机构服务的医务人员，落实津补贴政策或给予必要补助。

（八）加快推进基层医疗卫生机构信息化。在试点基础上，以省为单位，建立涵盖基本药物供应使用、居民健康管理、基本医疗服务、绩效考核等功能的基层医疗卫生信息系统，提高基层医疗卫生服务水平。到2015年，基层医疗卫生信息系统基本覆盖乡镇卫生院、社区卫生服务机构和有条件的村卫生室。

五、积极推进公立医院改革

坚持公立医院公益性质，按照“四个分开”的要求，以破除“以药补医”机制为关键环节，以县级医院为重点，统筹推进管理体制、补偿机制、人事分配、药品供应、价格机制等方面的综合改革，由局部试点转向全面推进，大力开展便民惠民服务，逐步建立维护公益性、调动积极性、保障可持续的公立医院运行新机制。

（一）落实政府办医责任。坚持公立医院面向城乡居民提供基本医疗卫生服务的主导地位，进一步明确政府举办公立医院的目的和应履行的职责，扭转公立医院逐利行为。进一步落实政府对公立医院的基本建设和设备购置、重点学科发展、公共卫生服务、符合国家规定的离退休人员费用和政策性亏损补贴等投入政策。合理确定公立医院（含国有企业所办医院）数量和布局，严格控制建设标准、规模和设备配备。禁止公立医院举债建设。

（二）推进补偿机制改革。以破除“以药补医”机制为关键环节，推进医药分开，逐步取消药品加成政策，将公立医院补偿由服务收费、药品加成收入和财政补助三个渠道改为服务收费和财政补助两个渠道。医院的药品和高值医用耗材实行集中采购。政府投资购置的公立医院大型设备按扣除折旧后的成本制定检查价格，贷款或集资购买的大型设备原则上由政府回购，回购有困难的限期降低检查价格。医疗机构检验对社会开放，检查设备和技术人员应当符合法定要求或具备法定资格，实现检查结果互认。由于上述改革减少的合理收入或形成的亏损，通过调整医疗技术服务价格、增加政府投入等途径补偿。提高诊疗费、手术费、护理费收费标准，体现医疗服务合理成本和医务人员技术劳务价值。医疗技术服务收费按规定纳入医保支付范围。增加的政府投入由中央财政给予一定补助，地方财政要按实际情况调整支出结构，切实加大投入。

（三）控制医疗费用增长。医保经办机构和卫生监管部门要加强对医疗服务行为的监管，制止开大处方、重复检查、滥用药品等行为。强化医保对医疗服务的监控作用，采取总额预付、按人头、按病种付费等复合支付方式，引导医疗机构主动控制成本，同时加强监管，规范诊疗行为、提高服务质量；逐步实现由医保经办机构与公立医院通过谈判方式确定服务范围、支付方式、支付标准和服务质量要求；严格基本医保药品目录使用率及自费药品控制率等指标考核。

加强卫生部门对医疗费用的监管控制，将次均费用和总费用增长率、住院床日以及药占比等控制管理目标纳入公立医院目标管理责任制并作为绩效考核的重要指标，及时查处为追求经济利益的不合理用药、用材和检查及重复检查等行为。加强对费用增长速度较快疾病诊疗行为的重点监控，控制公立医院提供非基本医疗服务。价格主管部门要加强医疗服务收费和药品价格监督检查。

（四）推进政事分开、管办分开。强化卫生行政部门规划、准入、监管等全行业管理职能。研究探索采取设立专门管理机构等多种形式确定政府办医机构，由其履行政府举办公立医院的职能，负责公立医院的资产管理、财务监管、绩效考核和医院主要负责人的任用。各级卫生行政部门负责人不得兼任公立医院领导职务，逐步取消公立医院行政级别。

（五）建立现代医院管理制度。探索建立理事会等多种形式的公立医院法人治理结构，明确理事会与院长职责，公立医院功能定位、发展规划、重大投资等权力由政府办医机构或理事会行使。建立院长负责制和任期目标责任考核制度，落实公立医院用人自主权，实行按需设岗、竞聘上岗、按岗聘用、合同管理，推进公立医院医务人员养老等社会保障服务社会化。建立以公益性质和运行效率为核心的公立医院绩效考核体系，健全以服务质量、数量和患者满意度为核心的内部分配机制，提高人员经费支出占业务支出的比例，提高医务人员待遇，院长及医院管理层薪酬由政府办医机构或授权理事会确定。严禁把医务人员个人收入与医院的药品和检查收入挂钩；完善公立医院财务核算制度，加强费用核算和控制。

（六）开展医院管理服务创新。深化以病人为中心的服务理念，不断完善医疗质量管理与控制体系，持续提高医院管理水平和医疗服务质量。简化挂号、就诊、检查、收费、取药等流程，方便群众就医。大力推行临床路径，开展单病种质量控制，规范医疗行为。推广应用基本药物和适宜技术，规范抗菌药物等药品的临床使用。以医院管理和电子病历为核心，推进公立医院信息化建设。全面推行便民惠民措施，大力推广优质护理，优化服务模式和服务流程，开展“先诊疗、后结算”和志愿者服务。积极推进区域统一预约挂号平台建设，普遍实行预约诊疗，改善就医环境，明显缩短病人等候时间。发展面向农村基层及边远地区的远程诊疗系统。

（七）全面推进县级公立医院改革。县级公立医院是农村三级医疗卫生服务网络的龙头。“十二五”期间要把县级公立医院改革放在突出位置，以破除“以药补医”机制为关键环节，统筹推进管理体制、补偿机制、人事分配、采购机制、价格机制等方面的综合改革；加强以人才、技术、重点专科为核心的能力建设，巩固深化城市医院对口支援县级医院的长期合作帮扶机制，经批准可在县级医院设立特设岗位引进急需高层次人才，力争使县域内就诊率提高到90%左右，基本实现大病不出县。2015年要实现县级公立医院阶段性改革目标。

（八）拓展深化城市公立医院改革。按照上下联动、内增活力、外加推力的原则，加快推进城市公立医院改革试点，拓展深化试点内容，创新体制机制，提高服务质量和运行效率，尽快形成改革的基本路子并逐步在全国范围内推广。公立医院资源丰富的城市，可引导社会资本以多种方式参与包括国有企业所办医院在内的部分公立医院改制重组。鼓励社会资本对部分公立医院进行多种形式的公益性投入，以合资合作方式参与改制的不得改变非营利性质。改制过程中要加强国有资产管理，维护好职工合法权益。

六、统筹推进相关领域改革

进一步增强医药卫生体制改革各项政策的协同性，继续推进基本公共卫生服务均等化，优化卫生资源配置，加快人才培养和信息化建设，加强药品生产流通和医药卫生监管体制改革，充分发挥政策叠加效应。

（一）提高基本公共卫生服务均等化水平。逐步提高人均基本公共卫生服务经费标准，2015 年达到 40 元以上，免费为城乡居民提供健康档案、健康教育、预防接种、传染病防治、儿童保健、孕产妇保健、老年人保健、高血压等慢性病管理、重性精神疾病管理、卫生监督协管等国家基本公共卫生服务项目。加强健康促进与教育，实施国民健康行动计划，将健康教育纳入国民教育体系。主要媒体要加强健康知识宣传。倡导健康的生活方式，引导科学就医和安全合理用药。到 2015 年，城乡居民健康档案规范化电子建档率达到 75% 以上；高血压、糖尿病患者规范化管理率达到 40% 以上。

逐步增加国家重大公共卫生项目，继续开展国家免疫规划，艾滋病和结核病、血吸虫病等重大传染病防治，农村孕产妇住院分娩补助、适龄妇女“两癌”（宫颈癌、乳腺癌）检查等重大公共卫生服务专项，农村孕产妇住院分娩率稳定在 96% 以上。重点做好食品安全（包括餐饮、饮用水卫生）、职业卫生、精神卫生、慢性病防控、重大地方病防控、卫生应急等对居民健康有重要影响的公共卫生服务。

完善重大疾病防控、计划生育、妇幼保健等专业公共卫生服务网络，加强卫生监督、农村应急救治、精神疾病防治、食品安全风险监测等能力建设。提高疾病监测、预防、控制能力和突发公共卫生事件应急处置能力。深入开展爱国卫生运动。加强流动人口以及农村留守儿童和老人的公共卫生服务和重大传染病防控工作，提高公共卫生服务的可及性。严格开展绩效考核和效果评估，提高公共卫生服务效益。建立公共卫生和医疗卫生服务体系分工协作机制。专业公共卫生机构经费纳入财政预算并全额安排。

（二）推进医疗资源结构优化和布局调整。科学制定区域卫生规划，明确省、市、县级卫生资源配置标准，新增卫生资源优先考虑社会资本。每千常住人口医疗卫生机构床位数达到 4 张的，原则上不再扩大公立医院规模。中央、省级可以设置少量承担医学科研、教学功能的医学中心或区域医疗中心。鼓励各地整合辖区内检查检验资源，促进大型设备资源共建共享。加强医疗服务体系薄弱环节建设，优先支持基层以及老少边穷等医疗资源缺乏地区发展。每个县重点办好1至2所县级医院（含县中医院）。继续支持医疗机构临床重点专科建设。加强省级妇儿专科医院和县级医院妇儿科建设。推进边远地区地市级综合医院建设。鼓励发展康复医疗和长期护理。

充分发挥中医药在疾病预防控制和医疗服务中的作用。以城乡基层为重点加强中医医疗服务能力建设，到2015年，力争95%以上的社区卫生服务中心和90%的乡镇卫生院、70%以上的社区卫生服务站和65%以上的村卫生室能够提供中医药服务。鼓励零售药店提供中医坐堂诊疗服务。积极推广中医适宜技术。加强中药资源保护、研究开发和合理利用。

（三）大力发展非公立医疗机构。放宽社会资本举办医疗机构的准入，鼓励有实力的企业、慈善机构、基金会、商业保险机构等社会力量以及境外投资者举办医疗机构，鼓励具有资质的人员（包括港、澳、台地区）依法开办私人诊所。进一步改善执业环境，落实价格、税收、医保定点、土地、重点学科建设、职称评定等方面政策，对各类社会资本举办非营利性医疗机构给予优先支持，鼓励非公立医疗机构向高水平、规模化的大型医疗集团发展。积极发展医疗服务业，扩大和丰富全社会医疗资源。2015年，非公立医疗机构床位数和服务量达到总量的20%左右。

（四）创新卫生人才培养使用制度。深化医学教育改革，重视人文素养培养和职业素质教育，加快建立住院医师规范化培训制度，完善继续医学教育制度。加大护士、养老护理员、药师、儿科医师，以及精神卫生、院前急救、卫生应急、卫生监督、医院和医保管理人员等急需紧缺专门人才和高层次人才的培养。推进医师多点执业，鼓励具备行医资格的人员申请多个地点执业，完善执业医师注册、备案、考核、评价、监管政策，建立医师管理档案。建立健全医疗执业保险和医疗纠纷处理机制。

（五）推进药品生产流通领域改革。改革药品价格形成机制，选取临床使用量较大的药品，依据主导企业成本，参考药品集中采购价格和零售药店销售价等市场交易价格制定最高零售指导价格，并根据市场交易价格变化等因素适时调整。完善进口药品、高值医用耗材的价格管理。加强药品价格信息采集、分析和披露。

完善医药产业发展政策，规范生产流通秩序，推动医药企业提高自主创新能力和医药产业结构优化升级，发展药品现代物流和连锁经营，提高农村和边远地区药品配送能力，促进药品生产、流通企业跨地区、跨所有制的收购兼并和联合重组。到2015年，力争全国百强制药企业和药品批发企业销售额分别占行业总额的50%和85%以上。鼓励零售药店发展。完善执业药师制度，加大执业药师配备使用力度，到“十二五”期末，所有零售药店法人或主要管理者必须具备执业药师资格，所有零售药店和医院药房营业时有执业药师指导合理用药。严厉打击挂靠经营、过票经营、买卖税票、行贿受贿、生产经营假劣药品、发布虚假药品广告等违法违规行为。

落实《国家药品安全“十二五”规划》，提高药品质量水平，药品标准和药品生产质量管理规范与国际接轨。全面提高仿制药质量，到“十二五”期末，实现仿制药中基本药物和临床常用药品质量达到国际先进水平。实施“重大新药创制”等国家科技重大专项和国家科技计划，积极推广科技成果，提高药品创新能力和水平。加强药品质量安全监管，全面实施新修订的药品生产质量管理规范，修订并发布实施药品经营质量管理规范，实行药品全品种电子监管，对基本药物和高风险品种实施全品种覆盖抽验，定期发布药品质量公告。

（六）加快推进医疗卫生信息化。发挥信息辅助决策和技术支撑的作用，促进信息技术与管理、诊疗规范和日常监管有效融合。研究建立全国统一的电子健康档案、电子病历、药品器械、医疗服务、医保信息等数据标准体系，加快推进医疗卫生信息技术标准化建设。加强信息安全标准建设。利用“云计算”等先进技术，发展专业的信息运营机构。加强区域信息平台建设，推动医疗卫生信息资源共享，逐步实现医疗服务、公共卫生、医疗保障、药品监管和综合管理等应用系统信息互联互通，方便群众就医。

（七）健全医药卫生监管体制。积极推动制定基本医疗卫生法，以及基本医保、基本药物制度、全科医生制度、公立医院管理等方面的法律法规，及时将医药卫生体制改革的成功做法、经验和政策上升为法律法规。推动适时修订执业医师法。完善药品监管法律制度。

加强卫生全行业监管。完善机构、人员、技术、设备的准入和退出机制。建立科学的医疗机构分类评价体系。强化医疗卫生服务行为和质量监管。依法严厉打击非法行医，严肃查处药品招标采购、医保报销等关键环节和医疗服务过程中的违法违规行为。建立信息公开、社会多方参与的监管制度，鼓励行业协会等社会组织和个人对医疗机构进行独立评价和监督。强化医务人员法制和纪律宣传教育，加强医德医风建设和行业自律。

七、建立强有力的实施保障机制

（一）强化责任制。地方各级政府要把医药卫生体制改革作为一项全局性工作，加强对规划实施的组织领导，建立健全责任制和问责制，形成政府主要领导负总责，分管常务工作和卫生工作的领导具体抓，各有关部门分工协作、密切配合、合力推进的工作机制，确保规划顺利实施。各地区、各部门要围绕规划的总体目标和重点任务细化年度任务，制定工作方案，落实责任制，把规划的重点任务落到实处。建立规划实施动态监测、定期通报制度，开展规划实施评估。

（二）增强执行力。"十二五"时期是医药卫生体制改革攻坚阶段，医药卫生系统是医药卫生体制改革的主战场，要发挥医务人员改革主力军作用，调动医疗机构和医务人员积极性，维护医务人员合法权益。要充分发挥好政治优势、组织优势，充分发挥基层党组织在医药卫生体制改革中的核心作用，加强思想政治工作，统一思想认识，形成改革攻坚合力。各级政府都要加强医药卫生体制改革工作队伍建设，提高推进改革的领导力和执行力，确保医药卫生体制改革的各项规划措施落到实处。

（三）加大政府投入。地方各级政府要积极调整财政支出结构，加大投入力度，转变投入机制，完善补偿办法，落实规划提出的各项卫生投入政策，切实保障规划实施所需资金。加大中央、省级财政对困难地区的专项转移支付力度。各级政府在安排年度卫生投入预算时，要切实落实"政府卫生投入增长幅度高于经常性财政支出增长幅度，政府卫生投入占经常性财政支出的比重逐步提高"的要求。各级财政部门在向政府汇报预决算草案时要就卫生投入情况进行专门说明。"十二五"期间政府医药卫生体制改革投入力度和强度要高于2009—2011年医药卫生体制改革投入。基本医保政府补助标准和人均基本公共卫生服务经费标准要随着经济社会发展水平的提高相应提高。加强资金监督管理，提高资金使用效益，切实防止各种违法违规使用资金的行为。

（四）实行分类指导。医药卫生体制改革政策性强、情况复杂、涉及面广，各地要在中央确定的医药卫生体制改革原则下根据实际情况，因地制宜地制定具体实施方案，创造性地开展工作。鼓励地方大胆探索、先行先试，不断完善政策，积累改革经验。各有关部门要加强对地方医药卫生体制改革工作的指导，及时总结推广成功经验。注重改革措施的综合性和可持续性，推进改革持续取得实效。

（五）加强宣传培训。坚持正确的舆论导向，做好医药卫生体制改革政策的宣传解读，及时解答和回应社会各界关注的热点问题，大力宣传医药卫生体制改革典型经验和进展成效，合理引导社会预期，在全社会形成尊医重卫、关爱患者的风气，营造改革的良好氛围。广泛开展培训，不断提高各级干部医药卫生体制改革政策水平，确保改革顺利推进。

卫生部等4部门关于商业保险机构参与新型农村合作医疗经办服务的指导意见

（卫农卫发［2012］27号）

各省、自治区、直辖市卫生厅局，各保监局、各保险公司，各省、自治区、直辖市财政厅局，各省、自治区、直辖市深化医药卫生体制改革领导小组办公室：

为贯彻落实《中共中央国务院关于深化医药卫生体制改革的意见》（中发［2009］6号）提出的在确保基金安全和有效监管的前提下，积极提倡以政府购买医疗保障服务的方式，探索委托具有资质的商业保险机构经办各类医疗保障管理服务的有关要求，深入推进医药卫生体制改革，加快建设适应我国社会主义市场经济要求的基本医疗保障管理运行机制，促进新型农村合作医疗（以下简称新农合）制度平稳高效运行，现就商业保险机构受政府委托参与新农合经办服务提出以下指导意见：

一、充分认识商业保险机构参与新农合经办服务的重要意义

商业保险机构参与新农合经办服务是保险业服务医药卫生体制改革和医疗保障体系建设的重要方式和途径；是引入竞争机制，改革政府公共服务提供方式、创新社会事业管理的有益探索。有利于强化新农合经办服务意识，改进经办服务质量，提升经办服务水平；有利于提高商业保险机构开发非基本医疗保险产品的能力，满足农村居民差异化医疗保障需求，促进多层次医疗保障体系建设。

二、商业保险机构参与新农合经办服务的基本原则

（一）政府主导、分工合作。各地要发挥政府的主导作用，在综合考虑监督管理能力、商业保险机构服务能力的基础上，合理确定各方职责，分工协

作，保障新农合制度顺畅运转。

（二）规范运作、持续发展。商业保险机构参与新农合经办服务，要严格执行各项新农合规章制度和政策要求，加强信息安全管理。要不断探索完善商业保险机构参与新农合经办服务的长效机制。

（三）强化监管、改进服务。政府有关部门要进一步建立健全监管机构、队伍，加强对商业保险机构的监督管理，引导商业保险机构不断提高经办服务能力，改善经办服务质量。

三、严格商业保险机构参与新农合经办服务的准入

商业保险机构参与新农合经办服务应当具备以下条件：

（一）当地政府和商业保险机构均有合作意愿，并明确各自权利、义务和责任；

（二）商业保险机构应当取得健康保险业务资质；

（三）商业保险机构应当在统筹地区设有分支机构，具备完善的服务网络，能够组建具有医学等专业背景的专管员队伍，并在定点医疗机构设立即时结报点，具备远程即时结报条件的医疗机构可以不设立结报点；

（四）商业保险机构总部同意分支机构参与当地新农合业务经办服务工作，并承诺提供相关支持。

四、规范经办服务管理，不断提高质量和效率

商业保险机构参与新农合经办服务，应当严格执行新农合相关政策要求，采取政府委托的方式，由政府相关部门与商业保险机构签订经办服务协议，明确权利义务关系，并报省级卫生行政部门和所在地保监局备案。委托经办服务周期原则上不得少于 3 年。在经办服务过程中，要不断完善商业保险机构参与新农合经办服务的管理机制。

（一）合理确定职责。各级卫生、财政部门要在政府的领导下，切实做好新农合的组织实施、政策制定、基金筹集和管理、信息管理系统建设等工作，加强对新农合基金和商业保险机构从事经办服务的监督管理，会同保险监管等部门做好商业保险机构的遴选工作，并合理确定委托经办费用。各级卫生部门要做好新农合统筹补偿方案制定和综合管理，加强对定点医疗机构的监督管理。委托经办地区财政部门要将委托经办费用列入年度预算，予以保证。保险监管部门要加强监督与指导，督促商业保险机构严格履行委托经办协议，

强化财务管理，不断提升经办管理水平。商业保险机构要健全经办体系，根据委托经办协议，主要承担参合信息录入、参合人员就诊信息和医药费用审核、报销、结算、支付等工作，并协助卫生部门做好定点医疗机构监管，自觉接受政府有关部门的监督指导。商业保险机构要发挥自身优势，做好新农合基金使用情况的监测和分析，积极协助有关部门完善新农合统筹补偿方案和新农合运行管理机制。

（二）切实加强新农合基金管理。各地要认真执行《财政部卫生部关于印发新型农村合作医疗基金财务制度的通知》（财社［2008］8号）和《财政部关于印发新型农村合作医疗基金会计制度的通知》（财会［2008］1号），新农合基金全部纳入财政专户，实行收支两条线管理，做到专款专用、封闭运行，确保基金安全。新农合基金和利息收入全部用于参合人员的医疗保障，不得挪作他用。商业保险机构可在财政、卫生部门认定的国有或国有控股商业银行设立新农合基金支出户，但一个统筹地区至多开设一个新农合基金支出户，新农合基金支出户除用于向定点医疗机构结算医药费用、向参合人员支付补偿费用和向财政专户划拨该账户资金利息外，不得发生其他支出业务。商业保险机构要建立健全内控制度，加强参合人员医药费用审核，因商业保险机构违规操作、审核不严造成新农合基金损失的，商业保险机构要承担相应的经济责任。

（三）提高经办服务质量和效率。卫生部门和商业保险机构应当做好新农合政策宣传工作，通过印发服务手册、张贴宣传画等形式，让参合人员了解新农合政策、结报程序和步骤。要针对新农合业务特点，不断完善经办业务管理和服务流程，加强新农合信息共享，规范服务标准，提高服务水平，缩短结报时限。要做好医疗费用报销的调查、审核，并自觉接受参合人员和社会各界的监督。经办过程中发现定点医疗机构存在不当医疗行为时，商业保险机构要及时向卫生部门报告，并按有关规定进行处理。要积极探索利用商业保险机构统一的信息系统平台和垂直管理体系，为参合人员异地就医结算、费用审核提供便利，为统筹区域外定点医疗机构开展集中审核、支付，减轻定点医疗机构工作压力。在委托商业保险机构经办的基础上，鼓励各地进一步积极探索多种合作方式，形成商业保险机构共担风险的机制，发挥新农合与商业保险的协同作用。保险公司可在参合人员自愿的基础上，提供商业补充医疗保险，提高农村居民医疗保障水平，满足农村居民多层次医疗保障需求，但新农合专管员不得从事商业补充医疗保险产品的营销工作，不得利用新农合报销补偿推销或者变相推销商业补充医疗保险产品。对违规从事商业补充医疗保险营销的新农合专管员，要按有关规定严肃处理。

（四）加强监督管理。政府有关部门要健全新农合监管队伍，强化对商业保险机构的监督管理。要定期对商业保险机构经办服务质量开展考核，可以通过建立经办服务质量保证金等措施，约束商业保险机构经办服务行为。统筹地区卫生部门要对商业保险机构审核医药费用进行随机抽查，住院患者的抽查比例不低于10%，门诊患者的抽查比例不低于3%。商业保险机构要主动接受当地卫生、财政、审计等部门对新农合经办工作的指导和监督；要按要求定期向卫生、财政等部门提供有关报表和报告，并及时移交相关档案材料；要做好参合人员个人信息安全保障，防止信息外泄和滥用。商业保险机构总公司要把分支机构经办新农合的情况和经办服务质量纳入年度考核。

（五）合理确定新农合经办服务费用。要根据当地经济社会发展水平，坚持“保本微利”的原则，综合考虑委托经办商业保险机构的服务成本、内容、质量等因素，合理确定委托经办服务费用标准，并建立经办服务费用形成和常规调整机制。在商业保险市场发育较为充分的地区，应当按照政府采购法的有关规定，公开招标确定经办机构和服务费用。公开招标应当遵循“公开、公平、公正”的原则，在综合考虑商业保险机构经办服务能力、承诺、价格等因素的基础上确定商业保险机构。在其他地区，应当采用邀请招标、竞争性谈判等方式遴选商业保险机构，并合理确定经办服务费用。经办服务费用应当按时、足额支付。

五、完善运行机制，保障可持续发展

要积极探索并不断完善商业保险机构经办新农合服务的退出机制。政府相关部门或商业保险机构要终止或解除经办服务协议的，应当提前一年告知对方，商业保险机构应当积极配合，并认真做好委托经办服务档案等所有新农合相关信息数据的交接和新农合基金的结算、划转等善后工作。保险监管部门要加强对商业保险机构退出新农合经办服务的监督管理，保障顺利交接。在经办服务过程中，要积极探索建立商业保险机构强化医疗费用审核责任的机制，完善委托经办费用支付机制和服务质量考核办法，激励商业保险机构健全服务网络、提高服务能力、改善服务质量。鼓励商业保险机构积极开展农村居民商业补充医疗保险业务。

商业保险机构参与新农合经办服务的地区，要继续坚持完善新农合公示、信息公开等制度，健全投诉受理渠道，自觉接受社会监督和舆论监督。政府有关部门要鼓励、引导参合人员参与管理，并积极为参合人员民主参与新农合管理创造便利条件，使参合人员的民主监督与行政监督、社会监督、舆论监督形成合力。

各级卫生、保险监管、财政部门要充分认识商业保险机构参与新农合经办服务的重要意义和积极作用，因地制宜，加强领导，精心组织，积极稳妥推进商业保险机构参与新农合经办服务工作，确保新农合各项政策的落实和参合人员的合法权益。各地医改办公室要积极配合有关部门推进此项工作，做好必要的协调沟通，并及时监测分析进展情况和效果。

卫生部
保监会
财政部
国务院深化医药卫生体制改革领导小组办公室
二〇一二年四月十一日

卫生部 国家发展改革委 财政部关于推进新型农村合作医疗支付方式改革工作的指导意见

（卫农卫发［2012］28号）

各省、自治区、直辖市卫生厅局、发展改革委、物价局、财政厅局：

为贯彻落实中共中央、国务院关于深化医药卫生体制改革精神，指导各地积极探索实行按病种付费、按床日付费、按人头付费、总额预付等付费方式，进一步完善新型农村合作医疗（以下简称新农合）支付制度，根据《中共中央、国务院关于深化医药卫生体制改革的意见》（中发［2009］6号）和《“十二五”期间深化医药卫生体制改革规划暨实施方案》（国发［2012］11号），现就积极、稳妥推进新农合支付方式改革提出以下意见：

一、充分认识推进支付方式改革的重要意义

新农合支付方式改革，是通过推行按病种付费、按床日付费、按人头付

费、总额预付等支付方式，将新农合的支付方式由单纯的按项目付费向混合支付方式转变，其核心是由后付制转向预付制，充分发挥基本医保的基础性作用，实现医疗机构补偿机制和激励机制的转换。实行支付方式改革，有利于巩固完善新农合制度，增进新农合基金使用效益，提高参合人员的受益水平；有利于合理利用卫生资源，规范医疗机构服务行为，控制医药费用不合理上涨，对于新农合制度持续、健康、稳定发展，让农村居民切实享受医改成果，保障参合农民权益具有重要意义。

二、指导思想和基本原则

（一）推进新农合支付方式改革的指导思想。以科学发展观为指导，将新农合支付方式改革作为当前新农合制度建设的重要抓手，充分调动多方面的积极性，逐步建立有利于合理控制医疗费用、提高参合人员受益水平、确保基金安全高效运行的新农合费用支付制度。同时将支付方式改革作为推动基层医疗卫生机构综合改革和县级公立医院改革、破除以药补医机制的重要手段，实现管理创新和激励机制转换。

（二）推进新农合支付方式改革的基本原则。

——统筹区域内机构、病种全覆盖。逐步对统筹区域内所有定点医疗机构及其所有病种全面实行支付方式改革，防范医疗机构规避新的支付方式的行为，有效发挥支付方式改革的综合作用。

——结合实际，动态调整支付标准。要根据基线调查数据、临床路径或标准化诊疗方案，充分考虑前三年病种费用平均水平和医疗服务收费标准等，科学测算、确定支付标准，对不同级别医疗机构确定的支付标准应当有利于引导参合人员常见疾病在基层就医和推进医疗机构实行分级医疗。要根据经济社会发展、补偿方案调整、医疗服务成本变化、高新医疗技术应用以及居民卫生服务需求增长等因素对支付标准进行动态调整。

——兼顾多方利益，确保持续发展。要以收定支，根据基金承受能力合理确定基金支付水平。科学确定参合人员的费用分担比例，不增加参合人员个人负担。要坚持激励与约束并重，通过建立新农合经办机构与定点医疗机构的谈判协商机制确定合理的费用支付标准，充分调动医务人员的积极性，使医疗机构获得合理的补偿，保证医疗机构正常运转和持续发展。同时，控制医药费用不合理增长。

——强化质量监管，保证服务水平。要发挥卫生等多部门对医疗服务的协同监管作用，运用行政、经济、管理等多手段，建立健全监管体系，实行组织、行业监管和社会监督并举，强化服务质量监管，确保实施支付方式改革后医疗机构服务内容不减少，服务水平不降低，实现保证服务质量和控制费用不合理上涨的双重目标，切实维护参合人员利益。

三、支付方式改革的主要内容

（一）门诊费用支付改革。在乡（镇）、村两级医疗卫生机构要积极推行以门诊费用总额预付为主的支付方式改革。门诊总额预付是新农合经办机构与定点医疗机构在科学测算的基础上协商确定年度门诊费用预算总额的一种付费方式。预算总额用于购买乡（镇）、村级医疗卫生机构提供的一般性疾病门诊服务。门诊预算总额的确定，要根据每一个乡（镇）、村级医疗卫生机构近2至3年区域服务人口、就诊率、次均门诊费用、服务能力等分别测算确定，同时考虑经济增长、物价变动以及地理环境、人口增长、流动等因素，对预算总额原则上每年协商调整一次。门诊预算总额的支付必须结合新农合经办机构对服务机构年度约定服务数量和质量的考核情况，避免乡（镇）、村级医疗卫生机构实行门诊总额预付后病人不合理转诊分流。

在实施门诊费用支付方式改革中，也可探索实行按人头付费向乡村（全科）医生购买服务的方式。对于特殊病种大额门诊费用，可探索实行定额包干的支付方式。在开展县、乡、村纵向技术合作或一体化管理的地方，可探索在协作体系内对门诊服务按人头付费，要根据服务人口患病率、门诊分级诊疗、前三年门诊次均费用等情况，综合确定人头付费标准。

（二）住院费用支付改革。积极推进按病种付费、按床日付费等住院费用支付方式改革。按病种付费是指根据住院病人所患病种确定相应付费标准的费用支付方式。新农合经办机构和医疗机构通过谈判协商，根据前三年病种费用平均水平和现行病种收费标准等，合理确定付费标准，并可根据疾病诊疗过程中病情的异常变化给予一定的费用浮动空间。按病种收费标准应包括患者从诊断入院到按出院标准出院期间所发生的各项费用支出，原则上不得另行收费。要积极做好按病种付费方式和收费方式改革的衔接。按病种收付费，原则上费用超出部分由医疗机构承担，结余部分归医疗机构所有。按病种收付费病种的选择，应当本着诊疗规范、费用测算相对简单的原则，可优先在卫生部已经确定实施临床路径的病种中选择。也可按照在不同级别医疗机构住院参合人员的疾病谱排序，对拟纳入按病种付费的病种进行筛选和调整，逐步扩大按病种付费的病种数量和住院患者按病种付费的覆盖面。要合理控制按病种收付费疾病的例外病例的比例。

按床日付费是将所有住院疾病分为若干类，合理确定平均住院日，经过测算确定各类住院疾病不同床日段的床日付费标准，体现疾病诊疗每日临床活动及资源消耗情况，并按住院床日累计计算每例住院病人的付费额。实行按床日付费要制定严格的质量控制和评价指标，避免违规缩短或延长住院时间、推诿病人的行为。

鼓励各地参照疾病诊断相关组（DRGs）付费，探索完善现行按病种付费的模式，控制诊疗过程中规避按病种付费的行为。

四、建立并完善支付方式的评价和监管措施

要根据不同的新农合支付方式特点，针对重点环节，完善细化评价指标、考核办法以及监督管理措施，建立支付方式评价体系。可结合实际配套制定相应的约束和激励措施，落实绩效考核办法。

在实施门诊总额预付中，新农合经办机构要对定点医疗机构门诊服务数量、质量、转诊率以及患者满意度定期进行考核，完善公示制度，注意防范医疗机构分解处方、推诿病人、不合理减少医疗服务、降低服务质量的行为。

对住院费用的支付，新农合经办机构要加强对定点医疗机构诊疗过程的监管，促进合理诊疗，提高服务质量和效率。定点医疗机构应严格执行相应的入出院标准，由新农合经办机构对患者出院状态进行监测和抽查回访，避免发生向门诊转嫁费用、诊断升级、分解住院、无故缩短患者住院时间、降低服务质量等现象。实行分级医疗，严格执行首诊负责制，完善逐级转诊制度，避免医疗机构推诿重症患者。应当将医疗服务监测评价结果作为新农合最终支付费用的重要依据。

五、认真做好支付方式改革的组织实施工作

各省（区、市）卫生部门要加强同发展改革、财政等相关部门的配合协调，切实加强对推进新农合支付方式改革工作的指导，在认真总结各地工作经验的基础上，根据本意见的相关原则结合实际抓紧出台或完善本省（区、市）推进新农合支付方式改革的意见或办法。各地要按照要求从 2012 年开始积极推进统筹区域内定点医疗机构和病种全覆盖的支付方式改革试点工作，并逐步扩大实施范围，争取到 2015 年实现在所有的统筹地区全面实施的目标。

在推进新农合支付方式改革中，要注意完善相关配套政策措施。要加快新农合信息化建设，完善医院、基层医疗卫生机构财务会计制度实施细则，体现按病种、按床日等收支情况，为推行新的支付方式提供必要的基础条件。要做好支付方式改革与公立医院改革的衔接，按照总额控制、结构调整的工作思路，充分发挥支付方式改革调整医药费用结构的重要作用，合理减少药品、耗材使用，提高医疗技术劳务收入，把支付方式改革与推行临床路径管理、标准化诊疗密切结合，实现控制费用、规范诊疗的预期目标；要做好与基本药物制度实施工作的衔接，协同推动基层医疗卫生机构运行机制转变；要做好与促进基本公共卫生服务均等化工作的衔接，协同发挥基本公共卫生服务经费与医疗保障基金对基层医疗卫生机构综合改革的支撑作用。

要加强宣传，提高相关部门对推进支付方式改革重要性的认识，做好相关政策培训，保证支付方式改革工作的顺利推进。

卫生部
国家发展改革委
财政部
二〇一二年四月十二日

后记

历经半年多的辛勤劳动，《医疗保险管理案例分析及常用政策法规》一书终于与大家见面了。本书在全民医保制度下，在医疗费用支付方式改革大趋势下，展现了近十年来医疗保险管理模式探索的新经验、新实践、新成果，共同见证了我国医疗保险事业蓬勃发展和医院医保管理艰难推进、不断实践的历程。在总额预付、按人头付费、按病种付费、临床路径等付费方式实践探索中，我们进一步领悟到做好医院医保管理工作的重要意义和自身价值。本书的出版，是医院医保管理创新实战技能的便利工具。

中国工程院院士、中国医院协会副会长、医院医保管理委员会主任委员、武警总医院院长郑静晨少将及人力资源和社会保障部社保中心吴光副主任非常支持这本书的出版，对全书的构思和撰写提出了具体的宝贵意见。中国医疗保险研究会副会长、吉林省医疗保险研究会会长回亚芹同志与广东省医疗保险研究会会长易洪深同志担任“医保知识大赛”总裁判长和副总裁判长，始终关怀本书的编辑进程，并亲自审改有关案例分析题，为有关资料的收集、查找提供了有价值的线索和途径。

医院医保管理青年委员会秘书长、解放军海军总医院医保办主任肖海娟同志是案例分析题的原创和主编者。她克服种种困难，牺牲个人休息时间做了大量文字工作，从始至终尽心尽责，表现出高度的责任心和使命感。

北京市人力资源和社会保障局医疗保险处副处长齐广志同志、人力资源和社会保障部社保中心医疗机构管理处处长段政明同志热情支持编辑工作并审阅修改案例分析题，从医疗保险政策上严格把关，使本书在医院医保管理方面具有可读性和参考价值。

解放军北京军区总医院医保办主任李伟光副教授、陕西省人民医院医保办主任杨汉民教授、首都医科大学附属北京同仁医院医保办主任马京琪副教授、卫生部北京医院医保处副处长张群副研究员对本书的全部内容做了大量修改和编审工作。中国中医研究院附属广安门医院医保办主任梁红同志、民航总医院医保办主任邵玫同志、首都医科大学附属安贞医院医保办刘海燕同志参加本书编写的终审工作，反复校对书稿，付出了辛勤的劳动，才使书稿尽快付梓。医保管理委员会办公室行政助理倪晨茜、彭川峡两位同志帮助发放通知，收集、打印、校对书稿并反复与各位编委联系，做了大量基础性事务工作。石家庄以岭药业股份有限公司对本书的编辑、审阅和出版工作给予了大力支持，对此表示衷心的感谢！

本书的出版得到了全国部分医院医保办主任的大力支持和协助。各位主任在百忙之中抽出宝贵时间撰写案例分析题，体现了热爱医保、做好医保工作的敬业精神。为此，对上述关心和支持本书出版的各位领导、各位编委、各界朋友表示衷心的感谢！

客观地评价医院医保管理工作在深化医药卫生体制改革中的重要作用，并不断适应经济社会发展的客观需求，与时俱进，创新和谐医保管理的新模式，并为广大医保管理者提供理论与实践的指导，是编写本书的意愿所在。然而，医疗保险管理特别是支付方式改革是一种全新的管理理念，在理论研究和实践中会有不同的认识、观点和操作模式，我们期待与读者共同探讨和分享。对于本书的不妥和疏漏，敬请各位领导、专家、学者、朋友们海涵并提出批评，您的批评和建议是我们不断完善和修正本书的动力。

主　编

2012 年 4 月 18 日